JN437590

시인 박구하의 청조만담

그때 그 시절, 그리운 이야기들

새로운 사람들은 항상 새롭습니다.
독자의 가슴으로 생각하고 독자보다 한 발 먼저 준비합니다.
첫만남의 가슴 떨림으로 한 권 한 권 만들어 나가겠습니다.

시인 박구하의 청조만담

그때 그 시절, 그리운 이야기들

초판 1쇄 인쇄 | 2011년 6월 3일
초판 1쇄 발행 | 2011년 6월 9일

지은이 | 박구하
펴낸이 | 이재욱
펴낸곳 | (주)새로운사람들

출간위원장 | 김동현
편집고문 | 김성우, 이채주, 김우철, 김영일, 이무화, 문준호
편집위원 | 김건이, 안병태, 유자효 엄철민, 오진국, 하동근 이재욱, 노웅근, 곽삼수 김강석, 안석복, 박일영 이재훈, 문병훈, 김영민 이재준, 정문수, 김개형 김상협, 양중부

디자인 | 이은경
마케팅 · 관리 | 김종림
인쇄제작 | 재능인쇄

등록일 | 1994년 10월 27일
등록번호 | 제 2-1825호
주 소 | 서울시 용산구 효창동 5-3번지 대신빌딩 2층(우 140-896)
전 화 | 02-2237-3301, 2237-3316
팩 스 | 02-2237-3389
이메일 | ssbooks@chol.com

ISBN 978-89-8120-449-5 (03810)

• 책값은 뒤표지에 씌여 있습니다.

시인 박구하의 청조만담

그때 그 시절, 그리운 이야기들

새로운사람들

|연재를 시작하며|

바다, 그 영원한 모성

내 귀는 소라껍질
그리운 바다의 물결소리여

장 · 꼭토의 '귀'라는 시를 떠올리며 나는 지금 떠나온 바다, 십대의 바다, 교정 벤치에서 바라보던 그 순수의 바다를 생각한다. 모든 것을 수용하면서도 질서를 잃지 않고 언제나 제자리를 지키는 고전古典의 바다, 폭풍에 나울치다가도 다시 평온을 되찾는 수평의 바다, 공부가 안 될 때나 실의에 빠졌을 때, 바다는 먼 해조음으로 다가와 지친 마음을 달래주었다. 실로 바다는 우리 부고인의 영원한 모성이요, 그리움의 본산이다.

우리는 비좁은 초량 언덕길을 3~6년간 오르내리며 눈만 들면 보이던 초록빛 바다, 있을 땐 잘 몰랐던 바다의 존재, 모든 가능성을 안고 출렁이던 청조靑潮의 바다를 죽도록 잊지 못한다. 물 들면 다섯이요, 물 나면 여섯이 되는 신기한 오륙도가 코앞에 보이고 오동나무, 미류나무 가지 사이로 언뜻언뜻 보이던 풍경들, 먼 이국에서 달려와 창검 같은 돛대들을 치켜들고 정박하고 있는 뭇 기선들은 또 얼마나 우리들의 젊은 가슴을 뛰게 하였던가. 지금은 뿔뿔이 흩어져 따로따로 살고 있지만, 누구든 이 교문을 나온 사람이면 아슴푸레한 그 기억의 바다를 잊지 못한다.

'기억의 끈을 이어 전류처럼 흐르다/ 함께 가진 것이 많아 차라리 슬프다'는 유자효 시인(19회)의 '재회'라는 시처럼, 정신의 연골이 여물고 육체가 눈뜨는 인생의 여명기에 우리의 뇌리에 하나하나 새겨진, 영원히 씻을 수 없는 이 영상들은 이제는 그 교정을 함께 했던 동창 선후배가 아니면 되찾을 수가 없다. 그 바다가 어디 가는 것도, 모교가 자리를 옮기는 것도 아니겠지만 그 때 그 시간을 그 자리에서 함께 한 추억의 동위원소를 공유하고 있는 학우가 없고서야 무슨 감흥과 흥취가 있으랴. 우리는 남달리 청춘의 씨앗이 여물어가던 시기에 그 바다를 공유했다는 사실 하나만으로도 큰 복이요, 큰 인연이라 하지 않을 수 없다.

이제 그 바다가 보이는 교정에서 벌어졌던 이바구들을 찾아가려 한다. 망망대해에서 바늘귀를 찾는 심정으로 옛 기억들을 하나씩 더듬어 이 글을 쓰려고 한다. 그 많은 이야기를 제대로 쓸 수 있을까 생각하면 다시 아득해지지만, 이제 와서 어쩔 수 없다.

2003년 4월

박구하

|책머리에|

청조인 애환 담은 〈청조만담〉

구하 씨가 그토록 사랑하던 가족과, 구하 씨를 무척이나 좋아하는 많은 청조 동문들을 남겨두고 홀연히 저 세상으로 떠난 지 벌써 3년이 되었습니다. 남다른 애교심과 열정으로 청조인 편집회의 때마다 목청을 높이던 구하 씨의 빈자리가 너무나 크게 느껴지고 있습니다. 시간에 의해 치유되지 않는 고통이 없다고는 하지만, 우리 청조 동문들은 저 세상으로 가버린 구하 씨를 슬퍼하는 것이 아니라, 구하 씨 없이 살아야 하는 우리가 더욱 슬프답니다.

구하 씨가 8년 동안 80회에 걸쳐 우리 동문들의 애환을 그 감칠맛 나는 문장으로 엮어내었던 '청조만담'을 다시 읽어보아도 여전히 진한 감동과 아련한 추억이 밀려옵니다. 우리 청조 동문들은 〈청조인〉을 받아들면 우선 '청조만담'부터 즐겨 읽었고, 모이기만 하면 이를 화제로 동류의식을 가졌던 것입니다.

그러나 그 숱한 이야기 보고寶庫 밑에 숨겨진 가슴 아픈 사연들을 혼자 감내하느라 무척이나 힘들어하던 모습도 잊을 수가 없습니다. 가끔씩 그가 쓴 이야기 속에 실명이 거론되었거나 상황이 다소 과장되어 심기가 불편했던 동문들이 있었다면, 이제는 그 모든 것들을 깨끗이 털어버림으로써 고인의 영혼을 자유롭게 해주시기 바랍니다.

구하 씨가 쓰러지기 며칠 전에도 '청조만담' 원고 마감시간까지 힘들어 하길래 한 달 쉬자고 했더니, 동문들의 기다림을 저버릴 수 없다면서 뒤늦게 원고를 써 보내왔습니다. 밤새워 원고와 씨름하느라 끙끙거렸다는 서영이 엄마의 말을 뒤늦게 듣고 정말 가슴이 무거웠습니다. 이제 고인이 심혈을 기울여 소담스럽게 담아온 우리 이야기들을 한 권의 책으로 묶어 영전에 바칩니다.

구하 씨의 1주기를 맞아 부산고 재경동창회의 선후배들이 '청조만담'의 출간을 계획했으나, 마침 18회 동기들이 고인에 대한 추모 글과 회고담, 그리고 시조 작품을 함께 모아 책으로 펴낸다기에 만담 출간을 일단 미룬 데다, 내용 중 민감한 부분을 다시 점검하느라 어느덧 시간이 흘렀습니다. 그동안 연재한 글이 한 권의 책으로 담아내기에는 너무 많은 분량이어서, 민감한 내용이나 중복된 것, 동창회 차원의 공감대가 상대적으로 낮은 것 등에 대해 일부 또는 전부를 제외시켰습니다. 이 작업은 편집위원들이 전문을 돌려 읽고 논의를 통해 결정한 것입니다.

구하 씨는 '청조만담' 연재뿐만 아니라 동창회 구석구석에 많은 기여를 했습니다. 특히 6년 전 〈부산고 60년사〉를 편찬하면서 가장 핵심부분인 학교정사를 고인이 쓰지 않았더라면 이 책은 출간되지 못했을 것입니다. 그 방대한 자료들을 취재하고, 정리하고, 집대성하면서 마침내 허리통증까지 얻었으면서도 그 내용에 대해 몇 차례 방향수정을 요구했을 때 불평 없이 받아주던 모습에 정말 감동을 받았습니다. 우리 청조 동문들이 시간의 풍화에 관계없이 고인을 기리고 추모하는 것은 당연하다고 생각됩니다. 구하 씨의 육신은 이제 보이지 않지만, 고인의 이름과 모습 기억하면서 안타까워하는 동문들이 살아있는 한, 고인은 죽지 않고 우리와 함께 살아있을 것입니다.

흔히 재담가로 소문난 문필가의 애칭으로 황구라(황석영), 김구라(김지하), 백구라(백기완) 등이 있지만, 구하 씨는 재담에서도 그들에 뒤지지 않는 시조시인인 데다 이름도 비슷하여 내가 '박구라'로 명명하여 가까운 동문들 사이에는 널리 통용되고 있었지요.

소주 잔 놓고 시조 읊조리던 '박구라'의 호탕한 웃음소리 다시 듣고 싶습니다. 잠시 이 세상 소풍 끝내고 돌아가서는 청조 동문들과 어울려 살았기에 참 재미있고 아름다웠다고 말하겠지요. 우리의 영원한 청조인 구하 씨, 다시 만날 때까지 평안히 영면하소서.

끝으로 이 책의 발간을 위해 물심양면으로 도와주신 박성훈(16회) 재능그룹 회장님, 박경명 회장님. 정영일 변호사님 등 18회 동기 분들, 그리고 고인의 넋이 깃든 원고 하나하나를 다시 읽으며, 편집 일을 함께한 안병태(18회), 유자효(19회), 엄철민(22회), 이재욱(27회), 이재준(39회) 동문님들에게 감사를 드립니다.

출간위원장 김동현(17회)

| 차례 |

제3부 은사열전

제4부 사통팔달 청조인

제5부 바다가 보이는 교정

제1부

배움의 도가니

감사하면 복이 온다

[2007년 8월]

요즘 네티즌들이 즐겨 쓰는 말 중에 'ㄱㅅㄱㅅ'이 있다. '감사감사'라는 뜻인데 빈도수 1위라고 한다. 얼굴 없는 문자세계에서 '감사感謝'라는 말이 가장 많이 쓰인다니 뜻밖이다. 사실 '감사'는 성악설의 인간에게 하늘이 준 행복의 열쇠라 해도 과언이 아니다. 감사하는 마음에 불만이 있을 수 없고 불만이 없는데 무슨 다툼이 있겠는가. 감사는 자기 분수를 알고 남을 용서하는 힘이다. 그러므로 감사하면 복이 온다.

'감사'라는 말은 청조인에게 낯설지 않다. 아니 너무 친숙한 말이다. 실제 생활에서 감사를 하든 안 하든 우리에게 이 말은 뇌리 깊숙이 각인되어 있다. 모교의 교훈 제1조가 '감사하자' 아니던가. 청조인은 부산고에 입학하면서 이 말부터 제일 먼저 배운다. '감사하자'라는 말은 일반인에게는 생소할지 모르나 고교 3년 동안 대를 이어(?) 보고들은 우리 청조인에게는 피가 되고 살이 된 말이다.

명 교훈校訓 '감사하자'

'기대수명'이라는 글을 읽고 많은 분들이 호기심 반 기대 반으로 어찌하면 수명을 연장할 수 있는지 물어왔다. 내가 삼천갑자 동방삭도 아닌데 어찌 알랴마는 그래도 답하라고 한다면 감사생활이 한 방법이라 하겠다. 기대수명은 연령별 평균수명에서 자신의 선천적 조건과 후천적 습관의 호불호에 따라 수치를 더하거나 빼면 나온다. 평균수명이란 자기가 태어난 시점에서 바라본 동일 연령대의 수명 통계치를 말한다. 가령 1940년대에 태어난 사람의 경우 그 연령대의 평균수명이 76세라면 여기에 자기의 선천적 조건이나 후천적 생활습관이 좋으면 가점이 되어 90세, 백세까지 살 수 있다. 반대로 담배를 피우거나 운동을 안 하거나 출신성분, 즉 가족력이 불량하면 그만큼 차감한다. 이 계산법은 '행복감' 같은 추상명사까지 계량화한다는 점에서 100% 믿기 어렵지만 주먹구구라도 '긍정적' 인생관이 수명연장에 플러스가 되리라는 점은 분명하다. 이래저래 나쁜 습관이 몸에 배어 기대수명을 자기 힘으로는 더 올릴 자신이 없는 사람은 이 글을 읽고 기대수명을 연장하시기 바란다.

먼저 내 경험담 하나. 기실 나는 지난 4월에 허리디스크를 앓았다. 어떤 시인은 4월에서 오월로 넘어가는 길목에는 암초가 많다고 했지만 나의 4월은 정말 잔인(?)했다. 평생 책상물림으로 운동과는 담을 쌓고 살아온 나는 이번에 그 과보로 4번과 5번 요추 사이의 허리디스크 수핵 탈출 내지 파열 진단을 받고 수술 직전 상태까지 갔다. 평생 내 몸이 무한정 짱짱할 줄 알았는데 아, 나도 별수 없는 'n분의 1'인 인간, 'one of them'일 뿐인 1회용 인생이구나 하는 절망감을 느꼈다. 앉을 수도 누울 수도 설 수도 없는 투병기는 소주 몇 병 분량만큼 되지만 다음 기회로 미루고 2개월여 동안 지옥에서 죽지 못해(?) 살던 나는 어떤 귀한 인연을 만나 수술 없이 기적적인 회복을 했다.

회복 후 나는 세상을 보는 눈이 달라졌다. 오만과 편견으로 가득 찼던 시선이 나도 몰래 겸허와 감동의 시선으로 바뀌었다. 무식하면 용감하다고 천방지축 날뛰었던 지난날이 부끄러워졌다. 존재의 한계랄까, 무력감도 바가지로 느꼈다. 그동안 내가 잘 안다고 여겼던 '양보'니 '화해'니 '감사'니 하는 말들은 모두 관념적으로만 알았지 실은 모르고 있었음을 알았다. 미국 PGA 투어 골퍼 최경주가 한 말이 있다.

"지식으로 아는 것은 모르는 것이다. 내 몸이 스스로 알아서 하게 될 때 비로소 아는 것이다."

그가 험한 골프 본바닥에서 호성적을 낼 수 있었던 것은 머리가 아닌 몸으로 골프를 알았기에 가능했다는 말이다. 스윙을 어찌해야 한다는 소리 백번 외워봤자 소용없다. 마찬가지로 입으로만 백번 양보니 화해니 감사니 해봤자 마음으로 못 느끼면 소용없다.

그렇다고 내가 하루아침에 도를 깨쳤다는 뜻은 아니다. 그저 인생이란 박인환의 시같이 '잡지의 표지처럼 통속'할 뿐, 아무 것도 아니라는 생각이 들었고, 또 한 편으로는 '아무 것도 아닌 것도 아니다'라는 생각이 들었을 뿐이다. 그러다 내가 아는 사람들, 하찮은 사물들, 늘 그렇고 그렇던 나의 주변과 그 곱고 미운 시선 모두가 어느 날 갑자기 한결같이 새로워 보이고, 있어주어 고맙다는 생각이 들었다.

몸은 저리고 쑤시고 시리나 정신은 놀라울 정도로 말짱한 게 디스크란 병이다. 그래서 몸과 마음이 극명한 대비를 이룬다. 불과 며칠 전까지 자유롭게 걸어 다닌 길들이 여전히 저 창밖에 쭉쭉 뻗어 있는데 나는 꼼짝없이 누워 있다. TV 화면 속에서 무슨 오락물이나 르뽀 현장에서 떠들고 땀 흘리는 사람들, 하다못해 데모나 시장바닥에서 아옹다옹 다투는 사람들의 모습조차 그렇게 아름답고 부러울 수 없다. 그 속에 있을 때는 몰랐던 사람 사는 냄새가 풀풀 풍겨오고 그 속에서 놀던 때가 그리워지고 다시는 저 속에 못 들어갈 것 같은 절망감에 몸을 떤다. 그러니 다시 건강을 회복한다면 어떻게 살아야 할 것인가 하는, 깨친 듯한(?) 생각이 왜 안 들겠는가.

감사한 마음 vs 미안한 마음

건강을 되찾은 지금, 나는 그때의 우아한 생각을 잊고 다시 욕망의 생활 속으로 원위치하고 말았지만 그때 느낀 절박감은 잊지 못한다. 그 절박감은 감사한 마음으로 전이된다. 출세, 명예, 부귀 다 좋지만 그것은 모두 생명의 바다 위에 잠시 일렁이는 파랑일 뿐 어떤 경우에도 생명 그 자체보다 존귀할 수 없다.

산다는 것은 매순간 순간 생명의 연장이요 생명의 연장은 감사생활이 알파요 오메가다. 부귀공명은 생명에 비하면 사소한 것이다. 그런데 우리는 이 사소한 것에 목숨을 건다. 이제라도 눈 붉히지 말고 인생의 우선순위가 어디에 있는지 생각해야 한다.

지금까지 나온 모든 이론과 주의 주장 이전에 감사하는 마음이 있으면 다툴 일도 뽐낼 일도, 바쁠 일도 없다. 식물은 이데올로기가 다른 곳에서도 꽃 피우고 열매 맺으며 향기를 낸다. 그 모두 지수화풍의 은덕으로 주어진 한 생을 살다가는 것이다. 원불교적으로 말하면 내 몸이 지금 여기 있는 것은 천지 · 부모 · 동포 · 법률의 은혜를 입고 있는 것이지 천상천하 독불장군이어서가 아니다. 내가 있으니 네가 있고 어제가 있으니 오늘이 있다. 사랑이 있으니 미움이 있고 분노가 있으니 용서가 있다.

'천지불인天地不仁'이라고 천지는 인자하지도, 잔인하지도 않다. 그저 그런 것이 자연이니 그저 그리 알고 나의 작은 생명, 이만큼이라도 살게 허락해주는 '지금' 이 순간의 구체적 자연에 감사하며 "네가 있어 기쁘다(I am happy because of you)"는 생각으로 살다보면 일일시호일이라 수명은 천명대로 가게 된다.

'감사하자'의 반대말은 무엇일까. '미워하자'일까, '복수하자'일까, 그냥 '안 감사하자'일까. 추억의 명화 '러브스토리'에서 자꾸 미안하다고 말하는 제니에게 올리버가 하던 말이 생각난다. "Love means never having to say you are sorry." 미안하다는 말은 감사하다는 말의 또 다른 말 같기도 하지만 사실은 그 반대다. 미안한 것은 미안할 짓을 했기에 미안한 것이다. 누가 나에게 미안한 마음을 가지고 있다면 미안한 일이 있었거나 앞으로 생길 것이란 말과 다를 바 없다. 그러니 감사하지 않는 것이다. 감사하지 않으면 미안할 일이 생긴다. 누군가 나에게 고마운 일을 베풀었기 때문에 고마워하는 것은 누구나 할 수 있는 일이다. 누구에게 베풀어주는 것도 좋지만 베풀지 않고 그냥 사랑하는 것이 진짜 감사함이다. 상대방 없는 베풂 말이다. 미안해 할 일을 하지 않음은 그 출발점이요 내가 처한 현황을 그대로 받아들임으로써 남을 인정하는 것이 더 큰 고마움이다. 누구에게 무슨 은덕이나 도움을 받았을 때 하는 감사는 의례적이고 상대적이다. 이런 감사는 (물론 꼭 필요한 말이지만) 습관적으로 하는 말로서 '기대수명' 연장에는 별 도움이 안 된다.

어떤 작용, 반작용에 의해서가 아니라 존재 그 자체에 대해 느끼는 감사, 이를테면 순경順境이든 역경이든 내가 현재 처한 환경에 감사하고 생명의 근거를 마련해 준 현재의 시간과 공간에 보내는 감사, 즉 절대적 감사를 할 때 수명은 절대적으로 늘어난다.

'감사'는 우리가 일상생활에서 가장 많이 쓰는 말이다. 외국에 가서 외국어를 몰라도 '감사하다'는 말만 알면 매 맞거나 굶어죽지는 않는다. 우리 청조인은 머리에 먹물이 들 때부터 '감사하자'는 말을 골백번 들어왔다. 그만큼 감사할 기초체력이 튼튼하다. 그저 뇌리 속에, 핏줄 속에 노다지로 들어 있는 '감사'를 꺼내기만 하면 된다. '감사'는 척박한 우리 삶을 기름지게 해주는 비료 같은 것이다. 최소의 비용으로 최대의 효과를 거둘 수 있는 경제성 있는 연장이다.

지금 이 순간, 유쾌한 생각, 대범한 생각, 친구와 가족, 동문 등 작고 가까운 인연을 소중히 하고 감사하게 여기는 것. 이것이 동물적 삶으로서의 건강의 지름길이자 청조인적 삶으로서의 바른 길이 아니겠는가. 청조인이여, 우리 수명을 연장해 줄 연장 '감사하자'를 가르쳐준 모교를 향해 크게 감사하자!

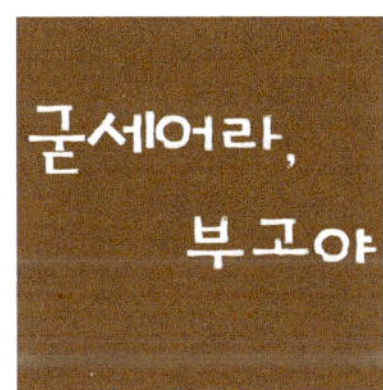

[2007년 10월]

눈보라가 휘날리는 바람찬 흥남부두에/ 목을 놓아 불러봤다 찾아를 봤다/ 금순아 어디로 가고 길을 잃고 헤매었더냐/ 피눈물을 흘리면서 일사 이후 나 홀로 왔다.

지금 나는 부산 동광동 그 유명한 40계단 층층대 위에 서 있다. 바로 옆에서 목젖을 덜덜 떨며 흐느끼듯 부르는 현인의 노래 '굳세어라 금순아'가 귀끝에 쟁쟁하다. 만감이 교차한다. 교통편이 마땅찮던 옛날에야 이 계단 아니고 초량에서 용두산 공원으로 오를 길이 없었지만 지금은 길도 나고 차도 지천이라 구태여 이 계단을 오를 일이 없었는데 이번에는 일제 때 독립군을 지원하다 숨진 백산 안희제 기념관을 찾아볼 일이 있어 가는 길에 버스 간에서 우연히 흘러나오는 이 노래를 듣고 만사작폐하고 찾아간 것이다.

추억의 40계단에 서서

40계단은 1950년대 온 국민의 피난지였던 부산의 애환을 가장 많이 간직한 돌계단이다. 당시에는 보퉁이 이고 진 피난민들이 오르내리던 고달픈 삶의 현장이요, 철학관 점집이 다닥다닥 붙어 있고 일가붙이를 찾는 전단이 붙어 있는 전봇대, 그 옆에 기대어 아코디언을 켜는 악사들도 있었고…. 이 구닥다리 계단이 아직도 현대화의 폭풍에 없어지지 않고 남아 있는 것은 순전히 개발이익 영점지대인 탓이리라. 대신 근처에는 '40계단 문화관'까지 갖추어져 1950년대 피난민들의 애환을 담은 시대상을 전시하고 있다.

일가친척 없는 몸이 지금은 무엇을 하나/ 이 내 몸은 국제시장 장사치기다/ 금순아 보고 싶구나 고향 꿈도 그리워진다/ 영도다리 난간 위에 초생달만 외로이 떴다.

아이스크림을 문 남녀가 지나는데 현인의 애잔한 노래는 2절로 이어진다. 흥남부두 피난민 대열에서 헤어진 여동생을 머나먼 부산 땅에서 찾는 오빠의 애절한 울음이 코끝을 찡하게 한다. 이 2절에서 부산의 명물 국제시장과 영도다리가 나온다. 국제시장은 불타고 다시 세워져 아직도 있으나 예전의 명성은 찾을 수 없고 옛 다리는 남아 있으나 그 옛날 하루에 한 번씩 '끄떡 들던' 모습은 찾을 수 없다.

철의 장막 모진 설움 받고서 살아를 간들/ 천지간의 너와 난데 변함 있으랴/ 금순아 굳세어다오 북진통일 그날이 되면/ 손을 잡고 울어보자 얼싸안고 춤도 추어보자.

3절에 오면 애잔하기만 하던 노래는 어느새 희망가로 바뀌어 너와 나의 이름을 잃지 않고 굳세게 살아간다면 통일의 그날 다시 만나 지난날의 고난을 옛말하며 지낼 수 있지 않겠느냐며 격려하고 다짐하고 있다. 이 노래는 지금도 술자리에서 애창되는, 당시 실향민과 가난에 찌든 우리 국민 모두에게 희망과 용기를 주었던 국민가요다.

나는 피난민이 아니라서 그런지 이 노래를 좋아하기는 해도 누구처럼 자나 깨나 부르지는 않았는데 지금 다시 듣고 보니 힘없고 선량한 서민에게는 약방문 같은 명곡이라는 생각이 든다. 이 노래는 제목에도 있듯이 '굳세어라' 라는 말이 나오는데 이 말의 의미가 묘하게 가슴을 때린다. 굳세지 않고 그 신고한 삶을 어찌 살았으랴.

'굳세다'라는 말은 흔한 말 같지만 잘 쓰는 말은 아니다. 그런데 부산고의 교훈에 나온다. 부산고의 교훈은 명사형이 아닌 문장 형인데 그것도 '…하라'는 명령형이 아닌 '…하자'는 권유형인 점이 특이하다. 부산고 설립자라 할 은사 김하득 교장이 직접 지은 이 교훈에는 부산고가 대를 이어 쌓아갈 전통, 그 동문들이 두고두고 새겨야 할 깊은 뜻이 배어 있다. '굳세다'라는 말은 어떤 고난, 모진 설움에도 꺾이거나 지지 않고 나아간다는 뜻이다. 여기에는 백절불굴의 정신과 칠전팔기의 굳센 의지가 있다. 오늘 못 하면 내일, 내일 못 하면 다음 대에서라도 해내야 한다는 뜻을 가지고 있다.

그런데 부산고 교훈의 '굳세자'는 아무 데서나 '굳세자'는 뜻이 아니다. 우리가 따르고 지켜야 할 정의 앞에 '굳세자'는 뜻이다. 부산고 신축 건물 옆의 상징물 교탑에는 12개의 칼이 있는데 이게 소위 '정의의 칼'로서 문준호 동문(14회)은 부고인의 3대 기상인 정의, 겸손, 냉철한 판단력을 상징한다고 말한다. 연전에 발간한 모교 60년사를 보면 부산고는 정의를 사랑하고 정의를 실천할 줄 아는 전통을 가지고 있다. 개교 이래 격변하는 사회 현실에서 부산고는 고비마다 정의를 실천하는 데 앞장섰다. 자유당 시절 4 · 19혁명의 도화선이 된 '3 · 24 의거'를 전국 최초로 거행한 것도 그 정의감을 드러낸 일단의 예다.

죽어가는 모교, 두고 볼 것인가

송 복 동문(9회)은 부산고 정신을 이러한 '정의'와 함께 '정정당당함'에서 찾는다. '정의'가 목적이라면 '정정당당함'은 수단이다. 목적이 아무리 좋아도 그 목적을 추구하는 수단이 정당하지 않으면 안 된다. 수단과 절차가 공평무사하지 않으면 정의는 없다. 부러질망정 휘어지지 않는 정명正名 사상은 부산고 전통의 바탕이다. 김성우 동문(6회)은 하늘이 두 쪽 나도 시是는 시요 비非는 비라 한다. 허문도 동문(10회)은 부고인 중에는 손해 볼 줄 알면서도 나서는 바보 같은(?) 정의꾼들이 많다고 한다. 굿이나 보고 떡이나 먹으면 될 것을 가만히 있지 못하고 나서는 촌스런(?) 부고인이 유달리 많다는 것이다. 이는 현실 생활에서 마이너스로 작용하여 손해 보기 십상이다. 조갑제 동문(18회)은 부고인의 기질을 한 마디로 '욱하는 성깔'로 표현한다. 불의不義를 불용不容한다. 그는 화를 참는 용기보다 정의를 위해 분노할 줄 아는 용기가 더 소중하다고 한다. 정당한 분노야말로 역사 창조의 원동력이다. 부고인은 졸업 후 사회에 나와도 동문이라고 봐 주지 않는 동문사회 전통에 잘 적응이 되어 있다. 정정당당한 기회와 실력으로 승부를 가리는 것을 좋아한다. 이것들이 다 '굳세자'라는 교훈에서 비롯되고 굳어진 전통이 아니고 무엇이겠는가.

그런데 우리에게 그 굳센 정의감과 굳센 정정당당함을 심어주고 일깨워준 모교가 지금 빈사상태에 놓여 있다. 1980년대 고교평준화 이후 부산고는 명문고 대열에서 이탈하고 있다. 이 현상은 비단 모교뿐 아닌 저간의 명문고 그룹이 공통으로 겪고 있는 현실이지만 경기고를 비롯한 명문들이 일찌감치 학교를 싹수가 보이는 곳으로 이전하여 지금의 척박한 교육풍토에서도 그나마 명맥을 이어가고 있으나 유독 우리 모교만은 물이 말라가는 수족관에서 숨만 할딱이는 물고기 신세로 전락하고 있다.

김광성 현 모교 교장(17회)의 말에 의하면 서울대를 비롯한 명문대 합격률은 말할 것도 없고 학생과 학부형이 입학을 기피하는 학교로 전락하고 있다고 한다. 매년 학생 수마저 급격히 줄어 과거의 반수에도 못 미치는 한 학년 300명 이하의 소수학교로 추락하여 이대로 가다가는 학생 수 부족으로 다른 학교에 통폐합될지도 모를 위기에 봉착해 있다. 그야말로 일할 만한 사람 다 떠난 농촌의 빈집 같은 모습이 모교의 실상이다. 역대로 야당 대표, 검찰총장, 육군 참모총장을 배출한 '굳센' 부산고교는 이제 전설 속의 학교로 남을 것인가.

지금 모교는 다시 한 번 새 교지로 이전할 찬스를 눈앞에 두고 있다. '모교가 현 위치에 있을 때 모교지 떠나면 안 된다'는 의견과 '모교가 이름과 전통을 지키고 있는 한 이전해서라도 살아남아야 한다'는 주장이 엇갈리고 있다. 목적을 향한 의견에는 절대선이 없다. 그러나 현실사회에서는 목적으로 가는 정정당당한 절차가 있다. 그 절차에 따르면 된다. 무엇이 그리 복잡한가. 부산고의 정신으로 볼 때 이 문제는 해결책이 의외로 간단하다. 이전移轉의 주무관청인 교육청이 이전 제의를 했고, 이전 당사자인 모교가 타당성을 검토하여 신청을 했고, 이해 당사자인 동창회가 절대적인 지지를 했고, 재학생의 현지 졸업 보장으로 학부형에게 피해가 없는 이 마당에 왜 혼선이 빚어지고 있는지 알다가도 모를 일이다. 이번 이전 여부는 명문 부고의 맥을 살릴 마지막 기회일지 모른다. 지금이야말로 우리 모두 입을 모아'굳세어라, 부고야!'를 부를 때다.

지금 40계단 층층대에서 나는 답답한 심정으로 그 옛날 박재홍이 불렀던 '경상도 아가씨'를 불러본다. 40계단 층층대에 앉아 우는 나그네가 '피난민'만일까. 혹여 지금의 '부산고'는 아닌지 가사에 나오는 '경상도 아가씨'를 '초량골 머슴아'로, '이북고향'을 '명문부고'로, '가려나'를 '보려나'라 바꿔 목 터지게 불러본다.

> 사십 계단 층층대에 앉아 우는 나그네/ 울지 말고 속 시원히 말 좀 하세요./ 피란살이 처량스레 동정하는 판잣집에/ 경상도 아가씨가 애처로이 묻는구나/ 그래도 대답 없이 슬피 우는 이북고향 언제 가려나.

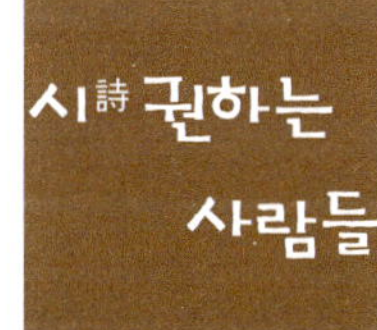

[2007년 12월]

지금 세계는 급격한 산업화, 정보화로 인간성이 고갈되면서 '죽은 시인의 사회'가 되어 가고 있다. 책보다는 시청각물이 판을 치고 책 중에서도 시집은 더욱 팔리지 않는 세상이 되었다. 서양에서는 시집의 경우 고작 1천 부 정도가 팔려도 베스트셀러라 한다.

그러면 우리나라는 어떤가. 책이 안 팔리기는 우리나라라고 예외는 아니지만 시에 관한 한 이야기는 달라진다. 우리나라는 시인도 많고 시 잡지도 많고 시집도 엄청나게 출판되고 있다. 이것은 세계적으로 흔치 않은 참으로 기이한 현상이다. 그 흔한(?) 역대 노벨상 한 번 타보지 못한 나라에서 이렇게 시가 흔한(?) 것은 왜일까. 아마도 그것은 역대로 시문을 숭상하고 싸움보다 평화를 존중해온 민족성 때문이 아닐까 한다. 조선왕조는 과거시험으로 인재를 등용해왔는데 그 과거시험이 바로 시문을 짓는 일이었다. 사서오경을 달달 외는 지식만을 가진 사람이 아니라 그 위에 고도의 감성을 지닌 '된 사람'으로서 시인을 뽑는 시험이었다. 그러므로 조선왕조 500년간 나라를 이끈 사람들은 정치인이기 이전에 시인이었다.

공자는 '시삼백詩三百 일언이폐지一言以蔽之 사무사思無邪'라고 했다. 사사롭고 삿됨이 없는 정신이 바로 시정신이란 말인데 이게 바로 우리네 선비정신이다. 옛날에는 시를 모르면 선비정신이 없는 것이요, 선비정신이 없으면 국정을 담당할 수 없었다.

지금은 민주화가 되어 민의에 의해 정치인을 뽑고 있어 선비정신을 따질 이유도, 여유도 없다. 그래서 요새 정치인은 시를 몰라도 아무 허물이 되지 않는다. 비非시인이 난무하는 우리 시대의 정치상은 어떠한가. 최근 피감기관이 술을 권했는지 국회의원이 술을 권했는지는 모르나 술자리의 악취가 삼천리에 진동한다. 오죽했으면 '국회스럽다'라는 신조어가 나도는 세상이 되었을까.

플라톤은 이상국가론에서 시인을 추방해야 한다고 했으나 뒤에 법률 편에서 교육과 여가선용을 위해 시인이 다시 되돌아와야 한다고 했다. 지금 우리나라는 비록 자원은 적고 땅은 좁으나 경제적으로, 문화적으로 세계 열손가락 전후에 드는 강소국이 되었다. 그 원동력은 어디에 있는가. 나는 시를 아끼고 사랑하는 선비정신이야말로 그 하나라고 믿는다. 지금 나라가 어지러워도 이는 잠시잠깐일 뿐이고 역시 우리나라의 미래는 밝을 것이다. 그것은 우리 민족에게는 신명 있는 풍류정신과 시정신이 아직 살아 있다는 믿음 때문이다. 나는 그 단면을 부산고를 모교로 한 우리 청조인들 면면에서 본다.

지난 10월 11일 남산 기슭에 있는 '문학의 집'에서 한국시인협회 50돌잔치가 있었다. 여기서 오세훈 서울시장은 '시가 흐르는 서울'의 기획과 시협에 베푼 저간의 호의에 대해 감사패를 받기도 했지만 이날의 하이라이트는 오세훈 시장이 아니고 '명예시인' 증서를 수여받은 박성훈 재경동창회장(16회)이었다. 명예시인 칭호는 세계 어느 나라에도 없는 우리나라만의 독특한 것이다. 그것도 어떤 친분관계나 즉흥성이 아니라 뚜렷한 공적과 본인의 시적 감성을 고려해 협회의 엄격한 절차를 거쳐 수여된다. 명예시인은 시인이 아니면서 시인 대우를 해주는 것이지만 시중의 '명예'자 돌림과는 다르다. 실제로 시를 쓰지는 않지만 그 감성이 시적이고 그 생활자세가 시인다워야 한다.

명예시인의 산실, 부산고

이 영예의 '명예시인'은 그 제도가 생긴 이래 10여 년이 지나도록 단 세 명밖에 받지 못했다. 그런데 특이한 것은 그 소수의 수예자受譽者들이 모두 같은 고교 출신, 바로 부산고 동문들이라는 점이다.

1987년 11월 1일 '시의 날'에 첫 명예시인이 된 김성우 동문(6회)은 당시 시 부흥을 위해 '시인만세'를 부활한 큰 공로가 있기도 했지만 그 자신 시인 이상의 시적 감성을 지닌 사람으로 시를 사랑하고 시를 알았기에 응당 받을 것을 받은 것이었다. 그는 첫사랑인 시 '귀촉도'를 지은 서정주 시인으로부터 "시인인 나보다 명예시인인 당신이 더 위대하다"는 축하의 말을 들었다고 한다. 김성우 시인은 욕지도 출생으로 시는 그의 태교였으며 해조음을 통해 시적 예지를 키우며 자랐다고 그의 명저 '돌아가는 배'에서 밝히고 있다.

김성우 동문은 명예시인을 받은 후 일간스포츠 사장 시절 '시인만세'의 정신을 이어가기 위해 백상기념관에서 김수남(9회) 당시 소년한국일보 사장과 '시사랑모임'을 만들어 각종 신문매체, 교육 강당에서 시낭송운동을 벌였다. 그 공으로 김수남 동문이 제2호 명예시인이 되었다. 김수남 동문은 시를 밥보다, 부인보다 더 사랑한 진정한 '시의 사람'으로서 시 3백편을 앉은 자리에서 줄줄 외던 시 낭송가였다.

이 두 사람은 1988년 월북 작가 해금조치 후 정지용의 시를 사랑하는 모임으로 '지용회'를 만들고 지용의 시를 세상에 알려 오늘에 이어지게 했다. 이 땅에 시인들은 많지만 이런 운동을 한 사람은 오직 김성우, 김수남 두 동문뿐이었다, 이런 사실을 아는 우리는 그들만큼 그들을 배출한 부산고가 새삼 자랑스럽게 느껴진다.

그런데 김수남 동문은 작고했지만 그가 두 번째 받았던 '명예시인' 칭호는 그로부터 근 10년이 지난 이날, 다름 아닌 부산고 동문에게로 다시 이어졌다. 이는 참으로 진기한 인연이 아닐 수 없다. 이것이 우연일까. 절대 아니다. 부산고의 눈에 안 보이는 감성교육의 전통과 사람 냄새나는 끈끈한 동창애의 연결고리가 없고서는 아니 될 일이다.

박성훈 동문 또한 시를 누구보다 사랑하고 몸으로 아껴온 사람이었다. 그는 김수남 시인 생존 시부터 그의 시낭송사업을 도왔고 작고 후에는 더욱 크게 불려 '재능시낭송회'를 창립하고 전국적으로 지회를 만들어 낭송운동을 벌였다. 매년 경진대회를 열어 세종문화회관에서 연말 결선대회를 통해 시낭송가를 배출하고 있다.

시가 노래라면 노래에 작곡가와 작사가가 있듯이 시도 쓰는 작시자가 있으면 시를 읊는 낭송가가 있어야 하지 않겠느냐는 주장에 따라 자비를 들여 묵묵히 15년여를 실천해 오고 있는 것이다. 이게 어디 국가가 할 일이지 개인이 할 일이던가. 이제 그 공이 뒤늦게 알려져 3호 명예시인 칭호를 받게 되었으니 이것은 그의 영광이자 우리 청조인 모두의 영광이 아닐 수 없다.

시인보다 더 시를 사랑하는 사람들

여기서 시를 써서 시인이 되지 못하고 시를 쓰지 못하는 죄(?)로 명예시인이 되었다는 김성우의 말을 들어보자.

"명예시인은 시의 사도司徒다. 명예시인은 시인보다 더 시를 사랑하는 사람이다. 명예시인이라는 향기로운 이름에 값하도록 시를 사랑하라고 주어진 이름이다. 나는 행상처럼 이슬 같은 시를 광주리에 담고 시를 외치며 항상 한 걸음 뒤에서 시인을 뒤따라갈 것이다."

이 말에는 시에 대한 무한한 애정과 시를 향한 명예시인의 시적 금도가 엿보인다. 그렇다. 시인은 누구나 될 수 있지만 명예시인은 아무나 될 수 없다. 그런 명예시인을 3명이나 배출한 부산고 또한 예사 학교일 수 없다.

그러고 보면 부산고는 설립 때부터 시와 무관하지 않았다. 청조인의 영원한 태교인 '아스라이' 교가부터 유치환이라는 유명시인이 직접 모교를 위해 지은 헌시로 그 자체가 이미 명시 반열에 들고, 작곡 또한 세계적 음악가인 윤이상이 지은 것으로 청조인은 재학 내내 이 교가를 부르며 학교를 다녔다. 교훈 또한 평범함 속에서 비범함을 담은 삼행문, "감사하자, 굳세자, 힘쓰자"로 그 은유와 암시가 시적이다.

이런 시적 분위기 물씬한 학교에서 인생의 여명기를 보낸 청조인들은 겉으로 드러나든 아니든 모두 시인이요 지성을 겸비한 감성인이다. 그 증좌는 한둘이 아니다. 교양문학지 '삶과 꿈'의 편집인 이규은 동문(7회)이 그렇고, 문인협회 회장을 역임한 성춘복 시인을 비롯한 8회 동문들은 지금도 서울 한복판인 회현동에 음악감상실을 두고 수시로 동문들을 초대하여 때기리로(?) 문학과 음악을 즐기고 있다. 우리 시대 명 논객 송 복(9회) 교수 또한 시 마니아요, 검찰총장을 지낸 정구영 변호사, 김춘복 소설가를 비롯한 10회의 소년동인 '일곱별'은 졸업 후 반세기가 지난 지금도 육독회를 만들어 독서를 통해 만고불변의 동문애를 만끽하고 있다.

'기다리는 마음'의 국민시인 김민부(11회), 구라시인 반헌수(13회) 변호사, '필력은 국력'이라는 조갑제(18회) 기자, 그리고 김태홍 · 안장현 시인 교사 밑에서 시를 배운 18회 이후 기수들 중에 현재 등단하여 활동 중인 동문들이 수십 명에 이른다. 등단이라는 절차를 거치지 않았어도 시를 생활하며 사는 동문들이 의외로 많다.

시를 사랑하는 것은 사람을 사랑하고 인생을 사랑하는 것이다. 시는 어렸을 때도 좋지만 나이가 들어 시를 음미하는 맛과 멋을 알면 더욱 좋다. 요즘 항간의 술자리는 유행가를 부르거나 외설 아니면 정치인 험담을 하는 게 일반적인 풍경이다. 물론 이런 것도 스트레스 풀기에 좋은 안주거리이지만 왠지 입이 더러워지는 것 같고 유행가 또한 값싼 감상에 잠시 젖는 것일 뿐 그것으로 자신의 내면의 허기를 채울 수는 없는 일이다. 그럴 때 시를 쓰는 재주가 있으면 좋겠지만, 쓰지 못한다 해도 세상에 나와 있는 명시들을 골라 읽고 외면서 자신의 생활을 돌아보고 삶의 의의를 새겨볼 수 있다.

요즘 청조인 모임에서 등산을 가거나 가끔 어울리게 되는 술자리에서도 친구들이 노래나 험담 대신 시나 시조를 읊고 권하는 모습을 자주 본다. 아주 바람직한 풍경이다. 깊어가는 가을, 청조 동문들이여! 메마른 세상에 사랑의 술 한 잔 권하고 안주 삼아 다시 시 한 편을 권하자. 그리하여 디지털의 정보화 사회에 사그라지는 아날로그의 인정을 일깨워 우리 모두 사는 날까지 사람답게 살다 가자.

제2부

청조인이 사는 법

- 영원한 아웃사이더 박종수 [2003년 12월, 2004년 2월]
- 국세청 청백리 김용국 [2004년 3월]
- 김성우의 수국기행 [2004년 4월]
- 하을봉의 진정한 행복
  [2004년 9월, 2004년 10월, 2005년 2월, 2005년 9월]
- 손말철의 헌신과 베풂의 삶 [2004년 11월]
- 김종석, 좌판 위에 피운 꽃 [2005년 3월]
- 이재희, 칼날 위에 꽃 피우기 [2005년 4월]
- 유삼렬과 교사의 힘 [2005년 5월, 2005년 7월]
- 홍성현, 죽지 않고 사는 법 [2006년 1월]
- 김수남의 '사랑하기'와 '앞장서기' [2006년 2월]
- 어느 극작가의 죽음, 최경식 [2006년 4월]
- 전병두의 효행천리 [2006년 6월]

영원한 아웃사이더 박종수

[2003년 12월, 2004년 2월]

여기는 뉴욕 맨해튼 51번가. 반백이 다 된 머리에 키 작은 동양인 하나가 노천카페에 앉아 있다. 담배를 물었으니 석상은 아닌 것 같다. 그 앞에는 반쯤 마신 아이스커피 종이컵 하나가 놓여 있다. 이따금 흑인들이 미친 춤을 추며 지나가는 일 말고는 주말의 뉴욕 거리는 썰물 빠져나간 개펄처럼 한적하다. 이 노천카페에서 혼자 커피를 마시며 망연히 앉아있는 이 사내는 누구인가. 일찍이 제 피를 있는 대로 다 뽑아 새 피로 갈고 싶다고 절규했던 비정의 사나이 박종수!

오죽했으면 낳고 길러준 부모와 절연하려 했을까. 끝내 시가와의 불화를 못 견딘 그의 아내는 자식들을 데리고 미국으로 떠나버렸다. 그로부터 십여 년 독수공방을 술로 달래며 몸도 마음도 지쳐버린 사나이. 처자를 미국에 보내놓고 혼자 살고 있으니 직장에서는 언제든 떠날 사람이라는 오해와 모함에 시달렸다. 능력보다 이런 견제가 먹혀드는 직장에서 몇 번 승진이 누락되자 이 땅에 IMF가 오기도 전에 스스로를 구조조정 해버린 사나이. 그 오욕과 고독의 세월을 견뎌낸 그는 이제 단 하나 희망이었던 아들이 성장하여 국제결혼을 한다고 해서 난생 처음 그 결혼식이 열리는 뉴욕에 온 것이다.

"며느리는 유복한 집안의 대만 출신 미국 콜롬비아대학원생. 양가 부모가 결사반대를 해도 저들끼리 좋아, 죽어도 하겠다는 결혼을 어찌 말릴 것인가. 말이 통하나, 글이 통하나 답답한 심정에 갈 곳은 없고 다리쉼으로 앉은 곳이 이곳이다. 낳고 키워서 공부시켜 장가보내는 심정이 하 수상하여 엽서 하나 사서 보낸다. …."

나는 이 엽서를 받고 만감이 교차하였다. 그와 나는 고교와 대학을 함께 다녔고 사회에 나와 직장도 비슷하여 늘 지근至近 거리에서 지내 온 터다. 성도 같아 지금도 대학 친구들은 나와 그를 혼동하여 이름을 바꿔 부를 정도다. 이 엽서를 받고 나는 잠시 그의 심정으로 다음 시를 써 보냈는데 이 시를 받고 그는 울었단다.

> 들 때는 짐이더니 놓고 나니 빈손이네/ 잘 가거라 아들아 내 희망을 네게 준다/ 이제는 내 꿈의 로케트 네가 타고 가거라 (「큰놈을 보내고」 중에서)

그는 M중학을 톱으로 졸업하고 부고와 S대학 법대를 나온 수재인데 불행히도(?) 공부보다 예술 쪽에 재주와 끼가 더 많아 부모의 기대를 저버린 채 누구나(?) 다 보는 사법시험도 보지 않았다. 뜻을 다른 곳에 두었으나 생업을 위해 직장에 들어갔다. 이것만 해도 부모의 속을 뒤집어 놓기에 충분했는데 부모의 동의도 허락도 없이 덜컥 결혼을 해 버렸다. 어릴 적부터 신동이라고 자랑하던 그 잘난 아들이 한 번도 아니고 두 번씩이나 기대를 저버렸으니 부모의 실망이 오죽 컸으랴. 그 실망은 고부간 갈등으로 이어지고 마침내 부자지정까지 금이 가게 되었다.

관악산의 박종수 코스

나의 신혼시절 어느 추운 겨울 날, 부산에 살던 그로부터 느닷없이 "지금 서울 경희대 병원인데 아내가 신경쇠약으로 입원해 있다"는 전화를 받고 달려간 적이 있다. 병실에는 꼬챙이 같이 마른 한 여인이 누워 있었다. 그 옆에 선 그의 표정이 이 세상사람 같지 않았다. 그는 대뜸, "지금, 저 친구를 살릴 수 있다면 내 모두를 바쳐도 좋다"고 말했다. 평소 자신만만하던 그가 갑자기 나약한 인간이 되어 내 눈앞에서 있는 것이 믿기지 않았다.

그 후로 나는 그가 호쾌하게 웃는 모습을 별로 본 적이 없다. 어쩌다 웃어도 그 웃음은 공허했다. 부모로부터 소외되고 처자의 병구완과 생업에 시달리면서 그는 차차 자신감을 잃어갔다. 한때는 실어증에 시달리기도 했다. 학창시절 문학이다, 연극이다, 영화다 하여 예술 방면에 번뜩이던 재기와 발랄은 다 어디로 갔는가. 생존의 질곡에 갇혀 사는 모습이 안타까워 나는 일부러 그의 의기를 촉발하려고 위악적僞惡的으로 굴기도 했다. 그는 끝내 내 뜻대로 따라주지 않았지만 그래도 가정문제만큼은 누구보다 나를 믿고 상의해 주었다.

처자가 떠난 뒤, 나는 혼자된 그를 위해 적당한(?) 애인을 소개시켜 주려고 시도해 봤으나 허사였다. 그는 뜻도 없었을 뿐더러 도대체 기본이 되어 있지 않았다. 바람을 피우려면 최소한 기본기 세 가지, 즉 운전면허증, 골프 핸디 28 이내, 허풍 같은 요건을 갖추어야 하는데 그런 것이 도통 돼 있지 않았다. 오직 술만 먹으면 만고강산, 술만 깨면 적막강산일 뿐이었다.

그나마 등산이 유일한 취미인데 등산을 가도 도전적이거나 모험적인 길을 가려 하지 않았다. 체력이 약한 면도 있었지만 빠른 지름길보다는 뒤에 처져 안전하고 쉬운 길을 선호하였다. 도대체 그의 인생열차는 빨리 갈 필요가 없었다. 그에게는 미국 간 처자에게 생활비를 송금하기 위해 안전하게 살아있는 게 더 중요했다.

서울 관악산 정상으로 가는 코스에는 암벽을 타면서 스릴 있게 올라가는 지름길과 우회하지만 평탄한 길을 느릿느릿 올라가는 길이 있다. 세상에 바쁠 일 없는 그가 우회코스를 택하는 것은 당연한 일. 그래서 우리는 언제부터인가 이 우회코스를 '박종수 코스'라 부른다. '박종수 코스'는 이제 우리끼리는 어떤 산, 어떤 코스에도 있게 마련인 우회코스를 지칭하는 보통명사가 되었다.

미스터 팍! 빠이빠이

젊은 시절 한때 그는 아내의 주장대로 말도 많고 탈도 많은 한국 땅을 떠나 가족이민을 가기로 하였다. 그런데 공교롭게도 이민수속 중 직장에서 미국연수 기회를 따내어 연수 비자를 내던 중 주선자의 사무착오로 미국이민국에 가족이민 신청 사실을 은닉했다는 혐의를 받아 미국 비자가 거부되었다. 그래서 처자들만 가고 그는 혼자 남았다. 남은 자나 떠난 자나 고생하기는 마찬가지였고, 이산가족으로 10년 넘게 살았다. 그런 가운데 아비 없는 외국에서 꿋꿋이 자란 큰놈이 이제 국제결혼을 하겠다는 말을 들었던 게 불과 얼마 전이다.

어릴 때 보냈으니 부자지정이 모자라 서먹한 사이인 데다 국제결혼은 이미 마누라가 현지에서 승낙한 일인데 그가 반대할 틈이 없다는 것을 알고 남의 일처럼 추인하고 말았다. 문제는 며느리에게 자신의 아내가 받지 못한 시아버지의 사랑을 베풀고도 싶은데 도무지 그럴 방법이 없다는 것이다. 말도 안 통하는 며느리에게 손짓 발짓으로 사랑을 표해 줄 수도 없고 앞으로 한 지붕은커녕 한 나라에서 살 수 있을 것 같지도 않아 심사가 몹시 불편하다.

그런데 무엇보다 기절초풍할 일은 며느리가 시아버지인 그를 부르는 호칭이었다. 으레 듣는 '아버님'은 아닐지라도 서투른 한국말이나마 좀 배워 '아파치'라고 하거나 하다못해 그 흔한 '파파'나, '대디' 정도라도 들을 줄 알았는데 첫 상견례에서 그를 부르기를 '미스터 팍!'이라고 팍팍 소리치는 데는 기가 막혔다. 영어가 짧으니 얼떨결에 그도 "예스, 오케이!" 하고 말았으니 이 무슨 코미디 같은 현실인가. 자식의 앞날을 생각하여 보는 것을 참아야겠기에 누구에게도 못한 말을 돌아와 내게 전하는 그의 표정은 처참했다.

곡절 끝에 피로연을 마친 그는 잘 곳도 마땅치 않아 바로 귀국을 서둘렀는데 아직 공부하는 그들이 번거로울까 봐 공항까지 배웅 나올 필요가 없다고 했더니(빈말로!) 며느리는 아파트 문지방에서 "미스터

팍, 빠이빠이!" 하고 손가락만 몇 번 까딱까딱하더니 들어가 버리더란다. 순간 그는 억장이 무너졌다. 옛날 자기에 대한 부모님의 심정이 이러했을까. 아무리 나오지 말라고 해도 자식 된 도리로 따라 나오는 것이 우리네 예법이거늘 천만리 길을 떠나는 부모를 문간에서, 그것도 경망스러운 꼬부랑말로 전송을 하니….

욕설의 미학과 욕 권하는 사회

돌아보면 긴 터널이었다. 소외와 고독의 터널을 지나오면서 그의 대인기피증은 심화되고 패기와 자신감은 서서히 무너져 갔다. 악화가 양화를 구축하듯 무너진 그 자리를 술과 담배와 울화가 똬리를 틀어갔다. 누가 스트레스를 푸는 데 욕설보다 더 좋은 것이 없다고 했던가. 욕이야말로 없는 놈이 울화를 푸는 데는 최고 명약이다.

그런데 천성이 모질지 못한 이 친구는 욕도 잘할 줄 몰랐다. 욕도 자신감이 없으면 할 수 없는 것이다. 그라고 어찌 욕을 못 할까만 그가 구사할 수 있는 레퍼토리는 빈곤했다. 그것도 아무에게나 하지 못하고 나같이 만만한 사람에게나 화초밭에 물 주듯 살살 하는 것이 고작이었다. 퇴근길에 술 생각이 나면(특히 비오거나 흐린 날) 불쑥 전화질을 하는데 내가 선약이니 뭐니 하고 변명하면 가만히 듣고 있다가(목소리를 착 깔아 가지고) "그래, 알았다. ○○야, X이나 앞세우고 얼른 가거라" 하는 정도가 고작이다. 여기서 '○○'니 'X'이니 하는 것은 나에 대한 욕이라기보다 자기 자신한테 하는 것이다. 그의 욕에는 늘 아웃사이더의 비애 같은 것이 묻어 있었다.

살면서 누구나 할 수 있는 것이 욕인데 욕질은 때로 어떤 말보다 더 편하고 정다울 수 있다. 욕은 겉치레가 없다. 핵심으로 바로 들어간다. 그는 욕을 아무렇게나 잘하는 후배로 김관형(가명) 후배를 꼽는다. 두 사람은 욕으로 만나 욕으로 헤어진 희한한 케이스다. 처음에는 동문인 줄 모르고 아파트 주차장에서 만났다. 이놈의 묵은 아파트는 주차공간이 좁아 거주자 간에 늘 “차 빼라”, “못 뺀다” 하며 입씨름이 잦았다. 어느 날, 자기 집 들어가는 통로에다 누군가 차를 대는 것을 보고 손짓으로 차를 빼라고 하자, 그 차를 대려던 친구가 “앙이, 보소. 아자씨요! 이기 다 니끼다 이기요?” 하며 눈을 똥그랗게 뜨고 노려보는 통에 순진하고 힘없는 그가 어쩌겠는가. 두 말 않고 물러섰다.

속으로 울컥 치솟는 것이 있었지만 참고 지나쳤는데 그 며칠 후 강남지역 동창회 모임에 갔더니 바로 자기 앞에 앉은 친구가 그때 그 얼굴이 아닌가. 서로 부고 선후배임을 알고 놀랍고도 머쓱하였다. 통성명을 하고 회수를 맞추어보니 종수가 무려 6회나 선배가 되고, 집 호수를 맞추어 보니 바로 같은 아파트 아래 위층에 살고 있지 않은가. 참으로 세상은 넓고도 좁다더니, 둘은 뒤늦게 친해져 집에서도 서로 돌아가며 초대하여 술친구가 되었다.

술로 말하면 박종수도 마다하지 않는데 불행히도 몸이 약해 주량은 약했다. 그런데 김관형이는 젊기도 했거니와 체력도 좋아 술이 말술이었다. 중소기업을 경영하던 그는 거의 매일 술을 먹고 밤늦게 들어와 박종수가 혼자 사는 줄 알고 심심하면 현관문을 발로 차대며 문을 열라고 소리소리 질렀다. 종수의 집을 마지막 코스의 룸카페쯤으로 착각하는 모양이었다. 문을 열어주면 다짜고짜 쳐들어와 냉장고를 뒤지며 술을 내놓으라고 떼를 썼다. 처음에는 적막강산 자기 집을 찾아주는 것만도 고마워서 반갑게 수작해 주었으나 그때마다 이미 전주前酒가 과다한 그와 정상적인 대화가 될 수 없었다.

함께 술을 하자고 해놓고 말이 대화지 저 혼자 떠들어댔다. 무차별 휘두르는 그의 욕의 칼바람 앞에서는 정치고 경제고 무사하지 못했다. 혀 꼬부라진 사회정의나 검증되지 않은 중소기업 애국론을 늘어놓고는 진이 다 빠져서야 위층 제집으로 올라가는 것이었다.

종수도 일이 잘 안 풀릴 때 욕을 퍼붓고 나면 속이 후련해진다는 것쯤은 알고 있었다. 그것도 심할수록, 낯을 가리지 않을수록 그 효과는 극대화한다는 것도 잘 안다. 욕을 해서 답답한 속도 시원하게 뚫리고 안 되던 일도 술술 풀린다면 욕설에도 분명 효용가치는 있을 것이다. 그래서 종수는 그가 암만 지독한 욕을 해도 세상 살기 위해 하는 욕이거니 생각하고 웬만하면 참고 이해하려고 노력했다. 그런데 욕도 잘해야지 남에게 피해를 주거나 때를 잘못 가려 해서는 안 된다. 아무리 선후배라지만 주석의 욕설에도 한계가 있는 법. 어느 날 밤, 그가 또 찾아와서 내키지 않았으나 여느 때처럼 술을 함께 먹어주고 간신히 돌려보낸 뒤 자려고 하는데 다시 내려와 문을 박차고 술을 더 먹자고 졸라댔다. 늦었으니 그냥 가라고 했더니 "씨팔, 후배가 술 먹자고 하는데 '선배 놈'이 돼 가지고 문도 안 열어 주냐!" 하면서 고래고래 고함을 질러대는 것이다.

아무리 사람 좋은 종수지만 이런 소리를 듣고 기분이 좋을까. 문을 따주지 않자 그의 톤은 높아갔고 급기야 그의 마누라가 내려와서 간신히 데리고 올라간 적이 있었다. 이 일이 있고부터 그도 미안했던지 다시는 행패(?) 부리는 일이 없어졌다고 한다.

세상에, 인생에 무슨 한이 그리 많아 밤이면 밤마다 술을 퍼먹는지 술에, 욕에 넌더리가 난 종수는 그날 그의 주사酒邪를 보고 두 번 다시 그와는 상종을 안 했다고 한다. 그런데 그 후 얼마 안 되어 그가 술을 먹고 귀가하다가 차에 치어 죽었다는 부음이 들려왔다. 황망히 그의 빈소에 달려가 술잔을 올리면서 종수는 꼭 자기가 같이 술을 안 먹어줘서 그가 죽은 것 같아 마음이 불편하기 짝이 없었다. 그래서 앞으로는 생각을 바꿔 후배가 술 먹자고 할 때, 웬만하면 괴롭더라도 술을 먹어줘야겠다고 한다.

종수는 '명예퇴직'을 '자기가 자기에게 명한 평생휴가'라고 스스로 정의를 내려놓고 한동안 퇴직금을 까먹으며 버텨왔다. '오륙도' 이론에 의하면 모두 도둑놈인 친구들이 떵떵거리며 현직에서 나라걱정, 경제걱정을 하고 있을 때 그는 속으로 육도삼략을 꿰고 있으면서도 써먹을 곳이 없어 퇴행적退行的으로 살아 왔다. 남에게 해코지 한 번 안 해보고 늘 손해 보듯 살아왔는데 그에 대한 정당한 피드백은 없었다. 마누라를 따라 성당에 나가 천주님을 믿어보았지만 얕은 신심에는 마누라도, 천주님도 너무 먼 곳에 계시는 것 같았다.

누가 경제를 하는지 그가 젊었을 때, 그렇게 높기만 하던 이자율이 지금은(퇴직금으로 먹고 살아가야 하는 지금은 말이다!) 바닥만 기고 있으니 이것은 무슨 놈의 조화냐! 혹시나 하고 증권에 손댔다가 역시나 하고 왕창 물려 오도 가도 못 한다. 마누라는 미국서 오래 살았으니 다 털고 미국 가면 연금이라도 받는다지만 자기는 무엇인가. 남은 여생 마누라한테 잘 보이지 않으면 국물도 없을 판이다. 그래서 욕은 나오는데 집안에서도 집밖에서도 욕할 곳조차 없다. 우리의 인자무적仁者無敵 박종수를 오늘날 이 꼴로 만든 게 누구인가. 순전히 박종수 혼자의 책임인가.

'올드보이' 감독 탄생

마음 부칠 곳 없던 종수는 요즈음 캠코더로 부지런히 비디오를 찍고 있다. 늦었지만 젊었을 때부터 꿈이었던 영화제작에 여생을 걸고자 한다. 평생 모은 자료는 제법 된다. 늘 준비운동만 하고 있는 박종수, 한 번도 빼보지 못한 칼, 칼집 속에서만 윙윙거리는 천하무비의 비검秘劍, 그 비검의 소장자 박종수! 이제 더 이상 실의에 빠져 있을 수만 없다. 평생을 옆에서 지켜본 나는 그가 이제야말로 칼을 뺄지 모른다는 예감이 든다. 어떤 초식을 펼칠지 궁금하여 슬쩍 건드려보면 그 때마다 소이부답笑而不答.

혹시라도 소재素材가 문제라면 "남의 이야기 할 거 뭐 있노? 지금까지 살아온 니 인생, 바로 니 꺼를 찍어 봐라" 하고 내가 어르고 달래보지만 그는 꿈쩍도 않는다. 그래도 요새 젊은 감독들이 인생과 세상을 가볍게 코믹터치 하는 경향에는 발끈한다. 이 시대에도 '무거운 신

선함'이 있음을 보여주고 싶단다. 또한 평생 그를 붙들고 놓아주지 않는 것, 돈이 될 리 없는 컬트무비cult-movie, 남이 돌아보지 않는 소외된 진실 찾기 등 자기스타일의 영화를 찾아 찍으려 한다. 썩어도 준치라더니, 말이 쉽지 그게 그래 잘 될까. 그 나이에!

언젠가 나는 그를 위해 시나리오 한 편을 써준 적이 있다. 「아름다운 여인들」이라는 제목으로 조선이 낳은 불멸의 시인 홍랑, 황진이, 매창 세 여인을 조명, 순수서정으로 씨네포엠ciné-poém을 구성하여 어느 잡지에 발표한 것인데 나는 그가 언젠가 이 작품의 메가폰을 잡으리라 믿는다. 누가 알겠는가. 〈달마가 동쪽으로 간 까닭은〉의 배용균 감독처럼, 〈친구〉라는 저低예산 영화로 공전의 히트를 친 곽경택 동문(38회)처럼, '황산벌'의 거시기처럼 미래의 박종수 감독의 화려한 등장을! '스스로 타락한' 스타가 아니라 오래 부화하지 못한 알을 이제야 '스스로 타파하고 나올' 올드 보이 스타 박종수 감독 파이팅!

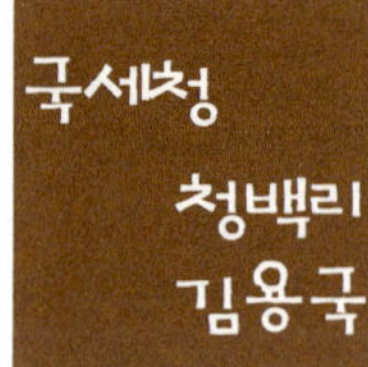

[2004년 3월]

백조의 울음

백조는 죽을 때 딱 한 번 꽥 소리를 내고 죽는다고 한다. 사는 동안 보고 듣고 할 말도 많을 법한데 평생 침묵으로 살다가 마지막 딱 한 번 내는 소리! 그 소리는 아무리 짧은 절규라 해도 절창이 아닐 수 없다. 대나무는 백년에 딱 한 번 꽃을 피우고 죽는다고 한다. 평생 유혹도 많겠지만 한 번도 허리를 굽히거나 절개를 꺾음이 없이 올곧게 살다가 마지막에 딱 한 번 피우는 대꽃! 그 꽃은 아무리 볼품없는 꽃이라 해도 장엄한 꽃이 아닐 수 없다.

무릇 생명 있는 것은 생사가 있다. 사死가 의미 있으려면 그 전제가 되는 생生이 의미가 있어야 한다. 게임에 룰이 있듯이 인생에는 지켜야 할 도덕과 규범이 있다. 게임은 승부를 지향하지만 그 승부는 결과보다 과정이 더 중요하다. 과정을 무시하고 반칙과 부정행위로 얻은 승리라면 무슨 의미가 있겠는가. 반칙이나 불의不義한 짓을 하지 않을 때, 게임은 게임답고 선수는 선수다운 것이다.

요새 뇌물이나 불법자금을 차로 주고받는다 하여 '차떼기'라는 말이 유행하고 있다. 누구든 그 부도덕성을 손가락질하기는 쉬워도 만약 자기가 그 자리에 있었더라면 그리 하지 않았을 사람이 얼마나 될까. 진정 용기 있는 자는 그럴 수 있는 위치에 있으면서도 양심에 비추어 부끄러운 짓을 하지 않는 사람이다.

요즘 황금만능의 사회에서 이런 바보 같은(?) 사람이 있겠는가. 그런데 우리 청조인 중에 그런 사람이 있었다. 바보같이 음지에서만 살다가 꽥 소리도 못 하고 비명에 간 사람이 있다.

국세청의 돈키호테

국세청에 돈 안 먹기로 유명한 세무 공무원이 있었다. 타고난 성실함과 부고에서 배운 정의감 하나로 꼿꼿하게 살아온 김용국(가명, 12회)! 그는 업무와 관련해서는 물론이고 아무 대가성이 없는 사소한 금품이나 향응일지라도 일체 마다하였다. 흠 될 것도 없을 의례적인 명절 선물조차 예외가 없었다. 직장에서는 물론이거니와 혹간 집으로 선물이 배달되면 벼락총소리가 난다. 멋모르고 받은 마누라에게 손찌검도 마다 않을 정도로 야단을 치고는 받은 선물을 고스란히 돌려주기까지 밤잠을 못 잔다.

한두 번도 아니고 이런 사실이 입소문으로 알려지니 어느 간 큰(?) 사람이 감히 그의 집에 선물을 보낼 것인가. 업무도 칼같이 원칙을 내세우니 어느 통 큰 상사가 그를 부하로 데리고 있으려 하겠는가. 자고로 세무서란 융통성이 필요한(?) 곳인데 이렇듯 외곬으로 사는 사람에게 무슨 융통성을 기대할 수 있겠는가. 본인이야 원칙대로 하면 그만이지만 세상사 어디 원칙대로 다 되는 것이던가. 쉽게, 쉽게 넘어갈 일도 이 사람에게 걸리면 쉽게 넘어갈 수가 없었고, 대를 위해 소를 희생할 수 있는 일도 그의 잣대에 어긋날 경우 그냥 갈 수 없었다. 그러니 직장 동료나 상사로부터 기피 당하거나 돈키호테로 몰려 눈에 보이지 않는 불이익을 당하기 일쑤였다. 그래도 그는 원칙에 관한 한 일체의 타협이나 양보가 없었다. 그 때문인지는 모르겠으나 평생 대민관계에서 힘깨나 쓰는 부처에는 발령 받은 적이 없다.

젊어서는 유능하다 하여 동료보다 일찍 사무관으로 승진하였고 한때 국세청에서도 세무업무의 국제화 바람이 분 적이 있었는데 유난히 영어를 잘한 그는 청 내 영어시험에서 1등을 하여 호주로 국비유학을 다녀오기도 했다. 그런데 이 유학이 그의 직장생활에 두고두고 멍에가 되었다. 유학에서 복귀해보니 그가 앉을 자리가 없었다. 그래서 지방으로 발령 받고 주변을 전전하다 보니 승진에 누락되었다. 평소 묵묵히 업무에 충실하고 실력과 자존심을 지켜나가는 일과 직장 내에서 소리 없이 진행되는 승진 운동은 별개 문제였다. 한두 번 누락이 되면 웬만해선 복구하기 힘든 것이 경쟁사회의 승진구조 아닌가.

앞서 그가 융통성이 없다고 했지만 그것은 그와 이해관계 있는 사람들의 일방적인 이야기일 뿐 실제로 그는 남의 사정도 잘 이해하고 들어줄 줄 아는 인간적인 귀를 가지고 있었다. 융통성이란 바른 목표에 도달하는 것을 막는 절차나 형식 같은 데서 발휘할 필요가 있는 것이지 본질적으로 진실하고 바른 길로 가는 데 무슨 융통성이 필요한가. 그냥 그대로 가면 될 일이다. 배유일(18회 · 세무사)에 의하면 직장 내 청조 동문 모임 같은 데 나와서 선후배간 만날 때도 그 박학한 지식만큼 후배를 아껴주는 마음도 지극하였다고 한다.

책도 많이 읽어 박람강기하였고 무엇이 애국의 길인지 서로 대화하기를 좋아하였다. 그래서 그는 누구든 자기 말을 들어주는 사람을 좋아하였다. 그러니 한번 붙잡히면 끝장을 볼 때까지 말이든 술이든 놓아주지 않았다. 박종수와는 부인끼리 서로 친구 사이라 남달리 술친구로 친하게 지냈는데 무슨 이야기든 진지하게 들어주는 종수에게 그는 '아, 대한민국! 빌어먹을 대한민국!'을 주제로 하루치 울분을 다 토하여 웬만큼 후련해지면 종수에게 "자네는 와 아무 말이 없노?" 하고 말을 시키곤 하였다. 이처럼 너무도 인간적인 그의 진면목을 아는 사람은 알고 있었다. 그런데, 정작 인사부서에만은 알려지지 않아 인사 때마다 승진대상에서 제외된 것이다.

그러다 보니 그는 공직에 들어와 딱 한 번 사무관으로 승진한 것 말고는 두 번 다시 승진을 못 하였다. 20년 넘게 사무관을 달았으니 국세청 유사 이래 최장수 사무관 기록 보유자가 되었다. 동료들이 다 승진하는데 자신만 승진을 못 하였으니 그 스트레스가 오죽 했을까. 남들만큼 실력이 없나, 신체에 하자가 있나, 근무에 태만하였나 도대체 원인을 알 수 없었다. 단지 남의 돈 먹지 않고 인사 청탁 하지 않은 것이 죄라면 죄일까. 풀리지 않는 의문과 풀 길 없는 울분은 자연스레 그를 술과 담배에 탐닉하게 만들었다. 누구는 술 담배 나쁜 줄 몰라서 먹고 피우는가. 다 그리 만드니 그러는 거지….

술과 담배는 울분에 차고 소외당한 사람들에게 친구가 되기도 하지만 적도 된다. 그는 타고난 신체가 좋아 워낙 술이 세었고 먹었다 하면 1, 2차로 끝나는 법이 없었다. 그의 주량이 알려지면서 술친구도 시나브로 떨어져 나가고 얼굴은 차츰 시커멓게 변해갔다. 그러나 그가 술을 이렇게 많이 먹는다 하여 업무에 차질을 빚는 일은 없었다. 아무리 술이 떡이 되어도 다음 날 출근은 정시에 칼같이 하였다. 근무 외의 시간을 술로 달래다 마침내 건강을 해치고 말았다.

오십대 후반 들어 이미 술병이 깊어질 대로 깊어진 몸이 뒤늦게 가족들의 읍소로 술 담배도 끊고 마음을 비우고 운동을 하였는데 그 운동이 그를 영원히 데려갔다. IMF 무렵인가 목동 자택에서 아침 조깅을 나갔다가 집 앞 풀밭에서 쓰러져 지나가는 사람에게 발견되었다. 집 앞이라도 객사는 객사다.

마지막 직장은 중부세무서 총무과장. 청장쯤은 되어 있어야 할 나이에 고작 말단 과장으로 예순을 채 못 채우고 비명에 갔다. 일생동안 불의에 타협하지 않고 자기가 정한 삶의 룰을 외롭게 지키며 꿋꿋하게 살아온 한 인간의 말로가 이렇게 객사로 끝나버린 것은 누구의 잘못인가. 순전히 시류를 따르지 못한 그 사람만의 책임인가. 인간 김용국의 죽음은 절명의 노래마저 부르지 못하고 죽은 백조의 객사요, 꽃도 피우기 전에 꺾여버린 대나무의 비극이다.

죽어서 받은 청백리의 표상

막상 그의 죽음이 알려지자 그제야 직장에서는 난리가 났다. '가장 청백리로 산 국세청의 표본 같은 인물'이라고 치켜세워졌다. 이것이 다 무슨 소린가. 그가 살았다면 절대로 받지 않았을 찬사가 여기저기서 펑펑 쏟아졌다. 장례식장에는 조화와 조사와 조객이 넘쳐흘렀다. 사자는 말이 없는 법, 평소 질시하거나 경원하던 사람들도 그와 가장 가까웠던 사이였던 양 그의 죽음을 가장 슬피 애도하였다. 세상은 이래서 재미있는 것이다.

어쨌거나 마지막 가는 길만은 이렇게 흥청대었으니 어쩌면 우리가 애석해 하는 것만큼 그는 세상 물정 모르는 돈키호테도 영원한 아웃사이더도 아니었는지 모른다. 언제나 등잔 밑이 어두운 법, 생불生佛이 우리 곁에 살고 있어도 어리석은 중생들은 모르고 산다. 생불은 절에서만 나오지 않는다. 지하철에서 떨어지거나 물에 빠진 사람의 생명을 구하고 대신 죽는 사람이 이를테면 생불이 아니고 무엇인가.

비록 살아서는 못 누렸지만 죽어서 청백한 세리의 표본이 될 정도라면 그의 돈키호테적 삶도 무가치했던 것만은 아니었다. 사실 그를 두고 '청렴한 세리' 라고 추켜세움이 말이 되는지는 모르겠지만 오늘날 '차떼기', '배떼기' 하는 세상에서 이 정도 삶의 자세였다면 살아생전에 국세청의 사표로 내세울 만도 하였으련만 다들 왜 그리 살았을 때는 너나없이 인색한지 모르겠다. 죽어서 높여주면 무엇 하나. 그는 갔어도 서울공대를 나온 아들은 실업가로, 또 한 아들은 판사가 되어 이 사회의 일꾼으로 살아가고 있다.

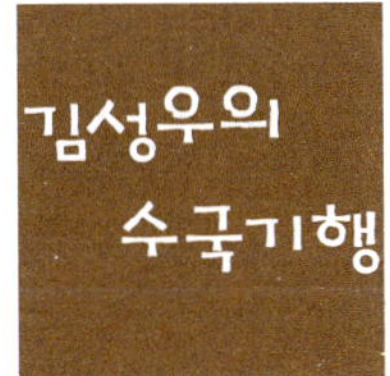

[2004년 4월]

그 섬에 가고 싶다

우리는 외로운 섬 바다는 고국/ 그리운 그 나라로 돌아갈거나/ 노래 잃은 사람아 노래 불러라/ 물의 공화국이여 나의 수국이여

김희갑 작곡에 가수 이동원이 부른 '수국가'의 일부다. 이 노래를 지금 유자효 동문(19회)이 낭송하고 있다. 그 둘레로 이 노래의 작사자인 김성우 동문(6회 · 전前 한국일보 주필)을 비롯한 십여 명의 부산고 선후배들이 앉아 듣고 있다. 여기는 한려수도의 한 귀퉁이 이름 없는 무명도, 뒤에 정부로부터 '작가촌'으로 명명된 조그만 섬. 멀리 물결소리, 바람소리만 간간이 들려올 뿐 사위는 달도 별도 없는 캄캄한 밤이다. 조금 전 연육교를 건너 천국을 오르듯 수직의 사닥다리 길을 올라 수국의 천수각인 본당에 올랐다. 유자효 시인은 김성우의 저서 『돌아가는 배』의 수국 편을 낮고 굵은 바리톤으로 읽어나갔다. 동문들은 '물위에 뜬 극장'에 온 관객이 되어 명문장과 명낭독이 빚어내는 문향文香에 젖어 자기 몫의 꿈을 꾸고 있었다. 그 낭독소리를 들으며 나는

내가 이 책을 처음 접했을 때의 감흥을 되살려보았다.

> "태어나 보니 섬이었다. 둘러보아야 온통 바다뿐, 들리는 것이라고는 파도소리뿐, 사위는 절해, 절대의 바다가 나를 가두고 있었다. 나는 죄명 모를 수인囚人이었다. 눈뜨면서 그 절망을 울었다. … 내가 태어난 날은 어느 바람 부는 날이었을 것이다. 섬에 바람 없는 날 있던가. 대해를 무혈로 진격해와 섬을 엄습하는 바람소리. 해풍이 해일이라도 데불고 오는 날은 섬은 어디론가 둥둥 표류하고 있었다. …"
> (「돌아가는 배」 첫 부분)

숨 돌릴 새도 없이 이어지는 낮으나 단호한 삶의 목소리에 진한 감동을 느끼며 밤을 새워 읽던 기억이 새로웠다. 나는 지금 그 글 속에 나오는 섬, 수국에 온 것이다. 우수를 갓 지난 2월 어느 날, 아무런 약속도, 제목도 없이 오직 '동문'이라는 공통분모 하나만으로 박성훈 동문(16회 · 재능교육 회장)이 마련한 2박3일 간의 남도기행에 따라온 것이다. 좋은 동문들과 좋은 음식, 좋은 풍광을 돌아보는 봄나들이는 이 난세에 쉽게 맛볼 수 없는 행복이요 행운이었다. 오늘은 그 남도기행의 마지막 밤이다.

사방이 다 방향인 망망대해. 그 출발점이자 종착점인 섬, 수인이면서도 자유인인 섬, 나는 너의 섬이고 너는 나의 섬인 섬, 섬 출신이 아닌 나는 이 책을 읽고 섬이 이렇게 문학적이고 철학적인 곳인 줄 몰랐다. 또 섬을 이처럼 세밀히 예찬하고 비평한 글을 보지 못했다. 그것은 해발 0미터인 섬에서 태어나 망망대해를 떠돌면서 당할 것 다 당하고 비울 것 다 비운, '이제는 돌아와 거울 앞에 선 누님' 같은 심경이 되지 않고서는 쓸 수 없다. "물결은 정지하기 위해 출렁인다"고 저자는 말했지만 물결은 물위에서는 정지할 수 없는 법. 마지막 정지하기 위해서 돌아가는 배, 그 배는 이제 섬에 닿으면 다시는 뜨지 않을 배다. 귀항하기 위하여 출항했던 사나이, 평생의 항해일지를 책 한 권으로 묶고 다시 그 섬에 가고 싶다고 돌아갈 채비를 하고 있는 사나이,

김성우는 누구인가.

정지하기 위해 출렁이는 물결

반도의 남단 통영에서도 옛날 통통배로는 3시간을 더 가야 하는 욕지도, '바람의 집'에서 태어난 그는 바다를 앞마당으로, 혹은 공책으로 삼고 아버지인 선생님이 가르치는 강습회에서 첫 글을 배웠다. 방문 밖이 바로 바다인 물갓집, 그 문턱에 걸려 있던 키치그림, 그 그림 속에 나오는 프랑스 시몽 성城의 꿈을 먹고 자란 그에게는 평생 잊을 수 없는 사람이 셋 있다. 재주 많고 솜씨 좋은 아버지, 너무 어질어서 오히려 인자하지 않은 어머니, "팽균 구십점만 받아오문 월사금은 대주꾸마" 하던 백얌생이(흰 수염) 동네 어르신이 바로 그분들이다. 이 분들의 염려와 기대와 도움으로 소년 김성우는 거친 바다를 헤쳐 나와 뒤에 수국의 국주國主가 될 수 있었다.

일제 말기와 해방과 전쟁의 굴곡 한복판을 지나온 그의 유년시절, 가난과 허기를 꼬리표처럼 달고 차라리 고행이었던 학업을 거쳐 언론인으로 평생을 살아온 한 인생역정이 그의 위 책에 고스란히 담겨 있다. 동요보다 유행가를 먼저 배운 낙도의 어린 시절, 국민학교 최우등 졸업, 중학교 장학생을 거쳐 학제 변경으로 1950년 경남도내 최초요 최우수학교인 부산고에 응시, 당당 합격한 그는 점심 도시락도 못 싸 가는 학교생활을 이를 악물고 견뎠다. 졸업은 하였으나 월사금 미납 때문에 졸업장이 없었다. 그래도 우등생인 그는 김하득 교장의 추천을 받아 서울대 문리대에 응시, 당당 합격하였던 것이다.

결혼식이라는 이름의 즉위식

돌아보면, 중학교 입학 첫날 돈이 없어 아버지가 만들어준 사제 모자를 쓰고 왔다 하여 담임에게 사정없이 매를 맞은 기억, 고1 때 납득 못 할 한문 성적 때문에 문과반 41명 중 4등을 하고도 우등을 놓친 기억, 하숙과 자취를 전전하면서 때로는 훔친 인절미 한 개로 허기를 채웠고, 부산 동대신동 이모님 댁에서 기식하면서 공부할 책이 없어 서점에서 책을 훔쳐보기도 했던 소년이 당시 전국 최고의 경쟁률을 자랑하던 서울대 정치학과에 그것도 톱으로 합격한 것이다. 이장이 제일 큰 어른인 섬에서 국민학교를 나와 차례로 면장, 군수, 시장이 있는 도시를 거쳐 이제 특별시장이 최고인 서울에 입성한 것이다.

입성은 하였으나 그의 대학생활은 그대로 걸식과 고학의 연속극이었다. 재학 중 '정치는 시심詩心으로' 라는 구호를 내걸고 학내 서클인 '정문회'를 만들어 활동하다가 대학 3학년 때 한국일보에 합격함으로써 신문기자의 길로 들어선다. 기자가 된 후의 인생역정에 대해서 쓰자면 한도 끝도 없겠기에 이 정도로 마무리하고 오늘의 주제 수국의 건국 신화를 들어보자. 그 전에 그가 시인 서정주로부터 '명예시인', 연극인 이해랑으로부터 '명예배우'의 타이틀을 받은 최초의 한국인임을 밝혀둔다.

1970년대 서울 화곡동 개발 때 만년 에뜨랑제 김성우는 생후 처음 자기 집을 가진다. 그 15평짜리 융자주택을 마련할 때 그 5평 값에 불과한 돈으로 한려수도에 떠 있는 무인도를 찾아내어 덜컥 사버렸다. 이때부터 6천 평의 섬은 그의 몽유병의 사령탑이 되었다. 섬은 그에게 움직이는 집이요, 존재의 이유이자 꿈의 놀이터였다. 그 몽환 속의 이상향을 현실화하기 위해서는 현실적 이름이 필요했다. 그래서 작명한 것이 왈 '수국水國'. 물밖에 없는 곳에서 물나라라고 하는 게 특이할 것 없겠으나 그의 '수국'에는 무언가 내력이 있어 보인다. 그 섬 바로 옆에 있는 한산도에 가면 제승당 충무사 원주에 다음 시가 붙어 있다.

水國秋光暮 (수국추광모, 물나라에 가을해가 저무니)/ 驚寒雁陣高 (경한안진고, 추위에 놀란 기러기 진 높이 날아오르네.)/ 憂國輾轉夜 (우국전전야, 나라근심에 몸 뒤척이는 밤)/ 殘月照弓刀 (잔월조궁도, 새벽달이 활과 칼을 비추네.)

충무공이 이곳에서 1,340일을 보내면서 읊은 시다. 이 시에는 왜적에 대한 적개심과 사무친 호국충정이 잘 나타나 있다.

이 시의 서두는 고려 말 정몽주가 일본에 사신으로 가서 읊었다는 '수국춘광동水國春光動'의 대구對句로 볼 수 있는데 그 수국과 이 수국은 적국관계라 대구로 보고 싶지 않다. 수국이라는 말은 임란 직후 윤선도의 어부사시사에도 나온다.

> 수국에 가을이 드니 고기마다 살져 있다/ 닻 들어라 닻 들어라 만경창파에 슬ㅋ도록 용여하자/ 지국총 지국총 어사와/ 인간을 돌아보니 멀도록 더욱 좋다

여기의 수국은 땅 끝의 남쪽 보길도를 지칭한다. 그러나 윤선도의 수국은 한갓 사대부의 일락逸樂의 피난처였으나 충무공의 수국은 우국과 순절의 수난처였다. 김성우의 수국은 어떤 것일까. 이 수국은 마침 그때 태어난 그의 딸아이의 이름으로 전용되기도 했다. 통영 토박이들은 통영을 '수향水鄕'이라고 불렀다는데 그의 수국은 이러한 서민적 수향을 국가 급으로 승격시킨 의미도 있겠다. 이름이 정해지자 수국의 건설은 활을 떠난 시위가 되었다. 수국은 그의 나이 환갑이 되었을 때 건국이 일단락된다.

그의 회갑 날, 그때까지 결혼도 않았던 그는 마침내 세상과 화해한다. 그러나 그 화해식은 세속의 결혼식이 아니라 일국의 왕의 즉위식이어야 한다. 이 섬 들머리에 넓은 잔디밭을 조성하고 거기서 그의 동기생 전 총리 노재봉 주례, 연극인 김성녀 사회, 시인 허영자의 축시로 결혼식이라는 이름의 즉위식이 거행되었다. 일체의 화환을 거부한 이 남다른 식장에는 멀리 파리에서 온 백건우 · 윤정희 부부, 피아니스트 신수정, 배우 손 숙, 국악인 안숙선, 배우 윤석화, 시인 조병화, 수필가 유안진 등 한다하는 연예인 문화인들이 다 와서 축하해 주었다고 한다. 이만하면 '세상의 중심'인 욕지도에서 주린 배를 움켜쥐고

나와 고생고생 끝에 오늘 이 자리에 선 인간 김성우는 청조인 줄기세포의 한 가닥이 될 만하지 않은가.

이날 하객들은 그가 이날을 위해 직접 프랑스에서 주문한 최고급 포도주 샤토 라피드 로칠드를 맛볼 수 있었다. 그런데 놀라운 일은 이처럼 수준 높은 문화예술인들을 불러 앉혀놓고 무식하게도(?) 그는 우리의 저속한(?), 그러나 그에게는 가장 편하고 향수처럼 귀에 익은, 흘러간 유행가 '알뜰한 당신' 나부랭이를 틀어 제꼈다고 한다. 그 배짱에 나는 한 번 더 감복하고 싶다.

하을봉의 진정한 행복

[2004년 9월, 2004년 10월, 2005년 2월, 2005년 9월]

묘령의 여자로부터 전화가 왔다. 아버지가 입원해 있는데 가망성이 없다고 하니 한 번 찾아와 줄 수 없겠느냐는 부탁이었다. 스스로 좋아서 하는 일이라 그 부탁을 마다할 이유가 없다. 강남 중앙병원 입원실에 들어가니 첫눈에도 굉장히 잘 생긴 미남 환자가 창가에 누워 있었고 그 옆에 딸처럼 보이는 아주 예쁘게 생긴 젊은 여자가 시중을 들고 있었다. 말기 암 환자는 자기의사와 상관없이 가족들 부탁으로 들어오게 마련인 호스피스를 처음에는 경계하고 싫어한다. 이런 심리를 잘 아는지라 그는 나름대로 터득한 요령으로 대화의 실마리를 풀어가려고 환자를 향해 웃으며, "따님이 참 미인이시네요?" 하고 말을 걸었다. 순간, 환자는 그를 흘낏 쳐다보더니 불쾌한 듯이 눈을 홱 돌리며 당장 나가라고 손을 내젓는다. 그 기색이 어찌나 냉랭한지 그냥 나와서 참담한 기분으로 복도에 앉아 있었다.

호스피스와 암 환자로 만난 선후배

잠시 후 병실 문이 열리더니 그 딸 같은 미녀가 나와 "우리 영감님이 신경이 예민해서 그러니 이해해 주세요"라고 말하는 것이 아닌가. 그제서야 그는 "아뿔사!" 하고 자기가 무엇을 실수하였는지 알아차렸다. 부인을 두고 딸이라고 했으니 당자는 얼마나 황당했으랴. 회복 여부가 불투명한 암 환자의 입장에서, 그것도 나이 차이가 심한 남편이 갖는 심리적 위축감은 대단할 수밖에 없다. 그러니 당연한 거부감의 표출이었다. 실제로 이 부인은 환자의 후처였고 아까 전화를 걸어온 이는 딸이었는데 겉으로는 나이가 비슷해 보였다.

그 후, 가족의 부탁으로 그는 끈기 있게 병실 문을 두드렸다. 아무리 웃음으로 다가가도 그 환자는 첫인상이 나빴던 그를 외면할 뿐 곁을 주지 않았다.

그러거나 말거나 그는 한결같이 찾아가 이것저것 세상 이야기를 해주고 간병인이 없을 때는 궂은 수발도 들어주었다. 메아리 없는 이야기만 이어지던 오월 어느 날, 그날따라 날씨가 하도 청명하여 그는 평소 외고 있던 「푸른 오월」이라는 노천명의 시를 들려주었다.

> 청자 빛 하늘이/ 육모정[六角亭] 탑 위에 그린 듯이 곱고/ 연못 창포 잎에/ 여인네 맵시 위에/ 감미로운 첫여름이 흐른다./ 라일락 숲에/ 내 젊은 꿈이 나비처럼 앉는 정오(중략)// 계절의 여왕 오월의 푸른 여신 앞에/ 내가 웬 일로 무색하고 외롭구나./ 나의 사람아./ 아름다운 노래라도 부르자./ 서러운 노래를 부르자.

창밖의 푸른 하늘을 보며 망연히 이 시를 듣고 있던 환자는 드디어 눈에 이슬이 맺히면서 말문을 열었다. "방금 그 시는 나도 좋아하는 시인데 어떻게 그 나이에 시를 다 외고 있느냐?" 고 물으면서 "말씨가 남쪽지방 같은데 고향은 어디고, 학교는 어디를 다녔소?" 하고 물었다. "이름은 하을봉이고 학교는 부산고등학교를 나왔다"고 대답하자 그는 갑자기 눈을 빛내며 자기도 부산고 출신이라며 반가워했다.

하을봉(18회)도 호스피스에 종사한 이래 동문인 환자를 만나기는 처음이었다. 환자는 정형도(11회) 동문으로 인물도 잘 생겼고 KAL에 근무하며 세계를 누비고 다녔다고 한다. 하을봉은 그토록 자기를 거부하던 환자가 말문을 열어주었다는 데에 감격하였다. 어차피 예정된 죽음이라면 병을 인정하고 지난 삶을 돌아보며 참삶이 무엇인지 깨달아 짧으나마 남은 생을 의미 있게 보내는 길로 안내하는 것이 호스피스들의 역할이다.

메밀꽃의 고장 강원도 봉평에 있는 '청록원'은 말기 암 환자들이 모이는 곳이다. 암 환자를 가장 잘 이해해주는 사람은 자기와 똑같이 암에 걸린 환자들이다. 이들 환자끼리 신분, 지위, 연령을 초월하여 서로 스킨십으로 안아주고 위로해주고 도와줄 때 서로 용기를 주고 용기를 얻는다. 오직 죽음만을 눈앞에 둔 그들이 이제 와서 무슨 세속의 명리와 서열과 계산을 따질 것인가. 절대적인 헌신과 무조건적 이해만이 있을 뿐이다. 이러한 정신적인 해방이 병을 호전시켜 실제 의학이 포기한 사람들이 선고받은 시한보다 오랫동안 삶을 누리거나 재생의 길을 걷는 예가 많다고 한다.

그런데 대부분의 환자는 이곳으로 잘 가지 않는다. 사회적 지위나 돈이 있는 사람들일수록 더욱 그러하다. 마지막 순간까지 돈의 위력과 의학의 승리를 기대하며 자신의 회복을 믿는 것이다. 그러기에 죽을 준비를 못 하고 만다. 하을봉이 만났던 정형도 선배에게도 권해 보았지만 수용하지 않았다. '청록원'에는 안 갔지만 그래도 하을봉을 만나고부터 그는 정신적으로 크게 안정을 얻어갔다. 가족보다 더한 지극정성을 보이는 후배 호스피스에게 그는 "왜 이런 어렵고 험한 일을 사서 하느냐?"고 물었다.

"좋아서 하는 일이라 이유가 없습니다, 세속의 욕망을 추구하는 것은 끝도 한도 없으며 욕망은 그 욕망이 채워질수록 갈증을 더해줄 뿐입니다. 남에게 봉사하고 베풀고 나면 더없이 마음이 편하고 기분이 하늘에 날아오를 것처럼 좋아집니다."

이렇게 말하면서 베푸는 삶의 기쁨과 천주님의 사랑을 이야기해주었다. 이런 말에 감화되었는지 그는 마침내 천주교로 귀의하여 세례를 받았다. 뒤늦게나마 천주님을 믿은 탓인지 다가온 죽음을 수용하며 누구를 원망하는 기색은 조금도 보이지 않았다. 그는 하을봉의 대가없는 봉사에 거듭 감사하며 아름다운 세상을 영영 하직하였다, 정형도 동문이 임종을 맞이하여 마지막으로 한 말, 그것은 자책이었다.

"왜 남을 위해 봉사하고 베풀며 살지 못했던가?"

아름다운 부인과 아름다운 세상을 두고 떠나면서 그 부인이나 세상에 대한 미련은 말하지 않고 어찌하여 갑자기 성자라도 된 양 남을 위해 베풀지 못했던 지난 삶을 자책하며 죽어갔던가. 그라고 평생 남을 위해 베푼 적이 없었으랴만 돌이켜보면 그 봉사라는 이름의 모든 행위가 실은 '자기를 위해' 남을 도운 것일 뿐 한 번도 대가없이 도움을 베푼 적이 없었다는 사실을 깨달았던 것이다. 다시 한 번 생이 주어진다면 진실로 남을 위해 봉사하고 정말로 감사하며 참말로 칭찬하며 살아보고 싶다고 했다.

탕자와 성자, 쾌락과 욕망의 뒤끝

하을봉은 이러한 이치를 몸으로 깨닫고 실천하는 사람이다. 어찌 보면 우리 시대 돈키호테 같기도 하고 온갖 쾌락과 욕망을 추구하다가 빈털터리로 돌아온 탕자가 이제 막 새 삶으로 거듭나는 순간이기도 하다. 그는 IMF가 오기 훨씬 전인 1993년경 뜻한 바 있어 잘 나가던(?) 직장을 느닷없이 그만두고 호스피스의 길을 택하여 주위를 놀라게 했다. 그는 경남 창녕에서 나고 자라 고등학교 때 부산으로 온 촌놈이다. 나와는 2학년 때 한 반을 했는데 키가 후리후리하게 컸으나 무척 수줍어하고 순진하던 그저 평범한 촌놈에 불과하였다. 우리는 자주 교정에서 바다를 보며 대화도 하고 사진도 같이 찍곤 했는데 주로 내가 떠들고 그는 듣는 스타일이었다.

그런데 어느 날 그에게 일생일대에 잊을 수 없는 사건이 발생하였다. 하루는 같은 반의 박진환(18회 · 현 대동병원장)이 어떤 친구와 방과 후 한판 맞짱을 뜨기로 했다면서 따라가자고 부탁해 별 생각 없이 따라갔다. 하을봉은 주먹도, '깡다구'도 없었는데 박진환은 그의 허우대만 보고 그가 싸움을 잘하는 줄 알고 자기편 삼아 데리고 간 것이다. 하을봉이 따라간 곳은 초량역전 어느 한적한 공터. 당시 박진환은 키도 컸을 뿐 아니라 태권도를 배우고 있어서 그 친구는 박진환의 적수가 되지 못하고 나가 떨어졌다. 그러자 그 친구를 따라온 그쪽 편 학생 두 명이 합세하여 박진환의 양팔을 붙잡고 한 녀석이 돌을 들어 박 군의 이마를 사정없이 내리찍었다. 하을봉은 창졸간에 만류하지도 못하고 겁에 질려 보고만 있었다. 진환의 이마에서는 피가 줄줄 흘러나왔는데 셋은 피를 보고 그대로 도망쳐 버렸다.

하을봉은 동급생끼리 싸우는 것도 이해가 안 되었지만 결투에서 진 쪽이 비겁하게 패거리를 지어 흉기로 집단폭력을 휘두르는 것을 보고 크게 놀랐다. 무엇보다 견딜 수 없었던 것은 자신이 그 사건 현장에 있었으면서도 그를 믿고 데려간 친구에게 아무런 도움도, 역할도 못 해주었다는 사실이었다. 그는 이때부터 남에게 도움이 되지 못하는 사람의 존재 의의는 무엇일까 생각하기 시작하였다. 이것은 이후 그의 평생 화두가 되었지만, 학교 졸업과 동시에 잊어버린 채 오직 자신의 출세와 욕망에 사로잡혀 보통 사람들과 다를 바 없이 살았다.

그는 대학을 나와 바로 국세청에 들어갔다. 당시 세무 공무원이면 쾌락생활에 돈이 궁할 것은 없었다. 술, 여자, 도박에는 일찍이 일가를 이루었고 사교춤도 일류였다. 그러다가 그는 1980년대에 외무부로 전직하였다. 전직 시험에 합격하자면 영어를 잘해야 했다. 그래서 영어로 된 상용문장 천여 개를 달달 외워버렸다. 일상회화는 여기에 대입하면 못할 말이 거의 없었다. 그 결과, 국세청에서는 자기 혼자 합격하였다. 실제로 그는 외무부로 가기 전까지는 영어실력이 별로였는데 뒤에 외무직 고시 출신보다 더 영어를 잘한다는 평을 들었으니 그의 재기와 근성은 알아주어야 한다.

부산고 출신 호스피스 제1호

그의 극성은 이뿐이 아니다. 테니스도 배운 지 몇 개월 만에 그를 가르쳐 준 선생을 시합에서 이겨버렸고, 골프도 배운지 8개월 만에 싱글을 정복했다. 브라질 영사로 3년간 근무하면서 온갖 호사도 다 해보았다. 살아서 인간이 추구할 수 있는 쾌락과 욕망을 다 누려보고 싶었고 실제로 그 근처까지(?) 가보았다. 그러나 욕망이란 채우면 채울수록 목이 마른 법. 채우고 또 채워도 끝이 없는 게임이었다. 하을봉은 육체적 쾌락을 강잉히 끊고 지고지순한 정신세계에 눈을 돌려 그 첫 출발로 믿음을 가지기로 하였다.

그러던 중에 어머니가 위독하다는 소식을 듣고 고향으로 내려가게 되었다. 어머니는 평생 천주교 신자였는데 임종 무렵에 신부님께 "평생 천주님을 믿었으니 이제 천당에 가게 해주소" 하고 부탁했다. 그러자 웬걸, 신부님은 "성당에만 열심히 다녔다고 누구나 다 천당에 가는 것은 아니다. 살아생전 남을 위해 봉사를 얼마나 했느냐에 따라 다르다"라고 대답했다. 이 말을 듣고 그 어머니는 자기는 이제 시간이 없으니 아들에게라도 자기 대신 공덕을 쌓게 할 생각으로 "을봉아, 평생에 내가 못 한 봉사활동을 네가 대신해다오. 지금 내게 맹세를 해라. 그래야 눈을 감을 수 있다"고 했다. 이 간절한 유언을 거역할 수 없어 하을봉은 얼결에 "예, 그리 하겠습니다" 하고 약조하였고, 자연스럽게 천주교에 입문하게 된 것이다.

그는 천주교 교리를 배우면서 '신앙은 배움에 있는 것이 아니라 실천에 있고 봉사에 있다. 참다운 봉사는 자기를 낮추고 남을 위해 자기 목숨까지 바칠 수 있을 때 가능하다'는 것을 깨달았다. 그래서 이왕이면 일반인들이 꺼리는, 그러나 진실로 고통 속에서 고독하게 죽어 가는 영혼들을 위해 봉사하는 자리인 호스피스를 택했다. 그의 조그만 봉사로 인해 누군가가 즐거워하고 기쁨을 누리는 것을 볼 때 그는 지금까지 못 느꼈던 생의 희열을 느꼈다. 그런데 문제는 이러한 봉사활동과 직장생활을 병행하기 어렵다는 점이었다.

결국 그는 오랜 고민 끝에 봉사란 '나'를 포기하지 않고는 제대로 할 수 없다는 결론을 내렸다. 일단 결론이 나자 처자식이나 일가붙이 누구와도 상의하지 않고 사표를 던져 버렸다. 어떤 노후 설계도 해둔 게 없다. 이제 매달 나오게 될 서푼어치 공무원연금 말고는 아무 수입도, 모아둔 재산도 없다. 이것은 누가 봐도 미친 짓이다. 뒤늦게 이 엄청난 사실을 알게 된 가족들은 난리가 났다. 이 무슨 청천벽력이란 말인가. 먼저 부인부터 그를 보지 않으려 했다. 무슨 비리에 얽힌 것도 아니고 멀쩡하던 사람이 명퇴도 아닌 자퇴를 하여 하루아침에 실업자가 되어 집구석에 빈둥거리고 있으니 그 황당함이 오죽했을까. 갈등과 외면과 단절의 시간은 오래 갔다. 가장 가까운 가족조차 설득시키지 못한 하을봉은 괴로웠다.

하루는 외출하고 돌아와 거실에서 TV를 보고 있는 식구들에게 귀가 인사를 해도 아무도 받아주지 않았다. 무심코 주방으로 가서 설거지를 하였다. 그가 설거지를 하거나 말거나 아무도 알은 체를 하지 않았지만 내친 김에 며칠 연속하여 설거지를 했다. 부인은 기뻐하기는 커녕 화를 내면서 면박만 주었고, 가족들은 물소리 때문에 TV 보기가 불편하다고 투덜댔다. 가장이 설거지하는 꼴이 얼마나 보기 싫었던지 그만두라는 말조차 건네기 싫어 그냥 내버려 두었던 것이란다. 부인은 이 정도 선에서 물러났지만, 자식들은 그렇지 않았다.

당시 중학교에 다니던 딸은 학교에 가면서 '아버지는 자식을 부양할 의무가 있는데 자기 목적을 위해 가족의 행복을 저버린 비정한 사람'이라는 요지의 쪽지를 남겼다. 그 속에는 아버지가 한 번 더 외국 근무를 해주면 자기도 특례입학으로 소망하던 고려대학교에 진학할 수 있겠는데 그 기회를 박탈당했다는 원망까지 포함되어 있었다. 그는 학교에서 돌아온 딸을 불러 앉히고 무조건 그 앞에 무릎을 꿇고 두 손을 싹싹 비비며 아비를 용서해 달라고 빌었다. 진심으로 눈물을 줄줄 흘리면서. 자식 앞에 무릎을 꿇는 것도 그렇거니와 두 손을 비비며 울면서 용서해달라고 하는 꼴(?)을 보고 딸애는 드디어 "아, 우리 아버지가 미쳤구나. 미쳐도 보통 미치지 않았다"고 생각했다.

딸애는 아버지에 대한 원망을 가득 품은 채 고려대 진학의 꿈을 접고 중앙대 안성분교에 들어갔다. 대학 3년 때 고려대에서 편입생을 모집했다. 모두 3명 모집에 응시자가 무려 93명이나 되어 합격할 가망이 거의 없었다. 한 날은 그 딸이 비웃는 조로, "아버지가 그토록 믿는 그 분에게 제 합격 기도를 해 줄 수 있나요?" 하고 물었다. 이에 그는 "그러마" 하고 열심히 천주님께 기도를 드렸다. 그런데 놀랍게도 시험 결과 그 딸이 그 어려운 경쟁을 뚫고 합격하였다. 이것은 당자도 기대하지 않은 기적에 가까운 사건이었다. 그 딸은 편입한 후에 스스로 실력이 모자란다고 생각했기 때문에 더 열심히 공부했다. 그 결과 '올A'를 받아 정규 입학생을 제치고 장학생이 되었다.

이를 어떻게 해석하면 좋은가. 부녀간에 주고받은 장난 같은 대화가 사실로 간증된 것이다. 만약 그 딸이 아무 어려움 없이 아비의 덕택으로 해외근무 자녀 특례적용을 받아 고려대에 진학하였더라면 열심히 공부를 하지 않았을는지 모르고 그랬더라면 장학생이라는 오늘의 성취를 이룰 수 없었을지 모른다. 그 딸은 그 후 독실한 천주교 신사가 되었다. 물론 아버지를 더 이상 미치광이로 취급하지도 않았다.

하을봉은 그 흔한 핸드폰도, 신용카드도 없이 지냈다. 겨우 교통카드와 한 끼 식사 값 정도만 넣고 다닌다. 교통카드도 그가 돌봐준 어느 환자가 "생전 보살핌에 감사하며 이 카드를 쓸 때마다 자기생각을 해 달라"는 간곡한 편지와 함께 인생 하직의 선물로 보내온 것이다.

그는 문명의 이기가 없어도 마음은 누구보다 느긋하고 편했다. '없는 불편함'보다 '없는 편안함'이 더 크다는 것을 실감하고 사는 것이다.

한 번은 길을 가는데 정말 배가 고파 보이는 걸인을 발견하고 얼마간 적선하려고 주머니를 뒤졌더니 딱 만 원짜리 지폐 한 장밖에 없었다. 이를 다 주면 자기가 당장 한 푼도 없게 될 판이라 어디 가서 돈을 바꾸어 꼭 5천 원만 주고 싶은데 바꿀 데가 근처에 없었다. 줄까말까 고민을 하다가 자신이야 어떻게 되겠지 하고 기어코 가진 돈 전부를 주고 말았다. 걸인이 고마워하는 모습을 뒤로하고 돌아서는데 그 기분은 말할 수 없이 좋았다. 마치 누군가가 뒤에서 자기를 떠밀어 헹가래치는 기분이었다는 것이다. 이 이야기를 나에게 해주었을 때 그의 표정이 꼭 그때로 돌아간 듯 행복해 보였다. 가진 사람을 도와주는 것은 별 의미가 없다. 없는 사람을, 그것도 그들이 절실히 필요로 할 때 도와주는 것이야말로 진정한 도움이다. 이것은 진정한 행복이 무엇인지를 알고 있는 사람만이 베풀 수 있는 참사랑이다.

다시 살고 싶은 삶, 나 속의 나를 찾아서

몇 해 전 코미디언 이주일이 죽던 날, 나는 하을봉과 서울 인사동에서 만나 장장 5시간 동안 쉬지 않고 대화를 하였다. 주로 내가 질문하고 그가 답변하는 식이었는데 내가 관념적인 지식의 틀에서 얘기를 했다면 그의 답변은 그런 틀에서 벗어나 있었다.

내가 그에게 천주교 밑에 있지 말고 일가一家를 창설해도 되겠다고 했더니 종교는 다 같은 것이라고 한다. 그렇다. 천주교든, 기독교든, 불교든 모두 하나의 진리라는 건물에 들어가는 각각 다른 문과 같은 것이다. 중요한 것은 어느 문으로 들어가느냐가 아니고 얼마나 진리 가까이 다가가 이를 내 것으로 만들어 실천하느냐다. 아무리 사소한 진리라도 내가 믿고 감응하여 실천하면 내 것이 되는 것이다. 어떤 가르침이나 좋은 말도 누가 했느냐가 중요한 것이 아니고 얼마나 내가 받아들이고 실천하느냐가 관건이다. 사실 신이 현상계에 존재하느냐, 않느냐의 여부를 캐는 것은 본말이 전도된 이야기다. 절대자의 존재 여부는 중요하지 않다. 있어도 그만이고 없어도 있다고 믿고 행동하면 있는 것이다. 하나님은 내가 하나님이 있다고 믿는 순간 내 몸에 살아있다. 마찬가지로 내 속의 또 다른 '나'를 찾아서 자기수양을 쌓으면 고통도 고민도 없는 자유인이 된다.

하을봉은 지금도 자기를 필요로 하는 곳이면 어디든 달려간다. 그간 이 〈청조만담〉을 통해 어쩌면 내가 그의 프라이버시를 건드렸을 법한데 그는 내색하지 않고 오히려 덕택에 이름이 알려져 이곳저곳에서 강연 요청이 많이 온다고 고마워했다. 그는 봉사생활의 가치와 즐거움에 대하여 확고한 신념을 가지고 있다. 그는 다시 태어나도 하을봉으로 살고 싶다고 했다. 의심과 번뇌와 과오투성이의 인간으로 다시 태어나도 그 미망을 떨치고 깨어 있는 정신으로 극적 전환을 해나갈 수 있는 이 드라마틱한 인간의 삶을 사랑하며 다시 살고 싶다고 한다. 다시 태어나도 다시 살고 싶은 삶! 그와 헤어져 돌아오면서 나는 이 하을봉이 사는 법이 과연 우리 같은 보통 사람이 따라 하기 어려운 것일까 생각해 보았다.

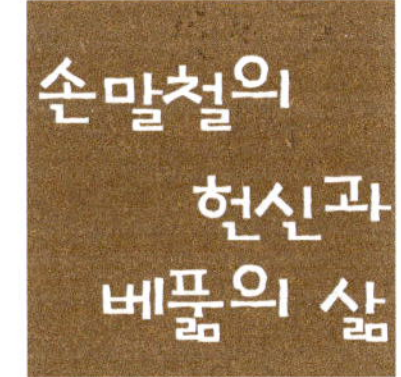

[2004년 11월]

> 마돈나, 지금은 밤도 모든 목거지에 다니노라. 피곤하여 돌아가련도다. 아, 너도 먼동이 트기 전으로 수밀도의 네 가슴에 이슬이 맺히도록 달려오너라.

꿈 많던 고교 시절 '나의 침실로'라는 이 시를 나는 한때 목젖이 아프도록 읊은 적이 있다. 특히 '수밀도의 네 가슴에'라는 구절이 너무 좋아 여인들의 봉오리 진 가슴과 그 속에 은밀히 감추어진 수밀도를 그려보며 얼굴 붉히던 시절이 있었다.

그래서 지금도 나는 과일 중에 수밀도를 제일 좋아하고 해마다 철이 되면 수밀도를 찾고 이를 먹을 때마다 흘러간, 다시는 돌아오지 못할 내 인생의 여명기를 회상하곤 한다.

그때는 누구든 이 시를 좋아하는 사람이 있으면 밤을 새워 문학과 인생을 이야기할 수 있을 것 같았다. 나라를 빼앗기고 암울한 시대를 살던 사람들의 암담한 심경을 대변해 주었던 이 시는 굳이 그런 거창한 해석 말고도 인간이 원초적으로 가지고 있는 어떤 그리움이나 간절한 소망을 몽환적으로 그린 명시라 하겠다.

때맞춰 내려주는 단비

고교를 나와 세파에 부대끼면서 나는 거의 이 시를 잊고 살았다. 그런데 이 시를 평생 잊지 않고 애송한 사람이 있었음을 최근에 알았다. 그는 고교 시절의 그 순수한 감성을 평생 잊지 않고 살면서 답답하고 외로울 때 이 시를 외고 먼 친구에게 편지로 띄워 보내기도 했다. 문득 모교가 보고 싶을 때 무작정 부산에 내려가 초량동, 수정동, 영주동의 돌담길을 돌아보며 무심한 돌들과 대화를 나누기도 하고 그 대화 끝에 울음이 솟구쳐 아무 말 못 하고 담장의 돌을 껴안기도 했다는 사람. 그는 생전에 내가 꼭 한 번 만나보고 싶었던, 그러나 끝내 만나보지 못했던 사람, 바로 손말철(8회) 동문이다.

'아스라이'는 재경 부산고 8회 동기회보인데 나는 그 동기는 아니지만 고맙게도 그 회보를 받아보는 특혜(?)를 누리고 있다. 회보는 딱 420부 한정판인데 배포처가 정해져 있어 아무나 볼 수 없는 귀중판이다. 8회 동기에게 250부가 배포되고 동창회장단, 은사, 유족 등에게 110부, 개별적 선 · 후배 동문 50부, 보관 10부로 용도가 엄격하고 투명하다. 3만여 명의 동문 중에 50명에게만 배포되는데 거기에 내가 끼었으니 어찌 특혜가 아니겠는가.

그런데 이번 호(157호. 04.9.30)를 받고 나는 가벼운 충격을 받았다. 거기에는 회원 추모특집이 실려 있었는데 뜻밖에 추모의 대상이 손말철 동문이 아닌가(이하 경칭 생략). 허탈한 심정으로 여러 동기들이 쓴 추모사를 읽었다.

손말철은 고교 시절 톨스토이에 심취하고 시를 사랑한 문학도였다. 특히 톨스토이를 좋아하여 '부활'이나 '참회록' 등 그의 작품에서 많은 감명을 받았다. 단순히 감명을 받은 정도가 아니라 평생 자신의 삶 속에서 그 박애주의를 실천하려 했다. 또 박지홍 국어 선생에게서 배운 '나의 침실로'라는 시를 애송했다. 문학과 예술을 사랑했지만 정작 자신은 문인이나 예술인이 아닌 기업인으로 살면서 평생 남에게 베풀지 않고는 못 견디는 삶을 살았다. 문인이나 예술인들이 입으로만 떠드는 이상세계를 그는 몸으로 실천하였다. 고교 시절의 독서와 교육이 어떻게 한 인간의 삶에 영향을 줄 수 있는지 알 수 있는 대목이다.

내가 그 이름을 안 것은 채 3년도 안 된다. 지금 3년 넘게 쓰고 있는 이 청조만담을 시작하고 얼마 안 되어서다. 신윤식(8회) 선배가 느닷없이 나를 회현역 인근의 삼선빌딩 8회동기회사무실로 오라고 호출했다. 일면식도 없는 신 선배는 만나자마자 모교 이야기를 쓰고 있는 나에게 8회 동기분들을 소개해 주고 모두들 재미있게 읽고 있으니 계속 좋은 글을 쓰라고 명령(?)했다. 내게 무슨 남다른 문재文才가 있을까마는 그때 그 시절의 추억을 공유하는 동문이라는 공통분모 하나 때문에 다들 재미있게 읽어주는 줄 알고 열심히 써오고 있다.

그날 점심까지 얻어먹은 나는 은근히 서울 한복판에 번듯한 사무실을 갖고 있는 선배님들이 부러웠는데 알고 보니 이 사무실을 무상 제공하는 것은 물론 매일 매일의 점심값까지 어느 동기 한 분이 몽땅 다 부담해준다는 말을 들었다. 그가 바로 손말철 동문이라는데 누군지 모르지만 참으로 멋있는 분이구나 하고 생각하였다.

우리 동문이 많다지만 사비로 동기회를 이렇게 지원하고 있는 경우는 동창회 사상 전무후무할 것이다. 뒤에 알게 된 그의 헌신과 희사 행위는 이 정도가 아니었다. 모교 동창회에 거액의 장학금을 희사함은 물론 어려운 동기들의 생활비나 진료비를 매월 송금하고 개별적으로 그 자녀들의 장학금도 수십 년간 지급해 오고 있는데 한 번도 얼굴을 맞대지 않고 매월 25일 정확히 구좌에 입금한다. 어려서 어머니를 여의고 부산의 만덕동 골짜기에서 어렵게 자라 자수성가한 그는 가난이 어떠한지 누구보다 잘 알기에 자신의 도움이 필요한 곳이면 어디든 달려가 단비를 내려주는 급시우及時雨였다.

세상에 빛을 주고 간 사람

도대체 어떤 사람이길래 남에게 요새 같은 세상에 '아낌없이', '거리낌 없이', '아무 대가 없이' 자기 시간과 재물을 나누어주고 아픔을 함께 하고 걱정해주는 '선한 사마리아인' 같은 분이 있더란 말인가. 그런 분이 우리 부산고 동문 중에 있다는 사실이 믿어지지 않았다. 그래서 내 눈으로 한 번 확인하고 언젠가는 이 청조만담에도 등장시켜 자랑스러운 동문으로 그 행적과 선행 사실을 알리고 싶었다. 그런데 그 꿈(?)을 펴보기도 전에 이렇게 훌쩍 가버리셨단 말인가. 오호 통재.

나는 생전에 그를 본 적도, 또 내가 만나고 싶어 한다는 사실을 알린 적도 없다. 그러니 그가 내 존재를 알 리도 없다. 무슨 지병인지도 모르고 다만 건강이 빨리 회복되어 정상적인 생활로 돌아온다면 언젠가 만날 기회가 있지 않을까, 소위 짝사랑을 하고 있었다.

지금 동창회에서는 '부산고 60년사' 편찬사업이 한창 진행 중이지만 거기에 인물열전을 넣는다면 나는 손말철을 추천하고 싶다. 본인이 안다면 극구 사양할 테지만 이제 가셨으니 사양 못 하시겠지. 어디 꼭 대통령이나 노벨상 수상자가 되어야 인물열전에 든단 말인가. 손말철은 늘 "의사 친구들이 친구들에게 많은 도움을 주듯이 나도 친구들의 밑거름이 될 수 있다면 더 바랄 게 없다"는 신념으로 살았다(정일수 회고). 일생 선행을 하고도 오른손이 하는 일을 왼손이 모르게 실천하였으니 그의 이름이 세상에 알려질 수 없었다. 그의 생활철학이 "최선을 다하고 잊어버린다!"라고 했다. 이 얼마나 멋진 철학인가. 아니 철학이 아니라 바로 종교다. 남을 돕고도 남을 도울 수 있게 해준 하나님의 은총에 오히려 고마워했고 건강하게 살면서 힘껏 베풀고 살다가 홀연히 떠나기를 소원했다.

그가 일으킨 회사의 사훈이 '서로 사랑하라, 기뻐하고 감사하라'인 것만 보아도 그의 인품을 짐작할 수 있다. 사랑하고 기뻐하고 감사하는 것이 긍정적인 사고와 이타적利他的인 발심 없이 어디 실천할 수 있는 일이던가. 손말철은 평소 성 프란치스코의 '평화를 구하는 기도'를 애송하며 삶의 지표로 삼았다고 한다(손일석의 추모사에서).

나를 당신의 도구로 써 주소서/ 미움이 있는 곳에 사랑을/ 다툼이 있는 곳에 용서를/ 의혹이 있는 곳에 신앙을/ 그릇됨이 있는 곳에 진리를/ 절망이 있는 곳에 희망을/ 슬픔이 있는 곳에 기쁨을/ 가져오는 자가 되게 하소서/ 위로 받기보다는 위로하고/ 이해 받기보다는 이해하고/ 사랑 받기보다는 사랑하게 하여 주소서/ 우리는 줌으로써 받고/ 용서함으로써 용서받으며/ 자기를 버리고 죽음으로써/ 영생을 얻기 때문입니다

이 기도문을 보면 그의 이타행利他行 행적의 의문이 풀린다. 그의 삶 어디를 봐도 한결같이 이 기도문대로 걸어간 흔적이 역력하다. 그가 생전에 한 무수한 선행 가운데서도 작고하기 2년 전 '수연잔치를 거절하고 그 비용으로 앞 못 보는 백 명의 개안수술을 하게 하여 눈을 뜨게 해준 일은 알려지지 않은 헌신의 극치'(이재기의 추도사)로 우리를 감동시킨다. 그는 독실한 기독교 장로였지만 불교로 말해도 자비행, 희사행을 실천한 대세지보살의 화신이었는지 모른다.

그런 그가 건강을 잃고 일찍 갔으니 참으로 애통하다. 아마도 그는

자기의 삶이 일찍 끝난 것을 탓하지 않고 다만 더 못 살아 더 못 베풀고 가는 것을 한탄했을지 모른다. 이런 분을 하나님은 무엇이 급해 일찍 데려가셨는지 모르겠다. 고린도 전서에 '사랑은 오래 참고 사랑은 온유하며 투기하지 아니하며 자랑하지 아니하며 교만하지 아니한다.' 고 했는데 손말철의 사랑이야말로 바로 그런 사랑이었을 것이다. 부전자전이라고 그의 장남 손일선 사장도 부친의 유지를 받들어 앞으로도 계속 동기회 사무실을 무상 대여하겠다고 했다 한다.

김종석, 좌판 위에 피운 꽃

[2005년 3월]

조국이 해방되던 1945년, 부산항은 귀환동포로 들끓었다. 그 속에 겁먹은 듯한, 그러나 초롱초롱한 눈망울을 한 열두 살 먹은 소년이 있었다. 일본 하카다항을 떠나 서른 살 청상과부인 젊은 어머니를 따라 5남매의 동생들과 함께 막 이 뒤죽박죽의 부산항에 내린 것이다. 부친은 그가 아홉 살 때 히로시마 근처 히까리란 곳으로 '조요(징용)'에 끌려가 사망하였다. 그때 소년은 그 어린 나이에도 현장에 찾아가 엠피의 제지를 뚫고 아버지를 내놓으라고 '뗑깡'을 부려 결국 그들이 내준 '쓰리코터'에 시신을 실어온 당찬 아이였지만, 이들에게 부산은 쥐방울만한 연고도 없는 이국 아닌 이국땅이었다.

어찌어찌 흘러든 곳이 범일동 삼일극장 앞 적산가옥이었고 그날부터 소년가장이 되어 돈이 되는 일이라면 닥치는 대로 해나갔다. 다음 날 팔기 위해 모친과 밤늦게 떡을 만들거나 죽을 쑤었고, 새벽 5시면 부산역까지 달려가 서울서 밤새 내려온 '한성일보'라는 신문을 받아 신문배달을 하고, 낮에는 껌 담배 초콜릿 등 각종 미군 PX에서 흘러

나오는 물건을 받아 좌판을 벌였다. 성남국민학교를 다녔으나 학교는 다니는 둥 마는 둥 생업에 바빴다.

소년가장, 장사밖에 길이 없어

해방의 혼란과 전쟁의 와중에서 소년이 할 수 있는 일이라곤 자신과 가족의 생계를 위해 동분서주하는 일뿐이었다. 학교보다는 사회를 먼저 알았고 학생이기보다 먼저 장사치였던 이 소년이 지금의 한창그룹 회장 김종석(8회)이다. 그는 우리 동창 사회에서 입지전적 인물의 하나로 지금이야 동문은 물론 이 나라 경제인 치고 그를 모르는 사람이 별로 없지만 학교 다닐 때 그를 아는 사람은 거의 없었다. 자기가 아는 학우도 없었고 자기를 알아보는 학우도 없었다.

오죽하면 스스로 "학교에서 나를 아는 사람은 빨갱이"라고 할 정도로 학교보다는 돈을 벌기 위해 거리를 쏘다니기 바빴다. 장사를 하다 보니 사귀는 사람도 학생보다는 사회인, 그것도 동년배보다는 10년, 15년 연장자들이었다. 그때 그가 알던 사람으로 아직 생존해 계신 분은 국제상사의 양정모, 동일고무벨트의 김도근 회장 정도다.

그가 부산고에 들어온 것도 희화적이었다. 국민학교를 졸업하고 당시 실업학교로 인기가 있던 부산공업에 들어갔으나 석 달을 못 다니고 그만두었다. 그 이태 후 야간부가 생긴 금성중학에 들어갔다. 그러나 오후 5시 반부터 수업이 시작되는 야간부는 장사 시간과 겹쳐 제대로 학교에 나갈 수가 없었다. 중학 3년 과정을 통틀어 한 1년 정도 다닌 셈인데 재학 중 주 · 야간 통합이 되었고 졸업성적이 거짓말 같이 전교 1등을 하였다. 그러나 고교에 진학할 형편이 되지 않아 진학을 포기하고 있었는데 학교 측에서 강력히 진학을 종용하는 바람에 당시 최고 학교였던 부산고에 응시, 당당 합격하였다.

그의 부산고 진학과 관련하여 유명한 에피소드가 있다. 당시 경북 풍기에서 수재로 이름난 강경식(8회, 전前 경제부총리)이 부산에 내려와 택시기사에게 "여기서 최고 좋은 고등학교가 어디냐?"고 묻자 기사가 자기기준으로 "동아고"라고 하는 말을 마침 지나가던 김종석이 듣고, "무슨 소리냐? 부산고가 최고지."라고 하여 부산고에 진학하였다는 이야기가 있으나 이는 와전된 것이고 진실은 이렇다.

김종석은 당시 조방(조선방직)과 거래를 하고 있었는데 거기 다니던 직원 중에 강경식의 자형이 있었다. 그가 김종석을 만난 자리에서 동아고가 부산에서 최고인 줄 알고 마침 피난 내려와 있던 제 처남을 동아고에 보내려고 원서를 넣었다고 하자 김종석이 "무슨 소리냐, 부산고가 최고지만 첩첩 시골의 풍기중학에서 부산고는 너무 어려울 테니 동아고에 가는 것만도 대단한 일"이라고 했다는 것.

이 말이 씨가 되었는지 자부심이 강했던 강경식이 부산고로 원서를 바꾸어 당당히 합격한 것이다. 입학 후 두 사람은 친해졌고, 뒤에 그 자형이 전근하자 1년여 김종석의 집에서 기숙을 하기도 했다. 강경식은 대단한 수재였는데 재학 시절 국영수 등 골격과목만 잘한 게 아니라 미술, 음악, 문학, 체육 등 못 하는 게 없는 만능학생이었으며, 입학 1등은 못 하였지만 졸업 1등은 하겠다고 별렀는데 실제 공언한 대로 졸업 때 1등을 하고 서울법대에 합격하였다.

그런데 정작 김종석은 부산고를 졸업하지 못했다. 그것은 장사하느라고 수업을 제대로 받지 못해 성적은 고사하고 수업일수 미달로 졸업장을 받지 못한 것이다. 당시 부산고는 대학 식 90분 강의로 오전 1, 2교시와 오후 3교시 수업을 하였는데 오후 강의는 거의 들을 수 없었다. 과목 중 수학이나 물리, 화학 등은 성적이 그런 대로 나왔으나 국어, 영어 등 매일 수업을 듣지 않으면 따라갈 수 없는 과목은 성적이 나쁠 수밖에 없었다. 한번은 영어시험에서 10여 개의 문제 중 아는 문제가 1~2개 정도밖에 없어 이름만 적고 백지를 냈는데 평소 입이 험한 김종출(영어교사) 선생이 불러 "왜 백지를 내느냐? 너 같은 놈이 어찌 부산고에 들어왔느냐?"고 힐난하자 "백지를 낸다고 인격까지 모독하지 마십시오. 오늘은 백지를 내지만 다음 시험에 만점 받을지 어찌 압니까?" 하고 교실 문을 박차고 나간 적도 있었다.

부고 2학년 때 모친이 혈액 암으로 사망하자 김종석은 천애고아가 되었다. 매일 매일의 생계가 급한 그에게 학교란 다만 사치일 뿐이었다. 범일동 일대를 무대로 한 생업 틈틈이 짬이 나면 무슨 땜빵 학원에 나가듯 초량 뒤편 저수지에 있던 천막교사로 뛰어가 수업을 듣고 수업이 끝나면 바로 생활 현장으로 돌아왔다. 그래서 재학시절 그가 아는 동기생이라곤 딱 두 사람, 강경식과 유계준(8회)뿐이었다.

오죽했으면 그의 짝지였던 박기성(8회)이 요즘도 만나면 "김 회장, 당신은 너무하다. 짝지를 했던 나도 모르느냐?"고 하지만 그의 기억에는 없다. 고교 시절 동기생 간에 이름깨나 알려지려면 세 가지 중 어느 하나, 즉 공부를 잘하든지 운동(싸움)을 잘하든지 집이 부자든지 해야 하는데 김종석은 그 어디에도 들지 못하였고, 출석도 수업시간 중 뒷자리에 슬그머니 들어왔다 끝나면 줄행랑치기 바빴으니 그를 기억할 사람이 없는 것은 오히려 당연하다. 당시 주먹과 의리의 사나이 신병렬(8회, 국회의원), 임광진(8회) 같은 이도 재학 시절에는 서로 몰랐고 사회에 나와서 친해진 사이다.

20년 만에 받은 졸업장

김종석은 부산고 졸업장을 받지 못했지만, 사회에서는 눈부신 활약을 한다. 부산에서 고기잡이를 빼고는 거의 안 해본 일이 없었던 그는 조방과 거래하던 경험을 살려 32살 때 직물공장을 만들었다. 이것을 기반으로 법인체 한창섬유를 만든 것이 그의 나이 34살 때인 1960년대 후반, 한국에서 막 무역이 싹틀 무렵이었다.

천신만고 끝에 약간의 부富를 이루고 있던 그에게 훗날 대우그룹 회장이 된 김우중이 찾아온다. 당시 섬유 봉제는 노동 위주산업으로 한국 수출의 주력상품이었다. 김우중 씨의 요청에 따라 그를 도와 대우에 외상으로 물량공급을 해주면서 한창도 무역을 하게 되고 차츰 기업 확장에 나서 오늘에 이르고 있다.

김종석은 졸업 후 20년이 지나 홍금술 교장으로부터 정식 졸업장을 받는다. 남들은 3년 만에 하는 졸업을 무려 23년 만에 한 셈이다. 모교 육성회 회장을 맡아달라고 해서 졸업장도 없는 사람이 어찌 맡느냐고 사양하자 학적부를 근거로 졸업장을 수여한 것이다.

김종석은 진작 졸업장을 받지 못하였지만 부산고에 대한 애정은 누구 못지않았다. 자신은 부산고에 제대로 다니지도 못했고 졸업장도 못 받았으니 "나는 부산고와 아무 관계없는 사람"이라 말하면서도 두 남동생(12회, 14회)과 장남 김승한(28회)까지 부산고를 나오게 했으니 갈 데 없는 청조인이다.

또 졸업 후 오늘의 부산고 발전을 위한 초석을 놓는 굵직한 일을 많이 하였다. 1974년 고교 평준화 이후 선후배 간의 단합을 위해 야구후원회장을 맡았다. 동기생 신병렬의 권유가 있었지만 야구야말로 부산고의 전통이며 정통성을 이어갈 한 축임을 지각한 그는 회장직 수락 이후 거액의 운영비 등 물심양면의 지원을 아끼지 않았다. 그것도 피상적, 단기적 지원이 아니라 기업을 경영하듯이 장기 비전을 세워 선수를 국민학교, 중학교 시절부터 발굴 육성하여 부산고에 데려오는 식이었다. 이 작전이 주효하여 모교 야구는 1980년대 전국대회를 휩쓸게 된다. 당시 침체를 거듭하던 부고 야구가 중흥되어 지금까지 연면히 전국 명문고로 행세하는 이면에는 그의 숨은 공이 크다.

현재 명名포럼으로 대외에 널리 알려진 청조포럼 또한 김종석이 창설한 것이다. 후배 김이현(11회, 재경동창회 고문) 등이 추대하여 초대 청조경제인회장이 되었지만 그 첫 연사로 강경식을 초대하는 등 6년간 재임하면서 정례화의 초석을 놓았다.

그는 대학 또한 부산대에 진학하였으나 총 출석일수가 10일밖에 안 된다. 스스로 "학교 운이 없었다."고 하는 그는 국민학교 시절부터 중 · 고교와 대학을 통틀어 늘 학교 근처까지 갔으나 남들처럼 학업에만 전념할 수 없었다. 학교는 그에게 늘 강 건너 등불이었다. 그의 학교는 학우가 있는 상아탑의 교실이 아니라 눈물과 땀이 얼룩진 고샅길이요 눈치와 배짱이 난무하는 시장 바닥이었다. 그는 그 각박한 현실 속에서 끝내 좌절하지 않고 칠십 평생 자기 길을 찾아내어 한 길로만 매진해온 것이다. 너나없이 어려웠던 한 시대를 맨몸으로 좌충우돌 부딪치면서 일궈낸 오늘의 성공이야말로 좌판 위에 피운 한 떨기 위대한 꽃이 아니고 무엇이겠는가.

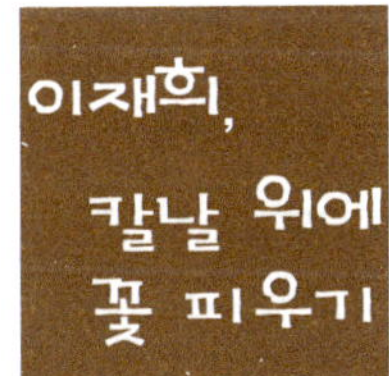

[2005년 4월]

요즘 대학생들이 가장 선호하는 직장이 IBM코리아라고 한다. 휴렛패커드코리아, 소니코리아, ○○코리아…등 접미어 '~코리아'로 끝나는 회사가 줄줄이 그 뒤를 잇고 있는데 이 모두 외국계 기업의 한국 현지법인들이다. 6~70년대만 해도 양담배만 피워도 눈총을 받았는데 지금은 외국기업에 서로 가려고 한다니 세상이 변해도 너무 변했다. 경제의 국경이 무너진 오늘날, 제품은 국적이 문제가 아니라 질과 가격이 문제될 뿐이다. 그런 외국기업 중에 '유니레버코리아'가 있다.

이 회사는 세계적인 퀄리티 제품과 고객 최우선의 서비스로 국내 생활용품 시장을 빠른 기간에 석권해 가고 있다. 한국시장에 뛰어든 1990년대 후 초기 실패를 제외하고는 꾸준히 소비자의 사랑을 받아 최근 5년간 매년 55%가 넘는 무서운 성장을 하고 있는, 성공한 외국기업의 하나다.

앞만 보고 뛰는 CEO

본사는 2004년 500억 유로의 매출을 올린 세계 최대 · 최고 소비재 생산회사로서 포천지誌 세계 500대 기업 중 40위권에 올라 있다. 놀라운 것은 이 회사 제품이 매일 전 세계에서 1억 5천만 개 이상 팔리고 있다는 사실이다. 이는 오늘날 기업단위로 하루 매출 세계 1위인 코카콜라 다음이요, 하루 판매량 1억 개인 맥도널드, 9천만 개인 아스피린보다 순위가 앞선다. 유니레버는 브랜드명이 아니고 회사명인데 그 브랜드 개수와 종목의 다양함을 보면 또 한 번 놀란다. 우리에게 익숙한 비누제품 도브(Dove), 럭스(Lux) 등이 이 회사의 브랜드다. 이 말고도 폰즈, 바세린, 립톤, 베르톨리, 슬림패스트 등 400여 개의 주력 브랜드를 보유하고 있는데, 이 중 샴푸, 비누, 샤워클렌저, 클렌징제품, 아이스티 등의 분야에서는 이미 업계 최고의 자리를 차지하고 있으며 최근 아이스크림, 화장품에도 진출하고 있다.

유니레버코리아는 IBM코리아처럼 대학생의 인기순위 톱10에 들지는 않지만 이는 이름이 덜 알려진 탓이지 내실에서는 어느 외국기업 못지않게 좋은 회사다. 연간 매출 5천억 원에 육박하는 유니레버코리아의 오늘이 있게 한 CEO는 누구인가. 그는 바로 부고인 이재희(17회) 회장이다. 지금은 그 능력을 인정받아 대통령 직속 동북아경제중심추진위원회 물류위원장도 맡고 있지만, 1998년 그가 이 회사의 세 번째 사장으로 취임했을 때 회사는 합작 실패로 굉장히 어려웠다. 그는 충무공의 '尙有12隻(상유12척)'이라는 각오로 부임하자마자 불가피한 구조조정 외에는 감원 대신 3배 이상의 노력을 요구했고, 회사에 대한 충직성, 상호보완성 등에 기초한 능력인사를 과감히 실천했다. 무슨 일이든 적극성이 없는 자는 가차 없이 배제했다. 그는 이런 직원들을 데리고 '사즉생(死卽生)'의 각오로 뛰었다.

비전 없는 회사에 미래는 없고, 그 비전은 경영자가 제시해야 한다. 3개월 뒤, 6개월 뒤, 1년, 3년, 5년, 10년 뒤의 회사 위상을 구체적으로 제시하되 그 내용이 허황되지 않아야 한다. 경영목표를 선언하고, 그것을 달성하기 위해 '올인'하고 그것이 사업기간별로 가시적인 실적으로 실증되어야 한다. 그렇지 못하면 노사 모두에게 신뢰를 상실한다. 그래서 그는 취임과 동시에 3년 단위로 비전을 제시하고 매출 신장을 기하는 '프로젝트 333' 계획을 선언하여 차곡차곡 달성해나갔다. 시장성 있는 상품의 개발, 인력의 적재적소 배치, 정확한 시장예측에 의한 올인 작전이 성공을 거둠으로써 이 회사는 일류기업으로 부상하였다. 그에게 과거의 성공은 경험으로 존재할 뿐 관심은 오로지 미래의 새로운 도전에 있을 뿐이다.

그는 냉엄한 경쟁사회에서 외국인 경영자보다 한국인 경영자가 더 잘할 수 있다는 것을 실증해 보여주고 싶었다. 그래서 CEO 취임 이래 한 번도 무장해제를 해본 적이 없다. 늘 고시 공부하는 수험생처럼 칼날 위를 걷는 긴장 속에서 최선을 추구한다. 일은, 변명하느니 차라리 죽는 게 낫다는 자세로, 대단히 공격적이고 속도감 있게 한다. 취임 후 5년간 공식적으로 휴가를 가본 적이 없고 지금까지 술, 여자, 골프를 모른다. 길이 없으면 길을 찾아내고 길이 막히면 길 밖에 길을 열어나갔다. '잘할 때 잘하고 못할 때 못하는 것'은 누구나 할 수 있다. 실적이 나쁘면 바로 퇴진 당하는 현실에서 늘 5분 대기조의 생활을 할 수밖에 없었다. 매일 출근할 때 설레는 기분, 무언가 도전하는 마음으로 스스로는 물론 임직원 각자가 가진 잠재력을 최대한 발휘하도록 유도해나갔다. 이리하여 수년간 그가 내놓은 상품이 시장에서 1등을 하지 않은 것이 없다. 이것이 칼날 위에 피운 꽃이 아니고 무엇이겠는가.

일의 화신이자 경영의 귀재라 할 이재희 회장은 심해 내방면 출신이다. 하는 일을 보면 굉장히 첨단의 마스크에 카리스마가 번쩍일 것 같지만 막상 만나보면 아직 촌티를 덜 벗은, 영어 같은 외래어와는 거리가 먼, 된장 냄새 풀풀 나는 이웃집 아저씨 같다.

무논에서 용龍 나다

그는 농사짓기가 싫어 공부를 했다고 한다. 고교 진학을 앞두고 모친이 "똥 장군 지기 싫으면 공부해라. 단 최고 일류고가 아니면 안 된다."고 하시어 당시 부산경남에서 최고 명문고인 부산고에 합격함으로써 간신히 진학할 수 있었다. 얼마나 촌놈이었던지 부고에 들어와서야 생전 처음 농구대나 피아노를 보았고 대양을 오가는 선박을 보았다. 부고에 들어오니 얼마나 똑똑한 친구들이 많던지 늘 기죽어 지냈는데 그와 친했던 김동현(17회)만은 자기보다 더 촌 동네인 하동 진교 출신이라 그 앞에서만은 허리를 펴고 지냈다고 한다. 부산상대에 진학한 그는 공인회계사 자격증 하나만 달랑 따들고 졸업했다. 그에게는 달리 꿈이 많았으나 부산에 본사가 있던 금성사에 입사시험을 보았다. 면접 때 겪었던 에피소드 한 토막.

면접관이 여러 가지 질문을 했으나 그는 대답하기 귀찮아 시종 묵묵부답으로 있었는데 이를 보고 "왜 말이 없느냐? 자신이 없느냐?"고 물었다. 이에 그는 질문자를 똑바로 쳐다보며 "답을 몰라서도, 자신이 없어서도 아닙니다. 필기시험이나 추천서를 보면 아시겠지만 저 같은 인재가 귀사에 지원한 것만도 대단한데 면접은 무슨 면접입니까?"라고 말했다. 이 당돌한 대답에 질문자가 무색해져 "그런 식으로 말하면 학생에게 손핼 텐데…"라고 하자 "저를 뽑으면 회사에 득이 될 거고 뽑지 않으면 회사가 더 손핼 겁니다." 하고 나와 버렸다. 그만큼 그는 자신의 능력을 믿었고 미래에 대한 소신이 있었다. 결국 그는 합격하였지만 적성이 맞지 않아 그만두고 세계적인 회계법인인 프라이스 워터하우스(Price & Waterhouse)의 회계 컨설턴트로 일했다. 그 인연으로 약관 서른여섯에 서울 하얏트호텔 상무가 된다. 1984년 마흔 살에 TNT사의 북아시아 지역 사장으로 발탁되었다가 14년 후 유니레버코리아 CEO로 자리를 옮겨 오늘에 이르고 있는 것이다.

건설, 호텔, 물류, 생활용품 등 다양한 직종을 거치면서 CEO 생활을 20여 년 계속해 왔다는 것은 보통 일이 아니다. 어떤 직종이든 전문경영인으로 한 직장에서 오래 견디기는 힘든 법. 누구나 첫 임기는 웬만하면 다 잘할 수 있으나 연임하여 5년 이상 버티기 어렵고 10년 이상이면 그 능력의 탁월성을 인정해야 한다. 그런데 이재희는 20년 이상 최고 CEO로서 지금도 건재하고 있으니 어떻게 평가해야 할까. 800여 명의 직원을 거느린 그는 영업비전 말고도 'Winning Spirit'이니, 'Journey to Great Place to Work'라는 표어를 내세워 '좋은 회사' 만들기에 분주하다. 수명은 연장할 수 없어도 아침에 일찍 일어나면 남들보다 두 배로 살 수 있으며, 세상에 해답 없는 문제는 없고 살릴 수 없는 기업은 없다고 믿는다.

그의 경영철학은 오히려 단순하다. 모든 선입견에서 벗어나 자유스런 상태에서 물 흐르듯, 신속하게 의사결정을 한다. 그리고 한 번 결정된 사안은 흔들림 없이 혼신의 힘으로 집중해 웬만한 전문가들의 상식을 뛰어넘는 전략적 선택을 도출해낸다.

그는 박재삼의 시를 사랑하고 틈틈이 경제신문 칼럼에 글도 발표한다. 그는 남의 나라에서 영업이익만 추구하는 외국기업인이 아니라 번 것을 그 나라에 환원하는 것도 잊지 않는다. 진정한 영업기반 구축은 그 나라에 토착화하는 길임을 동물적 감각으로 알고 실천하는 것이다. 각종 문화 사업에 흔쾌히 기부를 하고 부산고 동기회 행사지원은 물론 야구부 후원에도 앞장서는 등 우리 동창사회를 위해서 남모르게 많은 도움을 주어 왔다.

명문 부산고에 합격하지 못했더라면 '똥지게'나 지고 필부로 살았을지 모를 인생이 회계사 자격증 하나와 똥배짱(?)으로 지구촌시대를 여는 첨단기업의 CEO가 되어 당당히 뛰고 있는 모습은 과시 개천에서, 아니 무논에서 용 났다고 할 만하지 않은가. 그의 앞으로의 행보를 지켜보는 것 또한 같은 부고인으로서 맛볼 또 하나 不亦悅乎(불역열호)가 아니겠는가.

유삼렬과 교사의 힘

[2005년 5월, 2005년 7월]

최근 강릉MBC의 사장 교체를 둘러싸고 본사와 계열사의 다툼이 있다는 보도를 읽었다. 임기를 2년이나 남겨둔 현 사장을 대주주인 본사의 신임 사장이 교체하려 하자 계열사 소액주주가 반발하고, 다시 노조가 반대하자 본사는 콘텐츠 협력관계 등의 '가맹 해지'라는 강수를 들고 나왔다. 그 자세한 전말이야 알 수도, 알 필요도 없는 일이지만 그만큼 방송사 사장자리가 만만치 않은, 바람 타는 자리일 것이라는 짐작은 간다. 그런데 이처럼 단임單任하기도 힘든 방송사 사장을 두 번이나 연임한 동문이 있다.

바로 유삼렬(15회, 현 한국케이블TV방송협회장) 동문. 그는 MBC 계열사로는 가장 오래된 부산MBC에 말단사원으로 입사하여 최고 자리에 올랐다. 특별히 재력이나 '빽'이 있는 것도 아닌, 적수공권의 그가 어떻게 그리 될 수 있었을까. 그것은 한 마디로 타고난 성실성과 폭넓은 친화력 덕분이었다. 밑바닥부터 올라간 그가, 이 사회는 사람과 사람과의 관계에 따라 움직인다는 평범한 이치를 체험으로 깨닫고 실천한 결과였다. 인간관계가 좋으면 자기에게 없는 재능과 재주를 빌려올 수 있다. 그는 언제, 어느 곳에서나 자기를 낮추고, 남에게 먼저 베푸는 데 인색하지 않음으로써 자기의 외연外延을 넓혀갔다. 그가 이렇게 된 데는 타고난 천품도 있었겠지만 성장과정에서 그가 만난 교사들로부터 받은 영향이 컸다.

담임교사가 심어준 애증愛憎

그 시대 누구나 다 비슷하겠지만 유삼렬의 유년은 유난히 가난했다. 일본에서 태어나 가진 것 없이 부산에 흘러 들어온 곳이 '똥골동네(범일동과 좌천동의 경계 오버브리지 근처). 성남초등학교에 다녔지만 '월사금'을 못 내는 그에게 담임교사는 너무나 야박했다. 그때의 일화 한 토막. 경찰 출신의 담임교사는 툭 하면 그를 불러 세워놓고 야단을 쳤다.

담임선생이 "야, 유삼렬! 오늘은 월사금 가져 왔나? 당장 집에 가서 가져와라" 하고 다그치면, "집에 가도 없는데예…" 하고 유삼렬이 모기 소리로 대답하고, 담임은 "이놈 봐라, 돈 안 가지고 오려면 학교에 오지 마랏!" 하고 고함을 질렀다. 당시의 학교 선생님은 하느님 같은 존재라 감히 그 명에 거역할 수 없었다. 집에 가봤자 돈이 안 나온다는 것을 알기 때문에 그는 집에도, 학교에도 갈 수 없었다. 매일 학교 주위만 맴돌거나 거리를 쏘다니곤 했다.

그러다가 한 번은 길에서 우연히 담임선생님과 마주쳤다. 담임은 그를 몰라보는 것 같았고 그는 망설이다 자리를 피해버렸다. 그것이 55년이 지난 지금도 마음의 짐으로 남아 있다고 한다. 그때 만약 인사를 했더라면 그 선생님도 느끼는 바가 있어 학교에 나오라고 했을지 모른다. 딴 아이들이 학교에서 공부하는 그 시간에 거리의 천사처럼 떠도는 자신이 얼마나 서러웠을까. 그래서 그는 이를 악물고 남들보다 더 부지런하고 더 노력해야 한다고 스스로를 타일렀던 것이다.

유삼렬은 끝내 그 학교에는 못 가고 다른 학교를 전전하다 마침 새로 생긴 자성대 근처 좌성초등학교 5학년에 편입하였다. 이것이 동기생보다 나이가 두 살 많은 까닭이다. 창고 막사 교실이었지만 여기서 그는 일생일대 잊지 못할 은사를 만난다. 이종욱 담임선생님은 유달리 총명한 그를 아껴 그의 학비를 자기 월급에서 떼어 대납해 주고 반장을 시켰다. 공부 잘하는 그를 자기 조교(?)로 삼아 동료 학생들을 가르치게 하고 심지어 시험문제도 그와 상의하여 출제하기도 했다. 그때 유삼렬이 이 선생님을 만나지 못했더라면 그는 영영 학교와는 담을 쌓고 다른 길로 갔을지 모른다.

그는 졸업 후에도 이 은혜를 잊지 않고 평생 은사와 연락을 유지하면서 제자의 도리를 극진히 해왔다. 훗날 그가 MBC 총무국장 시절에 그 은사가 찾아와서, "유군, 절대 부담 갖지 말고 자네가 할 수 있다면 한 번만 도와주었으면 하네" 하면서 마침 자기 아들이 당시 D대학 전임강사 자리에 지원서를 넣었는데 경쟁이 치열한 것 같으니 알아봐 달라는 내용이었다. 이에 그는 만사를 제치고 연고를 물어물어 재단 측근을 찾아가 자기의 유년시절 은사와의 일을 털어놓고 강력히(?) 부탁하여 성사되게 해주었다. 그는 지금 유능한 교수로 재직하고 있다고 한다. 이처럼 그가 은혜를 입은 만큼 베풀고 감사할 줄 아는 것은 누가 가르쳐준 것이 아니라 성장과정에서 피눈물로 체득한 결과다.

'두 번'의 달인

좌성초등학교를 제1회로 졸업한 그는 당시 부산경남 지역 최우수학교 부산중학에 입학하였다. 그러나 여전히 가난 때문에 학비를 낼 수 없었다. 당시에는 입학 초기에 학생들의 실력 수준을 평가하기 위해 불시에 예고 없이 시험을 치르는 관행이 있었는데, 유삼렬은 항상 상위그룹의 성적을 유지했다. 또 1학년 D반 담임인 강수혁 선생님이 그의 가정 사정을 알고 건의하여 3년간 '학비면제학생'으로 지정해 주었다. 그것은 학교가 베푸는 일종의 비공식 장학제도인데 그는 부산중학교뿐만 아니라 부산고등학교에서도 3년간 학비면제학생이 되었다. 이 특혜를 한 번도 아니고 두 번씩이나 받은 것은 대단한 행운이었다.

그럼에도 그는 육성회비조차 내기 힘들었고, 교과서나 참고서를 살 돈도 없었다. 배가 고파 학교 인근 동기들 집을 전전하면서 숙식의 신세를 졌다. 이런 악조건 속에서도 그는 조금도 기죽지 않고 항상 친구들의 대장 노릇을 했다. 부산중학과 부산고 두 번 다 2학년 때 학생회 부회장을 했고 3학년 때 두 번 다 학생회장으로 뽑혔다. 뒷날 MBC

에서 두 번이나 사장을 연임한 것도 두 번의 초등학교 입학과 두 번의 학비면제학생, 두 번의 학생회장 등 '두 번'의 경력이 뒷받침된 것이 아니었는지 모른다. 무슨 일이든 누구나 '한 번'은 할 수 있지만, '두 번' '연짱' 한다는 것은 쉽지 않다. 자신의 전부를 걸고 '올인'하여 이룬 성과와 미래의 가능성이 검증되어야 하기 때문이다.

유삼렬의 부산고 15회는 동창회에서도 특이한 기수로 통한다. 재학 중 가장 데모를 많이 한 기수라는 것도 그 중의 하나다. 그들은 1학년이 끝날 무렵 3 · 24 데모를 하였고, 2학년 때 4 · 19, 3학년 때 5 · 16을 겪었다. 유삼렬은 당시 2학년 상급생들이 주도하였던 3 · 24 데모 때 1학년생으로는 유일하게 주모자급으로 참여하였다. 그는 중학 시절부터 독실한 기독교 신자였는데 그가 다니던 초량교회에서 등사기를 무단 지출하여 유인물을 프린트하는 데 일조하기도 했다.

유삼렬은 당시 자매결연을 했던 경남 기장의 오룡 부락에 학생회 간부들을 이끌고 봉사활동을 다녔다. 요즘의 1사1촌과 비슷한 것이었다. 이 오룡 부락은 국어교사였던 홍영식 선생님이 소개한 마을인데 기장역에서 내려서도 한참 걸어가야 했다.

한 번은 추월영 교장 선생님과 사제동행을 하며 많은 대화를 나누었다. 초여름 날 땀을 뻘뻘 흘리면서 가다가 논두렁길에서 점심을 먹는데 추 교장은 도시락이 없는 그에게 긴 빵을 건네주었다. 그 빵 속에는 요즘의 핫도그처럼 소시지 같은 것이 들어 있었는데 어찌나 맛있던지 지금도 그 생각만 하면 그 맛이 되살아나는 것 같다고 했다. 추 교장은 대개 유복한 집안의 학생이 맡게 마련인 학생회장을 생계가 어려운 유삼렬이 맡은 사실을 알고는, 면세가 되지 않던 육성회비마저 면제시켜 주고 학도호국단비도 대납해 주었다.

유삼렬이 모교를 졸업하고 10여 년이 지난 1970년대에 부산MBC에서 '부산의 교육자 추월영 특집'을 방영한 적이 있다. 그때 방송 현장에서 그가 추 교장에게 가서 인사를 드렸더니, 대뜸 "아, 유군 아닌가?" 하며 반겨 주었다. 그래서 재학 시절 학생회장으로 부임 반대 데모를 주동했던 것을 사죄하였더니, "자네는 자네 일을 하고 나는 내 일을 했을 뿐이네." 하고 손을 잡아주더란다. 교사 중에는 잊지 못할 은사도 있지만 잊어버리고 싶은(?) 선생님도 있게 마련이다. 그러나 배우는 사람에게 나쁜 교사란 없는 법. 박대 받으면 받을수록 반면교사가 되어 반대급부가 돌아오기 때문이다. 이 어찌 교사의 위대한 힘이 아니겠는가.

진짜 과외공부와 나의 안토니아Antonia

가난했지만 그 가난을 배짱과 낭만으로 극복해 나간 당찬 소년 유삼렬. 우선 그는 3년간(중학교까지 치면 6년간) 참고서는 물론 교과서도 제대로 없이 공부했다. 그가 기댈 재산이라고는 암기력뿐이었다. 그 머리를 굴려 수업시간에 정신을 집중해 선생님이 적어주는 칠판만 보고 그 내용을 머릿속에 판각해 나갔다. 들은 것은 바로바로 머리에 넣고, 한 번 머리에 넣은 것은 절대로 잊어서는 안 된다고 스스로 다짐하는 것이 그가 하는 공부의 전부였다. 그러므로 그가 모르는 것은 그의 잘못이 아니라 잘 가르치지 않은 교사의 책임이다.

요즈음 수능이나 대학입시 최고 득점자 인터뷰를 보면 "나는 교과서만 가지고 공부했다. 과외는 일체 받지 않았고 학교수업에만 충실했다"고 하며 별로 공부를 안 했는데도 최고 점수를 받았다고 겸손을 떠는 예를 많이 본다. 그러나 이것은 순전한 뻥이다. 요새 세상에 어떻게 참고서 안 보고, '숨은 과외' 안 하고 최고 점수를 받을 수 있겠는가. 그러나 유삼렬은 그런 과외를 하고 싶어도 할 수가 없었다.

그가 과외를 했다면 그것은 교실 밖의 교실에서 배우는 인생 과외공부였다. 축자적逐字的 의미에서 진짜 과외공부를 한 셈이다. 그러니 자연 남들보다 놀 시간이 많았다. 그 시간에 김호수(15회), 강대영(15회, · 전 KBS 부사장) 등 친구들을 불러내 작당하여 돌아다니기를 좋아했고 혼자서는 영화보기를 좋아했다. 학교 앞 중앙극장은 물론이고 현대극장, 부산극장은 그의 단골 과외교실(?)이었다. 영화라도 같은 값이면 영어회화 공부도 겸할 수 있는 외국영화를 좋아했고 공부할 참고서가 없으니 소설책을 즐겨 읽었다. 헌책방에 들어가면 책은 얼마든지 있었다.

그때 읽은 책 중에 윌라 캐서Willa Cather의 『마이 안토니아』가 있었다. 결혼에 실패하여 무서운 시련을 겪고 다시 일어난 보헤미아 이민 처녀의 이야기로 파란과 불운을 불굴의 의지로 극복하고 미 대평원에서 결국 행복을 거머쥔다는 일종의 성장소설인 이 책은 그의 일생에 지대한 영향을 주었다. 그는 그 감동의 스토리를 당시 문예반장이었던 친구 강대영에게 들려주었다. 강대영은 그때 들은 이야기가 어찌나 강렬했던지 뒤에 미국 출장 갈 때마다 이 책의 원서를 구하려고 서점을 돌아다녔으나 구하지 못하다가 최근 미국의 지인으로부터 책을 구해 갑년甲年이 넘은 지금 새로운 감동으로 읽고 있다고 한다.

1961년 여름, 송정 해수욕장. 체구가 크고 눈이 부리부리한 소년과 키는 작달막하나 사슴처럼 순진한 눈망울을 가진 소년이 백사장 위에서 무언가 열심히 이야기를 주고받고 있었다. 주로 덩치 큰 소년이 말을 했고 작은 쪽은 신기한 표정으로 듣고 있었다. 큰 소년이 모래 묻은 손으로 땀을 닦으며 말했다.

"그때 안토니아는 순진하고, 따뜻하고, 태양처럼 빛나는 눈동자를 가진 아름다운 열네 살의 소녀였지. 그러나 안토니아는 원시적 미개지에서 움막을 짓고 추위와 싸우며 고된 농사를 지어야 하는 가난한 이민 집안의 장녀이기도 했어. 미국에 온 지 반년 만에 유럽과는 너무나도 동떨어진 고된 생활에 절망한 아버지는 자살하고, 그때부터 집안의 가장이 된 그녀의 삶은 고난과 투쟁으로 가득 찬 것이었다네."

이렇게 말하는 소년은 마치 자기가 안토니아라도 된 양 그 부리부리한 눈을 더욱 부라리며 주먹을 불끈불끈 쥐곤 했다. 그때마다 팔뚝의 알통이 꿈틀거렸다. 키 작은 소년은 그 알통을 부러운 눈으로 바라보며 다음 말을 기다렸다.

"일자리를 구하기 위해 도시로 나간 그녀는 유전 끝에 결국 미혼모가 되어 돌아와 평범한 마을의 농부와 결혼해서 농지를 개척한다. 한편 열 살 때 부모가 죽자 조부모가 있는 네브라스카 주로 오는 기차 속에서 처음 안토니아를 만난 짐은 내심 그녀를 사랑하지만 대학을 가기 위해 고향을 떠나고 만다. 그 짐이 20년 후에 다시 고향을 찾았을 때 안토니아는 열 명의 자식과 남편을 둔 행복한 대농장의 주인이 되어 있지 않은가."

이 대목에 이르자 키 작은 소년은 자기가 짐이라도 된 양 안타까운 눈망울을 굴린다.

"그 바보 같은 짐이 왜 안토니아를 붙잡지 않고 그냥 놔뒀을까?"

"그때 짐은 자기가 그녀를 사랑하는 줄 몰랐던 거야. ……나는 사랑을 잃은 짐이 아니라 사랑을 찾아 재기한 안토니아가 될 거야. 그 불굴의 의지와 절망에서 희망을 찾아내는 생명의지를 배울 거야."

이렇게 말하는 소년의 눈은 태양처럼 이글이글 불타고 있었다. 여기서 체구 큰 소년은 유삼렬이고 다른 쪽은 강대영임을 현명한 독자는 진작 알아차렸을 것이다.

부산고를 졸업한 유삼렬은 해군사관학교로 갔다. 해사에 들어갔으나 타고난 강한 개성과 가치관의 문제로 해사를 중퇴하고 사회에 나온 그는 수십 번 맨땅에 헤딩하면서도 '안토니아'의 정신을 잊지 않았다. 사람은 누구나 자기의 좌우명이 있고 닮고 싶은 삶의 표상이 있게 마련이다. 유삼렬에게 그것은 '극기'와 '도전'이요, 그 표상이 '안토니아Antonia'였다. 이것이 윌라 캐서의 『마이 안토니아』가 유삼렬의 '나의 안토니아'가 된 내력이다. 그에게 '안토니아'는 가난했지만 행복했던 어린 시절을 상기시켜 주고 삭막한 삶에 다시 희망과 용기를 일깨워 주는 소중한 연인이자 동반자였다. 그렇다고 그가 자기만 잘 살자고

'극기'와 '도전'을 한 것은 아니다. 자기와 타인이 경합할 때는 늘 타인 편에 선 사람이다.

유삼렬은 독실한 크리스천이다. 재학 중 3 · 24 데모 때 자기가 다니던 초량교회에서 주동선 선배(14회)와 함께 등사기를 훔쳐내어(?) 유인물을 등사할 정도의 열혈아熱血兒였지만 학교 수업은 빼먹어도 교회에는 꼬박꼬박 나갔던 열성파였다. 지금의 부인도 그때 교회에 나오던 동급 경남여고생이었다. 그는 평생 교인에게든 비非교인에게든 똑같이 해주는 말이 있다. "성경의 전 구절을 다 버려도 마지막 남는 것이 하나 있다면 그것은 사랑이다"라고. 믿음과 소망과 사랑 중에 제일은 사랑이고 사랑 중에서 최고 사랑은 '주는' 사랑이다. 그 '사랑'을 사랑하여 언제나 그 사랑을 몸으로 실천하는 것이 그의 삶의 지상목표였다. 우리가 잘 알면서도 잘 못하는 것, 가장 쉬우면서도 가장 어려운 것을 그는 주저 없이 행해 왔다. 이것이 그의 인생항로에서 최대의 강점이요 최고의 자산이 된 것이다.

누구든 남에게 조금도 베풀지 않고 사는 사람은 없을 것이다. 그러나 평생에 걸쳐 지속적으로, 습관적으로 베풀기란 쉽지 않다. 그는 나보다 남을 더 생각하는 'Your Attitude'가 몸에 배어 있는 사람이다. 주위에 어려운 사람이 있으면 그냥 두고 못 본다. 그래서 그의 주위에는 늘 사람들이 들끓는다. 전화통은 불이 나고 길을 가도 아는 척하는 사람이 많다.

홍성현, 죽지 않고 사는 법 [2006년 1월]

세상에 운명이란 있는 걸까. 운명은 인간의 의지로 바꿀 수 있는 걸까. 천둥벌거숭이 소싯적 나는 총알이 빗발치는 전쟁터에서도 살아남을 수 있고, 운명은 비켜갈 수 있다고 기고만장했던 기억이 난다.

그러나 햄릿에 "인간이 아무리 일을 하려고 해도 최종 결정은 신이 내린다"는 말이 나온다. 또 진인사대천명盡人事待天命이란 말도 있지 않은가. 세상의 운명 가운데 내가 인정하지 않을 수 없는 일로 니미츠 힐의 비극이 있다.

니미츠 힐의 비극

1997년 8월 6일 새벽 괌 공항 착륙을 앞두고 KAL 비행기가 니미츠 힐에 추락하였다. 기체가 마의 언덕에 쾅하고 부딪치는 순간 날아가 버린 226명의 생명 속에 부고인 홍성현(18회)이 있었다. 당시 KBS 보도국장으로서 9시뉴스를 책임지고 있던 그는 365일 단 하루도 스튜디오와 현장을 떠나지 않은 맹렬기자였다. 일밖에 몰랐던 그가 딱 3일 휴가를 얻어 일가족 5명과 함께 떠난 휴가길 첫날 당한 봉변이었다. 똑같은 시간, 똑같은 공간에서도 이렇게 생사의 운명이 갈린다니 기가 막힌다. 방금 전 한 좌석에 오순도순 나란히 앉아 '괌의 휴일'을 꿈꾸던 일가족은 본인들의 의지와는 상관없이 괌 메모리얼 호스피탈로 옮겨졌다. 그와 큰딸 영실, 늦둥이 아들 은기는 영안실에, 부인과 작은 딸 화경이는 중상자실에 누워 있었다.

일벌레 가장이 가족에게 베푼 첫 배려가 이처럼 무참히 짓밟힐 수 있는가. 이것이 운명의 장난이더란 말인가. 간 사람은 갔지만 현장에서 생사가 엇갈린 두 지친과 혼자 남은 팔순 노모는 어찌 하라고 신은 이런 참혹한 결정을 내리셨는가.

2005년 12월 16일 오후 5시 여의도 63빌딩 엘리제 홀에서는 제16회 한국방송기자클럽 보도상 및 제8회 홍성현언론상 시상식이 열리고 있었다. 50여 명의 참석자들 속에는 나도 끼어 있었다. 이에 앞서 나는 한 통의 특별 초대장을 받았다.

> 저는 홍성현언론상기금이사장 이홍기입니다. 우연한 기회에 청조인에 실린 글-부고인이 사는 법-을 접하고 너무도 구수하고 친근감 넘치는 글에 흠뻑 빠져들었습니다. 그래서 18회 동기들의 40년 잔치를 담은 '육춘기'도 구해서 읽었습니다. 육신은 갔지만 홍성현이 남긴 의욕과 정열, 일에 대한 열성은 여전히 우리 곁에 살아 있습니다. 고인의 부인에게는 귀띔도 하지 않고 이 글을 올립니다. 부인이나 딸에게는 자신들의 얘기가 널리 알려지는 것이 부담이 될지 모르기 때문입니다. 바쁘시겠지만 참석해 주시면 수상자들에게 큰 격려가 되리라 믿습니다. (초대장 발췌)

서한 내용이 너무 정중하고 간곡하여 아니 갈 수 없었다. 당시 나는 2주일간의 해외 출장에서 막 돌아와 여독을 앓고 있었지만 무릅쓰고 갔더니 이 선생이 미망인 이재남 여사와 딸 화경이에게로 안내해 주었다. 딸은 이미 숙대를 졸업하고 어엿한 직장인이 되어 있었고 부인은 시종 참착한 미소를 잃지 않고 있었다.

그 곱고 맑은 얼굴 저 편에 얼마나 많은 슬픔과 그늘이 숨어 있을 것인가. 나는 그 얼굴을 바로 볼 수 없었다. 그들은 한 구석에 조용히 앉아 시상 광경을 지켜보고 있었다. 새삼 애도의 말을 건네기도 쑥스럽고 딱히 나눌 말도 없어 그냥 앉아 있었지만 실은 할 말이 왜 없었겠는가. 목이 메어 나오지 않았을 뿐이다.

우리 시대 영원한 자유인

홍성현은 누구인가. 그가 부산중고교를 전 학년 우등생으로 나와 서울대 광산학과를 나온 수재인 점은 다 아는 이야기다. KBS 기자 공채 1기생으로 동기 중 선두주자를 달리면서 KBS보도국장까지 오른 언론인으로 사내에서 '진짜 기자', '영원한 선배', '영원한 부장', '풍류를 아는 자유인' 등 별칭이 많았다. 별칭에서도 느낄 수 있지만 그는 '아니면 따지고' '다르면 말하는' 직선적인 정면 승부사였으며 특유의 물기 있는 친화력으로 대인관계가 촉촉했고 '안 되는 것 빼고는 다 해주는' 인정 있는 상사요, 도자기보다는 질그릇 같은 인생 선후배이자 불의를 보고 못 참는 '욱' 하는 기질을 가진 전형적인 부고인이었다. Yes와 No를 분명히 말하는 투명 기자요 '3초의 예술'이라는 용어를 탄생시킨 보도전략가이자 '리듬이 있는 뉴스'를 시도한 센스 있는 기자였다. 이 모두는 그의 타고난 기억력과 독서력, 풍부한 문학적 감수성, 그리고 호방한 술 실력에 힘입은 것이었다.

홍성현과 나는 중 · 고 · 대학을 같이 다녔는데 딱 한 번 부산중학 3학년 때 한 반을 했다. 그는 키가 작고 내성적이었으나 서로 문학에 관심이 많아 시, 수필에 대해 토론한 적이 많았다. 나는 중1부터 소위 '구하문집'이라는 내 개인 문집을 매년 1권씩 대학노트에 적어내고 있었는데 (세계 유일본!) 그게 국어 선생을 통해 알려져 그가 빌려간 적도 있다. 고교 때도 그는 문예반은 아니었지만 글짓기를 계속하여 나는 시, 그는 수필을 교지 '청조'에 발표하곤 했는데 그가 발표한 수필은 지금 읽어도 서정적이다.

창 너머로 팔랑거리며 떨어지는 탈색된 잎파랑이들! 문틈으로 스며드는 맑고 찬 바람! 심회의 실마리가 쓸쓸히 흩어져 답답한 가슴 속에 희비의 물결이 교차한다. 잊었던 과거가 생생하게 어필해 오고 사라졌던 감회가 다시 불길이 되어 가슴 속에 타오른다.
한 잎 두 잎 떨어지는 너희와 같이 우리들도 가겠지! 그지없는 서글픔과 외로움

> 은 집요하게 나를 놓지 않으려는구나. 소월님의 시구와 같이 그럭저럭 한 세상 지내는 것이 인생일진대 운명에 순행할 수도, 대항할 수도 없는 미약한 존재. 현실이 이런 것이기에, 너무나도 어마마한 것이기에 여하한 괴로움도 감내해야만 하는 우리들의 서글픔, 삶의 애달픔…달은 휘영청 밝게 창을 두드리고 귀뚜리 소리만이 한결 처량히 들려오는 이 밤, 더 이상 번뇌로써 마음을 괴롭히지 말자. 가랑잎과 같은 우리 인생! (홍성현, '낙엽에 부쳐'의 일부 『청조』 제14호에서)

대학은 나는 법대, 그는 공대를 다녔는데 서로 '대학신문'에 심심찮게 글을 발표했다. 나는 시보다는 수필을, 그는 수필보다 시를 많이 발표했다. 예컨대 《대학신문》에 내가 「바다의 기억」이라는 수필을 발표하면 그는 「지새는 해변-돌과 사랑을 읊조리던 여름바다의 기억에서」란 시를 발표하여 서로 문학의 끈을 놓고 있지 않음을 확인하곤 했다. 그러나 당시 서울대는 캠퍼스가 법대는 동숭동, 공대는 태릉에 상거하여 같은 대학이라도 만나기가 어려웠고 서로 바쁜 일상에 대학졸업 후로는 동창회 자리가 아니면 거의 만나지 못하였다.

흔히 'Out of sight, out of mind'라고 하지만, 우리는 학창시절부터 바다와 문학을 공유하고 살아왔기에 언제든 삶의 길목에서 다시 우정의 꽃을 피울 수 있으리라 믿었다. 허나 이제 어찌 하랴. 생사가 유별하니 어찌 그를 다시 보랴. 오직 그의 수필에도 나오는 그놈의 '운명'이라는 말이 야속할 뿐이다. '가랑잎과 같은 우리 인생'이라니, 현실이 이런 거요 삶 자체가 괴롭고 애달픈 것이라니, 가버린 것에 대한 미련이나 번뇌는 더 이상 두지 말고 소월의 시구詩句처럼 그럭저럭 살아가라니, 그를 기리고 아끼는 사람들에게 까까머리 고교생이 먼 훗날을 내비하여 미리 해둔 말인가.

술과 정과 일을 사랑한 친구, 홍성현! 그는 가고 그의 이름만 남아 언론상이 시상되고 있는 그 자리에 아무 임무도 없이 나 혼자 속수무책 앉아 있자니 온갖 생각이 다 들었다. 문득 그가 사랑한 주점 방배동 '실로암'이 떠오른다. 어쩌면 그는 이런 장난을 꾸며놓고 혼자 덜커

덩거리는 똥차를 몰고 빠져나가 토실회, 삼목회, 구비회 멤버를 다 모아놓고 폭탄주를 돌리며 지금쯤 그의 18번 '마이웨이'를 신나게 뽑고 있을지 모른다.

잠시 턱없이 젖어본 망상을 떨치려고 주위를 돌아보니 내가 아는 사람이라곤 이 클럽 회장 김우철(10회) 선배 말고는 아무도 없었다. 알리지도 않았겠지만 18회 동기는 한 사람도 없었다.

그의 장례식은 비단 KBS뿐만 아니라 당시 김영삼 대통령 이하 삼부요인 등 소위 '정부미'들이 대거 조문하여 성대하게 치러졌지만 그게 다 무슨 소용 있겠는가. 사자는 말이 없고 오갈 데 없으니 잊혀지게 마련인 것, 보라! 세월 갈수록 고인이 그렇게 사랑한 우리 부고인들의 관심도 멀어져 가지 않는가.

그러나 그는 갔어도 '홍성현언론상'은 남아 있다. 이 상은 고인의 퇴직금과 평생 저축한 돈을 다 합쳐 기금으로 내놓은 미망인의 결단 때문에 가능했다. 형편이 아닌데도 자신의 남편이기에 앞서 '방송기자'로서의 '인간 홍성현'을 기리기 위해 내린 부인의 결정에 눈시울이 뜨거워진다. 이 결정은 신이 아닌 인간의 결정이어도 위대하다.

이자율이 떨어진 근년에 기금운영이 쉽지 않을 터인데도 이 뜻을 한 해도 빠트리지 않고 살려 나가는 기금운영진의 노고를 보는 마음 또한 편치 않다. 운명은 그를 앗아갔지만 그는 운명에 굴하지 않았다. 먼 훗날 수상자는 그를 몰라도 그 이름은 기억하리라. 죽어서도 다시 살아난 부고인 홍성현! 죽은 자를 다시 살려낸 미망인 이재남 여사! 진정 그들은 우리에게 죽지 않고 사는 법, 죽어서 남는 법을 가르쳐주고 있었다.

김수남의 '사랑하기'와 '앞장서기' [2006년 2월]

구랍 세밑 어느 날, 나는 세종문화회관 소극장 무대 앞 셋째 줄에 앉아 있었다. 첫줄에는 시인인 김남조, 박종해, 낭송가 정영희, 탤런트 김미숙 등이 심사위원으로 앉았고 그 옆에 약간 사이를 두고 김성우(6회), 송 복(9회), 박성훈(16회) 선배님들이 지그시 눈을 감고 앉아 있다. 무대 위에는 시종 시 같은 음악, 음악 같은 시가 강물처럼 흐른다. 바로 전국 시낭송 경연의 본선 현장이다.

현악 4중주의 선율 속에 배우 김혜자가 나와 낭송한 '새해'라는 시를 시작으로 전국 14개 지역 예선대회 입상자들의 시낭송 경연이 두루마리처럼 펼쳐진다. 사이사이 가수 한경애의 노래와 재능시낭송회의 시가극, 서울시합창단 등 세종문화회관 5개 예술단체의 협연이 열기를 더해간다. 시가 책장에서 빠져 나와 낭송의 옷을 입고 무대 위에서 춤을 춘다. 그러고 보니 시의 저자에는 시인만, 독자만 있는 게 아니었구나. 낭송가도 있었구나. 시에 값을 매겨 생산자와 소비자를 매개하는 중개인도 있었구나.

명 낭송가의 위대한 탄생

김남조 시인의 심사평에 이어 10여 명의 입상자가 발표되자 무대는 축하무드로 바뀌었다. 총 23편의 경연 끝에 대상인 '김수남 시낭송상'은 한용운의 '님의 침묵' 낭송자에게 돌아갔다. 두 시간 남짓 걸린 낭송의 향연도 끝나가고 있었다. 그때였다. 한껏 쇄락해진 기분으로 자리에서 일어서려는 찰나, 대형 스크린이 켜지면서 낯익은 얼굴 하나가 달처럼 떠올라 시를 읊는다. 바로 김수남(9회) 님이었다. 화면이

줍업 되면서 속사포처럼 시를 토해내는 목소리는 엉거주춤 일어서려던 관객들을 제자리에 도로 앉히고 말았다. 시가 낭송으로 얼마나 그 의미가 확장되며 감동의 진폭이 달라질 수 있는가를 보여주기라도 하듯 때론 차분하게 때로는 열정에 휩싸여 크레센토와 디크레센토를 반복하며 거침없이 이어지는 저 목소리! 오늘 시를 낭송하는 모든 이에게 시란 어떻게 낭송해야 하는가를 일러주는 것 같다. 시의 뮤즈가 남자였다면 저런 모습이 아닐까. 그것은 낭송이 아니라 전율이었다. 그가 지금 읊고 있는 시는 시가 아니라 노래였다. 세리프였다. 서정주 시인이 '무슨 꽃으로 문지르는 가슴이기에 나는 이리도 살고 싶은가'라는 이름으로 그를 위해 작사해 준 명가곡이었다.

> 少女여. 비가 개인 날은 하늘이 왜 이리도 푸른가./ 어데서 쉬는 숨소리기에 이리도 똑똑히 들리이는가./ 무슨 꽃으로 문지르는 가슴이기에 나는 이리도 살고 싶은가./ ..../ 내가 아조 가는 날은 도라 오련가?

시도 시지만 목소리가 사람을 죽인다. 그 목소리에 실린 시어는 유행가 가사처럼 '고요한 내 가슴에' 벌처럼 날아와서 살엔 듯 핏줄엔 듯 마구 찔러댄다. 나의 심장은 순식간에 피범벅이 되었다. 시각적인 언어로만 대하던 이 시를 비록 녹화로 보는 것이지만 입체화된 청각적인 소리로 듣는 것은 차라리 고통이었다. 서슬 푸른 언어로 그린 그림, 소름처럼 다가오는 의미의 울림은 충격 바로 그 자체였다. 명 낭송가의 위대한 탄생이었다. 실로 낭송은 제2의 창작이라는 말을 수긍하지 않을 수 없게 하는 대목이었다.

이 낭송은 그가 작고하기 두 달 전에 녹화한 것이라고 한다. 약간 벗겨진 이마에 살풋 병색이 어려 있었지만 병마도 차마 다 앗아가진 못했는지 그와 전 생애를 함께 해온 해맑은 기상은 그대로 남아 있었다. 생전에 그는 수백 편의 시를 암송하였지만 백미는 이 시다. 이 시는 그가 육성으로 그린 몽유도원도이다. 미당이 글로 그린 것을 그가 목소리로 다시 그려낸 것이다. 어떤 시든 그의 목을 통해 나오면 시인은 한낱 작사자로 전락해버리고 김수남 저만 혼자 남아 작곡자가 되고 가수가 되어 아스라한 몽환의 세계를 창출해내는 것이다. 그의 근 10분에 걸친 긴 낭송을 들은 나는 오금이 저려 한동안 자리에서 일어설 수 없었다.

재능교육과 한국일보에서 공동 주최하는 이 대회는 벌써 15년째 이어지는 우리나라 유일무이한 전국 규모 시낭송 경연이다. 여기서 최고상을 '대상'이라 하지 않고 '김수남시낭송상'이라고 부르는 까닭은 무엇일까. 그것은 척박한 이 땅에 '시낭송'이라는 단비를 불러와 시낭송의 텃밭을 일구고 그때까지 호적 없이 방랑하던 '시낭송가'를 어엿한 예술인의 반열에 올려놓은 사람의 공적을 기리기 위해서다. 그 사람이 다름 아닌 부산고 동문 김수남이다.

시와 모교를 사랑한 사람

김수남은 소년한국일보 사장, 색동회 회장, 지용회 회장 등을 역임한 문화언론인으로서 누구보다 시를 사랑한 사람이자, 시낭송을 생활화한 사람이다. 특히 1987년 색동회장 시절 그가 기획한 '청소년을 위한 시와 시가곡의 무대'에서 한 '시사랑운동' 강연은 유명하다.

그때도 오늘처럼, 아니 오늘보다 더한 열정으로 강연 중간 중간 토해내는 특유의 시 암송 솜씨는 학생들을 열광시켰다. 예일여고에서 가진 이 강연은 학생들의 시에 대한 인식을 바꿔놓았다. 그동안 입시 공부를 위해서만 외고 알던 지루한(?) 시詩에 대하여 '새로운 빌긴'을 일깨워주었다.

그는 가는 곳마다 시낭송과 시가곡, 시창, 시극, 시 강연으로 어우러진 '시사랑운동'을 펼쳤다. 그의 강연은 염광여상, 대광고교 등으로 그 무대를 넓혀가면서 청소년을 위한 문화예술 프로그램의 하이라이트가 되었다. 그 자신 명 낭송가로서 시에 대한 열정과 시사랑보급의 공적으로 한국시인협회로부터 '명예시인'의 칭호를 받았다.

물론 그의 시사랑운동은 그 혼자만의 힘으로 된 것은 아니었다. 그에 앞서 '명예시인' 칭호를 받았던 김성우 선배가 요소요소에서 그를 도왔으며, 송 복, 정구영(10회), 진의장(통영시장), 박성훈 님 같은 '시 권하는 사람들'의 무조건적 호응이 울이 되었다. 그가 주동한 일들, 예컨대 월북 시인 정지용을 사랑하여 만든 지용회, 시인만세, 백상시낭송회, 시사랑어머니회를 비롯하여 1991년부터 시작한 이 경연대회는 부고 선후배들의 격려와 후원이 절대적이었다. 시사랑운동은 이러한 못 말리는 애시족愛詩族(?)들과 재능그룹의 전폭적인 지원으로 재능시낭송회가 결성되고 전국 9개 지회를 통해 한 해의 거름도 없이 시낭송경연대회로 이어지고 있다. 연말에는 오늘 같은 본선대회를 열어 시사랑축제를 결산할 정도로 활기차다. 그러고 보면 한국의 시사랑운동은 놀랍게도 우리 부산고 출신들이 앞장서서 개척하고 보존 · 보급하고 있는 셈이다. 무뚝뚝한 촌놈이요 '욱' 하는 기질로 대변되는 부고인의 핏줄 어느 구석에 이처럼 따뜻한 시심이 있었던가.

시가 있는 곳에 인정이 있고 인정 있는 곳에 부고인이 있다. 그 중에 김수남은 인자무적仁者無敵의 표본 같은 사람이다. 언제나 사랑과 온유함, 다정다감의 대명사로 불러도 좋은 사람이다. 오늘날 우리 부고가 자랑하는, 이제 없어서는 안 될 정도로 부고인의 사랑을 받는 월간 '청조인'지를 앞장서서 만들자고 외치고 죽는 날까지 편집위원장을 맡았던 사람이 김수남이다. 그런 그가 환갑을 갓 넘긴 젊은(?) 나이에 지병으로 우리 곁을 떠났을 때 유자효(19회) 시인은 "신이 곁에 두고 싶어 일찍 데려간 사람"이라고 애도했다.

김수남은 눈에 밟히는 것은 다 사랑했다. 그가 사랑한 것은 너무 많아 다 쓸 수 없다. 청소년을 사랑하고 시를 사랑하고 음악을 사랑했지만 무엇보다 우리 모교를 사랑한 사람이다. 모교의 모든 것, 무릇 '부산고'의 이름이 붙은 것은 다 사랑했다. 조건 없는 아가페 사랑, 그것이었다. 오직 주지 못해, 베풀지 못해 서러웠던 사람이었다.

선배고 후배고 그의 주변에 있으면서 그의 사랑을 받아보지 못한 사람은 없었다.

그의 모교 초대 교장 김하득 선생님에 대한 사랑은 '연각론硯覺論'을 펼 정도로 지극하다. 죽는 날까지 교가를 사랑했고 그 교가를 짓고 부른 청마와 윤이상을 사랑했다. 그는 매사에 앞장서기를 좋아했다. 그의 '앞장서기'는 자기를 위해서가 아닌 남을 위해, 공을 위해, 사랑을 위해 앞장서는 '차원 높은' 앞장서기였다. '청조인'을 창간하거나 '청조클럽'을 발족시킨 일이 그러하고 김하득 교장의 흉상 건립에도 앞장섰다. 그는 평생 남을 위해 자신을 연소시키기 위해 태어난 사람 같았다. 지나고 보니 그는 우리 곁에 잠시 왔다간 생불이요, 작은 예수였는지 모른다고 말한다면 지나친 칭송일까.

모든 떠난 것은 그립고, 그리운 것은 돌아올 수 없기에 기가 막힌다. 미당의 시구처럼 '아조 할 수 없이 되면 고향을 생각'하듯이 그를 생각해 본다. 이제는 다시 돌아올 수 없는 옛날의 그의 모습을 불러일으켜 본다. '귓가에 와서 아스라이 속삭이고는 스쳐 가는 소리들', 머언 유명幽明에서처럼 들려오는 그의 목소리, 들을 수는 있으나 한 마디도 그 뜻을 알 수는 없는 소리에 귀 기울여본다.

수남 형이여! 형이 사랑하던 그 옛날의 보리밭길 위에서 우리가 '아조'(=아주) 절실히 부르면 돌아오련가?

어느 극작가의 죽음 최경식

[2006년 4월]

지난 달 개그맨 김형곤 씨의 돌연한 죽음은 개그를 사랑하는 모든 사람들에게 큰 슬픔을 안겨주었다. 코미디언이라면 구봉서나 배삼룡을 먼저 떠올리는 나 같은 올드보이에게는 요즘 난무하는 신세대 개그는 너무 언어유희적이고 초공감적超共感的이어서 세대차를 느끼게 하는 진범이긴 하지만, 그래도 김형곤 씨는 개그를 세태풍자에 접목시킨 공훈(?)도 있어 그의 죽음은 안타깝다. 내가 지금 뜬금없이 그의 죽음을 들먹이는 것은 그의 죽음이 너무 뜻밖이라는 것이다. 특별한 지병이 있었던 것도 아니고 단순히 운동과다에다 스트레스 때문이라는 사인도 석연치 않다. 쉽게 말해 돌연사인 셈인데 이처럼 교통사고나 어떤 외형적인 물리력에 의하지 않은 죽음은 늘 영구 미제사건처럼 아리송하다. 죽음이라는 그림자는 늘 우리에게 잠복해 있다가 수틀리면 현신顯身하여 자기의 존재를 과시하는 걸까. 김형곤 씨와 같은 돌연사로 우리 곁을 떠난 부고인 중에 최경식(14회)이 있다.

닷새간의 식물인간

최경식은 지금 내가 쓰고 있는 이 '청조만담'의 원조 격인 '청조콩트'를 1993년 9월부터 장장 3년 반에 걸쳐 연재하여 '청조인'지의 지가를 올린 주인공이다. 청조 선후배간 이야기를 언제 어디서 어떻게 얻어 듣는지 매호마다 있는 얘기 없는 얘기를 갖다 지지고 볶아 구수한 입담으로 감질나고 '칼끗게' 쏟아내었다. '청조인'지는 이 최경식에 의하여 비로소 효용가치가 극대화되었다. 나 또한 그의 글에 매료되어 읽었고 지금까지 써오고 있는 이 글도 그 수준의 감격을 재현하기 위해

애를 쓰지만 그의 천재적인 상상력에는 미칠 바가 못 된다.

각설하고, 최경식은 나이 40대에 늦깎이 방송작가로 등단하였는데. 등단하자마자 마치 무한대의 유전에 시추공을 꽂은 것처럼 역작이 무더기로 쏟아져 나왔다. 그는 현대그룹의 중동건설과 관련한 이명박 스토리를 담은 〈불타는 사막〉을 비롯하여 TV문학관, 연재물, 특집극 등으로 그의 성가는 욱일승천하였다. 〈봉선화 물꽃〉(여운계 주연), 6 · 25 특집드라마 〈설촌별곡〉(최경식 극본, 이유황 연출) 등이 뜨자 SBS에서 새 대하드라마 계약을 맺자고 하여 일약 거금(?)을 만져볼 수 있게 되었다.

1997년 7월 초 계약을 한 그날 밤 '고생 끝, 행복 시작'의 기분으로 평생 친구처럼 지낸 바로 밑의 동생 최정식(17회)을 신림동 집으로 불러 방내기 바둑을 한 판 두고는 그날따라 무엇에 씌었던지 만방을 지고도 평소처럼 무효 아니면 다시 두자는 등 '떼깔'을 세우지 않고 잃은 돈 십만 원을 고스란히 건네준 채 곱게(?) 동생을 보내고 그날부터 바로 집필에 들어갔는데 연일 숨도 안 쉬고(?) 글을 쓰다가 이틀째 되던 밤중에 그대로 쓰러진 것이다. 술이야 얼마든지 좋아했지만 이때는 술을 먹은 것도 아니고 특별히 지병이 있었던 것도 아니었다.

평소 꼬박 밤을 새우며 글을 쓰는 남편인지라 그날도 한잠을 자고 난 부인이 식탁에서 글을 쓰는 남편을 들여다보니 원고지에 얼굴을 묻고 있어 자세를 고쳐주려는데 남편의 고개가 푹 꺼지면서 몸이 옆으로 쓰러지더란다. 놀라 일으켜 보니 이미 의식을 잃고 있었다고 한다. 119를 불러 병원에 옮겼으나 여전히 의식은 없었고 전기충격기로 심장을 자극했으나 그래프만 움식일 뿐 의식이 없는 식물인간이 되어버렸다. 뇌출혈은 단 10초만 늦어도 뇌사상태가 된다고 하는데 너무 늦게 병원에 도착한 게 죄였다. 최경식은 고대 구로병원에서 산소 호흡기에 의지하여 5일간 식물인간으로 연명하다 영면하고 말았다. 뒤늦게 결혼한 그가 남긴 것은 생계 대책이 없는 젊은 부인과 고교 이하에 다니는 어린 1남 3녀가 전부였다. 그의 사인은 뇌졸중 아니면 심장마비인 것 같은데 정확히는 모른다. 아마도 그의 사인은 평생 뒤죽박죽 살아오면서 자기도 몰래 쌓인 인생 스트레스가 아닌가 한다.

최경식은 경동고를 나온 부친과 배화여고를 나온 모친 사이에 위로 최용식(8회), 아래로 두 살 터울의 최정식 등 3형제가 모두 부산고를 나온 수재 집안의 차남으로 태어났다. 그의 조부는 부산개항공신으로 지금도 그 공적비가 부산 사직공원에 있는 최항서이며 외조부는 마지막 충남 서산군 포도대장이었는데 두 분 다 집안의 외동으로 학교에서 연애로 결혼한 신식 남녀들이었다. 부친은 풍류남아로서 막내아들 최정식을 유복자로 남겨둔 채 요절했다. 교사였던 모친은 약사시험에 합격하여 혼자서 초량에서 약국을 경영하며 아이들을 키웠다.

날건달에서 인기 극작가로

고려대 영문과에 들어간 최경식은 큰고모의 양자가 된다. 당시 남원에서 '부산관'이라는 일류 가는 음식점을 하여 큰돈을 모은 고모는 슬하에 자식이 없어 조카를 양자로 삼은 것이다. 놀기 좋아하는 그는 일약 부잣집 도련님이 되어 세상 부러울 것 없이 지냈다. 그러나 이 풍족함이 본인의 인생역정에 불행의 단초가 될 줄이야 어찌 알았으랴. 그는 평소 풍류남아로 사람만 좋았지 세상물정 모르고 남을 쉽게 믿는 타입이었다. 큰고모가 대준 자금으로 1960년대 말 세운상가에 '경일무전'이라는 회사를 차렸다. 당시는 삼성이나 금성에서도 컬러 TV를 못 만들던 시절인데 그는 외제 컬러TV 등을 수입하여 팔았다. 그러나 얼마 못 가 쉬파리들의 꼬임에 넘어가 사업을 망해먹고 쪽박을 차게 된다. 사귀던 여자 친구에게도 배신당하고 알거지가 되어 남원 고모집과 서강대 근처에서 하숙을 치던 친어머니 집을 오가며 파락호 생활을 전전하게 된다.

돈 잃고 사랑마저 잃은 그는 약물자살도 기도하였는데 그때마다 형

같은 동생인 최정식의 꾸지람(?)과 모친의 읍소(?)로 모진 목숨을 이어갔다. 이 당시의 그의 비참한 생활은 주변 친구 계호일(14회)이나 김춘길(15회) 등이 기억한다. 그는 한때 브리태니카 전집 외판원을 하기도 했으나 오래 가지 못하고 주로 친구를 찾아가 바둑 두고 술 먹고 '땡깡' 부리는 날건달질(?)이 주업이 되고 말았다.

그러던 어느 날 신부님이 난분을 들고 가는 모습을 보고 문득 인스피레이션을 얻어 등단작인 KBS 방송극 〈춘란〉을 쓰게 된다. 부산고 시절 문예반원이기도 했던 그에게 글쓰기는 뒤늦게 찾아낸 천직이었다. 오랜 방랑생활에서 겪은 풍부한 체험담과 기상천외한 상상력은 이야기꾼으로서의 그의 명성을 단번에 높여 주었다. 비록 늦었지만 어엿한 작가가 되어 KBS 작가실에 나가고부터 그는 비로소 보통사람으로 돌아왔다. 이 작가생활이야말로 인간 최경식의 재탄생이었다. 노총각이었던 그는 작가실에 나가면서 10년 연하의 꽃 같은 처녀를 만나 결혼도 하고 가정을 꾸리게 된다. 이즈음 친하게 지낸 배우로는 〈춘란〉에서 신부로 나오는 이종만, 이효춘, 여운계 등이 있었는데 이들 모두 장례식장에 와 그의 돌연한 죽음을 애도했다.

최경식은 자신의 생활이 어려워도 모교 사랑만은 남달랐다. 바쁜 일상에서도 시간을 내 '청조인'지에 특유의 말 펀치로 연재 콩트를 써나갔다. 이 인기 연재물은 뒤에 『우리가 남이가』라는 단행본으로 나왔고 연재할 때는 자신의 글에 아들이 삽화를 그리기도 했다. 그 아들은 공사空士를 나와 지금 정훈장교(공군 대위)로서 국방부 출입 기자를 하고 있다.

최경식은 우리 부고인들에게 잠자던 모교애와 동창애를 앨범에서 끌어내어 눈앞에 살려낸 사람이다. 그는 워낙 '뻥' 잘 치고 '구라'가 구단이라 평소의 대화도 어디까지가 진실인지 가늠하기 어려울 정도였다고 한다. '청조콩트' 연재내용 또한 대부분 사실과 동떨어진 픽션이지만 그러려니 하며 읽는 픽션은 청조인의 단합에 크게 기여했다. 그러나 내가 볼 때 최경식이 진정 고맙고 위대한 것은 단순한 재미 위주의 콩트 연재물 때문만은 아니다.

우리는 지난 해 떠도는 모교의 역사를 모아 대망의 『부산고 60년사』를 발간하였다. 그 역사적인 작업에 동참한 한 사람으로서 나는 최경식 선배의 노고를 빼서는 안 된다고 생각한다. 최경식은 당시 '청조인' 편집위원장이었던 김수남(9회)의 명령(?)을 받아 '부산고오십년야사 釜山高五十年野史'(이 제자題字는 김수남이 직접 육필로 썼음)를 1년여 연재한 것이다. 이 야사는 말이 야사지 정사에 버금가는 것이다.

마치 우리 역사에 김부식의 '삼국사기'가 있고 일연의 '삼국유사'가 있듯이 부산고의 정사 집필을 맡았던 나에게 최경식의 부산고 야사는 정사의 틀을 잡는 데 큰 참고가 되었다. 최경식은 자의반타의반 이 야사를 연재 도중 절필하였다. 여러 이유가 있었지만 그 중에 그가 부산고 전사前史라고 할 일제시대의 '부산중학사'를 쓰기 위해 일본인 동창회를 찾아갔던 일을 두고 일제日帝시대 부산중학 졸업생을 동창으로 인정할 수 없다는 일부 선배들의 비난과 간간 특정기사에 특정인의 이름이 누락되었다는 식의 질타가 들어온 것도 한몫 했던 것으로 안다. 필화 아닌 필화라고 할까.

그는 집필 도중에 쓰러졌기에 그의 극작품이나 모교사는 아직 끝나지 않았다고 하겠다. 백년 잠을 자고난 후 언젠가 백마 타고 다시 우리 곁으로 돌아올지 모른다. 그의 죽음은 어느 '세일즈맨의 죽음' 이상으로 슬프다. 뒤죽박죽인 인생을 살다 뒤늦게 등단을 계기로 참삶의 궤도로 회향하자마자 죽음의 시샘을 받은 것이 너무 박복하다.

『부고60년사』는 당시 편집 일정에 쫓기기도 했지만 '편집후기'에라도 그의 노고를 기리는 멘트를 넣지 못한 불찰이 두고두고 미안하다. 늦었지만 이 글을 통해 해명하니 혹시라도 형은 지하에서라도 섭섭함을 푸시기 바란다.

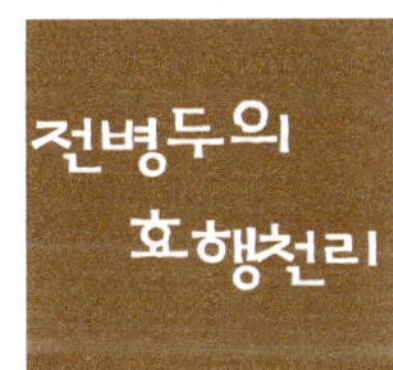

전병두의 효행천리

[2006년 6월]

여기는 경남 밀양 무안 벽진이씨 ○○파 종갓집. 솟을대문을 들어서면 450년 묵은 사랑채를 앞에 두고 뒤로는 3천 평 대숲을 거느린 세 칸 두줄백이 한옥 한 채가 당당히 앉아 있다. 그 대청마루에는 서울 부산 울산 대구 등지에서 모여든 가족, 친지들이 모여 밀린 이야기를 봄나물처럼 피워낸다. 부엌에서는 연신 잔치음식이 나오고 문설주에 불을 밝힌 봄밤은 푸르게 깊어간다. 안채에 마련된 보료 위에 구순의 어르신이 좌정을 하고 그 앞으로 자손들과 하객들이 죽 열좌한 가운데 큰아들부터 돌아가며 무릎 꿇고 절을 하고 예물을 올린다. 좌중에서 수연곡壽宴曲 평시조 제창이 대풍류에 맞춰 낮고 길게 울려나온다.

> 만수산 만수동에 만수정萬壽井이 있더이다/ 그 물로 빚은 술을 만수주萬壽酒라 하더이다/ 진실로 이 잔 곧 잡으시면 만수무강 하오리다

유장히 흐르는 가락에 맞춰 손박자를 짚어가던 어르신은 창이 끝나자 "거참, 젊은 사람들이 창을 잘도 하는구먼" 하고 흡족해 한다. 두어 수 시조창이 더 이어진 다음 좌중에서 화답 창을 청하자 어르신은 사양치 않고 "잘 하거나 못 하거나 청하니 한 번 하지" 그러고는 목을 가다듬어 청을 뗀다.

> 달 밝고 서리 친 밤 울고 가는 저 기러기야/ 소상동정 어디 두고 여관旅館 한등寒燈 잠든 나를 깨우느니/ 밤중만 네 우는소리에 잠 못 들어 하노라

이는 시조 중에서도 오랜 단련이 없이는 못 부르는 지름시조다. 대

금과 단소, 장고의 단아한 반주를 딛고 나오는 소리가 향불처럼 은실처럼 풀려나간다. 연석宴席은 일층 정숙하고 쇄락해진다. 화답 창에 이어 다시 시조창은 평시조 우시조 지름시조 사설시조로 점입가경으로 이어진다. 가만히 가사를 음미하며 시조가락을 따라가다 보면 창자唱者도 청자聽者도 어느새 '별유천지비인간'에 온 듯 느낀다. 연석은 이제 시조창의 돌림방이 되어 간다. 지그시 눈을 감은 채 소리 하나 하나를 음미하며 듣고 있는 오늘의 저 어르신은 누구인가.

오늘의 좌주座主인 성석醒石 전태식 옹은 거창군 마리면 학동 출신으로 부산에서 기업을 경영하다가 현역에서 물러난 후 환향하여 시조창을 벗 삼아 여생을 보내고 있는 숨은 가객이다. 오늘은 막내딸네 집에서 그 94번째 생신잔치를 하는 자리인데 둘째 아들 전병두(15회, 의사)가 시조창을 하는 부산고 동문과 친지들을 버스 한 대에 싣고 천릿길을 내려온 것이다. 이 집안은 큰아들 전병재(9회, 전 연세대 교수), 막내아들 전병상(18회, 청조가든 대표) 등 3형제가 모두 부고 동문인데 나는 시조하는 인연으로 동기생인 병상이보다 병두 형과 더 가까워(?) 이 자리에 초대받았다.

시조로 화답한 수연 잔치

전병두는 아는 후배들로부터 속정 깊은 선배로 존경받는 터인데 오늘 보니 그가 가족과 부친에 대한 애정과 효심 또한 지극한 줄 알겠다. 부친을 구심점으로 3남 2녀의 자식들이 모여 동기애, 가족애를 나누는 모습은 한 폭의 '오륜행실도五倫行實圖' 그 자체였다. 이들이 보여주는 부자유친父子有親과 동기유애同氣有愛는 새삼 게마인샤프트로서의 '가족'의 의미를 돌아보게 한다. 동문 시인 유자효(19회)의 어떤 시에 '가족은 웬수던가 은혜던가' 라는 시구가 있는데 오늘 이 집안은 그 답을 해주고 있다.

천지는 만물지 역려天地萬物之逆旅요 광음은 백세지과객百世之過客이라/인생을 헤아리니 묘창해지일속이니/두어라 약몽부생若夢浮生이 아니 놀고 어이리'를 부르고, 큰아들 전병재도 '요지瑤池에 봄이 드니 벽도화 다 되거다/ 삼천 년 맺힌 열매 옥반에 담았으니/ 진실로 이 반 곧 받으시면 만수무강 하오리다

부친이나 하객들의 창을 듣고만 있을 수 없다는 듯 차남인 전병두가 목을 뽑아 축창祝唱을 불렀는데 종장은 목이 메었는지 끝을 맺지 못했다. 구순의 부친과, 칠순과 육순이 넘은 자식들이 주고받는 시조창은 우리 시대 참으로 보기 드문, 아름다운 광경이 아닐 수 없다. 술이 돌고 좌흥이 일자 어르신은 "명색이 생일잔치라 해놓고 내게는 술도 한 잔 안 주느냐?"고 하여 좌중을 웃기고는 좀 전에 받은 선물 중 금일봉을 봉투째 꺼내 들고 "여기 돈이 있으니 내 오늘 장사 좀 해야겠다. 지금부터 노래하는 사람은 잘하면 돈을 주겠고 못 하면 돈을 받겠다"고 선언, 박수가 터졌다.

시조창이란 지금의 유행가나 서양가곡과 달라서 호흡이 길고 템포가 느려 가사를 음미해가며 느긋하게 부르지 않으면 그 맛이 나지 않는, 말하자면 쉽고도 어려운 우리 노래다. 창의 흐름과 악곡의 형태는 5박拍, 8박拍이 교차하는 5악장樂章으로 그 형식이 정해져 있고 음은 황종(=E플랫), 중여, 임종 등 3음만 쓰는데도 가사에 따른 감정조절과 속소리 내기, 떨고 흔들고 뻗고 지르고 물러나기 등 창법이 미묘하여 웬만큼 수련하지 않고서는 제 맛을 내기 어렵다.

더구나 오늘의 좌주가 어떤 분인가. 초야에 은거하고 있으나 젊은 날 명창으로 웬만한 시조대회에는 다 나가 심사를 했던 프로 아닌가. 그에 비해 오늘 초청된 청조 가객(?)들은 그들의 스승인 월송 선생과 전주대사습에서 대통령상을 받은 청봉 선생 말고는 다 고만고만한 수준들이라 떨리지 않을 수 없다. 오늘의 시조 패는 민병철(20회), 정종호(25회), 배근성(31회), 박주현(32회) 등인데 모두 전병두를 중심으로 모여 수년간 월례 합창을 해온 무리다.

‘이화에 월백하고’, ‘청산리 벽계수야’, ‘범피중류’, ‘청산은 어찌하여’, ‘한산섬’, ‘팔만대장 부처님전’ 등의 노래가 줄줄이 이어졌다. 노래가 끝날 때마다 어르신의 촌평이 떨어지는데 한 사람도 돈을 물지는 않았지만 “더 좀 불러야겠다”거나 “아직 호흡이 바쁘다”는 등의 지적을 받은 자도 있고, “많이 불렀구먼”, “잘 하는구먼” 하는 칭찬에다 돈을 받는 자도 나왔다. 그런데 청봉선생이 “석인昔人이 이승황학거已乘黃鶴去 하니/차지此地에 공여황학루空餘黃鶴樓로다…” 하고 남창 지름시조 한 곡을 뽑아 올리니 그 청성이 군계일학이라 두 배의 상금이 내려졌다. 내가 보기에 ‘데모찌’가 아까 받은 금일봉뿐이라 한정된 돈으로 자정까지 판을 이어가자면 상금 분배를 잘해야 할 텐데… 은근히 걱정 되었는데 웬걸 구순의 노 가객은 ‘유도리’ 있는 심사로 밑천을 굴려 가는 품이 왕년의 CEO 솜씨가 약여했다.

그 총기를 보고 시조를 모르는 김동현(17회)이 나와 노래 대신 특유의 재치만담으로 “서양의 유명한 양주인 ‘올드파’는 실제로 152세까지 산 ‘토마스 파’의 이름을 따서 지은 것인데 오늘 어르신은 너무나 정정하시니 153세 이상 장수하시어 ‘올드전’이라는 새 브랜드를 남겨 줍소사” 하는 덕담을 했다. 나도 권에 못 이겨 유파가 다른 평시조 대신에 시조가곡 중 편수대엽 ‘진국명산’을 불렀다.

어르신은 가흥歌興이 돈아 밤을 새워도 좋을 듯했지만 고령을 생각하여 자정 전에 자리를 물리고 술이 부족한 주류酒流들만 별채에 다시 모여 밤늦도록 술을 들었는데 신선한 공기 탓인지 품격 높은 시조 탓인지 암만 마셔도 술이 술 같지 않았다. 부부가 함께 온 박지훈(25회), 정종호 등은 한 방에 혼숙하고 나와 김동현, 박주현, 조태환(25회), 배근성 등 싱글패들은 소파나 거실바닥에서 되는 대로 잤다.

그래도 군불을 얼마나 땠던지 아침에 일어나니 찜질방에서 잔 기분이었다. 그런데 늦잠을 잔 것도 아닌데 내가 눈을 뜨니 어젯밤 상금을 챙긴 민병철이 주도하여 다들 자가용으로 10분 거리인 부곡온천에 목욕하러 가버리고 없었다.

점심 안 먹고 가면 무효

할 수 없이 혼자 집 구경을 했는데 골프 칩샷을 할 만큼 넓은 뜰에는 상치, 돌나물, 쑥갓 등 채소 심은 텃밭이 있고 가지나무, 앵두나무, 은행나무, 감나무, 석류 등이 웃음 헤픈 철쭉꽃을 거느리고 우뚝우뚝 서서 이 큰집을 지키고 있었다. 뒤에 나온 병두 형과 함께 대밭에 들어가 팔뚝 굵기의 대나무를 보고 봉체조에 쓰자고 바람에 쓰러진 대 몇 개를 골라 자르기도 했다. 우리 발자국에 놀랐는지 참새 떼가 날고 어디선가 쑥꾹새 울음이 자꾸 들렸다. 집밖은 바로 논밭인데 밭둑에는 앉은뱅이 자운영과 키다리 장다리꽃이 무리 지어 피어 있고 그 아래로 흐르는 도랑물에는 자생 돌미나리들이 지천으로 자라고 있었다. 동네는 95% 이상이 이씨 일가들이라는데 고가古家의 토담집마다 유실수와 목련, 박태기꽃이 아침 햇살을 받아 눈터지게 피어 있었다. 나는 꼭 유치환의 시 '춘신春信'에 나오는 꽃길 같은 골목길을 따라 걸어보았다. 보건소도 보이고, 절의 대웅전 같은 재실齋室도 보이는데 이상하게도 사람은 하나도 안 보였다. 내가 그 길에서 만난 건 사람이 그리운지 낯선 이를 보고도 짖지 않는 개와 고양이들뿐이었다. 사람들은 다 어디 갔는가. 지천인 사람도 지귀至貴할 때가 있나보다.

목욕 팀이 돌아와 우르르 같이 아침을 먹고 갈 준비를 하니 한사코 점심을 먹고 가란다. "가는 사람 뒤 꼭지가 반갑다"는 말을 믿는 사람들이 한사코 입을 모아 가려고 하니 "그러면 이번 행사는 다 무효"라는 주최 측의 억지(?)에 모두 뜻을 굽혀 인근 표충사 관광을 하고 다시 돌아와 사흘을 고왔다는 곰국을 지겹도록(?) 또 먹고 아쉬운 발걸음을 뗐다. 아름다운 풍광, 넘치는 인정, 훈훈한 가족애가 바탕이 된 이번 '아비 찾아 천릿길'에 곁다리로 동행한 1박2일은 조그만 행복도 소중히 하는 사람들에게 값진 기억으로 오래오래 남을 것 같다.

교 훈
감사하자
굳 세 자
힘 쓰 자

제3부

은사열전

- 똥에 웃고 똥에 운 나날들 [2002년 6월]
- 막가파 교사들의 진면목 [2002년 8월]
- 염불보다 더 좋은 젯밥 [2002년 9월]
- 소풍 끝내고 가신님들 [2002년 10월, 2002년 11월]
- 멀고도 가까운 사제지간 [2002년 12월]
- 선생님들의 상투어 [2003년 1월]

똥에 웃고 똥에 운 나날들

[2002년 6월]

오늘은 1964년 12월 24일. 마지막 방학이 시작되는 날이다. 학급일지도 이제 막장에 다다랐다. 거기에는 대자보로 "와탕카! 남은 37일, 앞으로 나가자! 갔다 오면 내 딸 주마아~" 라고 적혀 있다. 이제 길고도 짧은 고교 3년은 완전히 역사의 저편으로 묻힌다. 아직 졸업식과 대학입시가 남아 있지만 사실상 공부는 끝났다. 교복을 벗으며 그간 동고동락한 선생님들의 일화와 상투어록을 생각나는 대로 적어보겠다. 당시 수업편성은 1~4반, 5~8반의 2개조로 나뉘어 교사진도 달랐다. 예컨대, 국어에서 1조는 서문경, 2조는 최을림이었고, 영어는 1조 노기석, 2조 유수현. 수학은 강석우, 정진헌…이런 식이었다.

똥의 미학가 유수현 선생님

"영고이, 정고이, 규화이, 상태, 상우기, 상주이, 승화!! 얼굴이 벌거무리~ 하이 해 가지고 대체로 똥이다. 이넘들아 무신 말인지 논쪼 알겐나, 엉이?"

이것은 유 선생님의 단골메뉴로 하도 들어서 40년 가까이 지난 지금 읊어도 막힘없이 술술 나온다. 이 '영고이'에서 '승화'까지는 도레미파솔라시도로 단숨에 나오는데 곡조와 리듬이 선생님 특유의 음색으로 '잘도 잘' 짜여 있다.

여기 거명된 놈들은(담임의 눈으로 볼 때) 대체로 문제(?)가 있는 놈들이어서 담임은 학급에서 무슨 문제만 생겼다 하면 맨 먼저 이 놈들의 동태부터 살피는 것이었다. 그러면 희한하게도 이들 중에서 답이 나오는 것이었다. 선생님의 고백을 직접 들어보자.

"모도다 똥 같은 놈들이지만 실상 미운 놈은 하나도 없다. 눈앞이 캄캄하도록 호통 벼락을 맞고도 수 분 후에는 언제 그랬더냐 하고 넙띠기 같은 얼굴이 싱글벙글하니 이놈들이 씰개가 있는 놈들인지 없어서 그런 건지 내 진심을 이해해서 그런 건지 알 수 없다…"

우리는 진짜로 유 선생을 좋아했다. 그 유들유들한 유머가 좋았고, 정치학과 출신답게 때때로 시대 현실을 비판하는 날카로운 지성이 좋았고, 영어에 대한 해박한 지식과 학습요령에 대해 알기 쉽게, 그러나 수준 있게 가르쳐 주고 일본이나 외국에서 시행하는 고급의 시험문제를 직접 타이핑해 와서(그때는 타자기가 귀했다) 나누어주면서 입시에 대비하도록 유의해 주셨다. 당시 암살을 당함으로써 더욱 위대해진 케네디 대통령보다 우리는 유 선생님을 더 존경하였다. 언젠가 '배우자 고르는 법'에 대한 의견을 말씀하신 적이 있다.

"여자는 뭐니 뭐니 해도 첫째 맘이 착해야 하고, 둘째 용모가 우아하고, 셋째 몸이 통통해야 한다."

선생님 자신이 빼빼 체질인 때문인지 마른 여자는 절대 사양한다고 하셨다. 허기사 고기도 살집이 통통해야 먹을 맛이 있지 뼈다귀가 씹히는 KBS(=갈비씨)를 어디 쓰겠는가. 요새 필요 이상으로 다이어트하느라고 고생하는 여인들은 새겨들을 일이다.

선생님은 이 중에서 세 번째의 조건을 강조하셨는데 그 이유가 "그래야 약값이 안 든다."는 것이었다. 또, 불행히도 우리 사는 현실에서는 "There are only two good women in the world; one is in paradise, the other not found"라는 영어 속담처럼 이 셋을 다 갖춘 여성은 찾기 힘들다고 했다. 그러나 당시 우리는 여자라면 모름지기 얼굴이 최고고, 다음에 돈이지 건강이니 심성이니 하는 것은 그냥 하는 소린 줄 알았다. 이제 사회에 나와 반 너머 살아보니 그때 그 말씀이 진정이었음을 절감한다.

유 선생님은 누가 뭐라 해도 똥의 대가이시다. 한 시도 똥을 빼놓고 선생님을 얘기할 수는 없다. 매일 똥을 바가지로 퍼 와서 바리바리 풀어놓는다. 이렇게 들어먹은 '똥' 이바구는 평생 잊지 못할 교훈이 되었다. 우리는 모두 똥을 싸는 더러움과 치우는 아름다움을 함께 배운 것이다. 선생님의 똥 철학은 기본적으로 "똥들은 아무따나 키워도 복이 많고 좋은 거름이 될 것이다"라는 똥에 대한 강한 신뢰에서 출발한다. 이 똥의 미학자는 우리 회기回期를 마지막으로 교사직을 그만 두고 이듬해 부산대학 법정대로 옮겼고, 그 후 학장을 거쳐 경성대 총장을 지낸 후 지금은 여일을 재택하고 계신다.

우리는 남달리 졸업식 날 시내에서 사은회를 베풀었고, 졸업 후 몇 번인가 반창회班窓會를 열어 선생님을 모신 적이 있다. 그때 가장 대표 문제아였던 '영고이' 김영곤은 지금도 부산에서 선생님의 심부름꾼을 자청해서 하고 있고, 종로에서 한의원을 하는 '상태'나 청량리에서 개업하고 있는 노재철 박사는 선생님의 주치의가 된 지 오래다. 나머지 문제아들도 '상욱이'만 빼고 다 살아 있어 늘 사제의 정을 그리워하고 있다. 선생님은 아직도 반 아이들 이름을 외울 정도라니 그 정이 얼마나 깊으시겠는가. 우리가 고교의 마지막 제자였으니 더욱 애착하시는지 모른다. 듬직한 김장섭 반장을 비롯하여 누구든 툭 하면 별명 하나씩 얻어걸렸다. 정작 당신은 별명이 '유담뽀'였는데 이는 선배 회기에서 붙여준 별명으로 우리 때는 잘 쓰지 않았다. 아무튼 우리 5반 아이들은 지금이라도 "헤쳐 모엿!" 하고 누군가 외치면 여기저기서 제백사하고 달려올 것으로 자신한다. 그만큼 5반에 대한 수평적 애착이 강하고 그때 그 시절의 우정이 너무나 도타웠고 아름다웠다고 생각한다.

겉 다르고 속 다른 최을림 선생님

최 선생님은 바로 옆 6반 담임이셨는데 큰 덩치에 임꺽정이 아우쯤 되는 형용으로 무섭게 생기셨다. 3학년 첫 국어시간. 대뜸 칠판에 "요하막비미인腰下莫非美人"이라는 한문을 커다랗게 써놓고 "이 뜻을 아는 학생 있는가?" 하고 묻는다. 아무도 대답을 않자, "그래 지금은 모르겠지… 차차 알게 될 거야"라고 하며 수업에 들어갔다. "허리 아래 미인 아닌 것이 없다"는 말뜻이야 그때라고 몰랐으랴만 대뜸 공부와는 무관한 이런 성性담론을 꺼내는 까닭을 이해할 수 없었다. 고문古文을 가르칠 때 김시습의 금오신화에 나오는 "부생육기"를 인용하면서 "측간에서 처녀귀신이 총각의 그거를 꽉 잡았단 말이야…" 하고 주먹을 불끈 쥐면 우리의 간 작은 전송원(현 마산 산부인과원장) 같은 아이는 겁이 나서 벌벌 떨었다. 선생님은 별명도 'GMTT(=거무티티)'였는데, 이런저런 이유로 언제나 선생님을 생각하면 음담패설부터 먼저 떠오른다. 그의 아들 최연무가 1반에 있어 우리에겐 아버지 같기도 하여 선생님을 만만히 보고 은근히 놀려먹기도 해서 일화가 많았다. 대답하기 곤란한 질문에는 "그런 게 있어! 몰라도 돼!" 하고 곧잘 피해버리던 최 선생은 나중에는 우리 반과 정이 들어 자기 반 아이들보다 더 좋아하셨다. 최 선생의 5반에 대한 인상소감을 들어보자.

"평을 한다면 마, 1반에는 잠자는 놈이 너무 많고… 5반은 안달이 좁쌀친구들이 너무 만타 말이야. 명랑하지마는 떠들썩하다. 말하자면 수재 가운데 농땡이가 많이 끼어 있는 거지. (아이들이 '와아' 웃자) 왜 웃어? 그런데, 경제적으로 곤란을 당하고 있는 벗들의 납부금을 대신 보아준 사람이 있다는 것은 놀라운 일이야. 지. 덕 양면에 긍亘하여 모범반이라 하겠다. 인간성이 향기롭게 풍기는 것 같고…"

한 마디로 5반이 어떠했다는 것은 이 말로 충분할 것 같다. 미추와 선악과 시비를 고루 갖추고 있었다 할까. 겉으로 무서운 척하였으나 속으로 선생님의 깊은 이해심이 우리를 감쌌다고 본다.

이렇게 겉 다르고 속 달랐던 최 선생님은 때로 이상적인 여성상을 두고 "보통으로 생겨야 하는 것은 최저 라인, 가장 중요한 것은 마음. 남편의 뒷다리를 드는 여인은 질색"이라고 전제하고 "속인다는 벽을 없애고 적나라하게 생사를 도賭하는 여인, 가난을 문제시 않고 고락을 함께 할 여인"을 최고로 꼽았다.

한 마디로, 돈 못 벌어 주더라도 군말 않는 여인을 최고로 치시는 것 같은 말씀인데 글쎄요, 현실적으로 가능한 이바구일까요? 요새처럼 "돈 잘 벌어주고 일찍 죽는 남편"이 최고라는 세상에서 그런 소리 하다가는 암, 뼈도 못 추리시지요. 그러나 이 간 큰(?) 선생님의 말씀은 다소 감상적이긴 하지만 당시 가정적으로 처가 쪽 보증 잘못 섰다가 자기도 모르게 집이 넘어가고 막대한 채무자가 된 그 쓰라린 경험을 생각하면 이해 못 할 바도 아니다.

마지막 수업에서, "각반 40명 전교 300명은 대학에 합격하고 서울대에는 많이도 말고 각반 15명만 걸리도록 하라. 사회에 나가서는 뒤지지는 않더라도 너무 악착하지는 말고 올바른 가운데 인간미가 있어야 하며, 은사보다 잘 돼도 은사를 잊어서는 안 된다"라고 하여 은사의 몫을 강조하셨다. 자주 찾아오라는 말씀인데 그때는 다 같이 큰소리로 "예" 하고 대답하였으나, 글쎄, 아직도 "예"라고 답할 수 있는 제자들이 얼마나 될까.

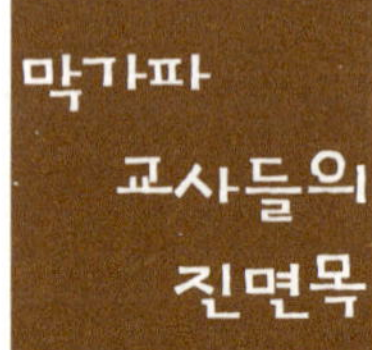

[2002년 8월]

이창규李昌圭 선생님은 짱구머리에 나이가 지긋하고 작은 키에 지독한 근시로 늘 책을 눈앞에 갖다 대고 읽으셨다. 영문법과 당시 최고의 문제집「영어 에이스」를 가르쳤는데 발음이 석기시대 일본식 발음이라 듣기 상그러웠다. 가르치는 태도 또한 매우 불량하여 배우려면 배우고 말려면 말라는 식으로 '듣거나말거나' 막 나가는 식이었다. 교재나 진도도 게릴라식으로 "오늘은 영어 에이슈는 낫두고(=놔두고) 리라이

텡구 하게씀다…" 하며 일방적으로 진행하는데 그 내용이 별로 입시에 도움이 되지 않는다고 판단하는 실력 있는(?) 아이들은 이 시간이면 선생이야 떠들거나 말거나 딴 공부를 하였다.

그래서 그런지 이 선생도 우리 반을 노골적으로 싫어하셨다. 늘 수업시간에는 시작 벨이 울리고도 몇 분쯤 지나서 들어오셨다. 한 번은 누가 짓궂게 "왜 선생님은 자꾸 수업시간에 지각합니까?" 하고 나무랐더니(?) 대답이 걸작이었다.

"에에, 이 반에는 내가 기분이 대다이 나쁨다. 에헴, 에헴…그래서 머시고 안 갈구로(=안 가도 되는 것을) 일부로 변소간에 갔다가 오기 땜다…"

이창규 선생님은 농땡이 대장(?)

이 선생님은 다른 선생님들과 달리 꼭 학생들에게도 공대어를 썼는데 그 오리지널 사투리를 잔기침과 섞어 해 댔다. 그래도 그렇지, 이 얼마나 순진한 선생님인가. 아무렴 학생들이 잘못하면 야단을 치고 교권을 잡을 일이지 들어오기 싫다고 변소간에 들어가 일부러 안 나오는 오줌을 억지로 누고 들어오는 것은 무슨 심뽀인가.

한 번은 얼굴에 안대를 하고 출근한 적이 있었다. 우리는 '다래끼'인 줄 알고 '어른도 저런 눈병이 나나?' 하고 이상하게 생각했는데 알고 보니 그게 아니고 선생님이 워낙 술을 좋아하여 술을 먹고 가다 학교 밑 초량천 다리에서 떨어져 눈두덩에 멍이 들어 가린 것이라 한다. 이 다리에는 사연이 많다. 비단 이 선생님뿐 아니라 최을림 선생님도 한 번 떨어진 적이 있었다. 사세히 모르긴 해도 그때 선생님들 중에는 술을 좋아하는 분들이 많았던 것 같다. 초량에 살던 변창혁(전 코오롱 전무) 군에 의하면 부고의 3대 술꾼 이창규, 최을림, 서문경 선생님들이 저녁답이면 수업시간의 근엄한 모습은 간 데 없이 벌게진 얼굴로 비틀거리며 걸어가는 모습을 심심찮게 보았다고 한다. 그때 다리는 난간이 없는 시멘트 다리였는데 다행히 바닥이 얕아서 망정이지 깊었다면 부산고 입시 전략에 어떤 차질이 벌어졌을지 모를 일이었다.

이창규 선생님은 그래도 일본어 실력이 대단하여 시험 막바지에는 일본 책을 가져와서 그 자리에서 일본어를 우리말로 바로 번역해 가며 영어, 일본어, 한국어 등 3개 국어를 동시에 구사하시던 모습이 눈에 선하다. 실제로 선생님은 심성이 비단같이 고운 분이었고 뒤에는 고급문제를 많이 풀어주시는 등 진면목을 발휘하여 사제간에 화해(?)하였음은 물론이다.

불륜이 부러웠던 서문경 선생님

서문경 선생님은 유일하게 학교 도서관 밑에 있던 교내 관사에 사셨다. 약간 대머리에 눈웃음치는 실눈, 조용하나 속사포 같은 말씨. 서 선생님은 3반 담임으로 1조의 국어 담당이라 자주 접할 기회는 없었지만 2학기 보충수업에서는 우리 반에도 출강(?)을 오셨다. 알다시피 선생님의 함자가 『금병매』에 나오는 유명한 오입쟁이 '서문경'과 동음이라 늘 선생님을 대할 때 우리는 작품 속의 그 사람이 떠올라 공부를 설치기 일쑤였다. 소설 속의 '서문경'은 얼마나 행복한 사내인가. 돈 있겠다, 마누라 말고도 천하의 미녀를 셋씩이나 거느리고 주지육림酒池肉林에 살았으니 성에 막 눈뜨는 여드름투성이의 고교생들에게 선망의 적的이 아닐 수 없었다.

그러나 소설 속의 서문경과 현실의 서문경을 착각하면 안 된다. 이름이 같다고 해서 선생님을 혹시라도 오입쟁이나 희대의 플레이보이로 보았다간 큰 코 다친다. 선생님은 그 화끈한 이름과는 정반대로 여자라면 "바보자식 같은 소리지만 이 세상에 우리 집사람만한 여자는 없다"고 입버릇처럼 외고 다니시던 자칭 애처가, 타칭 공처가였으니까.

그런데 이 말에 나는 아직도 강한 의문을 품고 있다. 본인이나 다른 사람은 다 잊었는지 몰라도 언젠가 수업 중에 당시 대종상을 받고 인

기리에 방영 중이던 영화『사랑방 손님과 어머니』를 두고 주인공 김진규와 최은희가 벌이는 그 멋진 불륜에 대하여 선생님은 결론은 내리지 않고 엉뚱하게도 "배우란 참 좋은 직업이야. 불륜도 저질러 보고, 현실에서 못 하는 온갖 역을 골고루 해볼 수 있으니 을매나 좋겐노?" 라고 말씀하신 적이 있다.

나에겐 이 말이 얼마나 절실하게 들리던지 그 성음이 지금도 귀에 생생하다. 그것은 예컨대 불륜 같은 것은 누구나 사회적 신분이나 형편이 안 되어 못하는 것이지 "할 수만 있다면 나도 해보고 싶다."는 역설이 아니고 무엇이겠는가. 불륜은 사실 달콤한 것이다. '내가 하면 로맨스고 남이 하면 불륜'이라는 말은 동서고금을 통틀어 만고에 진리다. 근년에 나온 미국영화『메디슨카운티의 다리』에서 클린트 이스트우드와 메릴 스트리프가 보여준 불륜의 러브스토리는 도덕성과는 상관없이 또 얼마나 세계의 중년 남녀를 울렸던가.

선생님과 관련하여 최근에 들은 감동적인 이야기 하나를 소개한다. 18회 강북지역 소모임의 하나인 일목회(회장 이성환)에 나오는 이선덕(주 경해마린 사장) 군은 3학년 3반 출신으로 그 담임이셨던 서 선생님을 매년 찾아뵙고 인사를 드려왔다고 한다. 이 바쁜 세상에 고교 때 짧은 인연이라 할 은사님을 잊지 않고 매년 찾아뵙는다는 사실 자가 감동스토리가 아닐 수 없다. 그 선생에 그 제자라 할까.

서 선생님은 부고를 떠나 서울 양영학원과 중앙고에 재직하셨는데 은퇴 후 잘 지내시다가 3년 전 중풍으로 쓰러져 지금까지 누워 계시다고 한다. 병석에 계신 선생님을 지난해에도 몇몇 학우들과 같이 찾아뵈면서 1인당 십만 원씩 갹출하여 금일봉을 드리고 왔다는데 이 군이 자기 몫을 낸다는 것을 잘못하여 십만 원짜리인 줄 알고 100만 원짜리 수표를 드렸다는 것이다. 돌아와서 곧 잘못 드린 것을 알았으나 은사님에게 한번 드린 것을 돌려달라고 할 수도 없을 것 같고 하여 속으로 오히려 잘 됐으니 병 구완에 잘 쓰시라고 생각하며 잊어먹고 있었다는 것이다.

그런데 일 년 후 다시 찾아갔더니 병석에 누워 계신 선생님 앞에서 사모님께서 장롱을 여시더니 그때 잘못 드린 수표를 그대로 꺼내어 되돌려 주시더라는 것이다. 황급히 이 군이 사양했으나, 사모님 왈, "아닐세, 이 돈은 사제지간에 주고받을 수 있는 한계를 벗어나는 금액이라 돌려주는 것이니 아무소리 하지 말게. 진즉에 돌려주려고 했으나 그러면 다시 찾아오지 않을 것 같아서 그리 못 했네"라고 하시더라는 것이다. 이 군은 그 말에 감격하였고 돌아와 자기 회사 직원들에게 이런 훌륭한 은사님을 두고 있는 것을 자랑하였다고 한다.

이렇게 훌륭한 사모님을 두고 계신 선생님은 비록 병중이지만 행복하실 것이다. 웬만하면 남편이 병중이신데 제자들이 약값에 보태 쓰라고 준 것이라며 고맙게 썼을 텐데 이를 돌려주는 마음씨는 예사로 먹을 수 있는 것이 아니다.

나는 서 선생님을 고교 졸업 후 한 번도 뵌 적이 없지만 이 말을 듣고 가슴이 뭉클해지는 바가 있었다. 앞에 인용한 바와 같이 그때 세상에서 팔불출의 하나가 자기 자기자식 자랑, 마누라 자랑하는 사람이라고 했는데 그럼에도 불구하고 선생님이 "세상에서 우리 집사람만한 사람이 없다"고 하며 사모님 자랑을 하신 것을 40년이 지난 이제야 이해할 수 있게 된 것이다. 각설하고 기억나는 수업 중 상투어 한 토막.

"에에, 이 반에는 아직도 묵음화 현상을 모르는 분이 있어요. 이건 뭐인가 하면 너으가 잘못 배웠기나 내가 잘못 가르쳤기나 둘 중에 하난데 입시를 코앞에 두고 이거 하나만은 쪼오끔 생각해 볼 문제대이… 안 그러컨나?" 하면서 두 손을 가지껏 벌려 교탁을 역기 들어 올리듯 잡고는 속으로 기어드는 듯한 가성으로 재미있다는 듯이 히죽히죽 웃으며 강의하시던 모습이 눈에 선하다.

염불보다 더 좋은 젯밥

[2002년 9월]

정진헌 선생님은 우리가 2학년 때 부산상고에서 전근 오셨는데, 실례지만 작달막한 키, 배불뚝이에 대머리가 홀라당 까진 외모셨다. 수학(대수)을 가르치셨지만 지독한 일본식 발음에다 말투 또한 투정부리거나 응석부리듯 하여 학생들에게 좋은 놀림감(?)이었다. '쪼쪼'라는 별명만 들어도 대충 알 수 있지 않겠는가.

선생님은 특이하게도 취미가 야구 감상이었는데, 당시 일본 프로야구의 동정을 손금 보듯 훤히 꿰고 있었다. 내가 1학년 시절 서면 부산상고 앞(지금 롯데호텔) 복개천변에 있던 '서울산부인과'에 가정교사로 잠시 있을 때 일인데, 웬 대머리 양반이 휴일만 되면 이 집에 놀러 오는 것이었다. 처음에는 누군지 몰랐으나 뒤에 알고 보니 부산상고 선생님이신데 야구를 보러 주말마다 오신다는 것이다. 그것은 이 집만이 이 일대에서는 유일하게 일본 안테나를 설치한 대형 TV가 있어 이 양반이 공짜로 일본 프로야구 중계를 보고 간다는 것이었다. 그때는 서로 모르는 사이라 알은 체를 않았지만 그 후 뜻밖에도 우리 학교에 오신 것이다.

그 전력을 아는 우리는 수학 공부가 좀 지루하다 싶으면 슬며시 "오늘 날씨도 그런데 새앰~요 야구합시더." 하고 졸랐다. 특히 손태완(서면 삼성의원장)이가 늘 발동을 걸곤 했는데, 그리면 선생님은 못 이기는 체하고 "이거 이래도 개안캤습니꺼? 이거 이라모 안 되는데…" 하면서도 당신이 더 야구 이야기를 하고 싶어 하셨다.

대머리 야구광 정진헌 선생님

우선 칠판에 일본의 양대 리그인 퍼시픽Pacific 리그와 센트럴Central 리그를 대칭으로 그려놓고 재일교포 강타자 장훈張本 선수가 나오는 도에이[東映] 팀과 세기의 피처 가네다[金田正日]가 활약하는 거인(자이언츠) 팀을 번갈아 가리키며 입에 거품을 무신다.

팀 성적에서 소속 선수의 타격 자세, 타율, 타점, 삼진과 승률, 전망 등을 줄줄이 왼다. 그러면서 당대 최고의 타격왕이며 안타 제조기라는 별칭을 가진 장훈 선수와 그 모친의 애국심, 당대 최고의 투수인 한국 출신의 가네다의 활약상과 그의 귀화 이야기를 비교해 가면서 민족 감정도 이야기하고, 나가시마[永島]와 왕정치의 발군한 성적, 고시엔[甲子園] 일본 고교야구 시합 소식과 함께 당시 우리나라에서 갓 건너간 강타자 백인천은 아직 맥도 못 추는 초년병으로 2군에서 활약하는 정도라고 알려준다.

당시 부산고는 16회 김소식, 박명렬, 하일, 최영무 등이 전국 고교야구를 제패한 이래 야구는 교과목의 일부가 될 정도로 학생들에게 인기가 있었다. 그때는 이 '쪼쪼' 선생님의 이야기가 얼마나 재미있었는지 야구를 더 잘 이해하려고 나는 아시아의 타격왕 박현식 씨가 쓴 『야구교본』책을 사서 재독 삼독하며 두고두고 읽었다. 아마도 내가 현재 가지고 있는 야구에 대한 잡학지식은 이 책과 '쪼쪼' 선생님의 덕이라 해도 과언이 아니다. 공부로 배운 것은 기억이 안 나고 이런 것들만 기억이 나니 한심한 제자 같아 송구스럽지만 어쩔 수 없다. 지금 겨우 생각난다는 것이 선생님의 험담 같은 이야기 나부랭이들인데 그 또한 그리운 마음에 적어보기로 한다. 그 선생님의 강의 한 대목.

"… 에에, 여기서 그라모 뭐시 됩니까? 루도 삼엑수 이꼬루 요것이 0에 같기나 같지 않을 때, 원 0에 내접합니까, 안 합니까?…"

한참 야구 이야기 하다가 시간 끝 무렵이 되면 허겁지겁 칠판에 복잡한 수식을 옮겨 적고 설명을 해대는데 우리 같이(상상의 세계에서

나마) 부산에서 일본 동경까지 야구하러 갔다가 소주 한 잔 마시지 않고 그냥 못 돌아오는 부류들은 그 설명들이 귀에 들어올 리 없었다.

전천후 직사포 시인 안장현 선생님

2학년 어느 봄날, 아침 조회 시간에 추월영 교장 선생님이 키가 훤칠하고 잘 생긴 삼십대 청년 선생 한 분을 소개하셨다.

"오늘 여러분에게 서울에서 오신 유명한 시인을 소개하겠습니다. 바로 안장현 선생입니다."

이어 등단한 젊은 선생은 보통 누구나 하는 부임 인사말, 즉 "전통 있고 실력 있는 부산고에 오게 되어 어쩌고…" 하는 말은 하나도 없이 그냥 "바다가 그리워서" 서울을 버리고 부산으로 전출을 희망하여 내려오셨다고 했다. 우리는 이 말 한 마디에 시쳇말로 뿅 갔다. 조회가 끝나자마자 그분이 2층 목조 교실이던 우리 반에 국어선생으로 들어오시는 게 아닌가. 아아, 시인이 우리 선생님이라니 감격에 벅찼다. 그때만 해도 시인은 무조건 존경의 대상이었다. 시인이라면 무언가 환상적이고 여성적이고 시적일 것이 아닌가. 잔뜩 기대에 부풀었다. 그런데 수분도 못 되어 그 기대는 무참히 깨어졌다. 선생님은 도저히 시인으로서는 걸맞지 않는 크고 도도한 목소리로 책은 펴지도 않고 정치, 사회 현실을 비판하는 사자후를 터뜨리는 것이었다. 한 시간 내내 떠드시는데 그런 식으로는 며칠 못 갈 거라고 우리는 수군거렸으나 어데로, 1년 내내 그 수위 그대로였다. 수업이 끝날 때 우리는 으레 박수를 쳤고, 참으로 우리나라는 못 된 나라고 왜 저런 훌륭한 분이 국회에 안 가시고 교사가 되셨는지 의아스러웠다.

교과서 수업보다는 까뮈나 사르트르의 실존주의를 논하고 T. S. 엘리엇의 시를 강의하시는 데 거침이 없으셨다. 엘리엇의 대표작 「황무지」의 첫 행인 "April is the cruelest month."를 "사월은 가장 무정한 달"이라고 번역해야 한다는 말씀을 나는 지금도 기억하고 있다. 그러나 나는 내심 수긍하지 않았다. 그것은 바로 그 다음 행에 "불모의 땅에서 라일락을 꽃피게 하고/ 추억과 정욕을 뒤섞어 봄비로/ 깊은 뿌리를 깨어나게 한다/ 겨울이 차라리 따스했거니…"라는 구절이 나오는데, 죽이거나 죽임을 당한 땅에서 그 피로 새 생명의 꽃을 피우게 하는 사월은 얼마나 "잔인한" 것인가. 이것을 여성적 감성어感性語인 "무정한" 것으로 순화시켜 줄 수는 없다. 그러므로 여기서는 다소 과격하지만 "잔인殘忍"이라는 말이 우리에게도 있는 이상 "잔인"하다고 번역해야 하지 않을까 생각했던 것이다.

우리에게 4 · 19는 잔인했으면 잔인했지 무정한 것이 아니었듯이 1차 대전 이후 황폐해진 것은 땅만 아니라 사람의 정신이며 이를 영탄이나 방탕이 아닌 정면 돌파로 극복해 내려 했던 엘리엇의 처절한 시詩정신으로 봐서도 그리 해야 한다고 믿었다. 그러나 일개 학생으로서 하늘같은 선생님 앞에서 감히 반론할 수는 없었다. 이미 시집을 두 권이나 내셨고 『달에게 묻는다』라는 수필집도 그때 나왔는데 나도 없는 돈에 한 권을 사서 마르고 닳도록 읽었다. 40년이 지난 지금 그 책은 어디 갔는지 없어졌으나 많은 부분을 나는 아직도 기억하고 있다. 선생님의 글이 너무나 서정적이고 미문美文이어서 나에게는 두고두고 글짓기에 전범이 되었다.

선생님은 한마디로 불의를 못 참는 치열한 성격이셨고, 강한 동기가 없이는 붓을 들지 않는다는 지론처럼 시 또한 미적지근한 것을 나는 지금까지 한 편도 못 보았다. 대표작인 「전쟁」이라는 시가 그렇다.

> 겨누는 것은/ 분명히 적이라는데/ 적이 아니라/ 그것은 나다// 포탄은 터져 날아갔는데/ 적의 심장을 뚫었다는데// 죽은 놈도/ 자빠진 놈도/ 그것은 나다.

또 이런 시가 그렇다.

모든 것은 앓는다/ 지금은// 그래서 사람들은 가고/그래서 사람들은 오고// 앓지 않고는 벗길 수 없는/ 앓지 않고는 찾을 수 없는…

이러한 성정을 가지신 분이니까 교내 백일장에서 표절작이 나왔을 때 그냥 넘어갈 수 있었겠는가.

그때 문예반 출신 이경형(대한매일 논설위원실장) 등 6명은 지난 2002년 5월 8일 졸업 후 처음으로 안 선생님(75세)을 모시고 서울 인사동의 한식집 은정에서 식사를 함께 하면서 오랜만에 묵은 얘기를 나누며 회포를 풀었다. 선생님은 아직도 한글문예 이사장을 맡고 계시는데 뇌경색 후유증으로 머리가 어지러워 문필활동은 못 한다고 하신다. 그래도 말씀만은 예나 다름없이 카랑카랑하셨다. 〈청조인〉지가 오면 제일 먼저 '청조만담'을 보시는데 어떤 때는 두 번씩 읽는다고 하시며 계속 좋은 글을 써달라고 하셨다. 그날 우리는 돌아가며 선생님의 시 작품을 낭송하였고, 답으로 선생님은「보다 낮은 목소리로」라는 근작시를 낭송해 주셨다. 실로 근 40년만의 사제간 동석동락의 한때였다. 김선학(16회 · 문학평론가) 동문에 의하면, 선생님이 문예반 주임으로 계셨던 3년 동안 배운 제자들이 부고 사상 가장 많은 문인들로 배출되었다고 하는데 이는 그만큼 선생님의 자리가 컸다는 반증일 게다.

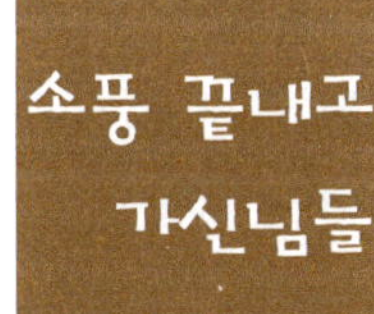

[2002년 10월, 2002년 11월]

홀아비 부산고의 영원한 파트너, 과부 경남여고 교정에는 우리나라 여성상의 사표로서 신사임당의 좌상이 세워져 있는데 그 비면碑面에는 뜻밖에 살매 김태홍 선생의 다음 시가 새겨져 있다.

착한 딸들이여./ 보람은 여름하여/ 미쁜 아내 일이라/ 갸륵한 어머니 일이라/ 하여/ 물처럼 슬기로운 평범/ 길을 여는 빛으로 황홀하리라

어떤 연유로 이 시가 거기에 새겨져 있는지는 알 수 없으나 은사의 시가 모교 인근 여학교의 기념비에 새겨져 있다는 것은 기분 좋은 일이 아닐 수 없다. 살매는 김태홍 선생의 아호다. 선생님은 우리 재학 당시 안장현 선생님과 같이 문단의 현역 시인이셨다. 두 분은 동인활동도 같이 할 정도로 가까웠다. 살매 선생은 얼굴은 호박처럼 쭈글쭈글하셨지만 마음은 비단같이 매끌매끌하셨다. 겉으로 정나미 떨어지는 '소리'(말이 아님!)를 예사로 해대는 셈치고는 매우 자상하고 인간미가 넘치는 분이셨다.

늘 공부에만 매달려 점수 따기에 혈안(?)이 된 우리를 측은한 눈빛으로 바라보고는 하셨다. 그 왕방울 같은 눈을 굴리며 우리더러 "이 졸렬한 놈들아, 먼저 사람이 되는 것이 좋은 대학에 들어가는 것보다 급하다."고 하시면서 재빠른 토끼보다 여유 있는 거북이 되기를 바라셨다. 또, 남자는 졸렬하거나 융통성 없이 살아서는 안 된다고 하시면서 세상은 가정이 기본이므로 우리더러 다음에 결혼해서도 "딸하고 댄스를 출 수 있을 만큼 동심을 지닌 아버지가 되라"고 하셨다. 그러면 마누라가 바가지를 긁으면 어떻게 하느냐고 어느 싱거운 놈이 질문을 하자 대뜸 "남자는 여자가 절대로 바가지를 긁게 해서는 안 된다… 안 되면 폭력으로라도!" 하고 대답하셨다. 바가지를 긁지 않게끔 평소 돈을 잘 벌어 주든가, 사랑을 잘 해주라는 뜻이겠지만 우리는 시인의 입에서 거침없이 나오는 '폭력불사'라는 말이 의외였다. 그래도, 그때는 왠지 폭력적으로 들리지 않고 멋있게 들렸다.

아름다운 욕쟁이 시인, 살매 김태홍 선생님

선생님은 우리 3학년 5반을 한 마디로 '우수마발'이라고 평하셨다.

이 말은 그때 국어교과서에 실린 양주동 박사의 '면학의 서'라는 글의 "내가 일인칭一人稱, 너는 이인칭二人稱, 나와 너 외엔 우수마발牛□馬勃이 다 삼인칭야三人稱也라" 하는 데서 유래하였다. 그때는 새로 배운 이 말이 꽤 멋이 있어 학생들 사이에 서로 "야, 이 우수마발아!" 하고 부를 정도로 유행하였는데 이를 선생님이 역이용하신 것이다. 양주동 박사는 박학다식한 재사로 우리는 그의 글에서 '박이부정博而不精'이니 '안광眼光이 지배紙背를 철徹함'이라는 현학적이고 고투적인 어법이 생경하면서도 참신한 표현 같이 느껴졌다. 선생님은 그 양주동이 옛 부산일보사 앞을 지나가다가 차에 치일 뻔했을 때, "(자신을 가리켜) 국보가 죽을 뻔했다!"라고 했다는 일화를 들려주기도 하셨다. 거들먹거리는 거야 취할 바가 없다 하겠지만 면학에 의한 자신감을 가지는 것은 배울 만한 것이다. '우수마발'이란 사전적으로 소 오줌과 말똥이라는 뜻으로서 가치 없는 모든 것을 이름인데 오줌과 똥은 거름으로도 쓰는 것이니 평범한 가운데 비범을 보이라는 뜻으로 받아들일 수 있다.

이렇게 살매 선생은 속정과는 다르게 겉으로는 굉장한 독설가였다. 거의 입만 열면 욕이었다. 훈시든, 강의든 욕에서 시작하여 욕으로 끝이 난다. 그의 3대 단골 욕설 메뉴는 '식티이 거튼 놈들', '빙씨이 거튼 놈들', '잠충이 거튼 놈들'이었다. 또 '졸렬하다'는 단어를 된소리로 발음하며 입에 달고 다니셨는데 우리는 이를 빗대어 유명한 데카르트의 명제 'Cogito ergo Sum'을 흉내 내어 "우리는 쫄렬하다. 고로 존재한다."라며 웃고는 하였다. 수업중 국어문제를 풀 때도 답안을 두고 어쩌고저쩌고 하다가 "이거는 입시문제 치고는 어데? (사이) 찌극히 쫄렬하다. 고만 해!" 하고 책을 탁 덮고 급하면 인사도 안 받고 나가버린다. 이것이 멋인가, 오줌인가, 똥인가. 그 뒷모습이 '찌극히' 불량하다고 생각하던 때가 엊그제 같은데 벌써 저 세상에 가셨단다. 저승도 차 놓칠세라 그리 빨리 가셨나.

날 비飛자를 잘 쓰면 바람기가 있어

살매 선생은 1925년 경남 창원에서 출생하여 해인대학 문학부를 졸업하고 경남여고 (1954년 1년간 근무), 부산고 등 고교 교사를 거쳐 국제신보와 부산일보 논설위원을 역임하였고, 1985년 부산 충렬고교 교장 재직 중 과로로 별세하셨다. 시집으로『땅과 장미와 시』,『창』,『조류의 합창』,『당신이 빛을』 등이 있는데, 자유시를 쓰면서도 시보다는 우리 민족의 고유 정형시인 시조에 대하여 특별한 애착을 가지고 계셨다. 1970년대 부산시교육연구원장으로 재직할 때 관내 중 · 고등학교의 교사와 학생들에게 의무적으로 일정기간에 걸쳐 주기적으로 시조 수편씩을 써내게 하는 등 시조 교육과 보급운동에 크게 기여하신 분이다. 이렇게 살매 선생은 부산 시조 발전의 씨앗을 뿌린 사람으로서 박달수(부산시조시인협회장), 임종찬(부산대 교수), 전연희(부일여중 교감) 등 지금 부산의 많은 시조시인들이 살매 선생의 시조부흥운동을 통하여 배출되었다고 한다.

선생님에 대한 글을 쓰면서 지금 황급히 기억나는 것이 있다. 그날, 3학년 2학기 마지막 수업을 끝내시고는 "다들 잘 살아라"며 유언처럼 한 마디 하시고는 도사처럼 입을 다물었다. 잠시 후 선생님은 우리를 향해 "졸업 기념으로 사인sign을 해 줄 테니 뭐든지 갖고 나오라"고 하셨다. 아이들은 시인 선생님이 사인을 해 준다고 하니 다투어 기념될 만한 것을 들고 나가 친필 사인을 받았다. 나도 마침 유수현 담임선생님과 교정에서 찍었던 사진 두 장을 들고 나갔는데 살매 선생님은 나와 사진을 번갈아 쳐다보시더니, "허, 넙떡하이 해가지고 사제끼리 잘 노는구먼… 엣따, 이거나 먹어라" 하면서 사진 뒷면에 '師弟同行(사제동행)'이라고 쓰고는 따로 '大風起兮, 雲飛揚(대풍기혜 운비양)'이라는 글귀를 적어주셨다. 당시엔 무슨 뜻인지는 잘 몰랐으나 글씨는 달필이었다고 생각된다. 특히 '날 비飛'자를 길게 내려 그은 것이 보기에 멋이 있었다. 언젠가 수업 중에 선생님은 "남자가 '날 비飛'자를 잘 쓰면 바람기가 있어 여난女難을 당할 수 있다"고 한 적이 있었는데, 이 '비飛'자를 이렇게 잘 쓰시는 걸 보니 선생님이야말로 바람기가 많지 않을까 생각되었다. 나는 선생님의 이 말씀을 명심하고 남몰래 '날 비' 자를 열심히 연습하여 그 후 일필휘지로 멋지게 쓸 수 있을 정도까지 되었으나, 기대하였던(?) 여난女難은 한 번도 일어나지 않았다.

그렇긴 해도 졸업 후 이 글귀는 내게 굉장히 요긴한 쓰임이 되었다. 여기저기 모임에 가서 갑자기 방명록에 사인을 해야 할 경우에 뜻도 모르면서 이 글귀를 왕휘지 필법으로 일필휘지하고는 유식한(?) 체하였다. 그 후 사마천의 사기史記를 읽다가 이것이 한고조 유방이 항우를 이겨 천하를 제패한 후 고향에 돌아가 지었다는 그 유명한 '대풍가大風歌'의 첫 구절임을 알게 되었다.

지금도 선생님이 왜 이런 글귀를 적어주셨는지 뜻을 새겨보곤 한다. 그것이 "세상에 나가 큰 뜻을 세워 성취하라"는 과분한 기대요, 격려였다면 오늘의 내 모습이 부끄러울 뿐이다. 대풍가의 전문을 선생님이 사랑하신 시조의 형식을 빌려 옮겨본다.

> 大風起兮 雲飛揚 (대풍기혜 운비양) 큰바람 일어나니 구름이 드날리네/ 威加海內兮 歸故鄕 (위가해내혜 귀고향) 천하를 얻어 고향에 돌아왔으나/ 安得猛士兮 守四方 (안득맹사혜 수사방) 어쩌면 동량재 얻어 이 천하를 지키리

갓 쓴 영국신사 장갑상 선생님

얼마 전 '취화선', '오아시스'가 국제영화제에서 감독상을 받았을 때 우리는 가슴이 찡했다. 지금 우리 영화는 세계시장에서 급성장하고 있다. 이 힘은 어디서 오는 것인가. 제작사와 감독의 기량도 중요하지만 무엇보다 이 땅에 영화가 바로 설 수 있게끔 입지를 제공한 인적 · 물적 인프라 구축이 없었으면 불가능한 일이다.

부산은 어떤가? 한국영화에서 부산은 영화산업의 불모지였다. 전통

적으로 부산은 영화의 생산지가 아니라 소비지로 기능해 왔다. 제대로 된 영화평론 없는 부산은 영화산업에서 불구자일 수밖에 없었다. 그러던 부산이 언제부터인가 우리나라 최대이자 아시아영화제의 메카로 부상하였다. 부산은 우리 곽경택(38회) 감독의 『친구』 제작 이후 수많은 영화인들로부터 꿈의 촬영장으로 인식이 바뀌었다.

이제 영화산업은 기업체가 빠져나간 후 침체된 부산경제에 새로운 활력소로 인식되고 있을 정도다. 부산은 영화의 생산과 소비가 겸전된 완전 시장으로 변모한 것이다. 오늘의 이 눈부신 발전은 그냥 이룩된 것일까? 천만에! 거기에는 일찍이 영화평론을 제창하고 인프라를 육성하는 데 크게 기여한 세력이 있었다. 그 세력의 핵심에 바로 장갑상 선생이 계셨다.

노석路石 장갑상張甲相(1922~1988) 선생은 1950년대 불모지 부산영화계에 '영평'(영화평론)운동을 일으킨 핵심인사요, 어려운 여건에서 1980년대 이 운동을 재건시켜 "부산은 결코 변방이나 주변부가 아니다. 할리우드에 대한 뉴욕영화의 예처럼 부산영화의 시대를 열어야 한다"고 역설하며 우수영화 베스트10 선정발표, 영평상의 제정, 영진공 부산지사 설치, 종합촬영소의 부산 이전을 주장, 건의하고 극장주들에게 시설 개선을 촉구하는 등 부산영화 발전에 밑거름을 놓은 '부산영화 지킴이'로 재평가되고 있다.

또 『영화와 비평』이라는 평론집도 냈는데 이것은 1951년~1969년 부산지역의 일간지에 써온 269편의 영화평과 34편의 시론들을 모은 것이다. 선생은 영화평뿐 아니라 문학비평에도 일가견이 있었다. 특히 『에드거 알란 포우의 문학』, 현대시의 형태론자 『허버트 리드의 문학관』에 관한 저서도 있다. 이러한 이론과 실천은 언제나 선생의 엄격주의와 침착함이 바탕이 되어 있었다. 우리는 이러한 훌륭한 분을 은사로 하여 배웠던 복된 제자들이다.

선생은 부산고의 위대한 페스탈로치 김하득 교장이 스카우트해 온

분으로 영어 원강原講을 강의하셨다. 우리는 입시에 도움이 되는 공부라기보다 일종의 교양으로서 영문학을 배운 느낌이다. 주로 E. A. 포우와 헤밍웨이의 단편을 배웠는데, 이는 다양한 문체를 통하여 독해력을 늘이는 데 큰 도움이 되었다. 선생은 문법 같은 지엽적인 문제보다 문장 전체를 직역을 통해 의역하는 법을 가르쳐주었고, 우리 촌놈들에게 세계문학에 눈을 뜨게 해주었다.

『노인과 바다』에 나오는 내용 중 "인간은 패배하려고 태어난 것이 아니다. 죽을 수는 있지만 패배하지는 않는다"는 노인의 독백은 입시를 앞둔 우리에게 큰 용기를 주었다. 이것은 삶을 비판적으로 바라보는 사람들에게 희망을 버린다는 것이 얼마나 어리석은 것인가를 일깨워주는 말이었다. 뿐만 아니라 틈틈이 헤밍웨이의 소설 중 영화화된 '무기여 잘 있거라', '누구를 위해 종은 울리나'의 영화평을 해설해 주셨다. 헤밍웨이가 성격이 괴팍하여 메가폰을 잡는 감독마다 영화화하는 조건으로 자기 친구인 미국의 전설적인 배우 게리쿠퍼를 주연으로 발탁하도록 했다는 이야기도 해주었다. 그래서 나이 많은 게리쿠퍼와 젊은 잉그리드 버그만의 언밸런스한 배역의 비하인드 스토리를 들려주기도 하셨다.

나는 "장갑상 선생님!"이라고 하면 늘 액자에 걸어놓은 사진처럼 꼿꼿한 자세가 이미지로 떠오른다. 언제나 머리에 '찍구'를 바르고 가르마를 단정히 빗어 넘겨 머리카락 한 올 흐트러짐 없이 깔끔한 용모에 검은 싱글 양복을 입고 다녀 영국신사로 통했다. 영국신사는 영국신사인데 우리 것에 대한 자부심이 대단하셨으니 갓 쓴 신사라 할까.

우리 것을 사랑한 참스승 홍영식 선생님

선생은 교양서적으로 우리에게 홍자성이 쓴 『채근담』과 바르게 사는 표본으로서 빅톨 유고의 『레미제라블』을 읽어야 한다고 했다. 아울러 우리 민족정기를 잃어서는 안 되며 지금 학생들의 어깨에 이 나라의 미래가 달려 있다고 하면서 기대에 어긋나지 않는 사람이 되어줄 것을 당부하셨다. 일생에서 가장 슬펐던 일은 육이오 때 가르친 제자가 전쟁에 나가 많이 전사한 일이라고 하였다. 가정적으로도 가난했던 자신보다 제자와 사회에 대한 우려와 걱정이 앞섰던 우리 시대의 앞선 지성인이셨다.

수업시간에 우리 5반 아이들은 입시 위주 선생이 아니면 경시하는(?) 경향이 있었다. 열심히 듣는 놈은 듣고 조는 놈은 졸고 딴전 피우는 놈은 딴전을 피웠다. 수업에 아예 들어오지 않는 놈도 이 시간에 가장 많았다. 다른 선생들 같으면 벼락 불똥을 내릴 상황인데도 선생님은 한 번도 호통 치는 법이 없었다. 그렇다고 완전 방관한 것은 아니다. 우리의 '고르지 못한 학습태도'를 지적하면서도 늘 학생들의 자율적 태도를 존중하신 분이다. 선생의 상투어 중 한 부분을 인용해 보면, "저기 하품! 제3의 사나이! 잠자러 왔는가? …방금 잡담하고 있는 사나이, 그 옆의 동지, 이게 자율적 학습태돈가?" 하고 조용조용 그러나 힘 있는 목소리로 영화제목을 인용하여 지적할 때는 메뚜기도 낯짝이 있지 이내 숙연해지곤 했다.

학교시절에 대입위주로 지식만 열심히 가르쳐 주신 선생님은 잘 기억이 나지 않아도 교양이나 교과서 외적인 가르침을 주신 선생님들은 세월이 갈수록 되살아난다. 왜 그럴까? 선생님은 남에게 관대하고 자신에게 가혹했던 전형적인 분이다. 그런 분이 간암이라는 병마에 붙들려 일찍 가시다니 참으로 분하다.

홍영식 선생은 1학년 때 국어 담당이셨는데 그때는 이미 정년퇴임하였음에도 학교 측의 부탁으로 향리 경남 기장에서 출강을 나오셨다. 우리 교실이 그 때 신관 1층에 있었는데 선생님은 2, 3층은 계단 올라가기가 힘들어 1학년 담당을 자청했다고 하면서 강의는 늘 앉아서 하셨다. 처음에는 늙은 영감이 무얼 알겠는가. 고리타분하고 실력 없는(?) 선생을 만나 잠만 오겠구나 하고 실망하였으나 수업이 진행될

수록 그게 아니었다. 구수한 입담에다 아는 것이 조선 팔도 안 미치는 곳이 없고 선생님의 함자가 대한제국의 개화파인 박영효와 쌍벽을 이룬 홍영식과 동명이라 당시 시대상과 개화파 인물들에 관한 이야기를 많이 해 주셨다. 덕분에 우리는 때 이르게 민족의식에 눈을 뜨게 되었고, 세기말 국가 민족의 장래에 대해 막연하나마 우리 청년의 사명을 자각하기 시작하였다.

한번은 수업 중에 우리 민요를 알아야 한다며 민요를 직접 부를 테니 따라하라고 하셨다. 국어선생이 노래를 가르친다는 것은 지금도 생소한 일일 게다. 풍금도 없이 육성으로 '풍년가'를 부르고 서양음악 이전에 우리 음악을 알아야 한다고 하셨다.

> 풍년이 왔네 풍년이 왔네/ 금수강산에 풍년이 왔네/ 지화 좋네 얼씨구나 좀도 좋으냐/ 명년 춘삼월에 화전놀이 가자.

이 가사는 그때 한 시간 내내 따라 불렀기에 아직도 내 몸에 배어 있다. 끝 부분 '명년 춘삼월에 화전놀이 가자' 에서 "요즘(=그 당시의) 민요 가수들이 '화전놀이를 가자' 하며 전에 없던 '를'자를 넣고, 음의 변화를 노려 멋지게 부를 양으로 '놀이를'에서 청을 높여(=한 옥타브 올려) 부르는데 이는 잘못 된 것이니 원형대로 불러야 한다"고 주의를 주시던 것까지 기억이 생생히 난다.

선생님은 상식이 풍부하여 당시 동아일보의 말맞추기 퀴즈에도 여러 번 당첨되셨다. 그때는 정답자가 많지 않아 전국에서 선생님 혼자만 맞춘 적도 있었다. 지금 저 세상에서도 퀴즈 응모로 용돈을 벌고 계시는지 궁금하다.

멀고도 가까운 사제지간 [2002년 12월]

꿈꾸는 만년소년 박래일 선생님

박래일 선생님은 독일어 선생이셨는데 키가 훌쩍 크고 얼굴이 무표정한 게 정말 독일인처럼 생기셨다. 얼굴 반쪽이 육이오 전쟁 때 유탄을 맞아 퍼런 멍 자국이 크게 나 있는 청면靑面이어서 보기에 흉했으나, 늘 꿈꾸는 듯한 표정으로 독일문학과 시를 이야기하셨다. 때로 수업 중에 직접 지은 시를 읽어주셨는데 대체로 난해하였다. 어떤 시에서는 당시 과부가 된 재클린 케네디의 절규 "오, 노(no)!"를 연발하거나, "오, 실바나 망가노여!" 하고 당시 육체파 여배우를 외쳐 부르는 구절도 있었다. 박 선생님은 당시 등단은 하지 않았지만 외견상 가장 시인다웠다. 늘 소년처럼 꿈꾸는 듯한 표정에다 목가적이고 여성적이었다. 이에 비하면 당시 현역 시인이던 살매 선생이나 안장현 선생은 그 언행이 직설적이고 단호하 시인답지(?) 못했다.

박 선생님은 틈틈이 특유의 논리를 체계화시킨 '의미학意味學'에 대하여 이야기도 하고 교지인 〈청조〉에 이에 관한 논문도 발표하셨지만 우리 고교생 수준에서 그 깊은 뜻을 이해할 수는 없었다. 무엇보다 초미의 관심사인 입시 준비에 아무런 도움이 안 되는 영양가 없는 이야기인 탓도 있었다.

박 선생님은 당시 또 다른 독일어 교사 돌배 선생님과는 여러 면에서 대비가 되었다. 성격과 교육방식이 판이하게 달랐다. 돌배 선생이 적극적인 성향이라면 박 선생은 소극적인 성향으로 비쳤다. 공부도 돌배 선생처럼 무조건적으로 외라고 강요하지 않았고 어디까지나 자발적인 학습을 유도하셨다. 발음도 "데아 데스 뎀 덴, 디 데아 덴디…” 하면서 마치 혜은이가 노래하듯 솜사탕이 굴러가듯 사뿐사뿐 시적으로 부드럽게 발음하셨다.

1학년 때 배운 하이네의 ‘로렐라이’ 시구를 읽을 때는 꼭 꿈꾸는 소년의 모습 그대로였다.

Ich weiss nicht, was sollen es bedeuten, 왜 그런지 그 까닭은 알 수 없지만/ Das ich so traurig bin ; 내 마음은 자꾸만 슬퍼지고/ Ein Marchen aus alten Zeiten, 옛날부터 전해오는 이야기 하나/ Das kommt mir nicht aus dem Sinn. 내 마음에 자꾸만 메아리친다.

이 시에는 꿈 많은 소년시절에 꿈을 느끼게 해주었던 아련한 향수 같은 게 있다. 나는 이 슬픈 전설이 주는 기억을 찾아 졸업 후에 ‘라인강의 진주’라는 로렐라이 언덕에 가보았다. 그러나 독일의 마인츠에서 뤼데스하임까지 가는 라인 강변의 경관이야 좋았지만 실제로 로렐라이 언덕은 별 게 없었다. 오히려 오랜 꿈만 흐려버린 것 같아 안 가느니 못 했다. 하지만 거기서도 눈감고 고교 시절 박 선생님 흉내를 내면서 모처럼 객수에 젖었던 적이 있다.

박 선생님은 일상생활에서도 믿음을 최고의 덕목으로 여기고, 우리더러 ‘믿을 수 있는 사람’이 되라고 하셨고, 스스로도 그 길을 가고자 노력했던 것으로 안다. 늘 고개를 바짝 들고 하늘을 우러르며 걷는 폼이 덜 성장한 아이 내지는 꿈꾸는 소년 같았다고 하면 무례가 될까. 그렇다고 곰살궂지도 않고 언제나 과묵하셨으므로 ‘가까이 하기에는 너무 먼 당신’이었다. 그리고는 우리더러 ‘의미학적 생활’을 하라고 당부하셨는데 구체적으로 어떤 것이 의미학인지, 어떻게 사는 것이 의미학적 생활인지 알 수 없었다. 그저 무슨 심오한 학문인가 보다 하고 막연히 이 선생이 보통 교사와는 어딘지 다른 철학적인 분이거니 여겼을 뿐이다.

박 선생님도 5반에 대해서는 “정의감 있고 이해력은 좋으나, 세련되지 않았다"라고 촌평해 주셨다. 하기야 세련되었더라면 어찌 우리가 촌놈이란 소리를 들었을 것인가.

1985년 해운대 글로리 콘도에서 거행된 졸업 20주년 홈커밍 행사 때, 선생님은 1학년 때 내 담임이기도 해서 나를 특히 기억하시고는 옆자리에 앉아 내 손을 시종 잡고 놓아주지 않았는데 손아귀에 꼭꼭 눌러오던 악력이 무척 외로운 느낌으로 받아져 마음이 아팠다. 가정적으로 무슨 문제가 없으신지, 무슨 대학에 나가신다고 한 것 같았는데 그 때의 의미학은 성취를 보셨는지 궁금했으나 여쭈어보지 못했다. 돈은 없고 학문의 길은 멀고 해는 짧고 뭐, 대충 이런 비빔밥 심정이 아니었을까…. 아무튼 내내 건강하시기 바란다.

올라운드 플레이어 돌배 송영각 선생님

부고 명물 돌배! 돌배 선생님을 모르면 부고 출신이라고 할 수 없을 정도로 유명한 선생님이셨는데 나는 아직도 그분의 주 전공이 무엇인지 잘 모른다. 마치 유행가 '호랑나비'와 '왕십리' 딱 두 곡을 부른 김흥국이 가수인지, MC인지, 축구 응원단장인지, 선거 운동원인지 잘 가늠이 안 가는 식이다. 돌배 선생님은 경성제대 예과 출신으로 서양사를 전공하였다고 하는데 독일어, 영어, 세계사 등을 두루 가르쳤다. 작달막한 키에 눈이 작고 행동은 다람쥐처럼 민첩하였다. 앞서 얘기한 박래일 선생님이 귀공자 스타일이라면 돌배 선생은 그 별명만큼이나 잡초적(?)이었다. 공부도 돌배 선생은 학생들을 초등학생 다루듯이 무조건적으로 외라고 강요하고 교탁에 회초리를 탁탁 때리면서 겁을 주었다. 발음도 무지막지한 일본식이었고 강의도 일방통행이었다.

교실에 들어오자마자 손가락을 쫙 벌려 분필을 네 손가락에 꽉 끼우고 손등으로 도배하듯 한 번에 흑판을 좌측 끝에서 우측 끝으로 긋는다. 그러면 울퉁불퉁한 4선보가 선명히 그려진다.

그 위에 대고 독일어 정관사 4격을 날아가는 기러기처럼 적어놓고는 무지막지한 일본식 발음으로 "데루 데수 땜 땐…띠이 데루 땐 띠이" 하고 일사천리로 읽어 나간다. 작은 눈을 반짝반짝 빛내며 열을 내는 모습은 가히 희화적이다.

돌배 선생은 바둑이나 낚시를 좋아하여 당시 유단자급 실력을 가지고 있던 박근보(부산화학 사장) 군을 불러 심심하면 숙직실에서 바둑을 두셨다. 삼매경에 빠지면 밤늦게까지 바둑을 두었다. 이 때문에 벌어진 일화 한 토막.

한번은 추상호 선생님의 생물시간에 선생님이 콩과 박테리아의 공생共生 관계를 설명하고 있는데 전날 돌배선생에게 붙들려 바둑 두느라 잠을 못 잔 박근보 군이 가물가물 졸자 호랑이 선생님은 당장 그를 일으켜 세워 방금 설명한 "콩과 박테리아의 관계가 무슨 관계냐?" 라고 물었다. 엉겁결에 일어난 박군은 "예, 밀~밀접한 관계입니다"라고 답하였다. 추 선생님은 후일 중앙여고 교장을 지내셨는데 덩치가 크고 워낙 무서워 아이들은 웃지도 못하고 킥킥대었다. 선생님이 기가 차서, "그래애?… 어떻게 밀~밀접한 관계냐?"고 추궁하자 아이들은 더 참지 못하고 웃음보를 터뜨렸다. 엉뚱한 답도 답이려니와 당시 '밀접한 관계'란 은어로 육체관계를 의미했기 때문에 영문을 모르는 선생님 표정이 더 우스웠던 것이다.

지금도 돌배 선생님은 서울 회현동에 있는 8회 동창회 사무실에 가끔 나오셔서 바둑도 두시고 낚시도 다니신다고 한다. 특히 찌를 잘 만들어 누가 부탁하면 일만 정성으로 이를 만들어 보내주신다고 한다. 옛 제자들에게 폐 끼치는 일은 조금도 아니 하신다고 하니 관심 있는 분은 한번 연락해 보기 바란다.

선생님들의 상투어

[2003년 1월]

혼자 달리는 천리마 강석우 선생님

수학(대수)을 가르치셨는데 작은 키, 말끔한 얼굴에 고개를 덜렁덜렁하시는 품이 조랑말처럼 보이다가도 말씨를 보면 천리마처럼 빨랐다. 5반을 좋아하면서도 겉으로는 늘 "이 반을 말할작시면, 수재, 둔재, 미남, 추남의 혼성부대로 재밌는 잡탕 맛이란 말이야. 모두 쓸모없는 사람들이란 말이지" 하고 격하시키길 좋아하셨다. 강의는 조목조목 차근차근 설명해 주시기보다 글 읽듯 줄줄 "~번은 무리식이니까 이항해서 제곱하면 되고, ~번은 인수분해 하여 치환법을 쓰면 나오고, ~번은 공식을 대입하면 답이 안 나올래야 안 나올 수 없습니다" 하며 이렇게 실력 없는 학생은 딴 데 가서 알아보라는 주마간산(?)식 강의였다. 월드컵 축구에서 이을용이 정확하게 패스를 해주고 안정환이 실수 없이 헤딩을 하면 골이 안 들어갈래야 안 들어갈 수 없다는 말과 무엇이 다른가.

그때는 우리 같이 순진한(?) 학생들이었으니 망정이지 요새 같으면 당장 인터넷 게시판에 올라 성토대상이 되셨을 게다.

우리 때는 우열반이 없었지만 정규과목을 끝낸 2학기부터는 학교 강의 수준이 돌변하였다. 강 선생님은 그 대표주자로서 학생들의 실력이 이미 일정 수준 이상이 된다는 전제 아래 입시교육을 천리마처럼 강행하신 것이다. 이제 와서 입시의 대경주에서 낙오하는 놈은 어쩔 수 없다는 식이었다. 공포의 대상이었던 훈육 선생님. 합기도가 몇 단이라고 들었지만 우리는 한 번도 그 진짜 실력을 보지는 못하였다. 아마도 실력보다는 공갈(?) 펀치가 더 세지 않았나 생각된다. 그 이글

이글 타는 눈빛은 보기만 해도 오금이 저렸다.

지옥의 사자 이덕주 선생님

이렇게 서슬이 시퍼렇던 선생님도 학년말이 되어서는 좋은 게 좋다는 식이 되어 별로 두렵지 않았고 선생님도 더 이상 우리를 괴롭히지(?) 않으셨다. 말년이란 이래서 좋은 것. 별난 아이들이 많았던 우리 5반에 대한 인상을 묻는 말에도 "Clever fellow들인데 무엇 그 이상 할 말이 있겠는가?" 하는 아부성(?) 발언을 서슴지 않으셨다. 재학 중 엄격한 교칙적용을 주장하셨으나 모두 사람 되라고 한 것 아니었겠는가. 이제는 그렇게 달게 '머라해' 줄 사람도 없으니 새삼 그때 그 시절 호랑이 선생님이 아쉽고 그리운 것이다.

맘씨 좋은 동네 아저씨 김영현 선생님

김 선생님은 체육 선생으로 우리 5반을 특히 좋아하여 부副담임을 자처하셨다. 실제로 담임 유수현 선생님과 부담임 계약(?)을 체결했다고 공표까지 하셨다. 키는 작고 다부지게 생기셨는데 면도를 하지 않고 늘 덥수룩한 채 다니셨다. 김 선생님은 다른 학교에 가셨더라면 대우받았을 텐데 명문 부산고에 와서 고생하신 분이다. 이놈의 학교는 체육은 뒷전이고 모두가 공부만 한다고 난리니 난감했을 것이다. 딴은 죽어라 공부만 하는 것을 나무랄 수도 없었으니 체력단련을 제일의로 삼고 있는 선생님의 속이 오죽 뒤집혔을까. 그래도 싫은 내색 않으시고 체육시간에 우리를 자유롭게 놀도록(?) 방임해 주셨다.

당시 김 선생님이 제일 곤혹스러워 한 것은 훈육부나 다른 빈 선생님이 학생을 나무랄 때였다고 한다. 좋은 일이 있을 때는 지나치다가도 혼낼 일이 있으면 꼭 부른다는 것이었다. 체육 선생을 무슨 체벌 선생쯤 아는 풍습(?)에 씁쓸할 때가 많다고 하셨다. 내가 알기로 선생님은 '술 먹고 돈 없고 집에 늦게 들어갈 때' 사모님에게 얻어맞을까 봐 겁을 낼 정도로 심약하셨던 분이었는데 말이다. 김 선생님은 우리에게는 선생님이라기보다 그저 푸근한 삼촌이나 형님 같은 분이셨다. 체육 선생답지 않게 우리나라 문화와 역사에 깊은 관심을 가지고 계셨고 우리더러 늘 역사의식을 가져야 한다고 하셨다.

졸업 즈음해서 "사회에 나가거든 이 소리 저 소리 다 치우고 무엇보다 돈을 많이 벌어라"고 하시던 말이 기억난다. 또, 후일 만날 때 "모른 체 하지 말고 꼭 스승에게 인사하는 사람이 되어주기 바란다"고도 하셨다. 얼마나 돈에 포원이 지고 정에 굶주렸으면 그랬을까! 뒤에는 야구부장까지 맡아 고생하신 것으로 안다. 언제나 마음씨 좋은 동네 아저씨 같았던 선생님!

한국의 찰리 채플린 노기석 선생님

2반 담임으로 1조의 영어 선생님이시다. 자신은 조금도 웃지 않으시면서 툭툭 내뱉는 촌철살인에 학생들은 배꼽을 잡았다. 만약 그때도 개그맨이라는 직업이 있었다면 단연 그 원조가 되었을 분이다. 2학기 때에야 우리 2조 그룹에도 출강 나오셔서 입시지도를 해 주셨는데 칠판에 학생들로 하여금 영작문을 하도록 시켜놓고 다 쓴 뒤에 교정해주는 방식으로 가르치셨다. 쓰윽 한 번 훑어보고 틀린 부분이 나타나면 그 글을 쓴 학생을 부른다.

"…이거 원작자 누고? 영어 참, 객지에서 고생한대이. 요고는…머시고 사무씽구something 다음에 캄마 탁 찍고, 휫치which로 쓰모 되겠네. 헤이! 고 다음 타자 나와 주시오!"

아무 감정 없는 사람처럼 혼잣말로 뇌까리며 곁들이는 액션 연기는 꼭 무성영화에 나오는 찰리 채플린이었다. 그 언행만큼 글씨 또한 희화적이어서 칠판에 쓰시는 영어 스펠링 필기체가 독특하였다.

예컨대, 'I'자 대문자는 보통 밑에서 위로 끌어올려 좌로 내려 뻗는데 선생님은 반대로 좌에서 우로 끌어올려 쓰거나 'x'자는 ⊃와 ⊂를 동시에 붙여 쓰셨다. 너희는 '바람 풍' 해도 나는 '바담 풍' 한다는 고집이라나 뭐라나.

진짜 사나이 박용성 선생님

박용성 선생님은 7반 담임으로 국사를 가르치셨다. 목소리가 카랑카랑하고 미남형이나 눈에는 늘 불똥이 튀었다. 수업시간 한 토막.

칠판에 팔을 걷어 지도를 큼지막하게 연해주에서 한반도, 발해만, 중국 동해안을 일필휘지로 그린 뒤 옛날 고구려 땅이던 만주벌에 한자로 쇠금金자를 쓰시는데 윗부분 '인人'자를 길게 꼬리를 늘여 써서 국경을 표시하고 그 밑에 조그맣게 나머지 글자(옥玉)를 쓰고 누루하치를 호출하신다. 또, 요하遼河를 한 일자로 길게 그은 후 "자, 징기스칸 나와요, 징기스칸! 미스터 징기스칸이 말을 타고 짠짠~ 아시아는 물론 유럽 대륙을 떨게 한 진짜 사나이. 짠짠~" 이 수업시간에 가장 열심히 필기를 하던 학생은 만화를 잘 그렸던 김영대 군이었는데 수업이 끝난 뒤에 보면 그의 노트에는 징기스칸은 하나도 안 보이고 당시 서부활극을 주름잡던 영화배우 존 웨인이 가득 그려져 있었다. '짠짠~'이라는 의성어가 가져다 준 상상력의 결과였다.

고독한 나르시스 백대인 선생님

4반 담임 백대인 선생님은 수학(기하) 담당이셨는데 그 성씨처럼 얼굴이 늘 백짓장처럼 하는데 어깨마저 기우뚱하여 체구가 기하학적으로 비대칭이었다. 눈빛은 60년대 저항시인 김수영을 연상케 할 정도로 빛났다. 목소리가 가늘어 조용조용 강의를 하면서 곧잘 혼잣말을 중얼거리셨다. 예컨대 "요고는… (한참 설명한 뒤) 고로 합동이다. 그래 되나? 와 그렇노?" 스스로 자신이 없어 되묻는 건지, 우리가 잘 이해하였을까 걱정되어 물어보시는 건지 그 초롱초롱 빛나던 눈빛만으로는 당최 알 수가 없었다.

전진부고 뭉치자 노력하자 돌파하자

제4부
사통팔달 청조인

- 달사모를 아시나요? [2004년 7월, 2004년 8월]
- 돌아온 올드밴드, The Cycles [2005년 1월]
- 욕지도 기행–돌아가는 배 [2005년 6월]
- 답산회의 산정무한과 산상수연 [2006년 3월, 2006년 12월]
- 반창회와 몽유학원도夢遊學園圖 [2006년 5월]
- 못 말리는 합동 회갑연 [2006년 8월]
- 몽골기행 [2006년 9월, 2006년 10월, 2006년 11월]
- 중산회와 구라의 미학 [2007년 2월]
- 크낙회의 웰빙 인생 [2007년 5월]

달사모를 아시나요?

[2004년 7월, 2004년 8월]

"땀으로 다진 동문우정 최고/ 부산고 18회 졸업생 20명/ 4월 동호회 발족 후 데뷔전"

2002년 10월 29일자 중앙일보 스포츠 면에 난 기사의 제목이다. '달리자, 사랑하자, 모이자'라는 캐치프레이즈를 내걸고 달리기를 사랑하는 사람들이 모여 만든 이색적인 모임이라고 대서특필(?)한 것이다. 이 모임은 2001년 4월 청계산 등산을 하던 18회 동기들 몇몇이 우연히 논의하여 발전한 것이다. 인생은 뭐니 뭐니 해도 건강이 최고 아니겠는가. 우리 나이에 가장 경제적이고 효과적인 운동은 '달리기'라는 데에 이의가 없는 친구들이 바로 실행에 옮긴 것이 오늘날까지 각광받는 소모임이 되었다. 처음에는 10명이던 회원이 이내 25명 수준으로 불었다. 한 달에 두 번씩 뛰는데 주 코스는 남산 순환도로이고 양재천변, 서울대공원, 의왕시 백운저수지, 일산 호수공원 등지에 원정을 가기도 한다.

뛰는 족발, 먹는 족발

1, 3주 토요일 오후 4시가 되면 남산기슭은 '달사모'의 건각들로 술렁인다. 쉽게 말해 살아있는 족발들의 집결 소리다. 남자 선수, 즉 '달사'들은 장충단공원 화장실에서 옷을 갈아입고 여자 선수, 즉 '달녀'들은 (달사의 부인들, 3학년 9반 여학생들) 입은 채로 달린다. 준비체조를 한 5분 정도 한 후 쾌적한 조깅코스 왕복 12km를 달린다. 도중에 나타나는 300계단과 오르막길, 내리막길은 훌륭한 무대장치다. 이 무

대에서 달사모는 각자 연기자가 되어 특유의 몸짓으로 오장육부를 흔들며 달린다. 어느새 이마에는 송글송글 구슬땀이 맺히고 가랑이는 저도 모르게 축축해진다.

"수영, 등산, 골프 등 안 해 본 운동이 없지만 조깅이야말로 운동효과가 탁월하다. 운동화만 있으면 어디에서나 할 수 있고, 체계적 기술이 없어도 누구나 할 수 있는 기가 막힌 운동이다."

이것은 김 광(피부과 의사) 회장이 누가 '달사모'에 대해 묻기만 하면 속사포로 쏟아내는 준비된 답변이다. 왜 달리는가? 산악인은 산이 있어 산에 오른다고 하지만 '달사모'는 길이 있어 달린다고 한다. 신분도 나이도 '계급장'도 다 떼고 자전거도 자가용도 다 버리고 오로지 자신의 두 족발로만 뛰는 이 홀가분한 기분은 달려 보지 않은 자는 모른다. 누구는 삶이 우울할 때 자갈치 시장에 간다고 하는데 복잡한 서울에 살면서 일부러 자갈치까지 갈 것 없이 이곳에 참가하기만 하면 기분전환이 된다. 2시간가량의 조깅 후 그야말로 '홀딱 벗고' 목욕을 하고 나면 시원한 맥주 한 잔이 기다리고 있다. 유산소운동, 특히 달리기를 하고 땀 뺀 후 마시는 맥주 한 잔은 이 세상 무엇과도 바꿀 수 없는 한계효용 극치의 술맛이 아닐 수 없다. 족발로 뛰어온 '달사달녀'들이 족발집에 둘러앉아 먹는 족발, 그 유명한 장충동의 원조족발을 쓱쓱 싹싹 '비묵는(베어 먹는)' 그 맛 또한 남 줄 수 없다.

이렇게 달리기에 짓이 난 '달사달녀'들은 '튀는' 행동도 마다하지 않는다. 한 번은 대전에 사는 동기생의 자녀 결혼식 때 회원들이 대거 대전에 내려가 갑천변에서 달리기를 마친 후 그 조깅복 차림 그대로 예식장에 단체입장을 하여 혼주와 하객들을 놀라게 한 적도 있다. 이 달사모에 한 번 참여했던 사람은 지방으로 이사를 가도 모임 날만 되면 "함께 달리고 싶다"는 이유만으로 불원천리하고 서울로 달려온다. 때로는 지방에 사는 친구들을 위해 단체 원정을 가기도 한다.

이렇게 웃고 즐기며 달리다가 달이 가고 해가 가면서 다리에 힘이 붙자 회원들은 '간뎅이'가 부어 유명 마라톤대회에 참가하려고 입질을 해댔다. 창단 후 두 번째로 겁 없이 참가한 2002년 4월 IT 단축마라톤 대회(10km)에는 달사모 회원 24명이 모두 참가했는데 놀랍게도 단 한 명의 낙오도 없이 100% 완주를 했다. 한 술 더 떠서 이들은 여의도 선착장에서 출발한 대회코스의 노폭이 좁아 한두 줄로 달리는 바람에 실력발휘(?)를 할 수 없어 다들 기록상 5분 정도 손해를 보았다고 투덜거리는 것이었다. 실제로 이들은 한 명을 제외하고는 전부 1시간 이내로 진입하였다. 특히 이 대회에는 하늘같은 남편들의 건강을 염려하는 열부파烈婦派 '달녀'들이 8명이나 함께 참가하여 이채를 띄었다.

마라톤 풀코스 완주기

달사모 회원들은 주로 단축마라톤이나 정규 대회의 하프코스(22.095km)에 참가하지만 개중에는 생명의 위험을 무릅쓰고(?) 풀코스에 도전한 친구들도 있다. 특히 손수천, 김도수(전 삼성중공업 전무) 등은 한 번에 1만 명 이상 뛰는 정규 마라톤대회에서 3시간 30분대의 기록으로 전체 20~30위의 성적을 내기도 하였다. 김도수는 청주마라톤(동양일보 주최)에서 50대 연령 군에서 3위 입상을 하여 메달과 기록증을 받는 등 기염을 토했다. 그가 겁 없이 저지른, 가슴 찡한 체험담을 들어보자.

그는 이 대회를 위해 트레이너도 없이 혼자 연간 계획을 세웠다. 유명한 인터넷 마라톤 사이트를 방문하여 정보를 얻는 한편 겨울에는 러닝머신으로, 봄부터는 달사모에서 매달 두 번씩 뛰는 외 개인적으로 평일 6km, 주말 10km~20km를 뛰고, 풀코스 대비용으로 32km도 한 번 뛰어두는 등 준비를 '단디' 하고 D-100일부터는 술을 끊었다. 다른 건 다 참겠는데 친구들과 어울릴 때 이 술을 못 먹는 것이 가장 고통스러웠다. 그럴 때면 그동안 사느라고 무지무지 고생만 시킨 자신의 하나밖에 없는 몸뚱어리를 생각하고 일 년에 한두 번쯤 신경 써서

이 '몸님'을 위해 봉사해 주어야 하지 않겠느냐고 '술 먹자'는 또 다른 자신을 달랬다고 한다. 대회는 마침 처갓집 근처의 청주에서 있었는데 그의 부인은 남편이 풀코스에 도전한다는 말을 듣고 처음에는 "당신, 죽으려고 그러느냐?"며 극구 말렸으나 남편의 철저한 준비운동과 준準 백수 된 처지에서도 꺾이지 않는 오기를 보고 걱정 반 기대 반으로 내조를 했다고 한다.

시합 날, 친지들의 응원을 받으며 출발선에 섰을 때는 전장에 출전하듯 감개가 무량하였다. 선배 체험자들의 말처럼 "절대로 오버페이스는 말아야지"라는 말만 되뇌며 스톱워치를 누른 후 자기 페이스대로만 달렸다. 호흡은 스스로 터득한 세 번 마시고 세 번 내쉬는 '삼세번' 호흡법을 견지했다. 1km에 5분의 페이스로 10km 지점까지 51분, 중간 중간에 거리표시와 음료수, 초코파이, 바나나, 오이 등 간식이 많아 '공짜로' 전부 이용하며 지나갔더니 반환점 이후에 nature-call로 톡톡히 임시 화장실에 세금(?)을 내었다고 한다. 덕택에 몸무게를 줄이는 바람에 그때까지 추월당하면서 달렸으나 이때부터 추월하면서 달렸다. 뛰면서 옆 사람과 대화도 하고 '달릴 때는 즐거운 마음으로!'라는 급조한 좌우명을 떠올리며 그간 자기 연습량에 대한 믿음, 내 뒤에는 '달사모'가 있고 골인지점에는 나의 반쪽이 기다리고 있다는 기대감 등이 '믹서'가 되어 뛰는 것이 별로 힘들지 않았다.

아닌 게 아니라 골인지점에 오니 그때까지 노심초사 기다리던 부인의 뛸 듯이 좋아하는 모습이 제일 먼저 눈에 들어왔다고 한다. "보나마나 기진맥진하여 꼴찌 대열에 근근이 기어들어 오겠지, 아니면 구급차에 실려 오든지… 그래도 좋으니 살아만 돌아오소" 하며 빌고 있던 부인이 웬걸, 남편이 남들보다 빠른 시간에 그것도 기가 펄펄 살아서 트랙으로 들어오고 있으니 이게 꿈인지 생신지 너무 좋아서 자기도 몰래 골인지점까지 자기의 자기 곁에 바짝 붙어서 죽을힘을 다하여 병주併走를 해 주더란다. 그래서 오히려 먼 길을 뛰어온 그가 마누라 숨넘어갈까 봐 '사~살' 뛰라고 만류했다고 한다. 30년 넘게 한 이불 덮고 살았지만 그렇게 죽자 사자 자기를 위해 뛰는 것은 처음 보았다나. 지극한 사랑은 늘 잠수해 있다가 어떤 계기를 만나면 이처럼 봇물처럼 터지는 것이던가. 잊고 있었던 아내의 뜨거운 사랑을 재확인하고 가슴이 뿌듯했다는 그는 완주기록도 3시간 37분으로 망외로 좋았고 무엇보다 좋았던 것은 그날 저녁 100일 동안 참았던 소주를 실컷 마신 것이란다. 100일을 동굴에서 견딘 곰이 드디어 사람으로 환생하는 순간이었다.

김도수는 그 후 중앙마라톤, 동아마라톤 풀코스에도 모두 참가하였고 그보다 더 기록이 좋은 손수천과 함께 보스톤 마라톤대회 참가 자격을 얻었다. 단축 마라톤을 포함하여 '달사모'는 부부들까지 가세하는 바람에 단체참가상을 받기도 했다. 참으로 기특하고 자랑스러운 소모임이 아니겠는가. 도처에서 부고인은 이렇게 멋있게 살고 있다.

작은 고추가 맵기는 맵다

고교를 졸업한 지 40년 가까운 사람들이 마라톤 풀코스를 뛴다는 것은 본인들은 어떤지 몰라도 보통 사람들이 보기에는 분명 비정상이라 하겠다. 그래서 친구들은 김도수, 손수천 군 등을 '사람'이 아닌 '동물' 대하듯 하는데 그런 말을 듣고도 정작 본인들은 "달리기가 좋아 뛰는 것일 뿐"이라는 데 할 말이 없다. 실제로 '달사모'에는 '동물'보다는 '사람'이 훨씬 많다. 이번에는 어디 '동물'들 말고 '사람'들의 '다말래기' 이바구를 해보겠다.

그 달사모 '사람' 중에 명물이 하나 있다. 그는 3년간 부산고를 삼랑진에서 기차 통학했는데 작은 고추가 맵다고 '못 하는 것 빼고' 못 하는 게 없는 만능인이다. 그가 바로 박순백(전 부산은행 지점장)인데 고교 때 나는 이미자의 '동백아가씨'를 그에게서 처음 배웠다. 그는 학교에 다닐 때도 키가 작았지만 지금도 그때 그 키 그대로여서 볼 때마다 마치 성장이 멈춘, 귄터 그라스의 「양철북」의 주인공 같은 느낌이 든다. 그러나 키가 작다고 얕보다간 큰코다친다.

3학년 5반 시절, 당시 반장이던 김장섭이는 그때도 키가 컸는데 같은 반원인 박순백이가 매사에 하도 '맵게' 구니까 한 번은 그에게 "콩알만한 기 자꾸 까불면 쥑이 뿔끼다" 하고 으름짱을 놓자, 순백이가 "그라모 콩알 맛 좀 봐라" 하고 장섭이의 사타구니를 파고들어 그의 급소를 꽉 잡고는 놓아주지 않았다. 장섭이가 그 우람한 덩치에도 불구하고 꼼짝 못 하고 질질 끌려가며 "아이쿠, 내 죽는다. 살카도가 살카도!" 하고 두 손으로 싹싹 빌었다. 그 후로 그 당당하던 반장 친구는 순백이만 보면 설설 기었다.

순백이는 늘그막에 서울로 이사를 와 각종 소모임에 적극적으로 참가하고 있는데 타고난 친화력에다 그 특유의 유머와 위트로 늘 주위 사람들을 즐겁게 해주고 있다. 부부 합동행사 때는 어디서 주워오는지 위태위태한 '와이당'으로 좌중 분위기를 확 풀어놓는다. 예컨대 군대 애인을 면회하러 간 여자 친구가 위병소에서 면회신청서를 쓰는데 '관계'난이 있는 걸 보고 '별 거를 다 묻는구나.' 하면서도 안 밝히면 면회가 안 되는 줄 알고 망설이다가 '장삼모사보칠'이라고 썼겠다. 위병이 보니 '누나, 동생'이라는 등 면회 당사자 간의 신분관계를 써야 할 난에 엉뚱한 글이 적혀 있어 얼떨떨하다가 곧 그 뜻을 알아차렸다. 그런데 '장삼모사'는 '장급여관 3회, 모텔 4회'인 줄 알겠는데 '보칠'은 암만 생각해도 알 수 없어 물었더니 여자 친구가 수줍은 듯이 '보리밭에서'라고 대답했다나, 어쨌다나.

순순순순순~백이는 그의 호號가 '기백'인데 덥산회(18회 등산모임) 산행 중에 내가 "하고 많은 호 중에 본명과 같은 글자가 들어간 호는 처음 봤다. '기백'이는 '순백'이와 어떤 관계냐?" 하고 물었더니 그는 슬쩍 대답을 옆에 있는 친구에게 미루었다. 그 친구 왈, 18회 동기 산악회원 중 이태기가 제일 크고 순백이가 제일 작으니 각각 '기'자와

'백'자를 따서 '기백'이라 하면 우리 회원들을 망라하는 뜻에서 지은 것이라 한다. 손자들 보는 줄도 모르고, 늙어가면서도 '쬐그만' 것이 인생 말년에 끝까지 '되퉁스럽기'가 이러하다.

나이 들어 무병無病, 안 아픈 게 '장땡'이라는 평범한 모토 아래 순백이는 부부간에 그것만 함께 하지 말고 건강관리 운동도 함께 즐겨야 한다고 떠든다. 부창부수라고 그 부인 김종숙 여사는 그보다 키가 큰데 등산, 고스톱, 노래방 등 남편이 하는 일은 따라서 못 하는 게 없고 안톤 체홉의 단편소설 『귀여운 여인』의 주인공처럼 무슨 일이든 남편을 내조하지 않으면 살아 있는 의의가 없는 줄로 아는 '전근대적(?)' 아낙이다. 그래서 남편이 열심인 달사모에도 참여하여 '달녀'의 하나가 되었다. '달녀'들은 횟수를 거듭하여 만날수록 우정이 깊어져서 구수한 된장 맛까지 우러난다고 한다. 그런데 이 '달녀'는 단축마라톤대회를 두 번 완주하고 나더니 "마라톤, 이기 별거 아이라"며 동기 부인들의 참여를 권유하다가 오십대의 복병 골다공증을 무시하고 겁도 없이 너무 '설치는' 바람에 얼마 전부터 관절을 다쳐 지금은 요양 중이라고 한다. 여기서 우리 달사모 부부 21명이 참가한 중앙일보 서울국제마라톤대회의 단축코스(10km) 실황중계를 해볼까 한다.

2003년 11월 2일 새벽 6시 잠실 종합운동장은 참가선수 2만여 명에 대회 진행자, 자원봉사자, 가족 등 수만 명이 붐벼 축제마당이 되어 있었다. 말이 수만 명이지 직접 그 인파 속의 한 점이 되어 보면 그 규모에 놀라고 내뿜는 열기 속에 자신의 숨구멍이 어디 있는지조차 찾기 어렵다. '달사모' 선수들은 한데 모여 우르르 출발선으로 향했으나 워낙 혼잡한 행렬이라 어느 새 뿔뿔이 흩어지고 부부조도 흩어졌다. 1·4후퇴 때 부모형제들이 왜 헤어졌는지 이유를 알만 했다. 오, 사, 삼, 이, 일, 펑! 시작 신호가 울렸다. 아스팔트를 달리는 발자국소리만 사각사각 들린다. 머릿속에는 까까머리 고교 시절, 운동장을 몇 바퀴씩 돌면서 기합 받던 일, 당구장에서 도망치던 일, 데모하며 달려던 일 등이 주마등처럼 스친다. 계속 달리니 온몸에서 땀이 비 오듯 한다. 양팔로 닦아내도 소용없다. 5km 반환점을 돌아 식수대의 페트 물병을 낚아채며 먹고 남은 물은 머리 위에 뒤집어쓴다.

그때 연분홍 모자가 눈앞에 아른거린다. 어디서 많이 본 것 같다. 아니나 다를까 이원태(전 동국무역 전무)였다. 이원태를 보는 순간 순백이는 정신이 번쩍 들었다.

"아뿔사, 이거 야단났다. 다시는 자기 뒤를 따라오지 말라캤는데 돌아갈 수도 없고 이걸 우짜노?"

그 낭패의 사연을 순백이로부터 직접 들어보자.

"지난번 한강 마라톤 때 일이다. 그때는 왜소한 나와 건장한 원태가 나란히 달렸다. 초반에는 보폭이 짧은 뱁새가 긴 황새를 따라갈 수 없어 뒤쳐져 달리다가 반환점 5km에서 겨우 원태를 만나 그의 뒤통수만 보고 달렸다. 나는 원태를 페이스메이커로 삼아서 달렸다. 달리다가 슬며시 장난기가 동하여 막판에 그를 따돌리려 작정하고 힘을 비축하고 달렸다. 원태는 내 꿍꿍이속도 모른 채, 가끔 뒤돌아보았다. 나는 묵묵히 뛰기만 했다. 드디어 피니시 라인을 10m 정도 남겨두고 나는 막판 스퍼트를 내면서 '원태야, 사랑해. 내 먼저 간다.'라는 말을 남기고 앞질러버렸다. 뱁새가 황새를 이긴 것이다."

순백이는 원태를 방심하게 해놓고 암암리에 힘을 비축하였다가 골인 직전에 그를 '따라마셔' 버렸으니 원태가 얼마나 약이 올랐겠는가. 뱁새한테 진 황새는 말도 못하고 속앓이를 하고 있는데 그날 뒤풀이에서 순백이가 그 전말을 고백(?)해 버리자 좌중은 박장대소하였다. 원태는 그런 순백이를 향해 심각하게 "다음부터는 절대로 내 뒤를 따라오지 마라" 하고 그 큰 눈을 부라리며 엄중 경고를 주었던 것이다. 그래서 오늘은 내내 그를 피해서 달린다고 달린 것인데 운수 사납게(?) 또 그를 만난 것이다.

뱁새와 황새, 1초 차이의 우정

옛말에(?) 스승을 따르자니 사랑이 울고 사랑을 따르자니 스승이 운다더니 이 무슨 기구한 운명의 장난이란 말인가. 지난번에야 웃고 넘어갔지만 한 번만 더 그의 '눈에 띄는' 날에는 어떤 불상사가 일어날지 몰라 순백이는 조심할 수밖에 없었다.

그래서 원태 뒤에서 (절대로 앞으로 나가지 않고) 페이스를 조절하며 천천히(?) 달리자니 더욱 죽을 맛이었다. 그래도 꾹 참고 순백이는 원태보다 딱 1초 늦게 골인하였다고 한다. 이는 우정을 위해 사랑을 버린 뱁새의 눈물겨운 기록이다. 그래도 이 기록은 종전 자기 기록을 3분이나 단축시킨 53분이었다고 한다.

이날 해프닝의 압권은 10km 단축대회에 참가해놓고 42km 풀코스를 달린 친구들이었다. 대회운영상 풀코스 선수는 9시에 출발하고 10km 선수는 15분 후에 출발하는데 이들은 대기선 앞쪽 지점에서 서성거리다가 그만 밀물처럼 밀려오는 풀코스 인파에 휩쓸려 함께 달려버린 것이었다. 처음엔 멋모르고 인해人海 속을 달리다가 기도가도 반환점이 없자 잘못을 깨닫고 10km 지점에서 택시를 타고 되돌아왔다. 그런데 '달녀'들도 완주를 끝낸 시점에서 자체 인원점검을 해 보니 딱 한 명이 안 왔다. 목욕과 뒤풀이 때문에 더 이상 기다릴 수 없어 철수를 하였는데 기가 막힌 것은 지하철 플랫폼에서 그 미아, 천부권이를 만났다는 것이다. 6 · 25 전쟁 통에 헤어진 가족이 영도다리 밑에서 기적적으로 만난 격이다.

그런데 더욱 기가 막힌 것은 그 미아가 들려준 이야기였다. 그도 풀코스를 단축코스인 줄 알고 뛰다가 작년에 보던 산천경개가 아님을 알고 후닥닥 택시를 잡았는데 타고 보니 복장이 팬티 바람이라 지갑이 있을 리 없었다. 마침 평소 팬티에 마누라 몰래 꼬불쳐둔 비상금이 생각나 뒤져보니 딱 5천 원이 있더란다. 그러나 10km 요금이 이 돈으로 되겠는가. 미터기는 돌아가고 돈은 모자라고 할 수없이 택시기사에게 자기가 오늘 마라톤에서 '또라이'가 된 사정과 가진 게 단돈 5천 원뿐임을 실토하자, 택시기사가 "요새는 멀쩡한 사람도 '또라이'가 되는 세상이지요." 하고 흔쾌히 미터기를 꺾고 초과요금을 받지 않고 데려다주더라는 것이었다. 욕인지 격련지 모르겠지만 과연 그 선수에 그 기사였다. 이 정도라면 아직 우리 사회는 희망이 있다 할 것인가.

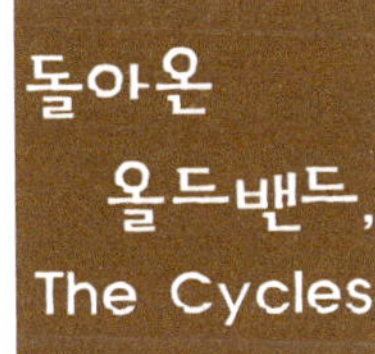

[2005년 1월]

2004년도 마지막 일요일, 생맥주와 The Cycles(노성태, 이정태, 변창혁)의 Vocal이 어우러지는 낭만의 분위기로 친구를 초대합니다. 육순을 눈앞에 두고 추억을 되새기며 신화를 만들겠다는 수구골통분자들의 용기가 가상하여 자리를 마련하오니…FEMC 올림

이 괴상한 초대장을 행사일자 4일 전에 팩스로 받고 나는 황당했다. 부고장도 아닌데 다급하게 팩스로 초대한 점이나 거명된 출연자의 진위 여부와 호스트 'FEMC'의 정체 등 온통 의혹 덩어리였다. 뒤에 들으니 어떤 친구는 못 참고 이 'FEMC'의 뜻을 주최 측에 물어보고 하도 우스워 잠을 못 잤다고 한다. 풀어쓰면 '패밀리 엔터테인먼트 매니지먼트 코포레이션'. 언뜻 보면 무슨 유명 프로덕션 이름 같으나 실은 이번 행사를 위해 급조한 유령단체일 뿐이다. 좌우지간 이 별난 초대장을 받고 그 추운 날씨에도 불구하고 가락동 패밀리아파트 인근지하 카페 '올드팝'에 꾸역꾸역 모여든 동기생은 자그마치 50명이 넘었다.

반쯤은 부부동반이었는데 반나절 전세를 낸 카페는 금세 '만땅'으로 채워졌다. 이곳은 수서 지역에 사는 18회 동기들의 아지트로 나도 언젠가 밤에 한 번 왔던 곳이다. 그때는 이집 주인이 생음악을 들려주었는데 오늘은 우리 18회의 이정태(전 대우통신 사장), 노성태(명지대 학장), 변창혁(전 코오롱 섬유 전무) 3인조가 Guitar 병창竝唱을 들려준다는 것이다.

되게 웃기는 아저씨들

몇 달 전에 이들이 연주용 장비를 450만 원어치나 사고 무대 연주를 준비한다는 말을 듣고 나는 믿지 않았다. 아니 믿을 수가 없었다. 이들 셋은 부산고 재학시절에 음악반원도 아닌, 공부밖에 모르던 '쪼아링파'로서 내가 아는 정태는 파리, 아프리카 등 해외생활을 오래한 귀환동포요, 성태는 각종 일간지에 필봉을 휘두르는 근엄한 경제학자, 창혁이는 회사밖에 모르던 샐러리맨으로서 취미라곤 바둑밖에 없는 줄 알고 있는데 이들이 어느 세월에 음악을 했다는 말인가.

갑년甲年을 맞는 나이에 남이 하는 음악을 듣는다면 모를까 자신들이 직접 연주를 한다는 것은 가당치도 않은 일이다. 내 옆에 앉았던 정영일(변호사)의 한 마디.

"야, 우리 딸이 내가 여기 간다니까 '그 아저씨들 되게 웃긴다'고 하더라."

암, 그렇게 말해야 정상이지, 지금이 아무리 과거사를 들추는 시대라고 하지만 나이가 몇인데 아직도 '못 잊어 청춘'인가 말이다.

생맥주를 곁들인 점심을 먹자니까 무대 왼쪽에 빨간 티셔츠에 빵모자를 눌러쓴 퍼스트 기타리스트 이정태가 나오고, 오른쪽에 감색 콤비에 노타이 차림의 리듬기타 변창혁, 중앙에 정장한 베이스기타 노성태가 들어선다. 기타를 둘러맨 모습이 보기에는 제법 '딴따라' 냄새가 났다. 이들의 공통점을 대라면 자기들 키만한 기타를 둘러메고 있다는 점, 약간씩 상기되어 있다는 점, 그리고 모두 안경을 쓰고 있다는 점이었다.

박태원(연합해운 사장) 동기회장이 나와 "나이 값도 못 한다"고 축사 아닌 빈축사嚬蹙辭(?)로 분위기를 잡자 즉석 사회자 이성환(전 LG건설 전무)의 쉰 목소리가 장내를 갈랐다.

"나는 씰 데 없는 소리는 치아뿌고 딱 두 마디만 하겠심다. 3학년 1반에서 8반까지 학생들은 담배 피우면 안 되고, 3학년 9반 학생(=부인들)들은 공연 도중 제발 빤쓰 벗어 던지지 마이소!"

터지는 장내의 박수소리에 이어 드디어 공연 개시.

"당다라당당, 둥당둥당, 당당당 당다다다다당 딩당딩당 다디다당 당다라라라라라라…"

와르르 쏟아지는 철사소리는 순식간에 먼 기억의 뒤통수를 때린다. 1960년대 유행하던 'Pipe Line'이라는 기타 곡 밴드플레이다. 하, 저런 곡이 있었지, 그때는 트위스트가 최고로 문란한(?) 음악이었지. 이 곡에 광란하던 우리의 젊은 시절은 어디로 갔느냐! 옆에서 춤이라면 한몫 했던 양홍준(LG생명 사장)이 어깨를 들썩인다. 둘러보니 모두들 감개 어린 듯 애매한 웃음 짓을 해댄다. 이어서 비틀즈의 'Let it be' 반주에 세 친구의 노래가 얹힌다.

> I bless the day I found you/ I want to stay around you/ And so I beg you, let it be me/ Don't take this heaven from one/ If you must cling to someone/ Now and forever, let it be me

꿈꾸듯 감미로운 목소리가 장내의 숨소리를 멎게 했다. 음악은 묘한 것이다. 사느라 말라버린 우리 정서 어디에 남아 있었는지 그때 그 시절 우리들의 고교와 대학 때 추억들이 음률을 타고 향수처럼 쏟아진다. 지그시 눈을 감으며 구도求道하듯 노래 부르는 세 친구의 모습에서 우리는 친구들의 또 다른 면목을 볼 수 있었다.

「더 사이클즈」의 화려한 복귀

노래는 계속 이어졌다. 다 기억할 수 없지만 'Cotten fields', 'Visions', 롤링스톤의 'As Tears go by', 엘비스 프레슬리의 'Can't help falling in love', 'Crying in the rain', 비틀즈의 'Yesterday', 프랭크 시나트라의 'My Way', 'White Christmas', 'The Young Ones' 등이 우리를 끝없는 추억의 나라로 인도하였다. 우리 가요도 불렀는데 작은 새(어니언스), 하얀 손수건, 편지, 맨 처음 고백, 그건 너, 밤에 떠난 여인, 잊혀진 계절, 옛사랑….

대부분 트리오로 이어졌지만 가끔 솔로도 있었다. 시종 전체 음악을 이끌어 가는 쪽은 성태였고 목소리가 감미롭기는 창혁이가 으뜸이었으나, 관객의 박수는 정태가 가장 많이 받았다. 정태가 '내 사랑 내 곁에', '사랑 사랑 누가 말했나'(남궁옥분)를 부를 때, 장내에서 오빠! 소리가 연발했다. 정태는 침중한 음색임에도 속 감정을 잘 살려 고음부에서 내성처리가 뛰어났다. 고교 시절 청순하기까지 했던 그 음성이 저렇게 변색되도록 그가 맞은 세월은 굴곡이 많았나 보다.

전기기타의 연주는 쇳소리가 들릴 정도로 거친 면도 있었으나 음정 박자는 정확했고, 가창에서 가사 전달이 불분명했던 것은 아무래도 마이크 성능 탓이 컸다고 본다. 앞으로 좀 더 연습하고 중간 중간 위트 있는 멘트도 넣고 하면 어디 가서 평년작은 할 것 같은 생각이 들었다. 인터미션까지 넣어 두 시간 여에 걸친 연주는 첫 무대치고는 성공적이었다.

끝난 후 선 자리에서 한 연주자들의 소감을 듣고 오늘 이 작은 공연도 쉽게 이루어진 것이 아님을 알았다. 사실 이들은 37년 전 대학재학 때 기타를 좋아하여 보컬 「사이클즈」(=안경잽이들)라는 이름으로 서울여대, 수도사대, 동덕여대 축제 등에 불려가 소리 소문 없이 연주활동을 하였다고 한다. 대학을 나온 후 기타를 놓고 살다가 근자에 와서 그때 그 시절이 그리워 녹슨 기타 줄을 다시 잡아보자는 누군가의 즉

흥적인 제의로 덜커덕 전기기타, 앰프 등 장비를 거금을 주고 사버렸다고 한다. 정태는 친구 따라 강남 간다고 얼결에 기타를 구입하긴 했으나 구입 직후 단 한 번 만져보고는 손도 굳고 마음도 굳어 그냥 구석에 처박아 두었는데 최근 이 사실을 알게 된 이성환이 자진하여 "그 비싼 기타를 썩히면 죄 받는다"고 하면서 공연 주선을 하겠노라고 나서는 바람에 할 수 없이 반 강제로 오늘의 연주까지 이르게 되었다고 한다. 연습은 노성태가 악장 노릇을 하며 두 단원을 개 끌듯이(?) 끌고 다니며 혹사를 시켰고, 노성태의 부인은 리허설까지 해가며 코치를 했고 다른 부인들은 출연자의 의상 코디와 얼굴 화장까지 해주었다고 한다. 부고인들의 부창부수夫唱婦隨 컨셉은 이렇게 육체적이다.

오늘의 매치메이커 이성환이는 다혈질에 시시비비가 분명하여 모든 일에 가부간 결정이 빠르다. 남들은 이를 두고 '밴댕이 속'이라고 하나 자신은 '밴댕이 철학'을 내세운다. 그 밴댕이 미늘에 한번 걸리면 어떤 월척도 꼼짝 못한다. 요 밴댕이는 어떤 불의에도 타협치 않으며 옳다고 믿는 일은 하늘이 두 쪽 나도 하고야 마는 수의守義 골통이다. 그에게 걸렸으니 이 3인방이 어쩌랴. 성환이는 그들의 승낙을 기다릴 것도 없이 만나는 친구들마다 소문을 내버렸다. 당장 주관 기획사로 'FEMC'를 만들고 회비까지 정하여 부부동반 2만 원이라고 싸게 공표해 버렸다. 뒤에 비용이 올라갈 듯하자 추가비용은 패밀리 아파트에 거주하는 만만한 동기생 박우진(봉성수산 대표), 배유일(세무사) 등에게 눈을 부라리고 셋이 무조건 '분빠이'라고 외쳐 오금을 박아놓고는 3인조에게는 모든 준비가 완료되었으니 무조건 연습에 돌입할 것을 강박(?)하였다. 3인조는 마지막 1주일 전까지도 결심을 못 하다가 막상 공연장 계약과 초대장이 발송되자 부랴부랴 연습에 돌입, 하루 두 시간씩 총 나흘 연습하고 무대에 선 것이라 한다.

이것이 이 글 모두冒頭의 초대장 3대 의혹의 전모다. 그러나 저러나 나흘 연습에 이 정도면 이들 '돌아온 장고'의 후폭풍이 기대된다. 뭐,

꼭 프로처럼 잘해서 좋은가. 오늘 이 올드보이들이 돋보이는 것은 연주 실력 때문이 아니라 초대장 내용대로 그 나이에 '하겠다'는 그 용기가 가상해서다. 그런데 이들보다 더 가상한 것은 이 조그만 돌출행위에 그 많은 동기들이 두 말 없이 모여 축하해주고 함께 즐겼다는 사실이다. 나이 들수록 외로운 법, 친구 일이 내 일이고 내 일이 친구 일일러니, 우리 소중한 친구들 살날까지 함께 잘 살다 가야하지 않겠는가.

욕지도 기행-돌아가는 배

[2005년 6월]

나는 돌아가리. 내 떠나온 곳으로 돌아가리/ 늙어 구명보트에 구조되어 남몰래 닿더라도/ 빈 배에 내 생애 그림자를 달빛처럼 싣고 가리

김성우(6회)의 명 에세이집 『돌아가는 배』의 한 부분을 시조가락에 얹어본 것이다. 이니스프리 섬으로 돌아가리라던 예이츠의 시를 연상케 하는 이 구절은 그대로 멋진 한 편의 시다. 내가 볼 때 『돌아가는 배』는 350여 페이지의 책 전체가 하나의 시다. 시되 리듬과 가락이 있는 시조다. 그는 문장가이기 이전에 시인이다. 비록 '명예'라는 수식어가 붙어 있지만 그것은 시를 안 쓰기 때문이지 못 써서가 아니다. 그가 어떻게 시 한 편 안 쓰고도 시인이 될 수 있었을까. 나는 그 비밀을 이번 욕지도欲知島 기행에서 캐내기로 했다.

늙은 소년의 귀향

지난 5월 21일 서울서 버스로, 배로 장장 8시간에 걸쳐 욕지도에 닿았다. 항구에서 고개 하나 돌아드니 바로 '김성우 문학관'이라 할 '돌

아가는 배'가 산 중턱에 정박해 있었다. 무언가를 이루려 이 섬을 떠나 세상을 항해하다가 이제 선수船首를 돌려 출항했던 그 고향언덕에 귀항한 것이다. 모천으로 회귀하여 산란을 끝낸 연어처럼 이 배는 더 이상 항해하지 않는다. 더 이상 파고波高에 흔들릴 일도 없다. 무사귀환의 평화만이 숨 쉬는 순수의 공간, 김성우의 인간드라마가 대단원을 찍는 곳이다. 갑판 격인 이층 옥상에 서니 욕지도 앞바다가 한눈에 들어오고 눈앞에 또 다른 섬이 안산案山처럼 앉아 있다. 바다는 강물처럼 띠를 두르고 있고 그 사이로 배들이 지나간다. 누군가 잘 그린 풍경화다. 이대로 가만히 서 있으면 그냥 시간이 정지해 버릴 것 같다. 세상에 분주할 것도 남과 시비할 일도 없어질 것 같다.

초정 김상옥 선생의 글씨 '돌아가는 배'의 현판이 달린 현관에 들어서니 소강당 같은 공간과 그 앞에 작은 무대가 있고 벽면에는 각종 공연 프로그램들이 잔뜩 놓여 있었다. 이 프로그램들을 보기 위하여 그는 섬을 떠났다고 했다. 옆 회랑에는 평생에 그가 만난 문화예술인들인 김기창, 이해랑, 박경리, 서정주, 손목인, 손 숙, 김지미, 이미자, 백건우, 윤정희, 김혜자 등과 함께 한 사진과 세계의 석학들인 철학자 장폴 사르트르, 화가 프랑스와 사강, 극작가 이오네스크, 여류작가 시몬느 보봐르, 인류학자 클로드 레버 스트로스, 시인 르네 샤르, 비평가 롤랑 바르트, 연극배우 장루이 바로, 영화배우 장 마레 등과 함께 찍은 사진들이 그의 말대로 무슨 '월석月石'처럼 걸려 있었다.

5시 에스파냐 민요 '고향생각'을 연주하는 트럼펫에 맞춰 김성우의 귀항 호, 돌아가는 배에 깃발이 올라가면서 귀항제가 시작되었다. 유사효(19회)의 사회로 김남조 시인이 제일 먼저 나와 "인생이란 한 편의 책을 읽는 것과 같아서 다음 장에 어떤 글이 적혀 있을지 펼치기 전에는 모른다"며 김성우는 "이 시대의 공인으로서 오늘 그가 세계를 편력하며 평생 걸려 만든 1등 선실에 우리를 초대해 주어 감사하다"고 말하고 자작시 '진검眞劍'을 낭송했다. 이어 김종원, 허영자, 이근배,

이수익, 김소엽, 서우승 등 유명 시인들이 애송시 내지 자작시를 육성으로 낭송하여 분위기가 고조되었다. 진의장 통영시장은 축사에서 이 자리에 김수남(9회) 선배가 없는 것을 아쉬워했다. 김수남은 진정으로 시를 사랑한 우리나라 최초의 시낭송가로 생전에 두 사람은 서로 우리 시 300편 이상 외기 시합을 벌여 우열을 가리지 못했다고 한다.

이어 송 복(9회) 교수가 나와 simple sentence의 대가 헤밍웨이를 뺨치는 김성우의 『돌아가는 배』는 "'문장의 전범典範'으로서 글의 편치력이 무언지 일깨워주는 명저"라고 운을 떼면서 김성우의 만 마디 말은 마침 벽에 걸린 술원 이윤정의 글씨로 된 액자에 적힌 대로 "빈 배에 내 생애의 그림자를 달빛처럼 싣고 돌아가리라"는 말 한 마디로 요약된다고 했다. 고향이란 결국 돌아오면 아무 것도 남아 있지 않은, 다만 어려서 부르던 노래만 남아 있는 곳이라 정의한다. 송 교수의 숏 스피치는 과연 명불허전의 명강名講이었다. 명저名著를 명강으로 들은 나는 뒤에 "선배님은 신문에 칼럼만 잘 쓰시는 줄 알았는데 스피치도 잘 하십니다" 하였더니 "이 사람아, 내가 그걸로 30년을 먹고 산 사람일세"라고 한다. 이거야말로 우문현답이었다.

뒤이어 허문도(10회) 전 장관이 등단, 김성우야말로 시대의 멋쟁이라고 하며 미당의 '바다'라는 시를 낭송했다. 그는 자기가 이 자리에서 시낭송을 하게 될 줄 몰랐는데 마침 가져온 시집이 있어 낭송한다고 했다. 여행길에 시집을 들고 다니는 것을 보면 그가 마냥 이성理性만 내세우는 깐깐한 논객만은 아닌 것 같다.

시낭송이 끝나자 가수 이동원이 나와 직접 기타를 치며 '향수'를 불렀다. 그 전에 김성우 작사 이동원 작곡의 '수국의 노래'도 불렀는데 이런 노래가 어찌 초야에(?) 소리 소문 없이 묻혀 있었나 싶었다. 고향을 주제로 한 시낭송, 무용, 첼로와 기타의 독주 등이 계속 이어져 좁은 무대를 더욱 좁게 했다. 그 중에 압권은 연극배우 김성옥이 '돌아가는 배'의 문장을 따서 엮은 모노드라마였다. 장장 10여 분 간에 걸쳐 홍수처럼 쏟아지는 대사를 한 마디도 막히지 않고 표정과 음성의 높낮이로 감정을 조절해가며 읊어대었다. 저녁 술자리에서 내가 "어떻게 그 나이에 그 긴 문장을 다 외느냐?"고 물었더니 300번 읽고 300번 소리 내어, 외고 또 외워 자기 것으로 소화하면 그 다음부터는 말이 말의 꼬리를 물고 뇌리에서 쏟아져 내린다고 했다.

이 얼마나 놀라운 일인가. 한때 명배우였던 자가 공식무대에서 사라진 후 이런 비공식무대에서는 적당히 해도 될 법한데 6백 번을 외워 완벽하게 소화한 다음 무대에 선다는 사실에 나는 가벼운 충격을 받았다. 맹수가 먹잇감을 쫓을 때 적당히 함이 없듯 세상에 무슨 일이든 최선을 다하지 않고 이룰 수 있는 일이 없음을 또 한 번 실감하였다.

마지막으로 오늘 행사의 제작, 연출, 주연인 김성우가 등장하였다. 행사 내내 자리에 앉지도 않고 뒷줄 어딘가 숨어서 남의 잔치 보듯 하다가 끝인사 차 나온 것인데 그 행색(?)이 꼭 끌려나온 송아지 인상이다. 지금 이 공간이 바로 그가 뛰놀던 유년의 뜰이요, 눈만 들면 바로 그가 태어난 곳이 보인다고 한다. 이제 긴 여정에서 돌아왔다는 것을 실감한다면서 늘 시詩에서 도망가려는 자신을 끌어당겨 준 시인과 지인知人들의 이번 귀항제 특별승선에 감사를 표하였다. 오늘 저 깃대에 깃발을 올린 것은 자신의 깃발이기도 하지만 그것은 고향 잃은 사람들, 고향 떠난 사람들에게 고향을 찾아가게 하고, 돌아가지 못하는 사람들에게 희망을 주기 위한 염원을 함께 실은 것이라고 하였다.

귀항의 두 얼굴

어느 새 켜진 외등이 더욱 빛을 발할 때 동잉오광내의 어깨춤과 사물놀이패를 따라 승객들은 마당으로 나와 달빛 아래 지신밟기에 들어갔다. 깨갱깨갱 깽깽깽… 울려 퍼지는 꽹과리소리, 둥둥둥 북소리에 욕지도의 지축이 흔들렸다. 떡과 술을 나눠먹고 함께 원을 그리며 춤을 추고 손뼉을 쳤다. 밤 8시가 넘어 우리는 인근 '늘 푸른 횟집'으로 옮겼다. 옮기는 도중 갑자기 섬 저편에서 천지를 진동하는 폭음소리가 들렸다. 마침 허삼수(10회) 선배가 곁에 있는 줄도 모르고 내가 "요새 TV 드라마에서 12 · 12사태가 나오더니 여기까지 쳐들어왔나?" 하자 허 선배는 "허허, 여기는 욕지도야, 욕지도!"라고 딴전을 피웠다. 이 난데없는 욕지도 사태는 섬 축제의 일환으로 터뜨리는 불꽃놀이 폭죽 소리였다. 하기사 오늘이 무슨 날이던가. 이 시대의 자유인, 세계 속의 지성인인 김성우가 입도入島하는 날인데 경천동지할 폭죽 좀 터뜨린들 어떠리.

이튿날 깎아지른 절벽을 끼고 해안을 일주했다. 덕동을 지나 흰작살마을, 삼여마을로 가면서 바라본 앞바다 경관은 숨을 멎게 했다. 짙푸른 바다에 징검다리처럼 놓인 크고 작은 섬들은 마치 해룡이 물속으로 마악 잠수하는 광경 같았다. 내 옆자리에 앉은 박성훈(16회) 회장도 시종 그냥 앉아있지 못하고 들썩였다. 얼마 전 통영에 온 프랑스 소르본느 대의 피터 교수가 이를 보고 그 경관이 '원더풀'로는 모자라고 '원, 원, 원더풀'이라고 격찬하였다는 곳이다. 나는 미국에서 아름답기로 소문난 서부해안의 '세븐틴마일'에도 가봤으나 이 일주도로에 비하면 아무 것도 아닌 것 같았다. 참으로 우리나라는 금수강산이라더니 그것은 육지뿐만 아니라 바다에도 그대로 통하는 말 같다. 국토의 막내 욕지도, 이 척박한 땅에 와서 씨 뿌리고 고기 잡으며 자식을 낳고 살아가는 필부필부匹夫匹婦가 참으로 위대한 애국자라는 생각이 들었다. 그들이 아니면 누가 이 섬을 지켜왔겠으며 앞으로 또 지켜주랴.

12시에 우리가 욕지도를 떠날 때 부두에서 언제까지 손을 흔들어주던 저 '김성우 호號'가 과연 저 곳에 정박할 수 있을까 생각해 보았다. 김성우는 고희古稀의 나이에 동화를 실현한 사람이다. 그런데 잘 보면 실현한 사람은 고희의 김성우가 아니라 십대의 소년 김성우다. 우리는 그 소년이 집필하고 가설한 동화의 나라에 잠시 다녀온 것이다. 그는 늘 고향 앞에서는 소년이었다. 그 소년은 70 평생 고향을 잊지 못

하고 고향에 돌아가 깃발을 달고 싶어 했다. 그리고 오늘 그것을 드디어 해냈다. 이것은 소년의 승리다. 그리고 그것으로 그는 할 일을 다 했다. 늙은 소년은 오늘 귀항歸港하고 귀향歸鄕했지만 현실의 김성우는 다르다. 동화 속의 소년 아닌 현실의 김성우는 아직 귀항할 수 없다. 아니 아직 귀항해서는 안 된다. 그래서 나는 그를 서울 한복판에서 다시 볼 수 있기를 기대한다.

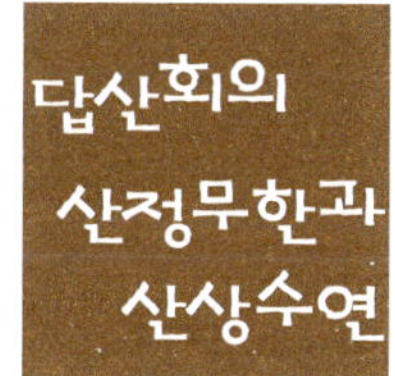

[2006년 3월, 2006년 12월]

구정 지나 첫 일요일 2006년 2월 5일. 이 추운 날에 무슨 산행인가. 게으른 놈 정월 초하룻날 나무하러 간다더니 내가 그 짝 나게 생겼네. 비몽사몽간에 이대로 내쳐 자버릴까 하다가도 “너 이번에도 안 나오면 짤라 버릴 끼다” 며칠 전 결혼식장에서 도리 없이 마주친 답산회 여산汝山 권태경(18회, 남부햄 사장) 회장의 부라리던 눈알(?)이 떠오르고. 육춘기를 맞아 처음 갖는 산행인데 8시 18분까지 강남 현대백화점 주차장에 오라는 ‘돌아온 장고’ 재선 총무 하재주의 혀 짧은 공갈(?)도 겁이 나고 해서 손에 잡히는 대로 입고 걸치고 신발 끈도 매지 못한 채 버스정류장으로 달린다. 그런데 이거 열 발자국도 못 가서 숨이 턱에 찬다. 아, 이러다 내가 죽지 죽어. 에라 늦으면 늦었지 그냥 가자. 그놈의 총무 30분이면 30분이지 18분은 또 뭐꼬. 18, 18, 십팔, 십팔 이렇게 분침, 초침을 재며 걷다 달리다 정류장에 가니 용케도 20분마다 오는 버스가 기다리고 있었다는 듯이 딱 내 앞에 멈춘다. 하, 요것 봐라, 이거 오늘 재수 개안네. 내 급한 마음을 아는지 차는 쌩쌩 달려주어 정확히 8시 18분에 대기하던 미니버스에 올라서니 먼저 온 친구들이 박수를 쳐댄다. 둘러보니 서정瑞頂 서영호(동기회장), 청만靑巒 김홍권(동기총무), 이정욱(만년총무)… 등 실력자들이 다 모여 있었다.

무지막지한 산행, 내려다보면 별 것 아닌 세상

답산회踏山會는 18회 동기회 내의 허다한 소모임 중 하나지만 그 흡인력은 대단하다. 한 번 걸려들면 그 마력에 몸을 뺄 수 없다. 1994년 여름 하남의 검단산(650m)에서 창립 등반의 고고지성을 울린 이래 지금까지 298차 산행을 하며 동기회의 구심점이 되고 있다. 처음에는 '청산회'라고 붙인 이름을 17회 산악회에 한 끗발 차로 빼앗기고(?) 당시 회장이던 후평後平 김정주(의사)가 울며불며 다시 지은 이름인데 짓고 보니 처음보다 더 좋아 회원들이 구름처럼 몰려들었다. 여기에 입회하면 아호를 하나씩 짓든지 부여받든지 해야 하고 회원 간에는 이름 대신 그 호를 부른다.

답산회는 여느 산악회와 다른 점이 많다. 무모한 계획을 잘 세우고 무지막지한 산행을 즐긴다는 점도 그 중 하나다. 멀쩡한 길 놔두고 부고인은 새 길을 가야 한다며 한 번도 가보지 않은 코스를 겁도 없이 진군하거나 진군 도중 코스에 의견이 갈려 패가 갈리기 예사다. 청계산에서 연마한 2시간짜리 기량밖에 안 되는 회원을 무작정 8시간용 백두대간에 투입한다거나 그 뻔한 남한산성 연봉만 해도 몇 번을 다니면서도 한 번도 당초 예정했던 코스로 내려오지 못하고 뿔뿔이 흩어져 하산한 후 다시 핸드폰으로 해산을 위한 집결을 하곤 했으니 그 무모성을 짐작할 수 있을 것이다. 그래도 용케 지금까지 한 번의 사고도 없었다. 프론티어 기질이 유난히 강해 연엽산(1996년) 정상에서 7회 선배들의 진갑과 8회 선배들의 환갑상을 차려드린 적도 있고, 2002년에는 8자 돌림 기수인 8회, 18회, 28회, 38회, 48회 동문들이 40년 터울을 두고 광릉 수리봉으로 합동산행을 하며 '같은 팔자'를 타고났음을 자축하기도 했다. 이때 회장의 강요로 내가 지은 시가 있다.

여덟 八자, 팔자를 들여다보면/ 땅으로 뿌리 가지 쭉쭉 내리고/ 하늘로 높이 솟아 오르라는/ 깊고 푸른 암시가 있다./ 숫자 8자, 팔자를 들여다보면/ 수평선 응시하는 눈동자가 보이고/ 고향마을 지키는 돌장승이 보이고/ 끌어주고 밀어주는 수레바퀴 보인다./ 맞물려 돌아가는 톱니바퀴 보인다./ 그런 팔자 하나씩 우리는 갖고 산다. ('팔자를 보면'–8자로 끝나는 청조 기수에 부쳐)

이 시는 합동산행 당시 기념수건에 박아 하나씩 나눠가졌는데 8자회 산행 주제가처럼 되었다. 이런 연대기적 산행은 다른 기수들에게 전염되어 1자 돌림, 9자 돌림, 0자 돌림 등 돌림산행의 효시가 되었고, 매년 10년 후배가 회갑연을 산상에서 열어주는 희한한 풍습의 남상이 되었다.

자, 과거사 들추기 그만 하고 오늘 답산회의 산정무한 이야기로 돌아가자. 인원 점검에서 핸드폰을 꺼놓은 이근배가 안 올 것을 확인한 미니버스는 더 기다리지 않고 출발이다. 차 속에서 여럿이 오랜만에 만나 반갑다고 집적거렸으나 나는 모른 채 간밤에 바둑 TV 보다가 빚진 잠을 청했다. 두 시간이 못 되 해미 덕산 기슭에 당도했다. 덕산면 둔리1구에서 덕숭산 정상을 넘어 수덕사로 내려오는 2시간 반짜리 단거리 코스다. 초입에서 정상을 배경으로 기념촬영을 한 우리 일행은 우리밖에 없는 한적한 능선 길을 올랐다.

이름이 덕산이라선지 산은 발이 편한 흙산이고 오름길은 엎드린 여인의 둔부처럼 완만하다. 낙엽과 간간 미처 녹지 못한 눈이 밟히는 산길은 푹신해서 감촉이 좋다. 나는 비교적 앞쪽에서 갔는데 가시덤불에 잠바자락이 걸린 줄도 모르고 지나치는 바람에 내게서 버림받은 딤불이 뒤따르던 인재원 여사에게 불똥처럼 튕겼다. 졸지에 가시덤불 세례를 받은 안 여사는 손등을 긁혀 비명을 질렀다. 미안하긴 했지만 남의 부인 손을 만져줄 수도 없고 "에잇, 이놈이 심심산골에서 그리도 여인네 손길이 그리웠던가?" 하고 애꿎은 덤불가지만 꺾어 길 밖으로 쳐냈는데 나중에 손등에 긁힌 자국을 보여주길래 미안한 김에도 '차

간거리'니, '교통사고는 뒤차 책임'이니 운운하며 딴전을 피웠다. 이를 보고 부군 송암松岩 유해주가 "그러니 장갑을 끼랬잖아?" 하고 내 보는 데서 핀잔을 준다. 안 여사는 이래저래 안팎으로 본전도 못 찾았으니 그 원수를 언제 갚아올지 산행 내내 곁에 가기 겁이 났다.

둔리 고개를 지나 한 번 쉬고 395고지를 지나 또 한 번 쉬고 오른 정상(495m)은 나무 없는 민둥봉인데 결석대장인 내가 제일 먼저 올라 일행을 기다렸더니 모두들 놀란다. "아니, 등산은 산에서만 하나?" 했더니 말귀 빠른 놈들은 다 웃는다. 정상은 해발 높이를 보면 낮지만 주변 일대가 모두 낮아 온 세상이 내려다보인다.

역시 세상은 내려다보면 별거 아닌 것처럼 보이고 갑자기 도라도 깨친 사람 같은 착각에 빠진다. 이것도 산이 주는 미덕 중 하나일 것이다. 치아수리공사 중이라 시종 하얀 마스크를 쓴 권 회장이 마지막으로 올라오자 증명사진을 찍고 하산했다.

오를 때는 음지였는데 내릴 때는 양지라 눈도 검불도 없어 편했다. 코스를 반대로 잡았다면 고생할 법한 산길이다. 인생 또한 그런 것 아닐까. 오르며 내리며 못다 한 이야기를 하느라 언제 오르고 언제 내렸는지 몰랐다. 산길은 유한해도 산정은 무한하다. 길은 곧장 수덕사 경내로 이어져 미륵불 전설바위도 보고 국보라는 대웅전과 3층 석탑도 보았다. 또 만공스님이 쌓았다는 7층 석탑도 보았는데 지금의 수덕사는 전체적으로 너무 불사를 잘하여 수덕사가 아닌 수전사守錢寺쯤으로 보일까 걱정되었다.

우리는 2시가 넘어 서해 천수만의 '신토불이 횟집'으로 갔다. 이곳 횟집이 암만 좋다 해도 부산 광안리나 다대포, 미포, 청사포를 섭렵한 우리들의 성에 차겠나만 그래도 부산에서는 안 나는 새조개와 우럭회에 김국, 피조개, 개불, 소라, 해삼, 멍게 등 우리가 좋아할 만한 해물이 꼬리를 물고 나왔다. 특히 새조개 샤브샤브는 별미였다. 요즘 한창 철이라 하여 가격도 양도 서울식당 뺨 쳤는데 살짝 데친 놈을 그냥 두면 누가 집어 갈지 모르니 자기가 넣은 것은 익기까지 자기 젓가락으로 붙잡고 있어야 했다. 이를 두고 내가 '지여지무'라고 명명했더니 폭소가 터졌다. 요즘같이 술 안 권하는 사회에서 자주 쓰는 문자 '지부지처'의 변용으로 제가 넣어 제가 먹기라는 뜻의 즉석 사자성어다.

회식 석상에서 권 회장은 엄숙하게 "신년부터는 산도 편하게 타고 먹을거리도 잘 찾아 먹는 산행을 하겠다"는 멋진 신년사를 했다. 백성이 무엇을 원하는지 잘 살펴 시정을 펴는 것이야말로 지도자 덕목 제1호 아닌가. 이날 안 먹는다 하면서도 소주를 얼마나 먹었는지 모른다. 회비 3만 원 내고 30만 원어치 먹은 기분이었다. 그래도 모자라서 나와 상춘이, 병홍이, 만중이는 출발시간 넘긴 버스야 가든지 말든지 아까 눈여겨 보아둔 '만중이네'라는 바닷가 포장마차를 찾아가 먹 낙지에 소주를 또 시켰다. 우리처럼 맛을 보고 맛을 아는 보수골통 주당들이 안 타는데 그 버스가 어찌 가랴. 할 수 없었던지 차에 탔던 20여 명 일행이 도로 버스를 내려 에라 모르겠다, 같이 죽자며 포장마차에 몰려왔다. 섭호涉湖 김만중(의사)이는 이름이 이 술집 이름과 같다는 이유만으로 술값을 치렀다. 다시 말술을 비우고 떨어지지 않는 발걸음으로 서울로 되짚어 올라오니 그래도 시간은 7시가 안 되었다.

초저녁인데 그냥 집에 갈 수도 없고 우리는 할 수 없이 서로를 꼬드겨 광림교회 앞 노래방에 가서 술에, 춤에, 노래에 장장 2시간여 지신밟기에 들어갔다. 나처럼 술이 들어가야 노래가 나온다는 친구가 많아 우리는 오랜만에 목 터지게, 목 메이게 그때 그 시절 그리운 노래를 불러 제꼈다. 놀라운 것은 그렇게 마셨는데도 나올 때는 한 사람도 비틀거리는 자가 없었다는 사실이다. 참으로 신정무흰, 우정무흰의 산행이었다.

산상수연山上壽宴과 8자 돌림 회갑산행

여기는 남한산성 한복판 종로거리. 늦은 줄 알고 허둥지둥 버스에서 내리니 약속장소에 낯익은 얼굴들이 여기저기 보였다. 총무에게 늦었다고 핀잔 듣지 않으려 일부러 먼발치로 들어가다 김재규(8회), 김주식(7회) 선배를 만나 인사드리고 좌우를 살폈다. 오늘은 '8자'돌림산행인데 일견 보니 다행히(?) 아직 예정인원이 다 온 것 같지 않았다. 아침 9시 정각 집결이라 했지만 반시간이 다 지나도록 오고 있다는 연락만 오고 아직 도착하지 않은 동문들이 꽤 되었다.

집이 분당인 나야 금방 오겠지만 서울의 오지(?)에서들 오자면 전철과 버스를 몇 번 갈아타고도 산성 밑에 와서 이곳 산성버스를 타자고 또 기다려야 하니 시간이 대중없이 걸리게 마련이다. 하기야 저 북쪽 오랑캐가 압록강을 넘어 쳐들어올 때도 이곳 남한산성만은 함락치 못해 벌봉 바깥에서 진을 치고 산성의 곡기가 끊어지기만을 기다리던 그 남한산성 아니던가.

오늘은 10월 29일. 명색은 8자 돌림 기수들의 산행이지만 기실 18회의 회갑맞이 특별산행이다. '8자 산행'은 지금으로부터 꼭 10년 전 7회, 8회와 18회 등 청조산악인들이 연엽산에 갔을 때 18회가 작당하여 마침 당시 회갑이 되신 8회 선배들에게 깜짝쇼로 산상수연을 베풀어 드리면서 비롯되었다.

그 전통을 살려 바로 밑 10년 터울인 28회 산우회가 오늘의 산행을 기획하고 남한산성 산상에서 수연을 준비한 것이다.

윤년인 올해는 가을이 늦게 와 아직 산 기운은 푸르렀다. 10시가 넘어서야 예정인원이 다 모였다. 이번 산행은 8회부터 18회, 28회, 38회, 48회까지 40년의 터울을 가진 일행 40여 명이 동문(좌익문) 쪽으로 내려가 성벽을 따라 벌봉을 지나 북문을 돌아오는 비교적 가벼운 코스였다. 성벽은 수리를 해 놓았으나 시멘트 때움이 부실하여 손으로 만질 것도 없이 눈에 힘만 주어도 다 부서져 내릴 듯하였다. 기왕에 예산을 들여 만들려면 잘 하든지 저게 무슨 역사의 복원일까 싶었다. 임금이 국제정세를 잘못 파악하여 외침을 불러일으키고 적군의 말발굽

속에 백성은 내버린 채 조정만 성벽을 치고 산 속에서 버틴다고 나라가 지켜질까. 결국 결사항전의 주전파를 적국에 내어주고 삼전도에 나가 치욕적인 항복을 하고서야 옥좌에 다시 앉은 임금을 생각하며 걸었다. 당시 주전파의 김상헌은 "가노라 삼각산아 다시 보자 한강수야/ 고국산천을 떠나고자 하랴마는/ 시절이 하 수상하니 올동말동하여라."라는 시조를 읊었는데 종장의 '시절이 하 수상하니'라는 대목이 산행 내내 목에 걸렸다. 삼학사, 즉 홍익한, 윤집, 오달제는 끌려가 적국에서 참형을 당했으니 나라를 살린 것은 그 삼학사요 백성이지 임금이 아니었다. 이것이 어찌 어제의 역사만의 일일까.

땀이 약간 날 만할 때쯤 옥정사 터에 다다랐다. 절은 없어지고 절터만 남았는데 암문 근처 널찍한 평지에 '부산고 8자 돌림 회갑산행'이라 쓴 플래카드가 걸려 있었다. 이곳이 오늘의 회갑 수연장이다. 오늘의 주최자인 28회 산악회 박선영 회장이 참석자들의 요구에 떠밀려 예정에 없던 인사말을 하였다. "여러 사람 앞에 나와서 말해보기는 난생 처음"이라면서 수줍게 입을 뗀다. 들어보니 오늘의 산행의 취지와 의미를 정확히 짚어가는 명 인사말이었다. 이어 회갑을 맞은 18회를 대표하여 권태경(남부햄 사장) 회장도 불려나와 자기도 대중 앞에 서기는 처음이라면서 "오늘 이런 자리를 마련해 준 후배들을 보니 '선배 없는 후배 없고 후배 없는 선배 없다'는 말이 실감난다."며 이러한 정 나눔이 전통이 되어 이어져 갔으면 한다고 하여 박수를 받았다. 김재규(8회) 선배는 8회 기수를 대표하여 "8자를 가진 청조인 기수는 복이 있나니…" 운운의 산상수훈山上垂訓 같은 축사를 해 주었다.

일본 여행 중 이 소식을 듣고 일정을 단축하여 귀국했다는 김주식 선배와 김재규 선배를 상석에 모시고 일행 모두 큰절을 올렸다. 이어 오늘의 주역 18회 동문들이 모두 주석主席에 좌정하니 온 산이 갑자기 꽉 찼다. 종이 술잔에 '만수주萬壽酒'를 한 잔씩 일일이 부어 올린 후배들이 "선배 형님들, 형수님들 만수무강하십시오!" 하고 무슨 출정 구호처럼 외치며 큰절을 올릴 때는 정말 머리끝이 쭈뼛해지고 명치끝이 찌릿하였다. 생각해 보라. 비록 등산복 차림이지만 수십 명의 장정들이 일제히 두 손을 맞잡고 허리를 굽히며 엎드려 절하는 모습을! 꼭 TV에 나오는 조폭들처럼 절도 있게 국궁배례하는 장관을! 나는 언뜻 이스탄불 모스크 사원에서 일제히 알록달록한 고동소리에 맞추어 "알, 아크바르!" 하고 허공을 향해 절을 하던 수천수만 개 회교도들의 둥그런 엉덩짝이 연상되었다.

바로 술과 떡과 돼지고기가 올라왔다. 누가 집에서 담근 복분자술을 가져왔는데 그 맛이 정말 기가 막혔다. 삶은 돼지고기도 쫄깃쫄깃한 게 둘이 먹다 셋이 죽어도 모를 정도로 맛있었다. 덕담을 주고받으며 모두들 기꺼이 잔술을 비웠다. 이만 해도 충분한 산상수연이 되겠거늘 후배들은 산마을에 우리를 위해 따로 걸쭉한 회갑연 자리를 마련해 놓았다고 한다. 간식을 마친 우리는 북문 쪽을 거쳐 아까 출발했던 종로거리로 돌아와 만해기념관 인근에 있는 고구려식당으로 갔다. 고구려식당 2층을 완전히 점령한 우리는 본격적인 회갑연에 들어갔다. 우리는 지난 5월에 서울 올림픽공원에서 공식적인 합동회갑연을 가진 바 있다. 그때도 8자 돌림 후배들이 달려와 축주와 축가를 하고 단상에서 큰절을 해 주었다. 그때는 하객으로 왔지만 이번에는 저들이 모든 비용을 부담하여 10년 선배를 위해 이 감동의 회갑연을 준비한 것이다. 참으로 대견하지 아니한가. 세상에 어느 학교 후배가 부탁하지도 않았는데 스스로 나서서 이토록 극진한 회갑연을 천당에 가까운 산상에서 열어준단 말인가.

회갑연 장소에는 엔터테인먼트 회사에서 나온 미녀가수 이승희와 밴드마스터가 우리를 기다리고 있었다. 산행에 미처 참가하지 못한 신윤식, 이형인, 김관수, 김홍재, 심의종 등 8회 선배들이 아픈 다리를 모시고 식당에 추가로 합류하여 연회는 더욱 힘이 실렸다. 술은 전날 일본에서 갓 돌아온 김주식 선배가 일본 정종 2병을 내놓았고, 8

회 선배들이 발렌타인 17년산 5병을 내놓아 정종, 양주, 동동주, 소주, 맥주 등이 총출동하였고, 음식은 산채요리에 비싼 유황오리가 잇달아 나와 풍성하였다. 그야말로 주지육림이었다.

사회는 명대권(28회) 동문이 맡아 갖가지 재롱(?)을 피웠다. 한복 입은 미녀가수의 민요와 장진주사, 수연장지곡이 어우러지고 이에 18회의 한 부인이 "낙양성 십리허에" 멋진 창으로 화답하였다. 처음에는 이렇게 고상턱한(?) 레퍼토리로 진행하다 어느 순간 18회의 명사회자 박순백이 사회봉을 빼앗아 뽕짝 메들리로 전환하자 주석은 아연 활기를 띄었다. 술이 거듭되면서 회갑동이 18회 27명은 돌림빵으로 전원 노래를 불렀다. 호형호제하며 수작하는 청조인 선후배들의 합창은 초추의 오후 한때 남한산성을 완전 접수했다. 28회의 박용진은 프로 가수 빰치는 명가수로 '끼 있는' 청조인상을 보여주었다. 한쪽에서는 돌아가며 마이크를 잡고 자기소개를 하고 노래를 하면 다른 쪽에서는 어깨동무를 하며 춤을 춘다. 끝나면 박수를 치고 여기저기서 밴드에게 팁을 내놓는 데 아낌이 없다. 뒤에 들은 이야기로 팁이 너무 많이 나와 무려 1백만 원이 넘었단다.

김재규(8회) 선배는 "18회가 환갑을 맞이해 기특하다. 환갑이 되도록 안 죽고 사느라 고생했다"면서 초짜 환갑쟁이들을 위해 금일봉을 내놓았다. 우리 18회도 오늘 절을 해준 후배들에게 그 절값으로 거금(?) 50만 원을 내놓았다. 이번 8자 회갑 산행을 위하여 청조산악회에서는 손상일(23회) 총무를 축하 사절로 보내왔고, 선약 때문에 늦게 합류한 28회 동기회장 박기동(변호사)은 후래삼배를 마다않고 끝까지 자리를 함께 하였다.

남한산성을 울려버린 푸른 합창

술과 노래가 끝없이 이어지자 18회 답산회장 권태경이 드디어 뻗어버렸다. 바로 몇 달 전 우리의 아름다운 산악친구 김홍권(18회)이 돌연 유명을 달리 한 기억도 있어 다들 걱정이 되어 자칫 분위기가 어두워졌다. 이때 김주식(7회 의사) 선배가 보고 진맥을 하더니 너털웃음을 지으며 아무 일 없을 테니 저쪽 구석에 자게 놔두라고 하며 계속 연회를 진행할 것을 명령하였다. 최고 선배의 명령(?)을 따르지 않을 수 없어 내친 김에 원도 한도 없이 놀았다. 오늘 모인 주목적이 산행인지 회갑연인지 가족잔치인지 모르게 술에, 음식에, 노래에, 춤에, 이야기에 흠뻑 빠져들었다. 그 기분은 하산해서도 쉬 가시지 않아 아니나 다를까 최고참 김주식, 신윤식 선배를 볼모 잡아 누구랄 것도 없이 모란역 호프집에 다 모였다. 다른 장소로 간 후배들을 문명의 이기 휴대폰으로 부르니 즉시 합류, 연회는 막간을 거쳐 산중에서 도심으로 이어졌다. 생맥주로 속을 뒤집은 우리는 다시 노래방으로 옮겨 그 원수 같은 노래를 또 불렀는데 그 다음에는 나도 어떻게 집에 돌아왔는지 기억이 안 난다.

8자 산행 후 한 달이 못 되어 산상 회갑연에 감사하는 뜻에서 성내역 인근 '부산횟집'에서 뒤풀이를 하였다. 거기서 내년부터는 8자 산행을 세계화하자고 하여 해외원정을 합동으로 하기로 모의하고 그 첫 원정지를 28회 백영택 동문이 영사로 있는 이스탄불로 정했다.

10년 전 우연히 시작한 '팔자에 없던' 8자 산행이 이제는 '팔자에 있는 산행'이 되었다. 동문사회에서 또 하나 역사를 만들어가고 있는 '8자 돌림' 산행에서 우리는 묘한 연대감을 느낀다. 동시에 동창회의 힘을 느낀다. 바다 앞에서 맺어진 청조 동창회가 이제는 스스로 만능의 바다가 되어 동문들에게 무한한 가능성을 열어주고 있는 것이다.

우리의 '8자 산행'도 그 바다 속에서 건져 올린 보물 중 하나가 아니고 무엇이겠는가.

[2007년 8월]

"내 보고 수업을 다시 하라고? 하이고 마, 됐다. 일마들아. 그만치 속았으면 고만 속을 때도 됐는데 너거들은 어찌 된 놈들이고? 내 사실 너거들한테 배워준 게 없다. 다 너거가 잘 해서 잘된 거지. 나는 수업하면서 1/3은 놀았대이. 했다면 2/3쯤 했을까? 잘도 잘 속여먹었지. 조금 전에 출석을 불렀는데 이의규 어디 있노? 의규 저놈 때문에 내가 10년은 감수했는기라. 경상도 보리문디가 '의'자 발음이 제대로 되나? 그노무 '의'자 발음을 할라카모 '으이, 으이' 해야 하는데 출석부를 때마다 내 입이 우째 됐겠노? 그래 '의규'는 만날 내게 '어구, 어구' 라고 불린 기라. 내가 서울대 예과시절에 배운 영어 가지고 너거들 가리쳤는데 우리말 '의'자도 발음을 잘 몬하는데 영어발음이 제대로 되겠나 말이다. 그러나 내가 '바담 풍風' 한다고 너거들도 그래라 할 수는 없고 내가 일본식 발음으로 가리칠 망정 영어는 액센트가 중요하기 때문에 primary accent 요거 하나만은 똑바로 가리쳐야겠다고 해서 입이 째져가면서도 액센트하고 스트레스만은 똑바로 가리친 기라. 이만하면 논쪼 대략 알겠제?"

이것은 지난 4월 1일 졸업 후 42년 만에 부산고등학교 3학년 5반 반창회를 한다고 해서 전국 각지에서 모여든, 환갑 된 늙은 학생들을 앉혀놓고 팔순의 노교사 유수현 선생님이 토하신 열변의 장면이다. 이 날이 만우절이라고 해서 꾸며낸 이야기가 아니다. 이날 반창회는 서울에서 20명 부산에서 18명 도합 38명의 반원들이 만사 제폐하고 모였다. 1964 학년도 한 해를 같이 배운 급우 총 64명 중에서 행불자 빼고 연락가능인원의 80%가 40여 년 전의 그때 그 시절, 그 교실이 그리워 경향 각지에서 달려온 것이다. 비록 그때의 목조교실은 아니나 같은 장소에 다만 시간의 태엽만 거꾸로 돌려 그때의 선생과 학생이 같은 백발이 되어 다시 만난 것이다. 이 어찌 감격스럽지 아니한가. 이 어찌 별난 3학년 5반이 아니겠는가.

이번 반창회는 지난 해 졸업 40주년 기념행사를 무주 리조트에서 가졌을 때 만난 급우들끼리 지나가는 말로 해보자고 한 것인데 말이 씨가 된다고 서울에서는 내가, 부산에서는 손태완(삼성의원장)이가 먼저 말을 맞추고는 돌아서서 급우들에게 말을 옮기자마자 열화 같은 호응이 일었다. 영원한 반장 김장섭이 내년 은사님의 팔순잔치에 맞추어 그때 거하게 하자고 하는 것을 그거는 그거고 지금은 지금, 이 불을 끄지 않으면 화재난다고 밀어붙인 것이다. 준비래야 날짜만 정해놓고 그냥 모이면 되는 것, 돈 걷고 말고 할 시간도, 사람도 없으니 편하게 이합집산 하는 것으로 진행의 골격을 잡았다. 3학년 5반은 매사에 적극적이고 협조적이라 누가 무슨 일을 벌이기만 하면 벌떼같이 모이기 마련이란 신념도 있었다. 그 믿음은 이번에도 빗나가지 않았다. 전화를 걸자마자 받는 놈마다 "왜 진작 하지 않았느냐?" "최소한 1박2일 정도는 해야지 당일치기가 뭐냐?" 하고 오히려 불만이 더했다. 제 사정으로 못 가는 놈들은 "왜 날짜를 하필 이날로 잡았느냐?"는 둥 며칠째 시비를 걸어왔다.

이놈들 열기가 하도 뜨거워 말을 꺼낸 쪽이 겁이 날 정도였는데 그래도 기대에 찬 놈들을 모아놓고 아무 준비도 없으면 안 되겠다는 생각이 들어 '유수'라는 책을 다시 찍기로 했다. 이 '유수'는 우리 3학년 5반 학급의 졸업문집으로서 1964년 11월부터 한 달여에 걸쳐 (대학입시를 코앞에 두고 공부는 안 하고) 전 학급이 합심하여 만든 176쪽의 등사물이었다. 이 책은 학생 전원과 교사 10여 명의 앙케이트와 졸업의 변, 학급일지 등을 써서 반원들이 분담하고 가리방으로 긁어 시험지에 등사해 만든 100부 한정판이었다.

이 전무후무한 학급반지는 3학년 5반원들의 영원한 추억의 수원지가 되었으나 그간 세월이 너무 흘러서 가진 사람이 적은 데다 있다 해도 판독하기 어려울 정도로 변색 · 훼손되어 이를 60부 한정판으로 다시 인쇄하여 나눠 갖기로 한 것이다.

열화 같은 호응과 참여

2006년 4월 1일 오전 9시 긴 방학 끝에 첫 등교하는 기분으로 KTX를 타고 부산에 닿으니 부산 쪽 참가자들이 다 나와 반겨주었다. 부산역 광장에는 '부산고교 제18회 3학년 5반 반창회'라고 쓴 플래카드가 걸려 있고 그 속에는 졸업사진이 크게 확대되어 박혀 있었다. 사진 속 까까머리 시절의 얼굴들을 확인하며 우리는 재회의 악수를 주고받았다. 역 근처 식당에서 식사를 하고 대기한 전세버스에 올라 우리는 옛 기억을 좇아 영도 태종대로 향했다.

차 속에서 고교 시절의 온갖 에피소드가 다 나왔다. 한 녀석은 자기가 부산중학에서 240등 했는데 담임이 그 성적으로는 부고는 안 되니 부산공고에 가라는 것을 꼴등이라도 합격할 테니 "부산고 아니면 죽음을!" 하고 죽기 살기로 졸라 시험을 쳤는데 당시 부산고 커트라인이 경남고보다 2점 높은 116점(만점 170점)이라 합격자 발표 벽보의 꼴등 쪽에 가서 보니 역시나 이름이 없어 떨어진 줄 알고 죽으러 영도다리 쪽으로 걸어가는데 누가 자기 이름이 중간쯤에 붙어 있더라고 하여 가서 보고 목숨을 부지한 기쁨을 만끽했다는 이야기를 생생하게 하였다. 그러자 또 한 녀석은 대학원서 이야기를 했다.

그는 3학년 때 서면도서관에서 혼사 공부를 하느라고 모의고사도 잘 안 치고 학교도 잘 안 나와 출석일수가 모자라 졸업이 안 될 판이었다. 그런 처지에 유수현 담임에게 서울약대 원서를 써달라고 했겠다? 담임 왈 "서울대? 뭐, 약대? 니는 절대 못 들어간다." 하면서 원서를 안 써주려고 하니 "샘요, 들어가모 우짤랍니꺼? 들어가모 될 거

아입니꺼?" 하고 읍소 반 협박 반 우기고 우겨 결국 원서를 받아 보기 좋게 털커덕 합격했다. 자고로 부고생의 완력은 주먹보다 머리에서 나오는지 모르겠다.

그때나 지금이나 키가 큰 박진환(대동병원장)에게 당시 짝지였던 이의규가 "내가 지난 40년간 니한테 궁금한 것이 딱 한 개 있는데, 그 때도 너거 집이 대동병원을 하고 해서 못 사는 집이 아닌데 어째서 소매나 바지가 달랑하니 작은 옷을 입고 다녔노?" 하고 물으니 "우리 형님도 부고에 다녔는데 형님 교복을 물려받아 입다보니 그랬다."고 하여 폭소가 일었다. 박성환(16회)이 그의 형인데 그때도 동생보다 키가 작았다고 한다.

버스가 새로 만든 영도대교를 지나 옛날 조선공사 앞을 거쳐 패총이 있는 동삼동으로 돌아드니 오륙도가 한눈에 들어왔다. 마침 물이 빠져 여섯 섬이 다 보였는데 환경변화로 해양대학이 있는 아치섬은 이미 뭍으로 연결되어 있었다. 옛날에는 여기가 버스종점이라 태종대를 가려면 걸어가야 했는데 지금은 일주도로가 잘 닦여 있었다. 등대 입구까지 가서 바다 쪽으로 걸어 내려갔다. 바다는 그냥 그대로 있었으나 옛날의 촛대바위는 반쯤 부서지고 등대는 새로 단장하여 깨끗했다. 자살바위를 쳐다보며 공룡발자국이 나 있는 치마바위까지 수직으로 내려가서 기념촬영을 하고 다시 송도를 돌아 옛날 우리가 고1 때 봄 소풍을 갔던 혈청소까지 갔다. 가는 길에 버스가 옛날 시청 앞(광복동 입구)을 지나자 전차 이야기가 나와 전차가 고1 때 없어졌다는 파와 고3 졸업 때까지 있었다는 파가 갈려 언쟁이 벌어졌다. 전자 쪽은 고3 때 송도에서 여학생과 데이트할 때 전차가 없어 버스를 타고 다녔으니 자기네가 맞는다고 하고 후자 쪽에서는 졸업반 때 여학생과 전차 안에서 장난치다 전차 차장한테 뺨을 맞은 적이 있다며 그때 맞은 볼을 내미는 놈도 있었다. 해결 기미가 보이지 않아 내가 '유수'지를 들어 유수지 169페이지 '파벌분류도'에 보면 '지각상습파'가 나오는

데 여기 보면 지각 사유로 "전차가 펑크 나서, 버스가 정전 되어"라는 구절이 나오므로 이것이야말로 당시 전차가 있었다는 문헌적 증거라고 하여 후자가 판정승을 했다.

몽유병자들의 추억 더듬기

우리는 때마침 내리는 비를 맞으며 혈청소 앞까지 갔으나 바다는 매립되어 주차장이 되어있었고 옆은 공원이 조성되어 우리가 놀던 옛 바위 해안선이 어디에 있는지 알 수 없었다. 시간이 없어 서둘러 초량동 학교로 올라가니 옛 교문은 물론 옛 교실은 흔적도 없고 본관인 매머드 빌딩만 바다를 외면한 채 덩그러니 남향으로 앉아 있고 운동장은 야구장으로 변해 철망이 쳐져 있었다. 김광성(17회) 교장의 배려로 드디어 꿈의 교실로 올라가니 지금 3학년5반은 특수반이라 하여 야구부원 등 운동선수 20명이 반원의 전부란다. 장소가 좁아 시청각교실로 옮겨 플래카드를 달고 옛날 출석부대로 자리 배치를 하고 앉았다. 이윽고 시간에 맞춰 당도한 담임 유수현 교사가 들어오셨다. 검버섯 핀 얼굴에 머리는 듬성듬성 쇠었지만 꼿꼿하신 자세는 여전하였다. 담임이 출석을 부르자 다들 까까머리 시절 학생처럼 크게 "예!" 하고 대답하였다. 이어 각자 자기소개를 하였다. 40주년 행사 때 했던 '육춘기' 연극 중 일부를 녹화로 보고 추억의 시간을 가졌다. 저녁 무렵 만찬장으로 장소를 옮겨 사제지간 수작하며 회포를 풀었다. 술김에 반창회를 연례화하자거나 내년에는 중국에서 하자는 말도 나왔다. 밖에 봄비는 내리고 우리는 우정의 단비에 흠뻑 젖었다. 40년 묵은 회포가 이 짧은 시간으로 어찌 다 풀리랴만 일정 바쁜 친구들은 저녁 8시 전후로 하나둘 자리를 떴다. 이 감격을 어찌 이 짧은 지면에 다하랴. 이틀 후 아침 출근길에 유 선생님으로부터 전화가 왔다.

"이거 보래이. 넙떡아! 아레깨 밤에 꿈을 꿨는데 아무래도 이상해서 전화한대이. 너거 3학년 5반 아~들이 부산 서울 작당해 가지고 나를 잡아가지고 수업도 시키고 술도 멕이고 돈도 주고 해쌓다가 올라갔는데 그거 암만해도 이상한 꿈이라 확인해 보는 건데 그거 사실이가? 꼭 몽유도원에 갔다 온 기분인데 이기 사실이라카모 전무후무한 일이고 일을 꾸민 너거들은 완전 도란(=돈) 놈들이다. 도란 놈들 맞제?"

"선생님, 저희도 똑 같은 꿈을 꾸었는데요, 다 맞는데 '몽유도원'이 아니고 '몽유학원'인데요, 속편이 또 나올 겁니다."

내가 이렇게 대답했더니 전화기 저편에서는 한참동안 아무 소리도 들리지 않았다.

못 말리는 합동 회갑연

[2006년 8월]

서영호(18회) 재경 동기회장으로부터 전화가 왔다. 다짜고짜 합동 회갑연도 좋은 글감인데 왜 안 내느냐는 것이었다. 듣자하니 작년 졸업 40주년 행사 못지않게 심혈을 기울여 치른 행사인데 왜 묵살하느냐는 질책 같았다. 이런저런 설명을 했으나 자칫 실망이 원망으로 발전할 분위기라 속사정을 실토했다. 사실 그날 나도 참석은 하였으나 그 열띤 분위기를 어떻게 써야 할지 초를 잡지 못해 차일피일 미루던 중 메모해 두었던 쪽지를 잃어버려 못 쓰고 있다고. 그랬더니 자기가 기억을 되살려주겠다며 저녁에 술이라도 하자는 것이었다. 사양할 수 없어 나갔더니 김홍권 총무 외 몇몇 간부가 도우미로 먼저 나와 있었다. 이리하여 우리는 비 오는 날 사당동 어느 주점에서 홍탁삼합을 기울이며 기억여행을 떠났다.

그러니까 2006년 5월 8일 어버이날에 합동 회갑연을 한다는 것은 진작 서 회장의 회장직 수락 공약이었다. 애초 이 회갑연도 쉽게 기획

된 건 아니다. 처음엔 지금이 어느 시대인데 아직도 회갑연 같은 소리 하고 있느냐는 빈축이 쏟아졌지만 '회갑'보다 '합동' 쪽에 무게를 두어 까까머리 동기끼리 늙는다는 것이 그냥 늙는 것이 아님을 보여주자는 회장단의 설득에 "그렇다면" 하고 호응의 물꼬가 터진 것이다. 어쩌면 '팔십 전 사망은 요절(?)'이라는 요새 같은 장수 세상에 내놓고 회갑연을 하기도, 그렇다고 그냥 넘어가기도 무엇하니 내심 '합동'이라는 말장난에 속는 척하며 동조한 것인지도 모른다.

행사 슬로건을 '즐거운 육춘기六春期, 건강健康한 노년老年, 주위와 화목和睦'이라고 했는데 '육춘기'란 말은 아직 사전에는 없지만 우리에겐 이미 보통명사가 된 지 오래라 슬로건에 대한 거부감은 없었다. 이번 행사는 준비과정에서 누구 잘못인지 모르지만 플래카드에 '건강健康한'을 '사람 인'변을 빼먹고 '건강建康한'으로 잘못 쓴 것을 빼고는 완벽에 가까울 정도로 진행이 매끄러웠다. 이 오자도 다행히 행사 개시 2시간 전에 발견하여 공들여 세트해둔 장치를 다시 뜯는 소동 끝에 고쳤으니 사실 잘못된 것은 하나도 없었다. 그러나 내가 만약 그 자리에 있었더라면 고칠 거 없다고 했을 것이다. '건강建康'에서 '강康'이 곧 건강이고 '건建'은 '지을 건'자니 '건강을 짓는다'고 해석하면 굳이 틀렸다고 시비할 것도 없다. 이제 회갑이면 이순耳順인데 이순이란 이래 들으나 저래 들으나 듣는 쪽이 알아서 듣는다는 말이니 무슨 문제되겠는가. 그런데도 이게 오자라며 굳이 고치는 수고를 마다 않으니 아직 우리는 이순이 될 만큼 늙지 않았나 보다.

7시까지 다 모인 인원은 우리 동기(일부 부인 포함하여) 108명에다 재경동창회 및 8자 돌림 3개 동기회원과 출연 및 진행요원 등 43명 도합 151명이 두 시간 동안 어울려 만고에 잊지 못할 역사를 창출했다. 여영수의 사회로 전 · 현직 동기회장의 인사말에 이어 박성훈(16회) 재경 동창회장(박주현 대독)과 최명길(13회) 선배가 축사를 해주었다. 여흥은 자체프로, 가족프로, 외부프로로 나누어 시종일관 폭소와 환호로 이어졌다.

‘즐거운 육춘기六春期, 건강健康한 노년老年’

자체 프로는 Cycles 팝 공연, 재즈댄싱, 시낭송, 장기자랑이었는데 사이클즈는 ‘솔개’, ‘밤에 떠난 여인’, ‘라밤바’, ‘Sweet Caroline’ 등 귀에 익은 곡을 연주하였고, 동기들은 박수와 수창隨唱으로 호응하였다. 지난해 가을 무주행사 때보다 연주 기량이 향상되었고, Vocal도 ‘젊은 오빠’ 수준으로 업그레이드된 듯했다.

재즈댄싱은 오영순(이세희 부인) 여사가 삼성 플라자 재즈 팀과 함께 반라차림으로 안무에도 없는 현란한 애드립을 선보여 싱글로 온 동기들의 마음을 설레게 했다. 이어 내가 자작시 ‘팔자를 보면’을 낭송하여 갈채(?)를 받았다. 뭐니 뭐니 해도 이날의 압권은 장기자랑에서 드럼주자로 나선 김만중(정형외과 의사).

만중이는 재주는 어떤지 몰라도 확실히 ‘끼’는 있는 남자다. 뭐든 누가 특별한 짓거리를 하면 그냥 못 보고 꼭 따라하려고 한다. 그는 작년 무주행사 때 마침 사이클즈 멤버에 드럼주자가 없는 것을 보고 6개월 동안 혼자 졸라 연습하여 드럼주자로 끼워줄 것을 자청했다가 일언지하에 거절당한 적이 있다. 나 같으면 더러워서도(?) 포기하겠는데 그는 악착 같이 연습, 의사들 모임에는 안 나가면서 서 회장이 잘 나가는 모임인 답산회에 꼬박꼬박 나가 서회장과 답산회 권태경 회장에게 술과 밥으로 향응을 베풀어가며 이번 회갑연에 꼭 출연할 기회를 달라고 청탁했다. 이렇게 벼르고 벼른 만중이는 만반의 준비를 하고 앞서 사이클즈 공연이 끝난 직후 보란 듯이 등장했다.

객석은 연주도 하기 전에 열렬히 환호했는데 그것은 그의 기상천외한 차림새 때문이다. 하드록 카페에나 어울릴 법한 작업복에 운동모를 거꾸로 쓰고 마이클 잭슨처럼 검은 안경을 쓴, 이름 하여 ‘김만중 패션’으로 치장한 그는 드럼 채를 잡자마자 사지를 뒤흔들며 ‘고래사냥'과 'Eres-Tu' 등 2곡을 연주해나갔다. 이 드럼 명곡들은 김만중이라는 희대의 드러머에 의해 재해석되고 제멋대로 편곡되기 시작하였다. 그런데 한참 곡이 클라이맥스에 올라갔다고 생각될 무렵 갑자기 소리가 뚝 끊어졌다. 그때까지 시끄럽던, 소낙비 양철지붕 두들기던 소리는 간데없고 난데없이 무대 위로 대형 젓가락이 날아가는 게 아닌가. (이 장면은 생 비디오에 그대로 다 찍혀있다.) 아뿔사, 만중이가 생전처음 선 무대에서 흥분하여 정신없이 드럼을 치다가 제 소리에 제가 취해 그만 손에서 채를 놓쳐버린 것이다. 이 돌발 사고에 객석은 웃음바다가 되었다. 그래도 이 해프닝은 연주 수준이야 여하 간에 한 예술인(?)의 무아지경을 유감없이 보여준 명장면이 아닐 수 없다. 만중이는 아쉽게도 도중에 무대를 내려와야 했지만 그의 막무가내 예술혼(?)은 두고두고 동기들의 인구에 회자될 것이다.

이어 18회의 명가수 박상춘이 '누이', 오태수가 '고향 역', 이정욱이 '꽃보다 아름다워' 등을 불렀고, 가창력 좋은 양경희(이성률 부인), 김명희(이정균 부인) 여사의 최신 유행가가 이어졌다.

이에 앞서 성악가 김순희(이순우 부인) 여사가 독창으로 'A love until the end of time'을 불러 잠시 사랑의 기쁨과 부부 간 백년해로의 의미를 되새기게 해주었다.

가족프로로 박이상(박순백 아들)이 고려대 국악연구회 6명과 함께 3현6각으로 '천년만세'를 연주, 잔치 분위기를 돋구어주었고 처가 쪽으로 3대 내리 음악가 집안인 김 탁의 두 딸 지영(피아노)과 지윤(바이올린)이 Saint Saens의 곡 'Caprice'를 협연하였다.

외부프로의 압권은 Belly Dance(배꼽춤)였다. 2명의 벨리댄서가 그 나긋나긋한 몸매로 파도치듯 전진후퇴를 거듭하는 리드미컬한 복부운동은 동기들의 혼을 빼놓았다. 옆에 자기 부인이 있는 줄도 모르고 이 공짜 퍼포먼스에 눈이 휘둥그레진 김 모 군은 그 현란하고 육감적인 몸짓이 댄스라기보다 "눈으로 먹는 성기능촉진제"라며 감탄을 연발하다 어부인의 눈 제지를 받기도 했다. 가만 보니 뒷자리에 있던 놈들도 언제 옮겨왔는지 무대 앞쪽에 진을 치고 한 순간도 놓칠세라 전라에 가까운 무희들의 꿈틀대는 하복부와 뱅뱅 돌리는 둔부와 요동치는 배꼽의 원운동에 눈알을 맞춰 돌리고 있었다.

하! 요놈들 아직도 청춘인 줄 알고 껄떡거리는 꼴들이 주책이기도 하지만 어쩌랴, 오늘의 육춘기가 명실 공히 육춘기가 되려면 모름지기 회춘이 뒷받침되어야 하지 않겠는가. 그런 의미에서 집행부가 오늘 같이 엄숙한 자리에 이런 의미심장한 프로를 넣은 것은 참으로 사려 깊은(?) 처사라 아니할 수 없다.

18회의 남자들

이렇게 웃고 즐기다 보니 어느새 두 시간이 훌쩍 넘었다. 그런데 오늘 모인 동기들은 다들 이 자리가 자신들의 회갑연인 줄도 모르고 마치 남의 회갑연에 온 듯 착각하고 있는 듯했다. 대저 회갑연이라면 으레 자손들이 모여 큰절하고 돌아가며 술잔을 올리는 의식이 따르는 법인데 그게 없어 허전하다 싶었는데 아니나 다를까 그 공백을 10년 터울의 8자 돌림후배들이 메워주었다. 이날 수연에 28회에서 명대권, 박선영, 최수호, 이영대, 장대익과 38회에서 김상준, 윤현수, 정홍섭 48회에서 정진섭 등이 왔는데 축가로 28회는 '아빠의 청춘', 38회와 48회는 '어머니 마음'을 중창으로 불러주었다. 음정 박자 다 정확하여 확실히 후배다웠다. 이들은 노래를 끝내자 그대로 무대 위에서 객석(사실은 주석)을 향해 엎드려 큰절을 올리는 게 아닌가. 가족이 아닌 후배들로부터 받는 축가와 큰절! 그것은 감격 그 자체였다. 진짜 부고 동문이 남이 아니라 한 가족이라는 사실을 재확인할 수밖에 없는 순간이었다. 특히 최수호 동문은 따로 1년간 연습한 색소폰을 가져와 애창곡 '사랑이여'를 연주해 주었는데 앙코르가 하도 거세어 시간통제관 이정욱도 말리지 못했다. 마지막 순서로 '사랑으로'라는 노래를 손을 잡고 큰 원을 그리며 다 같이 합창할 때는 마음이 숙연해졌다.

세상에 합동결혼식은 들어봤지만 합동 회갑연은 처음이 아닌가 한다. 그것도 동창사회에서 선후배들이 어울려 진심으로 축하해 주고 동기간 평생우정을 다지는 이런 회갑연이 우리 부산고 말고 어디 있겠는가. 부산고는 이런 듣도 보도 못한 전통을 잘도 창조해 내는 참으로 별난 학교다. 앞으로도 이런 회갑연이 기수마다 '동문사회의 잔치'로 이어질지는 두고 볼 일이다. 이날 잔치마당 뒷줄에 서서 전 과정을 지켜본 한 방청객(중동고 졸업, 72세)은 "합동 회갑연을 기획한 부산고가 소문으로만 듣던 명문이 아니라 아직도 건재健在하는 진짜 명문임을 실감했다"고 격찬했다. 행사가 끝나고 여기저기서 들리는 소리가 많다. "시대가 변해 회갑연 찾아먹기가 쉽지 않은 요즘 세상에 부산고 18회는 어떻게 생겨먹은 기수인지 어떤 수를 쓰든 찾아먹을 거 다 찾아 먹는 별종들"이라고 입방아를 찧는대나 어쩐대나.

[2006년 9월, 2006년 10월, 2006년 11월]

몽골은 푸른색이었다. 하늘도 땅도 다 푸른색이었다. 울란바토르 공항, 아니 지금은 칭기스칸 공항으로 이름이 바뀐 몽골 유일의 국제공항에 내리자마자 제일 먼저 눈에 들어온 것은 푸르디푸른 하늘이었다. 푸르다 못해 눈이 시릴 정도였다. 명도로 치면 가장 높고 순정한 푸름이었다. 다 같은 지구상의 하늘인데 이 하늘은 왜 이리 푸른가. 지난 8월 13일 낮 12시 청조인 몽골탐방단에 끼어 서울 하늘을 떠날 때까지 이런 하늘이 있을 줄 몰랐다. 하늘 길로 3시간이 못 되는 거리, 평균 고도 1,500미터의 고원지대 몽골에 우리가 산업화로 잃어버린 '한국의 옛날 하늘'이 고스란히 재현되어 있었다. 빈 초원에 덩그러니 지은 목축장 같은 공항을 빠져 나오니 막 고비사막을 넘어온 듯 맑고 건조한 바람이 선들선들 기분 좋게 불어온다. 이륙 전 서울의 습기 찬 무더위에 지친 심신이 순식간에 쇄락해진다. 반 팔 차림의 옷으로는 추위를 느낄 정도라 모두들 겉옷을 꺼내 입는다.

푸른 서사시 몽골, 몽골 땅

몽골이 어떤 나라인가. 우리나라 부산의 반밖에 안 되는 인구에 한반도의 7배가 넘는 땅을 가진 나라, 우리 한민족을 '솔롱고스(무지개)'라고 부르며 친애하는 나라, 몽고반점을 같이 가진, 얼굴과 골격이 영판 닮은 혈연의 나라, 우리 민족의 기원이라는 알타이산맥과 바이칼호를 끼고 있는 나라, 고려 100년 동안 공녀를 받고 공주를 보낸 장서丈胥의 나라, 지금은 인구의 1%를 한국에 인력 수출하여 GNP의 10%를 벌어들이며, 한국어를 제2외국어로 배우는 나라…. 쓰자면 한이 없다. 기내 옆자리에서 만난 한 젊은 몽골인은 부산에서 3년간 노무에 종사하다가 기한이 만료되어 귀국한다며 유창한 한국말로 한국서 번 1500만 원으로 아파트 한 채를 사 결혼하겠다고 한다.

미리 대기한 버스를 보니 한국서 수입한 중고차다. 한글이 그대로 씌어 있다. 이런 차가 몽골에는 수도 없이 돌아다니는데 선진국에서 온 물자임을 과시하려 일부러 한글 표지를 지우지 않는단다. 한때 세계를 지배했던 몽골이 오늘날 어쩌다 이렇게 몰락했는지 알아보는 것도 이번 탐방의 한 이유다.

인구 50만의 몽골 수도 울란바토르 가까이 오자 차창에 갑자기 칭기스칸의 얼굴이 나타난다. 왼편 산자락에 흰 돌로 그린 초상화였다. 칭기스칸은 러시아 식민통치기간 내내 제국주의자로 폄하되어 오다가 1991년 독립하면서 몽골인의 자존심으로 부활하고 있었다. 시내를 가로질러 논스톱으로 테를지 국립공원으로 차가 달리는 길은 아까보다 더 몽골적(?)이었다. 비포장도로는 무시로 가축 떼들이 가로지르고, 다 건너갈 때까지 버스는 당연히 기다린다. 사람보다 짐승이 더 많은 나라가 짐승에게 베푸는 배려 같았다.

가는 길에 우리네 성황당 같은 몽골 판 샤머니즘 돌무더기를 보았다. 돌무덤 주위를 세 바퀴 돌고 돌 하나 던져 올려 합장 기원하는 풍속이 우리를 닮았다. 그런데 꼭대기에 엉뚱하게 푸른 영기靈旗가 하나 꽂혀 있었다. 아무 글자도 무늬도 없는 민짜의 푸른 헝겊쪼가리를 막대기에 감아놓은 깃발인데 이것이야말로 몽골의 상징이었다. 나는 3박4일의 여정 동안 이 푸른 영기를 가는 곳마다 볼 수 있었다. 그래서 나는 청색을 몽골의 색이라 결론지었다. 몽골인들은 푸른 하늘을 사랑한다고 들었다. 아니, 사랑하는 정도가 아니라 섬긴다고 했다. 사람이 죽으면 천장天葬하여 독수리의 먹이로 주고 그 영혼은 하늘로 올라가 그들의 '영기Spirit Banner' 속에 영원히 산다고 한다. 대대손손 유목생활에서나 전쟁의 소용돌이 속에서도 그들은 '영기'를 가지고 다녔다. 영기는 '영원한 푸른 하늘'의 상징이었다. '푸른 하늘'은 살아서는 그들을 지켜주었고 죽으면 그 영혼이 다시 '푸른 하늘'이 되었다.

유네스코 세계자연유산으로 지정된 테를지로 가는 길은 민둥산에 기암괴석들이 많아 몽골 최고의 경관지역이라 한다. 내 보기에 산이며 기암괴석으로 말하면 우리나라 금수강산이 최곤데 더 볼 게 없겠고 다만 탐나는 것은 저 넓은 땅과 푸른 하늘이었다. 아무리 쳐다보아도 눈이 피로하지 않을 저 푸른 초원이야말로 정말이지 좁은 국토에서 나고 자란 우리에게 가장 탐나는 자연이었다.

별천지의 하룻밤

테를지 최고 휴양지 '미라지' 마을에 도착하니 현지시간 오후 8시, 아직도 한창 낮 뜨거운 오후였다. 배정된 게르에 짐을 부리고 나와 보니 주위에는 야생화, 야생초의 천국이었다. 가이드가 에델바이스라고 우기는 하얀 난쟁이 꽃들이 그야말로 소금처럼 흩뿌려져 있었다. 그 염전 같은 풀밭을 가로질러 우리는 뒷산에 올라갔다. 바위를 타고 안부에 오르니 또 다른 꽃밭이 전개되고 그 '흐름(오름)'을 타고 자작나무를 비롯한 침엽수림이 전개되는데 발아래를 보니 방금 짐을 푼 우리의 숙소인 게르들이 흡사 제사상에 진설한 고봉밥처럼 옹기종기 모여 파노라마를 연출하고 있었다.

이진록(12회) 회장 부부는 이 선경을 내내 손을 잡고 오르는데 그 뒷모습이 승천하는 고니부부 같았다. 송 복(9회) 교수는 언제 들고 왔는지 앱솔루트 보드카 한 병을 움켜쥐고 일찌감치 바위에 걸터앉아 신선처럼 한 잔 술을 걸치고 계신다. 프로 빰치는 사진작가 박순효(9회) 회장은 대형 니콘카메라로 풍경 찍으랴 사람 찍으랴 세설하랴 바빴다. 사진발이 잘 받는 빨간 티를 받쳐 입고 연신 셔터를 눌러대는 모습은 천국에 갓 입학한 천진난만한 동자승 같았다. 밤 10시가 넘어서야 날이 어둑해졌는데 취의당聚議堂 격인 중앙 게르에 탐방단이 다 모여 디너쇼를 즐겼다. 지난 4월 부임한 주몽골 한국대사 박진호(27회) 동문이 동문이라는 이유 하나만으로 바쁜 일정에도 불구하고 게르까지 찾아와 주었다. 노무현 대통령 방문 때도 공연했다는 몽골 최고의 민속가무 팀이 와서 공연을 했는데 박 대사가 중간 중간에 해설을 곁들여 박수를 받았다.

기념촬영 후 우리는 별이 쏟아지는 밤의 초원에 나가 별 서리를 하였다. 어느새 칠흑으로 변한 밤하늘은 그야말로 별천지요, 별들의 고향이었다. 아, 저 많은 별들이 어디서 다 나왔을까. 저 별은 뉘별이며 내 별은 어느 겐가. 사과밭에서 사과 따먹듯 손만 내밀면 바로 잡힐 듯한 거리에 무수한 별들이 떠 있었다. 별을 따는 대신 구워먹는(?) 캠프파이어를 했다. 달은 별무리에 밀려 지평선 쪽으로 낮게 간신히 걸려 있다. 그 위로 수시로 별똥별이 지고 있다. 머리 바로 위에는 카시오페아 좌와 북두칠성이 빛나고 그 사이에 항성인 북극성이 똑똑히 보였다. 우리는 모닥불의 불꽃으로 지상의 별을 만들어 밤하늘로 쏘아 올리며 기타 반주에 맞추어 "저 별은 나의 별" 같은 별 시리즈 노래를 불렀다. 별이 쏟아지는 대륙의 한 복판에서 마른 장작과 나뭇가지가 타며 내는 빛과 소리를 보고 듣자니 우주 속에 내가 있음을 실감할 수 있었다. 우리는 가슴에 별 하나씩을 품고 게르에 다시 돌아와 차려 놓은 음식과 노래방 기기에 맞추어 지신을 밟느라 아무도 밤 2시 이전에 잠자리에 들지 못했다.

초원의 빛과 32인의 청조인 기수들

몽골의 첫날밤에 제대로 잔 사람은 아무도 없었다. 그날 나는 마신 술이 자그마치 5종(소주, 맥주, 양주, 보드카, 마유주)이나 되어 시종 '별유천지비인간'을 헤매었다. 아침에 일어나니 안경도 없고 카메라도 없고 잠바도 없다. 몽골의 밤이 얼마나 추운지 무엇보다 잠바가 없다면 큰일이다. 베이지색 잠바를 찾았더니 이무화(12회) 선배가 자기 거라고 가져가 버린다. 머리는 찌근덕거리고 작취는 미성인데 찾을 것은 안 찾아진다. 침대 밑을 수캐처럼 기어 다니며 한참 만에 여기저기 흩어진 물건들을 다 찾았다. 하기야 좁은 겔 안에서 제가 어딜 가겠는가. 그래도 골은 때리고 걸음걸이는 기우뚱거린다. 내 술이 안 깨니 남들도 다 취중처럼 느껴진다. 그런 상태로 테를지 공원 안에 있는 승마장으로 갔다. 비록 취중이지만 드디어 대자연의 초원에서 말을 타고 달려보는 것이다.

차안에서 현지 가이드로부터 말 타는 법을 말로 배운 뒤라 모두 가뿐히 말에 올랐다. 말은 초원의 주인이며 몽골인의 친구이자 그들 삶의 중심이다. 13세기 칭기스칸이 유라시아 대륙을 정복한 것도 말이 있어 가능했다. 고대전투에서 말은 유일한 기동력이자 보급품이 필요 없는 최고의 병력이요 비상시 전사들의 식량이었다.

말은 영리하여 말 타는 사람들의 기분은 물론 하는 말도 다 알아듣는다고 한다. 그러니 타기 전에 잠깐이라도 말과 눈인사를 하고 "내가 너를 탈 테니 잘 부탁한다."고 가볍게 목덜미를 쓰다듬어주면 좋아한다고 한다. 제주 조랑말의 원조인 몽골말들은 서양말과 달라서 키가 크지 않아서 더 정다웠다.

우리말 '이랴'에 해당하는 몽골말이 '추'이고 '천천히'는 '오땅오땅'이다. 이 '오땅오땅'을 빨리 말하면 '빨리빨리'라는 말이 된다. 이 정도의 몽골말과 고삐로 방향 조절하는 법, 세우는 법, 출발하는 법, 달리는 법을 배우고 모두 말을 탔다. 과연 유목민족의 후예답게 우리 일행은 부인네들까지 빠짐없이 모두 말에 올랐다. 청조인 32인이 말에 올라 대열을 지어 푸른 초원을 가로지르는 모습을 상상해 보라.

초원의 주인이 따로 있나. 다들 표정들이 풋풋하고 싱싱하다. 대부분 견마잡이가 있어 안전하게 말을 몰았지만 박성훈(16회) 회장 같이 아예 혼자 말에 올라 대열을 벗어나 말에게 풀을 먹이며 여유를 부리거나 양발로 등자를 차며 말을 달리는 사람도 있었다. 나는 술이 덜 깬 상태로 견마를 잡히고 말에 올라, 그러니까 음주운전을 한 셈인데 운전(?) 내내 조마조마했다. 몇 Km의 초원을 한 바퀴씩 돌았는데 모두 아쉬운 표정이었고 낙마한 사람은 하나도 없었다. 견마 잡아준 아이들에게는 1달러씩 팁을 주었는데 몽골에서 1달러는 관광지 식당에서 이른 새벽부터 밤늦게까지 허드렛일을 해주고 받는 품삯에 해당하는 큰돈이란다. 그런데 말고삐 한번 잡아주고 손쉽게 1달러를 버는 세상이 왔으니 장차 이 나라의 노동시장도 앞날이 걱정된다.

울란바토르에 돌아와 한국식당에서 점심을 먹고 바로 공항으로 갔다. 이번 기행의 하이라이트 홉스골(Huvsgul)은 몽골 서북단에 있는 호수마을인데 교통수단이 험악한 곳이다. 칭기스칸 공항에서 프로펠러 비행기를 타고 1시간 반을 날아 홉스골 인근 므롱(Molon) 공항에 도착하니 오후 6시였다. 이 시골 공항은 얼마나 작은지 화장실이 딱 한 군데, 그것도 소변기 하나와 대변기 하나밖에 없었고 그나마 고장이 나 소변이 줄줄 샜다. 공항 문 앞에는 홉스골 가는 차량들이 많이 대기하고 있었다. 우리는 차 네 대에 분승하여 초원을 달렸다. 나는 김동현(17회) 내외, 엄철민(22회) 내외, 이재훈(32회), 정문수(39회) 등과 한 차를 탔는데 내가 조수석에 앉았다. 우리는 모두 드넓은 초원의 중심을 향해 달린다는 생각에만 빠져 앞으로 이 길이 우리들에게 어떤 고난을 예비하고 있는지 상상치 못했다. 애주가 송 복(9회) 선배가 가는 동안 술동무나 하자고 불렀으나 술이 술을 먹을 것 같아 눈 딱 감고 가지 않은 것이 다행이었다.

차는 초원 위를 달린다. 길 없는 길이다. 비포장도로에 먼지가 풀풀 인다. 앞차를 바짝 따라가다가는 열어놓은 창문에 먼지를 다 덮어쓸 판이다. 적당한 거리를 두고 초원을 달리는 장갑승합차는 한 마리 들소나 전마戰馬 같다. 그 옛날 칭기스칸이 서하로 달려갈 때 일으키던 먼지가 저러했을까. 잠시 먼지가 일었다가 사라지면 다시 초원에는 푸른 하늘과 흰 구름, 돌개바람과 초록 들판뿐이다. 그런데 묘하게 전신주들이 계속 따라온다. 유일한 문명의 흔적이다. 차는 달리는데 차창 밖은 가도 가도 끝이 없는 무인지경이다. 암만 달려도 차는 원의 중심을 벗어나지 못한다. 원주에 도달했다 싶으면 어느 새 다시금 원의 중심에 서 있는 차를 본다. 문득 눈앞에 '만디(구릉)' 하나가 뜬다. 저 '만디'를 넘으면 다시 벌판, 그 벌판을 지나면 다시 '만디'가 나온다. 칼 붓세의 시에 나오는 '산 너머 저 산 너머 행복이 있다기에'를 '만디 너머 저 만디 너머 홉스골이 있다기에' 로 바꾸어 부르며 가도 가도 행복도 홉스골도 없고 '만디'만 이어진다.

이 길은 차가 가니까 도로지 그냥 풀밭일 뿐이다. 평지라고 해도 길이 얼마나 험한지 우리가 흔히 쓰는 '비포장도로'라는 말은 여기서는 호사스런 말이다. 차들이 하도 다녀 골진 이랑이 바로 차선이다. 양 바퀴가 지나간 궤도 사이로 다시 풀이 자란 모습은 직선과 원색의 화가 몬드리안이 그릴 법한 추상화 같다. 이런 차선 아닌 차선이 두 줄

혹은 네 줄씩 이어지는데 이게 중앙분리대도 없이 서로 X자로 넘나들며 왕복 차선으로 쓰인다. 무서운 속도로 차들이 교행할 때는 꼭 마주 보고 돌진하는 기차를 탄 것처럼 아찔아찔하였다. 내가 탄 러시아제 장갑차는 실내에 엔진룸이 있고 전기코드가 껍질을 드러낸 채 어지러이 널려 있으며 시트는 아예 쿠션이 없는 철제의자였다. 최고속도가 80km 정도인데 최대 속력 때 내는 엔진토크 소리가 어찌나 큰지 앞뒤자리 간 대화가 안 될 정도였다.

이런 차를 모는 기사는 죽을 둥 살 둥 액셀을 밟는다. 마치 적들에게 추격당해 필사적으로 달아나는 도망자 같다. 내가 군대 시절 타던, 강원도 산골을 무법천지로 날아다니던 '독고다이'는 저리 가라다. 길은 상하 전후좌우로 울퉁불퉁한데 차는 묘기대행진에 나오는 반달형 스키보드처럼 근 90도 각도의 흙벽을 타고 가거나 폭풍이 몰아치는 바다에서 롤링과 피칭을 거듭하며 필사의 탈출을 시도하는 표류선처럼 곡예를 한다. 임산부가 탔다면 100% 유산할 정도로 오장육부가 뒤틀린다. 기사는 이런 곡예가 아무렇지도 않은 듯 무표정하게 차를 몬다. 갱단 영화에 나오는 추격 장면의 주인공이 된 기분이랄까.

차안은 의외로 조용하다. 모두 되는 대로 몸을 맡기고 있다. 평소 입담이 구수한 엄철민 동문도 언제부턴가 말이 없다. 나는 앞좌석에 앉아 차체의 충격을 있는 대로 다 받아 엉덩짝이 군대 '빳따' 맞은 듯 아프고 배겨서 그냥 앉아 있을 수가 없어 계속 전후좌우로 박자를 맞춰가며 들썩들썩하였다. 박자가 어긋나면 어김없는 천장 박치기다. 술에 찌든 골치가 차에 받쳐 골통까지 멍이 들었다. 그렇다고 차는 시종 이렇게만 가는 것도 아니어서 평탄한 길에 들어서면 일망무제로 엎드린 초원이 있고 그 초원 저 끝에서 엘리아 카잔 감독의 광명한 '초원의 빛Splendor in the Grass'이 보인다. 오, 초원의 빛이여! 만고의 패왕이여! 대자연이 펼치는 파노라마에는 오아시스 같은 호수가 나오고 양, 염소, 야크 들이 떼 지어 있고 하얀 만두 떡 같은 게르가 나온다.

문득 살아서 이런 풍경을 볼 수 있다는 것에 몇 번이고 감사하고 싶어진다.

홉스골 가는 길, 풀밭 위의 식사

홉스골 가는 길 중간쯤 되는 곳에 달랑 찻집 같은 이층 통나무집이 딱 하나 있었다. 일종의 휴게소다. 거기에 내려 식사를 하기로 했다. 시간이 오후 9시니 이미 늦은 저녁인데 여기서는 중식이란다. 우리는 모두 야생화가 가득한 풀밭 위에 자리를 깔고 앉았다가 조리를 위해 마른 개천으로 옮겼다. 그런데 옮기자마자 우리의 탐방단장인 박성훈 회장이 모기에 물렸다. 그 많은 사람 다 놔두고 하필이면 단장에게 달려든 까닭은? 그 인사성 밝은 모기는 야생모기를 조심하라는 뜻으로 우리 단장에게 대표적 경고사격을 한 것이리라. 박 단장의 '상신성인傷身成仁'으로(?) 우리는 바로 모깃불을 피워 모기를 쫓아 모두 무사하였다. 가져간 도시락에 즉석 된장국을 끓여 먹는 맛은 말로 다할 수 없다. 야생 염소 떼가 냄새를 맡고 몰려와 코앞에서 우리를 노려본다. 웬 침입자들인가 하고 따지는 눈빛이었다.

라면까지 끓여먹고 나니 이내 해가 떨어졌다. 해가 지니 바로 기온이 급강하하는데 반팔 티에 홑 잠바 하나만 걸친 나는 갑자기 한기가 들어 온몸이 사시나무처럼 덜덜 떨렸다. 우리는 서둘러 승차하여 다시 달렸다. 이제부터는 완전한 어둠 속에서 오직 감으로 길을 찾아가는 것이다. 한참을 달리니 초원의 끝인 듯 드디어 어떤 숲속에 들어온 것 같았다. 길도 숲도 아닌 길을 차가 말처럼 길을 만들며 간다. 가다가 차가 진흙탕에 빠지기도 하고 나뭇가시에 걸려 안테나가 부러지기도 하고 백미러가 나가기도 한다. 헤드라이트 앞에 코끼리만한 들소가 드러누워 밤잠을 청하고 있다. 짐승들은 아예 차 같은 건 안중에도 없는 듯 비키려고 하지도 않는다.

이렇게 두어 시간 가까이 악전고투한 끝에 홉스골 게르 촌에 도착

했다. 노독에 지친 일행은 맛있는 몽골식 저녁 식사가 기다리는데도 불구하고 모두 배정된 게르에 들어가 나오지 않았다. 모두들 하는 말이 "알고는 못 올 길을 왔다."는 것이다. 기온은 더욱 급강하하여 게르마다 장작불을 땠는데 밤중에 불이 꺼져 난리를 쳤다.

잠 안 자는 물고기

8월 한복판인데도 몽골의 밤은 찼다. 얼마나 잤는지 자다가 나는 등허리가 시려 잠을 깼다. 서너 평 남짓한 게르(Ger) 안에 함께 든 안병태(18회, 이화여대 교수)도 추워서 깨어 있었다.

게르 복판에 피운 장작 난로는 이미 꺼져 있었다. 어젯밤 듣기로는 이곳 종업원들이 밤새 잠 안 자고 계속 순찰 돌며 불을 봐주니 안심하고 자라고 했는데 이게 어찌 된 일인가. 덜덜 떨며 불을 지피고 있는데 느닷없이 앞 게르의 박순효(9회) 회장이 들어와 "어어, 춥다 추워." 하며 장작더미로 가더니 "여긴 아직 장작이 많네." 하며 한 움큼 들고 가버린다. 막고 달고 할 새도 없이 눈뜨고 '장작서리'를 당한 것. 무슨 군대 보급품처럼 남은 장작으로 불을 붙이고는 겉옷을 껴입고 침대 속에 몸을 돌돌 말아 잠을 청했다.

장작불은 잠깐 타는 시늉하다가 얼마 안 가 다시 꺼졌고 추위를 견디지 못한 안 교수는 새벽녘에 다시 일어났다. 뒤늦게 불 보러 온 몽골 종업원에게 불평 반 사정 반 장작불을 잘 지펴줄 것을 보디랭귀지로 요구했으나 그가 몽골어로 뭐라 하고는 불도 안 피우고 가버리자, "야, 그냥 가면 어떡해!" 하고 한국말로 소리치며 쫓아나갔다. 게르 입구는 여닫이 조각문에 디딤돌이 하나 덜렁 놓여 있을 뿐 바로 맨땅이요 풀밭이었다. 안 교수는 어둠 속에 발을 헛디뎌 넘어졌다. 순식간에 몸과 옷을 버린 그는 할 수없이 세면장에 가 대충 씻고 돌아와 다시 난로에 장작을 넣고 입으로 호호 불어 불을 지피고는 팬티랑 젖은 옷을 난로 주변에 널고 타월까지 연통에 둘둘 감아 놓고는 더 잠도 안

와 새벽 산책길에 나섰다.

자, 이야기는 지금부터다. 이하는 뒤에 들은 것을 재구성해 본 것이다. 게르 안에는 나 혼자 세상모르고 자고 있는데 장작불은 잘 안 붙어 매연이 꽉 찼다. 그러다 뒤늦게 불이 붙어 연통 틈새로 새어나온 불길이 감아놓은 타월을 태우고 바야흐로 주변에 널어놓은 옷과 내 침대시트 자락에 옮겨 붙을 찰나였다. 내가 누운 침대는 난로에서 불과 1미터 남짓한 거리. 그대로 두면 매연과 화염에 싸여 나는 통닭구이가 될 판이었다. 이때다. 천우신조랄까, 천사의 화신 같은 여인 하나가 우리 게르에서 연기가 심하게 나는 것을 보고 황급히 달려들어왔다. 다짜고짜 불부터 끄고 타다 남은 타월과 옷가지를 게르 바깥에 버리고 문을 활짝 열어 환기를 시켰다. 응급조치를 끝낸 그녀는 내 침대로 다가와 "어서 일어나요. 일어나." 하고 흔들었다. 나는 잠결에 누군가가 내 어깨를 흔들며 깨우는 것 같기는 한데 습관처럼 잠에 취해 일어나지 않았다. 그 간에 그녀는 게르 입구에 나가 방안의 연기가 빠져나가는 것을 지켜보고 있었다.

얼마나 흘렀을까, 목이 갑갑하여 나는 벌떡 자리에서 일어났다. 흘낏 밖을 보니 문밖에서 나를 지켜보던 여인이 유령처럼 사라진다. 나는 형체만 보았지 유령의 얼굴은 못 보았다. 뭔가 이상하여 둘러보니 곁에 있어야 할 안 교수는 없고 미처 빠져나가지 못한 매연과 벌겋게 단 양철 연통만 찍찍거리고 있었다. 그때까지 나는 그 '유령'의 도움으로 절체절명의 위기에서 막 벗어난 줄은 까맣게 몰랐다. 조금 있으니 김성식 동문(30회)이 들어와 박 회장 사모님 물건이라며 탁자 위에 놓인 세면용구를 가져간다. 아하, 그렇다면 조금 전 유령은 유령이 아니라 그 사모님일시 분명하다. 어수선한 머리로 세수하러 밖으로 나가니 마침 안 교수와 박순효 회장이 저쪽에서 걸어온다. 나는 박 회장께 형수님이 새벽에 우리 방에 와 나를 깨우더라고 했더니 무슨 소리냐는 듯 의아하게 쳐다본다. 이것은 나의 착각으로 뒤에 밝혀진 바 문제의 '유령 여인'은 박순효 회장이 아니라 우리 옆 게르에 든 박성훈(16회) 회장 부인 안순모 여사였다.

게르 촌의 미스터리

그날 새벽 일찍 세면장을 다녀온 안 여사는 마침 연기 나는 게르를 보고 다급한 김에 자기 게르에 불이 난 줄로 착각하고 들어와 소화 작업을 벌인 것이었다. 아무런 지형지물도 없이 맨 풀밭에 대오를 맞춰 죽 쳐놓은 게르는 외부나 내부구조 공히 워낙 비슷하여 착각하기 십상이었다. 그러나 내게는 그 착각이 119 긴급구조에 버금가는 고마운 착각이었으니 만약 그날 밤 그 자리에 그 '유령' 아니 '천사'가 지나가지 않았다면 어찌 되었을까. 지나는 갔더라도 매연을 보지 못했다면, 또 게르 호수를 착각하지 않았다면 원래 사고는 순간인데 무슨 일이 벌어졌을지 생각만 해도 아찔하였다.

이 일은 삽시간에 전 게르에 소문이 좍 퍼졌고 아침식사 시간에 즉석 진상조사위원회(?)가 구성되었다. 사고 원인을 놓고 단순 실화냐, 미필적 고의에 의한 방화냐를 두고 논쟁이 벌어졌다. 세계적 추리작가 아가사 크리스티의 탐정극 『그리고 아무도 없었다』에 나오는 배경과 인물설정이 비슷하여 온갖 추론이 다 나왔다. 청문회를 한다면 제1의 소환자는 아무래도 안병태 군이다. 곽태철 변호사(26회)는 이 문제는 관점에 따라 대단히 복잡한 미스터리라며 시간을 두고 신중하게(?) 접근해야 할 사안이라고 했다.

갑론을박 끝에 결론적으로 사건의 성격이야 어찌되었든 인적 물적 피해가 없었다는 점, 그 최대 수혜자는 이국타향에서 절 모르고 소신공양주가 될 번했던 '나'이며, '유령 여인'은 무엇보다 이번 여행의 돌발성 비극을 막은 최대의 공로자라는 데 중론이 일치하였다. 안 교수야 내가 추울까 봐 불을 지펴준 죄밖에 더 있겠는가. 이리하여 안 여사님은 졸지에 나에게 생명의 은인이 되었고 나는 이 점을 저녁 회식 때 만천하에 공표하고 결초보은의 뜻으로 몽고 맥주 한 잔을 따라 올렸고 그 잔에 하사주(?)를 되받아 마셨다.

이 일은 이번 여행의 최대 사건이자 화젯거리였다. 죽었다 살아난 나는 재생의 기쁨으로 새로 돋는 아침 해를 맞았다. 게르 촌은 야영지로서 야생화 천국이었고 눈부신 아침햇살을 온몸으로 받으며 쭉쭉빵빵 뻗은 침엽수 사이로 거울보다 맑은 호수 면이 보석처럼 빛나고 있었다. 아침을 먹고 나오니 아침 해를 역광으로 받으며 관광객을 노린 '이동주부'들이 풀밭 위에 보따리를 풀어 난장을 벌이고 있었다. 야크 가죽이나 사슴뿔, 카멜 의류, 캐시미어 목도리, 털모자와 눈신발, 장신구 등을 놓고 파는데 나는 5불을 주고 마노 석石으로 된 수제목걸이 하나를 샀다. 잘 다듬은 원석에다 깨알 같은 염주로 엮은 인디언추장의 훈장 같은, 공임만 해도 상당할 물건인데 아무도 안 사길래 나는 간밤의 일도 있고 해서 무슨 부적 삼아 샀다. 박 회장이 나더러 물건 보는 안목이 있다고 추켜 주었다. 나는 그 목걸이를 목에 걸고 거울보다 맑은 홉스골 호수에서 배를 타고 나갔다.

북쪽 이웃에 있는 바이칼 호수는 그 크기가 호수가 아니라 바다라는데 홉스골은 우리의 경상도만한 면적에 지도상에서 보면 원아이잭 One-eyed Jack 같은 아미를 가진 아름다운 호수로 그 최남단 하트갈 Hatgal에서 보는 풍경은 타원형의 사진액자 같은 산에 둘러싸인 그야말로 명경지호였다. 이 호수는 얼마나 물이 맑은지 육안으로 수심 수십m의 속살이 투명체로 보이고 그 물은 정수기 없이 그냥 마셔도 되는 자연생수란다. 물속에는 철갑상어, 무지개 송어 등 찬피동물들이 사는데 겨울에는 40m 두께로 얼음이 얼어 바이칼 호수 쪽 리시이 국경까지 얼음 위로 도로 표지판이 서고 경찰이 교통단속을 한다고 한다. 그 얼음 밑에는 100만 년 전 빙하시대의 영원한 물이 흐른다. 이 푸른 물과 영원한 푸른 하늘, 가없는 푸른 초원! 이 천혜의 청색 3보寶의 대자연 속에 몽골은 세세년년歲歲年年 찰나적 유목의 생을 이어간다.

그 유목의 역사에 짧지만 굵었던 칭기스칸이 있다.

몽골의 청색 삼보

오후에는 홉스골 호숫가를 따라 단체로 말을 탔는데 다들 두 번째라 그런지 익숙하게 잘들 탄다. 가다가 잠시 하얀 자갈밭에 내려 호수물에 탁족하며 쉬기도 했다. 몽골 국기에는 횃불과 해와 달, 그리고 잠 안 자는 물고기가 그려져 있다.

이 물고기는 24시간 눈을 뜨고 있기에 늘 깨어있는 정신을 상징한다고 한다. 나는 호수에 발을 담그고 혹시나 하고 그 '잠 안 자는 물고기'를 찾아보았지만 역시나 찾지 못했다. 그런데 그 '물고기'들을 같이 간 우리 청조인들에게서 발견하였다. 물론 간밤에 '잠자는' 물고기로 자칫 생선구이가 될 번했던 '나'는 빼고 말이다. 당장 우리 일행 중에 그 '천사' 같은 '깨어있는 물고기'가 있었기에 내가 객사하지 않은 것이 그렇고, 프런티어 정신으로 그 '알고는 못 갈' 오지를 종횡하고도 끝내 사고 한번 나지 않은 것이 어찌 우연이겠는가. 또한 청조인의 '행동하는' 우애, '잠 안 자는' 동문의식이 없고서야 어찌 이런 화기애애한 여정이 시종일관 가능했겠는가.

나는 그 험한 육로와 공로를 되짚어 울란바토르로 돌아오는 길에 '몽골별사蒙古別辭'라는 오언절구 한 수를 지었다. 한시에 일가견이 있는 송 복(9회) 교수께 보여 자구를 수정받아 이를 마지막 날 회식 때 내가 읊고 송 교수께서 풀이를 해 만장의 박수를 받았다. 부끄럽지만 한번 옮겨본다.

碧空雲片片 綠原畜散散 (벽공운편편 녹원축산산)
푸른 하늘에 구름은 둥실둥실 초록들엔 축생들 듬성듬성
不輸此風情 只有夢夢現 (불수차풍정 지유몽몽현)
이 풍정 갖고 가지 못하니 다만 꿈속에서 두고두고 보리라

중산회와 구라의 미학

[2007년 2월]

그 말을 듣고부터 화장실에 가면 자꾸 웃음이 나온다. 남자는 구조상 서서 소변을 보는데 끝낼 때는 반드시 끝물을 털게 되어 있다. 이때 그것을 세 번 이상 털면 '자위행위'라는 말 이 생각나서다. 오줌발이 세던 젊을 때와 달리 나이 들면 고개 숙인 수도꼭지처럼 졸졸 새기 일쑤라 두 번 만에 끝내기는 어렵다. 어쩌다 바닥에 흘리기라도 하면 코앞에 붙은 "남자가 흘리지 말아야 할 것은 눈물만이 아니다."라는 시구 같은 경고문 보기가 민망해진다.

우리나라 남자화장실 소변기 사이에는 대부분 칸막이가 없어 보려고 들면 옆 사람의 귀중품을 얼마든지 볼 수 있다. 안 봐도 몇 번 흔드는가 하는 것쯤은 감으로 다 알 수 있다. 지금까지 두 번 만에 끝내고 지퍼를 올리는 사람은 별로 보지 못했다. 사람에 따라 회수에 상관없이 털릴 때까지 털거나 아예 손으로 훑어 닦는 성질 급한 사람도 본다. 이때 세 번 이상 털거나 손으로 훑치는 행위는 자위행위로 간주해야 한다는 주장이 있다. 공안검사를 역임한 반헌수(13회) 변호사는 자위행위를 사적인 공간에서 하는 거야 자유행위지만 공적인 장소라 할 공중 화장실에서 할 경우 선량한 화장실 질서(?)를 문란케 할 우려가 불소하므로 '자위세'를 물려야 한다는 것이다.

자위행위의 정의

이 희한한 법리에 가책(?)을 느낀 나는 그 후 일을 볼 때마다 필사적으로(?) 두 번 만에 끝내려고 노력하는데 그게 잘 안 된다. 나도 몰래 회수를 오버하다 보면 아차, 지금 내가 무얼 하고 있는 건가 하는 생각에 쿡쿡 웃음이 터지는 것이다. 그러면 옆 사람이 이상스레 쳐다보기도 한다. 심각한 대화 중 잠깐 소피보러 나왔다가 이렇게 웃다보면 의외로 굳었던 표정이 풀리기도 하여 고마울 때도 있다.

원래 정화운동은 많이 할수록 좋은 일이다. 소변 행위도 일종의 신체 정화운동일진대 어째서 많이 하면 안 된다는 건지 이해가 안 가지만 여기에는 숨은 메타포가 있다. 우리가 산다는 것은 생리적으로 보면 먹고 싸고 자는 일의 반복이라 할 수 있다. 똑 같이 반복되는 일상사 하나까지 웃음과 해학으로 연결시켜 보려는 의도와 이를 표현해내는 말 펀치에 놀라게 된다. 이것이 구라의 미학이다. 거짓말이되 밉지 않고 남에게 피해를 안 주는, 그러면서 나름의 논리와 설득력을 갖고 있는, 때로는 감동까지 주는 즐거운 거짓말이 바로 구라다.

반헌수 변호사는 현직 시절 검찰 3대 구라 중 하나였다고 한다. 나는 그 프로필을 지난 해 연말 모임에서 처음 보았다. 바로 '중산회中山會' 모임이다. '부고 중의 부고', '성골 중의 성골'이라고 자칭하는 모임이다. 우리 부산고는 다 알다시피 부산중과 부산고를 합하여 중 · 고 동창회가 하나로 엮여져 있어 우스갯말로 그 회원을 신라 골품제도에 비겨 부중 · 부고를 다 나오면 '성골'이고 그 중 하나만 나오면 '진골'이라 부르기도 하는데 성골이면 성골이지 성골 위에 다시 '왕 성골'이 있는 줄은 나도 몰랐다. 부중, 부고는 물론이고 부산고 바로 코앞에 있는 '중앙초등학교'까지 나온, 말하자면 고스톱에서 세 번 '뻑'한 사람들의 모임이 중앙 '중'자, 부산 '산'자의 모임인 중산회라고 한다. 이들이 '왕 성골'인지 아닌지는 모르겠으나 초량골의 토박이요 터줏대감인 점만은 인정해 주어야겠다.

모임의 멤버들도 짱짱했다. 좌장격인 허삼수(10회)를 비롯하여 신만식(11회), 윤기선(11회), 반헌수(13), 고학봉, 이종길, 유명철, 배종렬(이상 14), 이영일(15), 한중석(15), 손경호(16), 이상영(16), 이문재(18), 강신철(18), 정의화(20), 추호석(22), 최해원(23), 김학성(28) 등이 그 면면인데 가히 부산고의 '퀄리티 OB' 모임의 하나로 봐줘도 될 성싶다. 동창회는 모름지기 이런 소모임이 확대 재생산되어야 품이 넓어질 것이다.

모인 지 불과 3년 만에 여덟 자리 숫자의 회비가 모여 처치 곤란이고 모교 돕기도 많이 하는 모양이며 가끔 가다가 허영자(여류시인), 신유성(23회), 그리고 나 같은 사람을 게스트로 불러 주기도 한다.

이날 모임을 보니 회의 방식, 의사 결정 등에서 독특한 점이 많았다. 예컨대 회장 임기를 종신제로 하자는 주장이 나오자 즉각 그것은 비민주적이니 선출제로 하되 대신 1기 30년으로 하고 1차에 한해 중임하도록 하자는 카운터 오파가 나오고 즉석에서 만장일치로 가결시킨다. 또, 총무가 회장도 모르게 후임 총무를 미리 정해 놓고 전격 발표하는 날치기를 시도하자 배종렬 회장이 기가 막혀 "어, 어…" 하면서도 속으로는 대견한 듯 눈에 힘만 한 번 주고 그대로 추인하고 마는 졸속 정실(?) 행정이 그러했다.

이어 Escuda Rojo, Kendall Jackson 등 포도주를 곁들인 우아한(?) 만찬이 시작되었다. 화제는 고담준론에서 신변잡담까지 무제한 이어졌지만 언제나 결론짓는 쪽은 반헌수였다. 조자룡 헌 칼 쓰듯 종횡무진 난무하는 구라 펀치와 걸쭉한 입심으로 시종일관 좌중을 쥐고 흔드는데 그 언변 영색令色이 과연 명불허전이었다. 그런데 이 언변은 가려들어야 한다. 원자폭탄이 아름답다고 쳐다보다간 일순간에 장님이 되고 말 듯 곧이곧대로 듣다간 구라의 수렁에서 헤어나지 못한다. 어디까지가 진실이고 어디까지가 구라인지 통박 잡고 가려듣지 않으면 진도를 따라갈 수 없다. 혹 중간에 "거 침말입니까?"라고 물었다가는 대번에 IQ를 의심받는다. 그에 의하면 IQ 129 이상 되면 누구나 사실과 구라를 가려들을 수 있다고 한다. 그러니 질문 잘못했다가는 졸지에 IQ 수준이 '뽀록'날 것을 각오해야 한다.

이날, 제일 먼저 내 귀를 때린 것은 앞에 말한 공공장소에서의 '자위행위'이고, 그 다음으로 내 귀를 솔깃 당긴 것은 '방귀세'다. 해외여행 이야기가 나오자 대뜸 뉴질랜드에 가면 방귀세가 있으니 외국여행 좋아하는 사람은 조심하라는 말이었다. 그곳은 하도 공기가 청정한 곳이라 방귀를 뀌면 즉시 공기가 오염된다. 그래서 공공장소에서 방귀를 뀌면 방귀의 종류에 따라 방귀세를 물린다는 것. 세상에, 방귀세라니? 그런 것도 다 있나 하겠지만 뉴질랜드가 세계 환경 십승지 중 하나인 줄 안다면 그 말이 '난데없이 굴러온 놈' 같지는 않다. 싱가포르는 거리에 침을 뱉거나 담배꽁초를 버리면 칼 같이 벌금을 물린 지 오래되었고 우리 금강산도 관광객 더러 자기 배설물을 비닐봉지에 담아 가게 한다고 하지 않는가.

그렇다 해도 세상에 방귀세가 있다는 말은 머리털 나고 처음 듣는다. 이 쇼킹한 말을 듣고도 반박하는 사람이 아무도 없다. 방귀란 자연발생적으로 나오는 것인데 그걸 어찌 참을 것이며 나온다고 '비닐'에 담아올 건가. 세상에 뉴질랜드 안 가고 말지 며느리 앞에서도 못 참는 방귀를 그까짓 공기 오염 안 시키려고 아무도 안 보는데 참을 바보가 어디 있나. 일 본 후 물증도 없는데 오리발 내밀면 또 어쩔 텐가.

그나저나 반 선배의 말이 구라가 아니라면 누구든 하루라도 죄 안 짓고 살기는 틀렸다. 맨 날 자위 상습범에다가 방귀 현행범이 되고 말 테니까 말이다. 그러면 이 기상천외한 구라들은 누가 다 만드는가. 살피건대 반 변호사가 풀어놓는 구라는 누구에게서 들은 얘기가 아니고 본인이 직접 창제한 것으로 보인다. 좋게 말해 그의 구라는 단순한 구라가 아니라 그 경지가 문학작품 수준에 닿아 있다. 앞서 말한 것처럼 구라는 '그럴 듯한 거짓말'인데 이는 픽션인 소설과 그 태생이 다르지 않다. 알다시피 문학작품이란 체험과 상상력의 조합인데 문학작품에서 작자는 자주 가면을 쓰고 나와 그럴듯한 이야기를 전개시켜 독자에게 감동을 준다. 그럴듯하지 않은, 얼토당토 않는 이야기는 구라도 작품도 될 수 없다. 구라는 말로 하고 문학은 글로 하는 점이 다를 뿐

창조행위인 점에서 둘은 다르지 않다.

인생은 짧고 하루는 길다

'구라'란 말은 내게도 친한 말이다. 이 청조만담을 쓰고부터 나도 '박구라'라는 별명을 얻었는데 나의 '박구라'와 반헌수의 '반구라'는 질이 다르다. 다들 내가 도나 개나 끌어들여 지면을 메워 가는 걸 보고 '구랏발'이 세다고 하지만 그것은 반어적 레토릭일 뿐 내 글은 구라보다 사실 쪽에 가깝다. 그러나 '반구라'는 현란한 말의 구라로 사실보다 구라 쪽이 승하다. 그러나 말이 글이요 글이 말인 점에서는 크게 다를 것도 없다. 바꾸어 말하면 '반구라' 형님도 구라를 그 정도로 칠 양이면 시나 소설을 쓸 자질이 다분히 있다는 말이다. 아니나 다를까 그날 내가 온 것을 보고 자기도 중학교 때 시를 썼다고 운을 뗀다. 그 중 '구름'이란 시는 〈오륙도〉 교지에도 실렸는데 당시 유치환, 이영도 시인들에게서 칭찬을 받았다고 한다. 이 말에 좌중은 또 어디까지가 구란지 모르겠다고들 했지만 나는 바로 진짜인 줄 알았다. 그것은 문학의 '구라'적 속성을 알기 때문이다.

반 선배는 몇 해 전 『인생은 짧고 하루는 길다』라는 책도 냈다는데 본 사람이 없어 다들 반신반의했지만 그 또한 구라가 아님을 나는 직감했다. 낱권 5천 원짜리 4천부를 자비로 출판했는데 시중에 딱 1권밖에 안 팔려 정확히 19,995,000원어치 손해를 보았단다. 딱 1권 팔렸다는 말이야 구라겠지만 발간한 것은 사실이겠고 내용 또한 제목만 봐도 구라 같지는 않다. 『인생은 짧고 예술은 길다』라는 희랍의 잠언을 패러디하여 '예술'을 '하루'로 환치한 것부터 작가다운 감각이 엿보인다. IMF 이후 우리 사회에 할 일이 없어진 사람들이 얼마나 많은가. 바둑을 두어도 시간이 남고, 산에 가도 공원에 가도 시간이 지천이다. 누워 봐도 앉아 봐도 하루는 너무 길다. 이 긴 하루를 어떻게 보내고들 있는지 또 이를 바라보는 저자의 시선이 얼마나 촉촉한지 구해서

한 번 읽고 싶어진다. 잘 하면 '반구라'의 숨은 내면, 구라와 진실의 경계가 게 있을지 누가 아나.

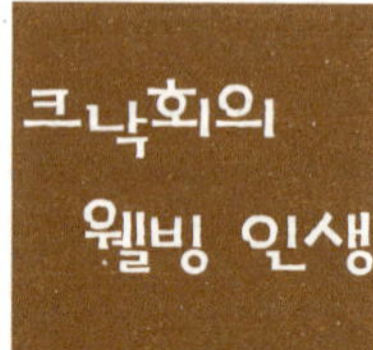

[2007년 5월]

'노블레스 오블리주'란 말도 있듯이 남 놀 때 안 놀고 노력하여 이룩한 부라면 '가진 자'를 미국 사회처럼 존경하지는 못해도 무조건 백안시하는 풍조는 빨리 사라져야 할 것이다. '좋은 학교'를 나와 '좋은 일'을 많이 하고 사는 부고인들도 많기 때문이다. 이를테면 크낙회 같은 모임이 그러하다. 크낙회는 그 이름도 독특하지만 구성원들 면면이 '노블'하고 '오블'하여 천연기념물인 크낙새를 닮았다. 크낙새는 우리나라에만 남아 있는 희귀조로 스스로의 노력으로 나무에 둥지를 쪼아 집을 만들고 유해충인 소나무좀을 잡아먹고 사는 익조이면서도 날렵한 몸매와 머리에 빨간 깃털을 단 멋쟁이 새다.

크낙새와 크낙회

9회에는 많은 동아리 모임이 있고 그 이름들이 대부분 구목회, 구구회, 구록회, 구락회, 구기회, 구산회 등 '구'자 돌림으로 되어 있는데 크낙회만은 순수 한글 이름으로 되어 있다. 이 이름은 김수남 동기가 지었는데 모교 교가 2절에 나오는 '사나이의 크낙한 뜻 바다처럼 호호코저'의 '크낙한'에서 따왔다고 한다. 여기서 '크낙한'의 뜻이 무엇인지 잠시 국어학자 박지홍 교수(모교 은사)의 해석을 들어보자.

"'크낙한'이란 '크나큰'이란 말을 강하게 하기 위하여 크낙(어근)+한(접미사)으로 다듬어 만든 것인데 이 구절의 의미는 '부산고 학생들인 우리들은 사나이, 우리들은 미래에 대한 포부를 저기 바라다 보이는 부산만의 푸른 바다처럼 크게 넓게 가지고 싶구나.'의 뜻이다."

우리 교가는 부고인을 영원히 부고인답게 해주는 구심점 역할을 하고 있는데 그 교가와 모교를 사랑한 김수남 동문이 회명으로 차용하고 이를 만장일치로 수용한 회원들의 낭만이 이 이름에서 담뿍 느껴진다. 김수남 동문은 이름뿐 아니라 이 회의 헌장憲章까지 만들었는데 무슨 사회단체도 아니고 조그만 동기회 동아리 단위에 헌장이 있다는 사실 또한 놀랍지 아니한가.

이 모임은 이들 나이 한창 때인 32세 때 어느 동기회 모임에서 발단하여 지금까지 40년간 한 번의 거름도 없이 한 달에 한 번씩 모인다고 한다. 처음 20명 회원에서 출발하였는데 그 사이 권창재(금강병원 부원장), 윤현호(삼정시계 대표), 김수남(소년한국일보 사장) 등 3명이 작고, 현재는 17명으로 줄었으나 참석률은 늘 100%라고 한다. 그 면면을 보면, 김남재(효성물산 전무), 김동길(경인양행 회장), 김명준(김명준외과 원장), 김성권(육군소장 군사정전위 한국대표), 김재룡(상미건설 대표), 김진탁(명일기획 대표), 박순효(한진무역 회장), 박해열(영화회계법인 이사), 변영호(한국전기초자 상임감사), 안승채(태영물산 대표), 이수희(육군소장 국방대학총장), 이재억(한양의대 교수), 이증(울산MBC 사장), 장상재(변호사), 최종적(서울청과주 대표), 하양학(주동방 대표), 허영구(신한플라스틱 대표) 등이다.

처음에는 회원 집을 순회하다가 10여 년 전부터 캐피탈호텔 뷔페로 정하여 만난다. 이 모임의 장수 비결 중 하나는 부담 없는 회비 책정이라고 한다. 회비는 한 번 식사비에 시나시 않는 월 2~3만 원으로 하고 초과비용은 적립금(현재 12백만 원) 중에서 떼어 보충한다. 만나서 특별한 이야기를 하는 것도 아니다. 그냥 건강, 술, 시사문제, 신상문제, 여행담, 근황 등을 방담 형식으로 주고받는다. 회원 주변에서 궂은 일, 어려운 일이 생기면 십시일반 돕는다. 결의할 일도 없지만 한다면 만장일치제가 특징이라면 특징. 이 회의 또 하나 특징은 회장이 만년 회장이라는 점이다. 바로 박순효 회장이다. 친목단체의 회장이란 자고로 권력도 명예도 없는, 그야말로 봉사와 헌신만 강요되는 자리 아닌가. 그런 자리를 한두 번의 연임도 아니고 만년회장이라니 어지간히 무딘 사람 아니면 타고난 서비스 맨이 아닐 수 없다.

그런데 잘 보면 그의 집안은 초창기 부산고 사친회장을 역임하신 부친과 자신을 포함하여 3형제(박순재 6회, 박순보 11회)가 모두 부산고를 나와 평생을 모교인 부산고를 말이 아닌 몸으로, 그것도 부자간에 대를 이어 충성한(?) 드문 케이스다. 박 동문은 재경동창회 부회장을 6년이나 한 후에 마침내 제17대 회장(1994~1996)을 역임하면서 동창회를 한 단계 레벨업 시켰다. 재임 시 "전체 동문이 다 참여하는 동창회가 되자."는 다분히 학교 교훈 같은 목표를 정하고 기업경영 마인드를 도입하여 그때까지 미흡하던 예·결산 체제를 투명하게 확립하고, 각종 행사나 전체 동창 모임을 명문 '부산고'의 이름에 걸맞게 장소 선정이나 대회 규모에 관심을 기울여 초일류호텔 급으로 격상시켰다. 경제인모임인 '청조포럼' 또한 연사도 하이클래스로만 섭외를 하고 장소 또한 신라호텔 영빈관을 고정적으로 대절하여 포럼의 위상을 높였다. 그때 세운 전통(?)은 다행히 대를 거듭할수록 발전하여 지금은 동창회의 위상이 대외에 크게 알려져 있다. 작년 연말 송년회나 금년 1월 신년회도 롯데호텔 크리스털볼룸에서 했는데 시종 행사 진행이 세련되고 무대행사도 음악극 등을 진행하여 주위에서 부러움을 샀다. 전통은 아무 것도 아닌 것 같은 일이 누군가의 프론티어 정신에 의해 처음 시도되고 그것이 괜찮은 것으로 인식되어 뒷사람에 의해 이어질 때 굳어져 전승되는 것이다. 그런 의미에서 박 회장은 부고의 전통 메이커의 한 분이라고 할 수 있다.

박 회장이 그렇다고 남만 위하고 사는 사람은 아니다. 남 못지않게 철저히 자기를 위해 살아가는 삶의 달인이다. 그가 지금 '좋은 지역'에 사는 줄은 모르겠으나 '좋은 일'을 많이 한다는 것은 알 만한 사람은 다 안다. 그 '좋은 일'이라는 것도 특별난 것이 아니라 다양한 취미로 자기 삶의 의미를 찾고, 가정을 지키고 사업을 키우고 동기, 동창 선후배와 모교를 지극히 사랑한다는 극히 평범하면서도 당연한 그런 '좋은 일'이다.

내 인생의 주인은 남이 아닌 바로 나

박순효 회장은 30대 초반에 창업 사장으로 경영 일선에 나서 오늘의 2,500명 종업원을 거느린 5개 기업의 회장이 된 만년 청년 기업인이다. 그러나 그가 사업만 열심히 하는 사업가라면 굳이 특이할 것도 없다. 그는 사업 말고도 주어진 인생을 멋있게 즐길 줄 아는, 말하자면 한평생을 종합예술적으로 사는 자유인이다. 한 번뿐인 인생, 어떻게 살 것인가 하는 명제를 두고 나름대로 삶의 기술을 터득하고 실천하는 사람이다. 키는 작지만 단단한 체구에 운동이라면 못 하는 게 없을 정도다. 고교 시절에는 1년 선배인 신병렬 선배와 함께 부고 주먹으로 통했다. 그러나 그에게는 남다른 성격이 있었다. 남이 이미 하고 있거나 아는 분야에는 관심이 별로였고 남이 안 하는 분야에 대한 모험심, 탐험심이 강하다는 점이다. 그래서 사업도 성공했는지 모른다. 운동도 골프 같이 남이 다 하는 것도 하지만 스쿠버 다이빙 같은 특이 스포츠를 좋아했고 오지탐험을 즐긴다. 언제나 시간이 천천히 가는 오지의 세계를 탐험하면서 대자연의 새로운 의미를 발견하고 척박한 환경에서도 웃음을 잃지 않는 오지인들에게서 삶의 활력소를 얻는다.

취미로 하는 오디오도 수순급인데 구스타프 밀러를 좋아한다. 내가 알기로 말러 곡은 특히 어려워 '피말려'라고도 하며, 이를 두고 우리 시대 수상한 철학자 도올 김용옥은 '사람이 칠 수 있는 악보가 아니다.'라고 했다는데, 미안하지만 그것은 도올이 칠 수 없는 악보이지 피말려(?) 연습한 음악인이라면 못 칠 것도 없다. 연주자 아닌 감상자로서 박 회장은 1번 아다지오 악장은 유연해서 좋고 유명한 5번 2악장은 격렬해서 좋단다. 무슨 일이든 한 번 했다 하면 철저하게 끝장을 보는 박 회장이 좋아할 만하다. 자기가 찍은 영상에 자기가 좋아하는 음악을 더빙하여 DVD를 만들기를 좋아한다.

한 번 여행을 다녀오면 그의 소공동 사무실은 여행사진으로 도배된다. 이는 다음 여행사진으로 교체될 때까지 유지된다. 그러니까 사무실에 앉았어도 여행지에 앉아 있는 것이다. 생활이 탐험이요 탐험이 생활인 이중인생(?)을 살고 있다. 그가 지금까지 다닌 곳은 수도 없지만 부탄의 샹그릴라, 인도 남부의 석굴군, 중국 쿤밍의 천장남로, 차마고도, 위구르의 타클라마칸, 히말라야 라다크, 안데스, 몽블랑, 킬리만자로… 등등 하나같이 오지 일색이다. 빵모자에 카키색 탐험복을 입고 무거운 카메라 장비를 장신구처럼 둘러메고도 그는 꼭 폴라로이드 사진기를 잊지 않는다. 여행의 진미는 '풍경보다 사람'이라며 현지 주민에게 즉석 폴라로이드 사진을 뽑아준다. 여행 사진집도 두 권이나 만들었는데 판매보다 기록 겸 소장과 주변인들에게 정보를 제공하고 여행의 기쁨도 나누자는 뜻에서다.

사업 외에 운동, 음악, 사진, 여행에다 스스로 DVD를 만드는 도삽질에 시간 가는 줄 모르고 하루하루 살기에 세월이 부족한 사나이. 늙을 줄 모르는 '크낙'한 사나이. 크낙회의 한 마리 크낙새 박 회장은 언젠가 나에게 사진첩을 보여주면서 "여행을 다니며 사진을 찍다보니 하늘의 노을도 볼 때마다 색이 변하는 것을 알게 되었다."고 귀띔해준다. 하늘색의 변화를 몸으로 느낀다니 무슨 뜻일까. 웰빙 인생을 사는 그도 이제는 가는 세월의 소리를 듣게 되었다는 말일까.

제5부
바다가 보이는 교정

- 아, 김민부 [2003년 3월]
- 역대 문예반과 문인들 [2003년 4월]
- 아름다운 시극 「겨울 나그네」와 올나이트 [2003년 5월, 2003년 6월]
- 야구 명문 부산고의 탄생 [2003년 8월]
- 부산고 야구의 부침 [2003년 9월]
- 야구선수 스카우트 이야기 [2003년 10월]

아, 김민부

[2003년 3월]

혹자는 부산고 출신 중에 내세울 만한, 위대한 문인이 있느냐고 묻는다. '위대한'이라는 말은 관점에 따라 다르겠지만 지금이든 앞으로든 왜 없겠는가. 원래 등잔 밑이 어둡다고 바로 우리 곁에 생불生佛이 있는데도 모르고 지나치는 일도 많지 않은가. 그런데 정말로 그런 시인이 우리에게도 있었다. 바로 김민부(11회) 시인이다. 그 섬뜩한 천재성을 채 피우지도 못하고 일찍 타계한 김민부! 그는 모교와 부산을 뛰어넘어 국민적 시인이 된 첫 부고인임에 틀림없다.

일출봉에 해 뜨거든 날 불러주오/ 월출봉에 달 뜨거든 날 불러주오/ 기다려도 기다려도 님 오지 않고/ 빨래 소리 물레 소리에 눈물 흘렸네

김민부가 지은 「기다리는 마음」이라는 시다. 이 시는 장일남이 곡을 붙이고 테너 박인수가 불러 더 유명해진 국민 애창가곡이다. 사람이 외로워도 그냥 저냥 사는 것은 왜일까. 기다림이 있기 때문일 것이다. 그 기다림을 이토록 쉬운 말로, 이토록 절절하게 풀어낸 시가 또 있을까. 그 기다림은 외로운 산모퉁이에 홀로 서 있는 망부석의 슬픈 사연이라고 해도 좋고, 이산가족의 그것이라고 해도 좋다.

기다림이 소중한 것은 기다림이야말로 '없는 자'와 '잃은 자'의 유일한 희망이기 때문이다. 이 시는 그리움과 기다림에 사무친 사람에게는 도로 빼앗을 수 없는 명시다.

김민부(본명 김병석) 동문은 부친 김상필의 6남매 중 장남으로 1941년 부산 수정동에서 태어나 성남초등학교를 졸업했고, 모교 2학년 때

첫 시집 『항아리』를 내고 기다림과 그리움을 노래하다 32살 때 요절한, 이제는 그 자신이 그리움의 대상이 된 시인이다. 부산고 2년 재학 시절에 동아일보, 3학년 때 한국일보 신춘문예에 시 「밤의 편력」, 시조 「균열」로 2년 연속 당선되어 세상을 깜짝 놀라게 했던 천재다. 그는 고교 시절 부산 · 경남은 물론 전국의 문예 콩쿨을 휩쓸어 우리에게는 불란서의 천재시인 랭보만큼 전설 같은 존재였다. 고교생이 일반 무대에서 신춘문예로 당선된다는 것은 당시로서는 상상할 수 없었던 일이다. 그런 김민부는 문예반의 문학 지망생들인 우리에게는 닿지 못할 별이자 희망이었다. 이 기록은 부산고 문예반의 자랑이 되어 후배 문예반원의 도전심리를 자극, 고교 재학 중 신춘문예 당선의 전통을 만들었다. 나는 「기다리는 마음」도 좋지만 김민부의 시조 「균열」을 더 좋아한다. '달이 오르면 배가 고파/ 배고픈 바위는 말이 없어/ 할일 없이 꽃 같은 거/ 처녀 같은 거나/ 남몰래 제 어깨에다 새기고들 있었다.' 이렇게 시작되는 이 시조는 사람이 아닌 신운神韻같은 것이 느껴진다. 읽을 때마다 숨이 멎는 느낌을 받는다.

요절한 우리 시대 국민 시인

김민부는 그의 대학 동기생인 이근배 시인(현 한국시인협회장)이 지금도 입에 침이 마르도록 찬양하는 시인이다. 이근배가 문학세계에서 일등병이라면 김민부는 4성 장군 같은 존재였다고 말한다. 언젠가 내가 이근배 시인과 처음 인사를 나누었을 때 그는 내가 부산 출신임을 알고 대뜸 김민부 시인을 아느냐고 하여 나의 고교 선배라고 하자 그는 반색을 하며 나를 그 보듯 기꺼이 대해 주었다. 이근배 시인 또한 1961년에서 1964년 사이에 조선, 동아, 한국, 경향, 서울신문에서 시, 시조, 동시 부문의 신춘문예를 모조리 휩쓴 천재시인으로 지금 한국시단의 중심에 서 있는 분인데 그런 천재시인이 자기를 능가하는 천재시인으로 김민부를 지목하며 외경한다고 하였다.

김민부야말로 지금까지 부산고가 배출한 최고의 시인이라고 부르면 과언이 될까. 좀 더 살았더라면 최고의 서정 시인으로서 주옥같은 작품을 많이 남겼을 것인데 참으로 애석하다. 김민부 시인과 동문이라는 단순한 사실 하나로 나는 문단의 비중 있는 시인들과 수월히 친교를 맺을 수 있었다.

김민부는 서라벌 예대와 동국대(1962년)를 나온 후 생활고로 천재성과는 상관없는 방송작가로 활약하면서 수많은 기행과 일화를 남겼다. 주요작품으로는 앞서 시조 외에 시「항아리」,「고도」,「기러기」, 오페라 대본「원효대사」, 제2시집『나부裸婦와 새』등이 있다. 그는 시와 시조에 두루 능하였다. 특히 그의 시는 시조의 율격을 바탕으로 하고 있어 시 전편에는 강한 음악성이 깔려 있다.

그러나 아쉽게도 그의 시적 천재성은 생업에 쫓겨 제대로 발휘될 시간이 없었다. 100kg을 오르내리는 거구에 이국적인 눈망울로 끊임없이 원고지를 메워 나가던 그 무서운 필력은 어느 누구도 흉내조차 낼 수 없었다고 한다. 그는 드라마도 쓰고, 쇼 프로도 구성하고,「웃으면 복이 와요」대본도 썼는가 하면, 시사 프로그램, 방송 에세이도 썼고, 시추에이션 드라마 등 닥치는 대로 써나갔다. 지금도 계속되고 있는 부산 MBC 라디오 최장수 프로그램인「자갈치 아지매」의 최초의 PD가 김민부였다. 여기서 그 당시 같은 방송작가로 활동했던 윤청광 씨의 글을 잠깐 인용해 보자.

비위가 약한 나는 내 성격에 맞지 않는 프로그램은 청탁이 들어와도 사양하기 일쑤였는데, 김민부 형은 나와는 딴판이었다.
"보거래이, 청탁은 물리치는 게 아닌 기야. 무슨 프로그램이건 청탁 오는 대로 다 써야 하는 기라."
방송작가의 생활이 보장되어 있지 않던 시절이었기 때문에 이것저것 사양하다가는 굶어죽기 알맞다는 충고였다. 그래서 그는 매일 나가는 프로그램만 해도 이 방송, 저 방송에 대여섯 개나 되었다. 동아방송에는「밤의 플랫폼」, 기독교방송에는

「장군 멍군」, MBC에는 「영이네 집」등 집필하는 프로그램이 수두룩했다. MBC 작가실 바로 내 옆 책상에서 그는 숨을 씩씩 몰아쉬며 글을 쓰곤 했는데, 그 숨소리가 어찌나 거셌던지, 그는 꼭 불 맞은 멧돼지 같은 거친 소리를 내고 있었다. 하얀 와이셔츠 뒷자락을 곧잘 허리 밑까지 흘리고 다니던 그는 글을 쓰다가 풀리지 않으면 화장실로 달려가서 수도꼭지에 머리를 박고 찬물을 뚝뚝 흘리면서 작가실로 돌아오곤 했었다. 참으로 열심히, 참으로 끈질기게 글을 썼고, 참으로 많이도 술을 마셨다. 어느 날 내가 병들어 경기도 고양군 신도면 우리 집에 열흘쯤 누워 있을 때 그는 먼 길을 김영곤 선생과 함께 걷고 걸어서 귤 한 상자 사들고 문병을 왔었다.

"죽으믄 안 된데이, 퍼뜩 일나거라아."

그는 씨익 웃으며 내 어깨를 쳤다. 그런데 그 후 얼마 되지 않아서 그는 글을 쓰다가 난로가 엎어지는 바람에 일어난 불로 젊은 나이에 영영 다시 볼 수 없는 저 세상으로 먼저 가버렸다. 적십자병원에서 작가들의 정성으로 치러진 그의 장례식에서 한운사 선생은 "가난의 고통에서 해방된 것을 축하한다."고 조사를 해서 우리 모두를 다시 한 번 울게 하기도 했는데… 너 나 없이 가난했던 시절, 그래도 동료작가들이 우정을 모아서 장례를 치르고 단 얼마의 돈을 남겨 부인 손에 전해 드렸더니, 홀로 되신 부인은 가끔씩 작가협회에 꽃을 사들고 찾아오셨는데, 이제는 그나마 소식이 없다.

다시 뜨는 일출봉과 월출봉

죽으면 안 된다고 해놓고 저 자신이 먼저 죽어버린 이 아이러니를 어찌 보아야 할까. 우리 시단의 큰 별이 되었을, 부산고 출신 문인들의 지주요 희망이었던 김민부의 요절은 두고두고 애석하다. 1972년 겨울, 서울 갈현동 집에서의 김민부의 돌연한 죽음을 두고 방화에 의한 자살이라는 설도 있으나, 어떤 청탁도 거부하지 않고 아무리 허접스러운 일감이라도 주어지면 열심히 해내며, 어떤 고통도 강한 정신력 하나로 버티고 이겨내고 있었던 그가 자살하였다고는 믿어지지 않는다. 위의 글처럼 집필하다가 자기 실화에 의한 사고사인 것이다. 지금 그 가족들이 어디에, 어떻게 살고 있는지 나는 모른다. 수년 전 내가 문인 행사 차 거제도에 갔을 때 그가 거제도와 연고가 있다고 하며 가족을 찾는다는 거제시청 직원의 수소문이 내게 닿기도 했다. 그의 시비는 지금 제주 성산포에 있으나 '일출봉'과 '월출봉'은 부산에도, 거제도에도, 한강이든, 백두산이든 이 나라 이 강산이면 어디에나 있는 것이니 그는 누구에게나 사랑 받는 민중시인임에 틀림이 없다.

1995년에는 동문들의 주선으로 시와 대본 등을 모은 그의 유고집이 『일출봉에 해 뜨거든 날 불러주오』라는 이름으로 민예당에서 출간되었다. 2000년에 부산시가 펴낸 『정말 부산을 사랑한 사람들』이란 책에 김민부는 첫 번째 인물로 나온다.

지금 부산 암남동에 그의 시비가 세워져 있으나 김민부는 시비 한두 개로는 부족한 사람이다. 어떤 곳보다도 바다와 오륙도가 바라보이는 모교 교정에 시비를 세웠으면 한다.

그를 사랑하고 그리워하는 이는 그 그리움에 다시 젖고, 자라는 후배들은 그 시적 정서에 젖어 대를 이어 초록 꿈을 키워나갈 그런 시비 하나 세웠으면 한다. 모교 교정에!

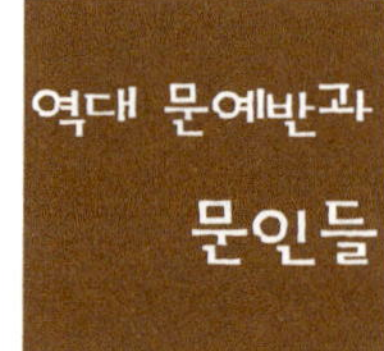

[2003년 4월]

부산고 출신의 문인들은 얼마나 될까? 내가 아는 바로는 시인으로 송영택(5회), 소한진(8회), 성춘복(8), 정하춘(8), 강영환(10), 박상배(11), 안건일(11), 김석규(11), 김민부(11), 박상배(11), 임명수(12), 이윤택(12), 김철(13), 공청길(13), 김창근(15), 박용석(15), 이영일(16), 박구하(18), 유자효(19), 최중태(19), 박지열(20), 정대현(20), 정영태(20), 유재근(20), 최성국(20), 최순열(20), 이상호(21), 강경주(22), 전원책(25), 박상남(27), 허의도(28), 이규열(29) 등 32인이며, 소설가로 정종화(7), 김춘복(10), 박영한(20), 정찬동(25), 공동철(28) 등 5인, 수필가로 김성우(6), 손일석(7), 김태수(10), 최화용(16), 정의화(20) 등 5인, 문학평론가로 김천혜(11), 김선학(16), 이남호(28) 등 3인, 아동문학 이영찬(10), 극작가 최경식(14), 김한영(20) 등 50여 명이 등단, 활동해 왔다.

개교 58년, 총 3만 명의 동문에 비하면 그 수는 미약하지만 그 활동은 만만치 않다. 기별로는 10회, 11회, 20회가 두드러진다. 이 중에서 감투로 제일 높은 자리까지 올라가신 분은 예총 부회장이며 한국문인협회 이사장을 역임한 성춘복(8회) 선배가 아닐까 한다. 또 정식 등단한 시인은 아니지만 시낭송가로 시를 누구보다 사랑하여 한국시인협회로부터 명예시인으로 인정받은 김수남(9회)이 있다. 그는 색동회를 이끌면서 소파 방정환 선생의 정신을 이어 어린이 사랑에 앞장섰고, 몸소 수백 편의 시를 암송하고 '시 모르는 사회'를 개탄하며 시인만세, 백상 시낭송회, 시사랑 어머니회 등을 이끌어 이 땅에 '시낭송가'라는 새로운 예술분야를 개척, 오늘날 수많은 시낭송가를 배출해 내는 계기를 만들기도 했다.

모교의 문예반은 1946년에 소설가 선생님이시던 김정한, 이주홍 교사 시절 특활부의 하나로 창설된 것이 최초다. 매기마다 그 반원은 10명 내외로 고만고만하였으나 강물처럼 연면히 이어져 내려왔다. 1948년 당시 중 3년생이던 권오일(2회 · 극단 성좌 대표)이 국제신문에 단편과 수필 등을 발표하고 문학동인지 〈신작품〉에서 이어령, 천상병, 이형기 등과 작품 활동을 함께 하였다. 이때는 연극반도 겸하여 문예반원이 극본도 쓰고 연기도 하였다.

1950년 6월 22일 부산고교의 개교 이후 부산고의 교지인 〈청조〉는 문예반에서 만들었고 이 전통은 지금까지 계속되고 있다. 이 해, 진주에서 있었던 개천예술제에서 송영택(5회 · 서울여대 교수)이 장원을 하여 교명을 드높였다. 당시 시 부문은 그 전 해에 이형기 시인이 장원, 박재삼 시인이 차상을 한 권위 있는 백일장이었다. 1955년도의 문예반(10회)은 시화전을 개최하고 부산시 화재예방 가장행렬에 참가, 2등을 하기도 하였고, 고교생으로는 전국 최초 동인지라 할 '일곱별(김춘복, 김태수, 서인권, 양영모, 이영찬, 정구영, 하성환)'을 발간하기도 했다. 이 일곱별은 당시 전국학생잡지인 「학원」지에 한 번 이상 입상한 학생들로서 전국의 수많은 학교 가운데 한 학교 한 학년에서 일곱 명이나 입선한 예는 드문 케이스였다. 이듬해에는 당시 2학년이던 김병석(11회 · 필명 김민부)이 시집 「항아리」를 냈고, 재학 중 조선일보, 한국일보 등에 연속으로 신춘문예 당선되어 교명을 떨쳤다. 그 후 4.19의거의 도화선이 된 부산지구 3 · 24 부정선거규탄 시위 때 당시 동아일보 등 전국신문 지상에 일면 톱기사 제목으로 쓰였던 '비겁한 자여, 그대 이름은 방관자니라'라는 성명서는 당시 문예반장이던 이의남(14회)이 집필하였다.

성춘복, 명예시인 김수남 등 40여 명 등단

1960년대 문예반은 김선학(16회)이 기수 역할을 했다. 그는 재학시는 물론이고 졸업 후 근 40년이 지난 지금까지 청조문인들의 대소사에 앞장서고 문학운동을 꾸준히 획책(?)해온 장본인이다. 모교 문예반 은사 안장현 시인의 회갑기념 시 전집 『빛의 소리』 상재와 90년대 만들어진 〈청조인문학회〉에서 두 차례 펴낸 부산고 출신 문인들만의 글을 모은 책 『바다가 보이는 창문에』도 그의 노고가 컸다. 그는 부산중학 시절부터 시로써 교내외에 이름을 떨쳤는데 부산중학 교지 〈오륙도〉에 실린 그의 '부야' 라는 시는 누군가를 그리는 내용인데 어찌나 애절하던지 당시 중1이었던 나는 외울 정도로 읽었다. 뒤에 '부야' 가 누구냐고 물었더니 아비 '부父'자를 써 일찍 여읜 아버지를 그리며 지었다는 대답을 들었다. 그는 고교에 올라와서도 발군의 실력으로 당시 전국 규모 학생잡지 〈학원〉지 같은 데서 이름을 날렸고, 부산시 시 백일장에서는 고교생이면서도 고교부는 시시하다 하여(?) 일반부로 나가 장원을 한 적도 있다. 졸업 후 대시인이 될 것으로 우리 모두 기대했는데 어찌 된 셈인지 문학평론가가 되어 있는 것이 내게는 아직도 수수께끼다.

17회 문예반은 하계열, 이상집, 안경은, 이홍재 등이 있었으나 교내 문예활동이 다분히 수평적이어서 선후배간에 수직적인 유대감이 적어 별로 기억나는 바가 없다. 다만 유자효(19회)는 재학시절 각종 예술제, 문학행사에 학교 대표로 나가 장원 입상을 밥 먹듯이 해온 부산고의 명물이었으며, 그의 빼어난 감각의 시는 초고교급이었다. 졸업 후 그는 시와 시조 양 부문에 모두 등단하여 1970년대 이후 활발한 시작 활동으로 지금 주목받는 중진시인이 되어 있다.

그 외에 시조로 등단한 최중태(19회)는 시 작품 외에 소설까지 쓰고 있다. 20회에는 문인들이 가장 많이 나왔는데 한국일보 신춘문예에 당선한 박지열과 『머나먼 쏭바강』, 『왕룽일가』 등 유명 소설로 낙양의 지가를 올린 박영한이 대표적이다. 그 후로 교지인 〈청조〉지 말고 〈청조문예〉지를 따로 만든 전원책(25회)이 조선일보로 등단하는 등 그 맥이 이어져 오고 있다.

부고 출신 문인들이 유독 60~70년대에 많이 배출된 것은 이유가 있다. 당시 모교에는 세분의 시인 선생님이 계셨다. 홍준오, 살매 김태홍, 그리고 안장현 선생님이다. 이 세 분 중 가장 목소리가 크신 분은 안 선생님이었다. 선생님의 국어시간은 바로 시사時事 시간이었다. 우리는 싫어도 세상의 병폐에 대한 선생님의 울분, 격정들을 들어야 했다. 어떤 때는 문단의 비리를 이야기하기도 하고, 인세를 제대로 안 주거나 고료를 적게 주는 출판사를 욕하기도 하고, 세금은 꼬박꼬박 챙겨가면서 할 일을 제대로 하지 않는 당국을 호되게 비판하기도 했다. 그 비판 대상은 무소불위였다. 당시 선생님은 '세계인류에 띄우는 메시지'라는 글을 발표하여 우리 시대의 비극, 코리아의 참담한 현실을 국내뿐 아니라 전 세계에 알려야 한다는 대단한 기개를 갖고 계셨다. 우리는 안 선생님을 통하여 본격적인(?) 철학과 문학 강의를 들었고, 알베르 까뮤나, 폴 발레리를 들어야 했고, T. S. 엘리엇을 알았다. 또, 안장현 선생님은 천민 자본주의의 금전만능을 혐오하여 함자에 쇠금金자가 있는 것조차 싫어 안장현安章鉉의 '현鉉' 을 '현玄' 으로 바꾸겠노라고 하셨는데 그 뒤 실제 호적까지 바꾸셨는지는 모르겠다. 이는 마치 2001년 벽두에 타계한 운보 김기창 화백이 해방 후에 그 감격을 기리기 위해 아호인 '운포雲圃'의 '포圃'자 사각 테두리를 벗겨 '보甫'로 바꾸었다는 일화에 견줄 만한 것이었다.

서로 다른 세 분의 시인 선생님들

이에 비하여 살매 선생님은 조용조용하셨다. 두 분은 우의도 돈독하여 동인활동을 같이 하신 것으로 아는데, 성격은 정반대였던 것 같다. 살매는 비록 겉으로는 욕설을 퍼붓고(?) 다니셨지만 그것은 오히려 인정 있는 욕이었고 학교 밖에서는 여성적일 정도로 다정다감하고 긍정적인 삶의 자세는 따스했다. 살매가 '산딸기' 같은 여성적인 것을 노래하면 안 선생님은 '전쟁' 같은 남성적 소재를 택하여 저항과 분노, 고뇌와 신음에 가득 찬 시를 쓰셨다.

두 분 다 문예반 지도 선생님이셨지만 주로 안 선생님이 전위에 섰고 살매는 뒤따라가는 식이었다. 우리는 살매 선생과는 친근감이 앞서고 만나도 푸근했지만 안 선생님은 솔직히 대하기가 편하지 않았고 언제 그 신경질적인(?) 호통이 떨어질지 겁이 났다. 선생님의 「1964년」이라는 시를 보자.

> 숨구멍/ 구멍/ 멍/ 숨구멍이 막힌 코리아/ 의 캄캄한 1964년에/ 이제/ 아무 것도/ 바랄 것도/ 믿을 것도/ 없는 세상에 될 대로 되라는 세상을/ 두 손 담을 포켓도 없는 옷을 입고/ 무턱대고 걷다가 지치면/ 찬 밤하늘을 본다/ 별은 총총한데 말일

세/ 코리아의 별은 없다네/ 웃음도 울음도 사라져버린 황무지…

무엇이 우리 선생님을 그렇게 분노케 하고 절망케 했는지 모르나 아무튼 '황무지'는 당시 그의 정서에 가장 알맞은 시어였던 것 같다. 죽은 시체를 뚫고 꽃이 핀다는 이 절망적 상황은 당시 암울했던 군사독재와 분단민족이 처한 현실을 선견자로서 남달리 아파했는지 모른다. 안장현 선생님은 1963년에 부임하여 불과 3년 남짓 모교에 계셨는데 문학 이야기와 사회비판을 많이 하셨고 문예반을 계속 맡아 학교교지를 단순한 학생 수준을 뛰어넘는 종합문예지 수준으로 끌어올리셨다. 그때의 '청조'지를 보면 알겠지만 학생 작품 이외에 김용호, 조향, 송영 등 기성 문인들의 글도 많이 실려 있다.

아름다운 시극 「겨울 나그네」와 올나이트

[2003년 5월, 2003년 6월

홍준오 선생님은 1956년 〈시기詩旗〉 동인으로 활동하시면서 뒤에 시조시인으로 등단하셨고, 1961년부터 2년간 모교에 재직하다가 안장현 선생님과 서로 맞트레이드 하여 서울 무학여고로 전근을 가셨기에 기억하지 못하는 동기들이 많을 것이나 나로서는 잊을 수 없는 분이다. 홍 선생님은 키가 후리후리하게 크고 얼굴도 잘 생기고 말씀도 여성처럼 나긋나긋하게 하셨다. 그는 부산중학교에서도 1954년부터 4년간 교사로 재직하셨다.

나의 경우, 문학 입질은 부산중학 1년 때부터라고 할 수 있는데, 매년 대학노트 한 권 분량의 시와 산문을 써서 겉표지에 '구하문집'이라는 제호를 붙여두고 있었다. 이 문집은 출판을 안 했을 뿐이지 사실상

내 이름을 붙인 세계 최초요 유일무이한 책인 셈이다. 고1 때 이 문집의 제4호를 집필(?)하다가 국어시간에 홍 선생님에게 발각되었다. 선생님은 책(실은 공책)을 일별하시더니 그 속에 있는 '연심戀心'이라는 시를 읽어보시고 "학생이 이런 시를 쓰면 안 된다."며 책을 압수(?)해 가셨다. 일주일 후 책을 돌려받았는데 거기에는 뜻밖에도 글마다 선생님의 감상문이 붉은 잉크로 깨알같이 적혀 있었다. 잘 되고 잘못된 점을 세세히 밝혀놓은 것이었다. 이것이 내가 받은 생애 첫 비평문으로 지금도 보관하고 있다.

선생님은 내게 시를 동시부터 시작하여 체계적으로 다시 공부할 것을 권유하셨다. 나는 내심 "고교생에게 동시가 다 뭐람!" 하고 불만이었지만 선생님은 이 반 저 반 다니시면서 공개적으로 내 이름을 거론하며 과분한 칭찬을 해 주셨다. 그 바람에 문예반에 들었으나 무엇보다 진학 공부가 급해 선생님의 문학적(?) 기대에 부응하지 못했다.

선생님은 등산과 여행을 좋아하여 전국의 명승지를 답사하면서 자연을 읊은 시를 많이 남기고 지병으로 93년도에 타계하셨다. 2000년 봄, 거제예술제 기념행사의 하나로 '소석素石의 문학과 사상' 세미나와 '소석 홍준오 시비 제막식' 행사가 있었는데 내가 사회를 보았다. 지금 거제도에서도 외진 섬인 칠천도 연육교 입구에 세워진 홍 선생님의 시비에는「회향」이라는 시가 음각되어 있다.

18회 문예반원으로는 정영일(변호사), 이경형(대한매일 논설위원 실장), 박종우(주 팬텀 감사), 진창욱(전 뉴스위크 주간), 김진일(미국 이민), 강신철(경남은행장), 전택원(철학박사, 안성대 교수), 그리고 나 모두 8명이었는데 솔직히 문예활동보다는 대학입시에 더 열중했다. 말하자면 얼치기 문예반원들이어서 후술하는 시극 발표 말고는 내세울 게 별로 없다.

문예활동이라야 교내외 행사에 참가하거나 〈청조〉 교지를 편집하는 정도였고, 선후배간의 교류도 별반 없었다. 문명文名을 떨친 다른 기에 비해 우리는 그저 소리 없는 다수였을 뿐이다. 당시 문예반은 아니었으나 문학적 교감을 가진 친구로는 홍성현(전 KBS보도본부장)과 현재 맹활동 중인 조갑제(〈월간조선〉 편집인) 등이 있다.

막걸리와 도돔바 춤으로 다진 우정

우리 18회 문예반은 두드러진 활동은 없었으나 인간적인 정리만은 유별났다. 그 우정은 졸업 후 40년이 가까운 지금까지 한결같이 이어져 오고 있다. 고교 시절 까까머리 문예반원으로 만나 평생을 함께 가는 이 우정을 우리 모두 소중히 여기고 있다. 위의 8명 중 7명이 모두 같은 서울대(법대 4, 문리대 3)에 진학하여 그 정이 더욱 깊어졌다. 사회에 나와 결혼한 후에도 집집마다 돌아가며 고스톱 대회를 열거나, 가족 동반으로 자주 만나 늘 한 식구같이 지내고 있다. 이 모임에는 이름도 규칙도 없다. 기록성도 부족하여 별별 추억거리는 많아도 머리에만 입력되어 있을 뿐이다. 고교 3학년 때 교내 체육대회에서 부별 대항 달리기가 있었다. 우리 문예반은 3학년에서만 출전하였는데 당연히 꼴찌를 하였다.

우리의 만남이 이렇게 오래 가는 것은 동기동창이라는 단순한 학연 때문만은 아니다. 우리에게는 문학이 주는 어떤 공통분모, 딱 꼬집어 말할 수 없는 교감 같은 것이 있다. 우리가 이렇게 평생지기로 지내게 된 데는 고교 시절 세 번의 결정적 계기가 있었다. 그 첫 번은 어느 백일장에 학교 대표로 우리 18회가 단체로 나가 모조리 낙방한 적이 있었다. 돌아오면서 참담한 기분에 어느 술집에 가서 막걸리를 퍼마시면서 급속도로 가까워졌다. 못 먹는 술에 호기가 발동하여 말문이 터졌다. 보따리를 풀고 보니 다들 문학에 대한 이해와 열정이 대단함을 알게 된 것이다.

두 번째는 교내 학예발표회였다. 그때 문예반은 박종우 각본 및 연출로 「겨울 나그네」라는 슈베르트의 연가곡을 모티브로 한 시극詩劇을 발표하였다. 당시 학예회는 음악반에서 남성 4부 합창, 독창, 기악연주 등을 하여 갈채를 받았으나 가장 강한 충격을 준 것은 우리 문예반에서 행한 시극(Drama-Poem)이었다. 출연자는 정영일, 이경형, 진창욱, 박종우 등 4명이었는데, 이 시극은 연인과 이별하고 황량한 겨울 벌판에서 살 희망을 잃고 방황하는 청년의 모습을 슬프고 아름다운 시어와 베토벤의 〈운명교향곡〉의 노크소리를 차용하여 극적으로 구성한 라디오극 같은 것이었다. 그 일부를 소개해 본다.

#(내레이터) "안녕, 내 사랑!"

마지막 밤 인사를 하고 실연한 사나이가 여인의 행복을 빌면서 쓸쓸히 떠나간다.

(사내 1) "먼 타향에서 왔건만 나, 또 다시 떠나오."

(사내 2) "들짐승 발길 따라 밤길을 찾아 사람들과 마주치기 전에 이곳을 떠나리."

(사내 3) "사랑은 방랑하는 것, 이 여인 저 여인. 그것이 운명이라면 나 다시 떠나리."

(사내 1) "성문 앞 우물곁에 서 있는 보리수, 사랑의 밀어를 새겨놓고서 기쁠 때나 슬플 때나 찾아오던 나무 밑…."

(사내 2) "흘러내린 눈물은 백옥 같은 눈 위에 떨어지네. 가슴 깊이 스며드는 외로운 회포인가."

(사내 3) "즐거운 봄꿈을 꾸었네. 닭 우는 소리에 꿈을 깨니 어두운 밤하늘에 두견이 우네."

#(내레이터) "나그네여! 사람의 눈을 피할 이유도 없으련만 어찌하여 인적 드문 눈 쌓인 산길로만 가려는가? 한번 가면 다시 돌아올 수 없는 길인 줄도 모르고 가는 쓸쓸한 나그네여…."

(사내 1) "아, 준엄한 겨울이여! 어느 새 내 머리는 서리로 덮였구나. 나도 이제는 늙어 무덤이 가까워지려는가."

(사내 2) "아닐세. 그토록 오래 방황하고 있건만 아직 자네 머리가 희지 않음은 웬 일인가?"

(사내 3) "헛것이니라, 다 허방이니라. 바람이 불면 희망과 함께 나도 땅에 떨

어지리니 울어라, 자고 일어 울어라, 새여! 희망의 무덤 앞에서."

#(내레이터) "광풍은 불어 잿빛 하늘에 구름을 흩날리고 번개는 그 사이에 번쩍이는데, 이런 을씨년스러운 아침이 꼭 내 마음 같구나. 아, 저기 저 황량한 겨울 벌판에 희미한 한 줄기 불빛이 보이네."

(사내 1) (여인숙 문을 두드리며) "주인장! 주인장! 주인장!"

(사내 2) (대답이 없자 쾅, 쾅, 쾅 세 번을 두드리며) "주인장!"

(사내 3) (손전등을 들고 나오며) "왜 그러시오?"

(사내 1) "피곤한 나그네의 몸을 누일 방이 없겠소?"

(사내 3) "있긴 있소만 하루밖에 안 되오."

(사내 2) "아, 내일은 또 어디로 나그네 길을 떠나야 하는가?"

#(내레이터) "찬바람 부는 거리에서 한 늙은 악사가 언 손으로 손풍금을 타면서 아무도 들어주지 않는 노래를 부르지만 적선은커녕 개만 짖는다."

(다 같이) "자, 서러운 노인이여, 같이 갑시다. 우리의 노래에 맞추어 손풍금을 쳐주시오."

이 시극은 31세로 요절한 청년 슈베르트의 실연과 좌절을 노래한 연가곡을 주제로 한 것인데 당시 공부에만 찌들어 있던 재학생들에게 얼마나 깊은 감동을 주었던지 공연 후 한때 학생들 간에 서로를 "주인장!" 하고 부르는 유행어를 낳기도 했다. 우리는 이 시극을 하면서 더욱 가까워졌다. 입시를 앞두고 공부보다 겉멋으로 문학에 빠진 정신 나간 놈들이었다.

늦게 배운 도둑질 밤새는 줄 모른다고 걸핏하면 방과 후에 만나 하숙방에서 밤을 새기도 했다. 그때는 부산을 무대로 한 유행가가 썩 유행하였다. 툭 하면 '남포동 블루스', '항구의 일번지', '잘 있거라, 부산항' 등이 등 · 하교 길에 버스나 레코드 가게에서 흘러나오고 술집에선 마도로스 도돔바 춤이 유행했다. 한 번은 어떤 알음으로 반원 모두 범천동에 살던 D화학 회장 댁에 놀러가 그 분의 시집 안 간 처제들의 규방에서 함께 밤늦도록 논 적이 있었다. 그날 밤 그 자리에서 앞의 부산가요와 '도돔바' 춤을 추며 방담하던 데카당스적 일야一夜는 잊을 수 없는 추억이다. 그러나 결정적으로 우리가 가까워진 것은 경남여고 문예반원들과 함께 한 생애 최초의 올나이트 미팅이었다.

생애 최초의 올나이트 미팅

우리는 누구의 발의인지 생애 처음으로 경남여고 문예반과 올나이트 미팅을 하게 되었다. 1964년 12월 24일, 이날은 크리스마스이브이자 고교 마지막 방학 날이었다. 우리는 크리스마스이브 분위기도 분위기지만 여학생들을 만난다는 기대에 부풀어 무척 상기되어 있었다. 회비 120원에다가 선물은 따로 준비하였다.

저녁 7시에 범일동 조방 앞에서 만나 동래 행 버스를 탔다. 이 미팅은 까까머리 고교생 때 가진, 평생 잊을 수 없는, 눈 오는 밤의 멋진 하룻밤이었다. 다행히 나의 옛 일기장에 그 기록이 남아 있어 그날 벌어진 일을 재구성하여 옮겨본다. 나를 포함하여 문예반 7명을 A, B, C, D, E, F, G로 부르기로 한다.

조방 앞에서 버스를 탄 6명은 중간기착지인 명륜동에 내려 나머지 한 명과 합류했다. 그의 집에서 간단히 저녁식사를 하고 결전(?)에 대비한 리허설을 했다. 내가 작사한 「과부송」노래도 연습하고 오늘 사회를 할 A의 주의사항과 설명을 들었다. 그리고 가져온 선물에다 각자 한 마디씩 쪽지를 써넣고 집을 나섰다. 7인의 굶주린(?) 사자들이 바야흐로 노루 사슴이 뛰노는 초원으로 원정을 가는 것이다. 목적지 동래여고(복천동) 앞까지 보무도 당당하게 걸어갔다. 시간이 약간 일러 구멍가게에서 막걸리로 목을 축여 들뜬 마음을 진정시켰다. 밤 10시 정각, 약속장소에 도착하니 여학생 둘이 문밖에 마중 나와 있었다. 가벼운 흥분으로 몸이 떨렸다. 집은 넓은 정원에 대숲도 있어 운치가 있었다. 이 집주인은 부산대 교수로 와 있던 외국인인데 마침 성탄절 휴가를 맞아 귀국하고 없었다. 넓은 홀에는 크리스마스트리가 깜박이고, 전축에서는 슈만의 트로이메라이가 흐르고 있었다. 명화와 골동품들이 진열되어 영화속 한 장면 같은 분위기를 빚고 있었다.

잠시 정신이 멍멍하여 서 있는데 '과부들(=경남여고생)'이 들어왔다. 학생복이 아닌 화사한 옷차림에 두 가닥으로 땋은 제비꽁지머리를 한 모습들은 눈부실 지경이었다. 잠시 주뼛거리다가 테이블에 앉으니 약간 진정되었다. 모두 일어나 「고요한 밤」을 불렀는데 도중에 웃음이 나와 몇 번이나 다시 했다. 끝나자 우리 쪽 대표로 B가 인사말을 했고, 저쪽 대표로 윤혜숙 양의 답사가 있었다. 그래도 서먹서먹하였는데 내가 용기를 내어 "내일 해는 안 뜨거나 못 뜰 것"이라고 허튼소리를 늘어놓아 약간 분위기가 풀어졌다. 이어 선물교환 차례. 서로 누가 했는지 모르도록 섞어 심지를 뽑았다. 펴고 펴도 포장지만 나올 뿐 나오지 않는 선물, 결국 마지막에 땅콩 두 톨만 들어 있는 것도 있었는데 나는 용케 가죽 혁대가 나와 횡재를 했다.

배꼽 잡은 짝짓기 즉흥극

이어 오늘의 하이라이트인 파트너 정하기 차례. 복불복대로 심지를 먼저 뽑은 자가 거기 쓰인 쪽지를 보고 대[對]가 되는 짝을 불러내게 했다. 불러내는 방법은 각자가 재주껏 즉흥극을 연출하는 식으로 했다. 맨 처음 '춘향이'를 뽑은 혜숙이가 "아아, 한양 가신 우리 낭군님, (논조를 바꾸어) 퍼뜩 안 오고 뭐합니까?" 하고 외치자 '이 도령'을 뽑은 D가 쓱 나서며 바리톤으로 "춘향아, 내 여기 왔노라! 남아일언중천금인데 어찌 너를 잊을쏘냐." 하고 뚜벅뚜벅 춘향이 옆에 가 앉는다. 폭소가 터지며 분위기가 달아올랐다. 이어서 '심순애'를 뽑은 희숙이 "(자갈치 아지매 조로) 핫따, 수일 씨! 낙동강 달빛도 푸른데 안 나올람니꺼? 저 달을 봐서 인자 고마 용서해 주이소!" 하고 눈웃음을 친다. '이수일'을 뽑은 F는 안경을 쓱 밀어 올리며 "엥이, 나는 그랄라캐도 관객들이 안 하지, 하모. 안 하지러. 그라이카네. 똑바로 빌지 몬 하겐나?" 하고 눈을 부릅뜨자 심순애가 바지를 홱 잡아끈다. 즈봉이 벗겨질듯. "야, 이거 못 놓캔나? 놔라 놔! 당꼬바지 가랑이 다 찢는다." 하면서 흘러내리는 허리띠를 잡고 질질 끌려간다. 완전히 우리 계획은 성공했다. 좌중은 폭소 바다로 변했다.

다음에는 '로미오'를 뽑은 C가 셔츠를 허리춤에서 꺼내어 망토처럼 늘어뜨리고 한쪽 손을 10시 방향으로 쭉 뻗으며 "(오페라 하듯) 창~문을 열어다오. 내 그리운 줄리엣, 당신의 사랑, 로미오가 왔~소!" 하고 외친다. 그래도 '줄리엣(홍련)'이 안 나오자, 좌중에서 "야, 그래가~ 나오겐나, 새로 해라, 새로 해!" 하고 외쳐댄다. C는 자기가 봐도 한심한지 다시 폼을 잡는다. 그 당나귀처럼 구부정한 모습이 가관이다. 보다 못한 줄리엣이 나와 머플러를 스르륵 풀어 흔들며 "(영어로) A time for us will be too short…(속삭이듯) 로미오님, 저기 저, 우리 호랭이 같은 오래비 보는데, 이 의자 뒤로 빨리 캄온, 캄온 허리앞 하이소!" 하고 손가락을 까딱까딱 하니 머쓱해 있던 로미오는 "감 잡았다. 오버." 하며 누가 볼세라 살금살금 기어간다. 참으로 영화배우가 따로 없다. 타고난 배우들이다.

뒤를 이어 '낙랑공주'를 뽑은 현필이가 바가지를 숟가락으로 빡빡 긁으며, "(독백하듯) 자명고는 어디 가고 쪽박만 남았느뇨? 아, 왕자님, 호동왕자님! 꼬꼬닭이 울기 전에 어서 빨리 이 몸을 데려가시와요." 하고 목을 꼰다. 그러자, 저 편에서 앉은뱅이걸음으로 두리번거리며 '호동왕자'(A)가 등장하여, "보소~보소, 공주요! 바가지 고만 긁으시오. 아부지마마 다 깨겠소. 밖에 '아이노리' 대절해 놓았으니 까딱없소, 담치기 한다고 목마르니 술이나 한잔 주소." 하고 술잔을 들이민다. 낙랑공주가 얼른 술을 따른다. 무슨 공주와 왕자가 저리 신식인지 분위기 장히 좋을시고.

다음은 손전등을 머리 위에 켜고 스포트라이트 세례를 받는 시늉을 하며 '신성일'(E)이 등장한다. (기자에게 둘러싸인 듯) "…아니, 엄앵란 씨와 열애라니요? 나는 누구든 연예인과 결혼할 생각 절대로 없어요.” 하고 연신 손사래를 치는데 난데없이 ‘엄앵란(연희)’이 빗자루를 들고 나타나서, “뭐가 어쩌고 어째요? 인자 와서 치사하게 오리발 낼끼요? 안 할라모 고마 치앗뿌리소.” 하고 빗자루를 홱 던지며 나가려 하자 E는 황급히 쫓아가 “아니, 앵란 씨! 발 없는 말이 천리 간다고 마지막까지 숨기기로 한 건데 남의 속도 모르고 와 그라요?” 그러면서 덥석 그녀의 손을 붙잡는다. 저, 저 엉큼한 놈! 당시 인기스타였던 신성일과 엄앵란은 목하 결혼설이 ‘기다, 아니다’로 토픽감이 되어 있던 때라 폭소를 자아냈다.

다음, 연애편지를 들고 나타난 ‘샬롯테(경옥)’가 크리스마스트리 옆에 가서 앉아 불빛에 편지를 비춰들고 목월의 시 「편지」를 읊는다, “(단어를 바꾸어) 크리스마스트리 아래서 베르테르의 편질 읽노라. 촛불 꽃 피는 방안에서 호각을 부노라…” 하다가 갑자기 호루라기를 꺼내들고 삐리릭 삐리릭 불어제낀다. 황급히 ‘베르테르(B)’가 나타나서 “앙이, 무슨 미스 롯데가 이리 요란하요? 참으소, 고마. 내 안주 자살할 대목이 아잉께네…” 하고 호루라기를 붙잡는다. 빼앗고 안 빼앗기려 하다가 둘이서 함께 넘어진다. 순간 번뜩이는 눈과 눈들, 부러움에 찬 시선이다. 젊은 베르테르의 슬픔이 기쁨으로 뒤바뀌는 장면이다.

마지막으로 ‘호세’(G)가 등장하여 운동모자를 군모처럼 눌러 쓰고 비창한 세리후를 읊는다. “칼멘, 칼멘! 나의 칼멘. 첫사랑 깃든 보금자리를 너는 벌써 잊었는가. 아무 말 하지 말고 내 품에 돌아오라. 나를 따라 가야 한다, 칼멘, 칼멘! …쿼바디스 도미네?” 하고 투우사처럼 두 팔을 180도로 쫙 내뻗는다. 그때, 앞머리를 헝클어뜨린 ‘칼멘(말련)’이 나와 치맛자락을 휙 걷어 올리며 한 바퀴 원을 돌고 난 뒤 고개를 발딱 쳐들고, “흥, 따라가면 얼마 줄 건데요?” 하고 빤히 쳐다본다. 호세가 기가 막혀 “뭐라고? 하, 요것 봐라시떼…그래 까짓 거 다 주지 뭐, 다!” 그러자, 칼멘은 눈도 까딱하지 않고 “까진 거 말고 뭐 줄 건데요?” 하고 되묻는다. 오늘의 하이라이트다. 좌중은 폭소, 폭소…도저히 수습불능이다.

이렇게 일곱 짝이 모두 정해졌다. 계획대로 파트너끼리 서로의 인적사항을 주고받으며 자기 파트너를 좌중에 소개하였다. 소개 과정에서 잘못 소개한다고 타박하는 페어도 있었다. 이어 우리는 차린 음식을 먹으며 노래를 불렀다. 술은 도라지위스키, 음료수는 칠성사이다를 마셨으나 담배는 안 피우기로 하였다.

제2부로 들어가서, 준비해 간 시극 다이얼로그를 돌아가며 낭독했고, 수건돌리기, 과자 나눠먹기, 팔목 때리기 등 스킨십 게임도 하고 시詩 제목 이어가기, 영어수수께끼 게임도 하였다. 중간에 자유 시간을 가져 파트너끼리 쌍쌍이 정원을 산책하기도 했다. 그 사이 하얀 눈이 내려 정원은 눈꽃동산이 되어 있었다. 희미한 외등이 비쳐주는 환상의 정원, 눈꽃가지 그늘과 그늘 사이로 이어진 끝없이 작은 길을 연인처럼 거니는 기분은 최고였다. 이런 화이트 크리스마스라면 정말 내일 해는 안 떠도 좋을 것 같았다. 다들 밤을 꼬박 새웠으나 은근히 기대했던(?) 일은 하나도 일어나지 않았다.

이날 일은 수십 년이 지난 지금도 아름다운 기억으로 남아 있다. 우리는 그날 이후 그 여학생들을 다시 보지 못했다. 그 중 한 명은 지금 여성시인으로 문단에서 활약하고 있다. 해마다 크리스마스이브가 되면 「낭만에 대하여」 노래 가사처럼 그때 '과부' 여학생들은 지금 어디서 어떻게 늙어가고 있을까 생각해본다.

야구 명문 부산고의 탄생

[2003년 8월]

요새야 잘 모르겠지만 얼마 전만 하더라도 부산고 하면 제일 먼저 떠오르는 것이 무엇인가 물으면 십중팔구 야구라고 하였다. 그렇다. 부산고는 야구 빼면 시쳇말로 시체다. 공부니, 바다니, 은사니 해 싸도 야구만큼 부고를 부고답게 해주고 야구만큼 모교를 빛내준 것은 없을 것이다. 야구는 부고와는 떼려야 뗄 수 없는 운명적인 것이고, 야구가 있기에 부산고는 동문들과의 유대가 돈독해지고 모교와의 끈이 연면히 이어져가고 있다고 해도 과언이 아니다. 부산고 졸업생 치고 야구의 용어나 룰rule, 하다못해 부고 출신 야구선수 이름을 한둘이라도 모르는 자가 있겠는가. 역대 어느 동창회보를 들쳐보아도 야구 이야기가 없는 경우란 없다. 아니 거의 도배를 하다시피 야구 이야기 일색인 것을 본다.

부고 명물 '진로'를 아시나요?

어느 회기 치고 야구에 미친 학우가 한둘 없었을까마는 우리 동기 중에 '진로'라는 명물이 있다. 18회의 술꾼 '진로'는 술도 술이려니와 야구를 너무 좋아했던(?) 대표적인 동문이다. 야구를 너무 좋아했기에 재학 시절에도 야구부가 시합에서 이기면 이겼다고 진로 한 잔, 지면 졌다고 진로 한 잔을 마셔댔다. 모교의 야구시합이 있는 날은 하늘이 무너져도 시합장에 가서 응원을 해야 했고, 가서 야구 보랴, 술 먹으랴 했다. 사회에 나와 직장이라고 들어가서도 이놈의 야구 때문에 일을 할 수가 없었다.

해마다 야구 철만 되면 그냥 앉아 있질 못한다. 고교 시절에 익힌 최고 기술이 수업 중 무단이탈이었는데 졸업 후라고 그 버릇 어디 갈까. 야구만 하면 아무리 중요한 회사 일이 있어도 사람이 없어지는 바람에 1년을 못 버티고 직장을 쫓겨 나오는 경우가 허다했다.

본명보다 '진로'라는 별명으로 더 잘 알려진 이 사나이, K는 3학년 7반이었다. 그 별명의 유래는 이렇다. 그가 부산중학 3학년 F반 시절 학교 소풍을 부산대 뒷산 금정산에 간 적이 있는데, 하산할 무렵 인원점검을 해보니 한 녀석이 안 보였다. 담임선생은 반원들에게 수색명령을 내렸다. 얼마 안 지나서 누군가 바위 틈 사이에 팔자 좋게 자고 있는 그를 찾아냈다. 자는 것도 그냥 자는 것이 아니라 진로 소주병을 베고 고꾸라져 콜콜 자고 있었다. 보나 안 보나 혼자서 병나발을 불고 그 취기에 고꾸라진 것. 담임이 그 꼴을 보고 기가 차 화를 내지도 못하고 "야, 이놈아! 너는 내일부터 차라리 이름을 진로라고 해라. 진로!"라고 했다. 그날부터 별명을 친구들도 아닌 선생님으로부터 하사(?) 받은 진로는 공개적으로 병나발을 불어제꼈다.

그렇다고 그가 아무렇게나 술을 마신 것은 아니다. 그와 부산중고교 6년 동안 무려 다섯 번이나 같은 반을 했던 친구에 따르면 그는 겉으로 와일드한 것 같지만 실은 굉장히 성정이 여린 놈이었다. 그러나 야구에서만은 물불을 안 가리는 괴짜였다. 대학 다닐 때도 야구팀이 서울로 올라가면 학업을 전폐하고 반드시 서울에 올라가야 직성이 풀렸다. 급하면 혼자서 가기도 하나 대부분 친구들을 꼬드겨서 거느리고(?) 상경하는 것이었다. 서울 체재비를 책임지겠다고 둘러대는 낚싯밥에 걸려든 친구들은 실은 아무 대책도 없는 진로에게 속아 서울에 올라와서는 그의 무애행無碍行에 속절없이 동참해야 했다. 그가 무작정 동기생 집에 쳐들어가면 그를 따라 별 수 없이 무전숙식의 공범이 되곤 했다. 이 바람에 피해(?)를 본 서울 친구들이 한 둘이 아니다.

이처럼 평생 야구 하나만 자신 있게 알고 몸과 마음을 다 바쳐(?) 사랑했던 진로는 정작 보통사람으로서 가져야 할 안정적인 직업을 잡지 못했다. 평생 무얼 먹고 어떻게 살아왔는지 그저 궁금할 따름이다. 야구를 좋아하는 방법은 사람마다 다 다를 것이나 이 진로만큼 온몸으로 야구를 사랑한 사람은 없으리라. 그것도 성인야구는 안 보고 고교야구만 끈질기게 보는 사람은.

부산상고에서 오신 정진헌 수학 선생이 야구를 좋아했다고는 하나 생업을 포기하고 일본이나 서울구장에 나다니지는 않으셨고, 야구를 좋아하셨던 돌배 선생 같은 분도 눈으로 보는 정도로 그쳤던 데 비해 진로는 제 인생을 투수가 투구하듯이 던져 모교 야구를 사랑한 사람이다. 돈이 없어 기부금을 내지는 못했지만 몸으로 때우는 야구사랑은 다해본 사람이다. 과연 그 무엇이 이 친구를 그토록 부고 야구에 미치게 하였을까. 단순한 승부의 결과만이었을까. 아니다. 그는 야구 자체를 사랑했지만, 야구를 통해 모교를 사랑했고, 야구를 통해서 보는 인생을 사랑했던 것이다.

명문의 탄생

부산중고의 야구 역사는 1946년 구제 부산중학 시절에 창설되어 이듬해 부산 5개 중학 야구시합에서 경남중학에 12대1로 대패하면서 시작된다. 유달리 경남중학에 알레르기 반응을 가졌던 부중은 절치부심하여 대구에서 명투수 이홍달(2회)을 스카우트하여 맹훈련하고 그 이듬해 오윤수(2회), 윤종호(3회), 김계훈(4회) 등이 주축이 되어 경남중학에 2대0으로 이겨 숙세(?)의 빚을 갚고 결승에 나가 전국대회에서 최초로 준우승을 차지하는 쾌거를 이룬다.

그 후 야구부는 부산고로 학세가 바뀌고도 계속 맥을 이어왔으나 다른 학교와는 달리 전업선수가 아니고 '공부하는 야구', '여기餘技로 하는 야구' 수준이어서 어느 때는 전국 규모의 대회에 나가 12:0이라는 굴욕적인 스코어로 패하고도 참가하는 것에 만족하는 '선비야구'였다. 그때는 그야말로 스포츠맨십으로서 공부하는 학생들이 그렇게라도 뛸

수 있었다는 사실 자체를 기뻐하였다. 이 얼마나 승부를 뛰어넘은 아마추어리즘의 극치인가.

그러나 예외적으로 경남고에만은 질 수 없다는 오기가 있었다. 그래서 1956년 구덕야구장에서 늘 지던 경남고에 한 번 이겼을 때는 전교생이 영주동 공동묘지를 넘어오면서 온 천지가 떠나갈 듯 환호하였다. 이 일을 계기로 당시 강정룡 교장 시절, 체육교사 한보현 선생이 전국대회에서 한 번도 우승해 보지 못한 부산고 야구부를 집중 육성할 야망을 품고, 당시로서는 파격적인 아이디어라 할 '전국고교야구 제패 3개년 계획'을 세워 당시 부산지역 중학생 야구대회 우승팀인 부산중학교 야구부(김소식, 박명렬, 최영무, 김명현 등)를 주축으로 하여 경주중학교에서 하일(16회) 선수를 받고, 선배 김계훈(4회) 씨를 감독으로 영입, 맹훈련을 하였다. 학교 시설이래야 교정을 야구 연습장으로 사용하는 정도로 베이스도 없이 본부석 뒤에 백네트 하나 쳐놓은 정도에 불과하였다. 그러나 '3개년 계획'이라는 원대한 목표 아래 명名조련사와 명名선수들이 어울려 피눈물 나는 연습을 하였다. 그때도 전업선수가 아니라 학업을 병행하는 방식이어서 야구부원들은 수업을 남처럼 다 받은 방과 후나 휴일에만 연습하였다.

이렇게 갈고 닦은 기량은 3년째 되는 해, 드디어 그 빛을 전국에 발휘하게 되었다. 1962년 6월 어느 날, 제4회 청룡기 쟁탈 조선일보 주최 전국 고교야구 결승전 날. 그 청명한 날에 1학년이었던 나는 푸른 바다가 한 눈에 내려다보이는 구 본관 목조교실에 앉아 있었다. 이날은 화학시간이었는데 황덕조 선생은 수업을 전폐하고 교탁 위에 커다란 라디오를 가져다 놓고 "지금 이 시각, 서울에서는 학교의 명예를 건 청룡기 결승전이 벌어지고 있다. 그러니까 지금 이 시간은 공부보다도 모두들 야구를 들어야 한다."고 하시며 라디오를 틀었다. 불감청이어든 고소원이라 우리는 모두 환호하였다.

최초의 청룡기 우승, 그 감격시대

당시 TV 중계는 없었고 라디오방송이 고작이었다. 대구상고와의 결승전은 라디오 자체의 소음과 경기장의 소음이 한데 섞여 잘 들리지 않았으나 우리는 아나운서의 목쉰 소리에 순간순간 환호성을 내지르며 일희일비하였다.

명名피처 김소식(16회)이 상대 타자를 '산싱(삼진아웃)'으로 잡을 때마다 손뼉을 쳤으며, 캐처이자 4번 타자인 박명렬이 타석에 나오면 우리는 그가 바로 곁에 있는 것처럼 "라이스 빳따, 라이스빳다, 방명렬!" 하고 외쳤다. '나이스nice'를 엉터리로 '라이스rice'라 발음해도 탓할 사람이 없었다. 유격수 하일이 그림 같은 수비를 해내고(미기상) 외야의 다람쥐 최영무(16회)가 특유의 구부정한 자세로 긴 플라이볼을 잡아낼 땐 모두 안도의 숨을 내쉬었다. 중계석까지 들리는 서울운동장(동대문)의 열기에 가슴이 터질 것 같았다. 현장에서 선배님들이 구름같이 모여 응원하고 있다는 중계를 들을 때는 생전 처음 선후배의 정이 물씬 느껴졌고 나도 언젠가는 저 자리에 가서 목청껏 모교를 응원할 날이 있으리라 생각을 하니 온몸이 짜릿하였다.

게임은 예상외로 투수전이어서 양교가 2대2 타이스코어로 연장전에 들어가서도 쉽게 결말이 나지 않았다. 드디어 13회 말, 타석에 들어선 박명렬(16회)이 볼을 치자마자 들리는 아나운서의 다급한 소리.

"쳤습니다! 홈런입니다! 박명렬 군의 굿바이홈런입니다. 게임셋. 3대2, 청룡기는 부산고에 돌아갔습니다. …"

그 순간, 하늘도 울고, 바다도 울고, 서울도, 부산도, 우리 집 개도 다 울었다. 우리는 미친 듯이 얼싸안고 환호했다. 이것이야말로 진짜 모교애가 아니고 무엇인가. 드디어 우리의 용사들은 승리하였고, 부산역에 개선하여 시가 퍼레이드가 이어졌다. 이 승리는 우리 청조 야구사에 커다란 획을 긋는 대전환점이 되었다.

부산고 야구의 부침

[2003년 9월]

1962년 청룡기 결승에서 대구상고를 누르고 첫 우승한 이래 부고 야구는 스타덤에 올라서게 된다. 그로부터 무려 16년이 지난 1978년 한 해에 대통령배, 청룡기, 화랑대기 등 3관왕이 되기까지 부고는 전국 무대의 단골멤버가 되었지만 번번이 우승 문턱에서 분루를 삼켜야 했다. 그 중 가장 극적인 것은 1972년 7월 19일 황금사자기 대회에서 군상상고와 맞붙은 결승전일 것이다.

이때 나는 군복무 중이었는데, 내무반에서 TV를 있는 대로 틀어놓고 시청하였다. 경기는 7회까지 1대1로 팽팽한 접전을 벌였으나 8회초 연속 6안타로 3점을 뽑아 부산고가 낙승하는 분위기였다. 경기는 투수 편기철의 절묘한 투구로 4대1로 끝날 듯했다. 이제 상황은 9회말 투아웃에 투 스트라이크 노볼, 공 하나면 모든 것이 끝나는 순간이었다. 마지막 공 하나를 던지기 위해 와인드업을 하는 편기철의 투구동작을 보고 나는 곧 선언될 승리를 '마이가리'하여 졸병에게 자축을 위한 막걸리 파티를 준비하도록 했다.

'역전의 명수'의 유래

그런데 이게 웬일인가. 도저히 이해하지 못할 해괴한 일이 벌어졌다. 지금까지 잘 던지던 투수 편기철이 갑자기 난조에 빠져 연속 포볼에 사사구를 내주고 안타를 얻어맞는 게 아닌가. 워낙 심판의 볼 판정이 애매하기도 했지만 투수가 갑자기 주눅이 들어 공을 제대로 뿌리지 못했고 3루수의 주루 방해라는 판정까지 나와 결국 5대4로 역전패하고 말았다. 이것이 군산상고에 그 유명한 '역전의 명수' 라는 닉네임을 안겨준 전말이다. 그때 상황이 왜 그렇게 되었는지 삼십 년이 지난 지금도 이해가 안 된다. 이것은 부고인이면 누구나 영원히 풀리지 않을 응어리진 한으로 남아 있을 것이다.

역전패의 원인은 많이 있겠지만 나는 무엇보다 우리 선수들의 정신 문제를 들고 싶다. 상대가 무명학교라는 경적輕敵 심리에다 막판에 "다 이겼다"는 섣부른 승리의식에 도취하여 방심한 탓이 아니었을까. 이것은 1967년도 대통령배 대회 예선에서 맞붙은 부산상고와의 2차전 경기의 재판으로 볼 수 있다.

그때 7회 초까지 8대0이라는 압도적 스코어로 우리가 이기자 모두 승리감에 젖어 부산을 떨었는데 당시 체육교사 김영현 야구부감까지 "이제 야구 도구 챙겨라"는 말을 했다. 그런데 어찌된 셈인지 그 말이 떨어지자마자 급격히 무너져 7회 말에만 9점을 내주어 결국 8대9라는 스코어로 역전패한 뼈아픈 과거가 있다.

무슨 일이든 끝까지 최선을 다해야 하고 함부로 촐싹거리지 말아야 한다는 평범한 속설이 들어맞는 대목이다. 실수는 누구나 하는 것이다. 그러나 어리석은 자는 이를 반복하지만 지혜로운 자는 반복하지 않는다. 교훈을 얻어 반복하지 않을 때 그 실수는 가치 있는 것이 된다. 말인즉 그러하지만 나는 아직도 그때 일을 생각하면 밥맛이 다 떨어진다. 누가 옆에서 그 '역전의 명수'라는 말만 해도 열을 받는다. 유독 나만 그런 것일까. 이 대회에서 부산고가 거둔 수확이 있었다면 '역전의 명수'라는 유행어를 만들어 후대를 경계한 점일 것이다.

다음 이야기는 1996년 여름 청조산악회 행사로 내연산 합동산행을 할 때 양기승(16회) 동문으로부터 들었는데 믿기기 요상하여 최근 김태윤(23회) 동문에게 재확인한 사실임을 밝혀둔다.

이야기는 부고의 명물 '백네트back-net'에서 시작된다. 비가 오나 바람이 부나 모교 운동장 한구석에 '찌끼미'처럼 서 있던 '백네트'! '빠꾸네트'라고 편하게 불리었던 이곳은 비단 야구선수들뿐 아니라 역대 부고인들에게는 명상의 장소이자 추억의 산실이었다. 뒤에는 돌로 된 원형계단이 있고, 수십 년 묵은 오동나무도 있어 대대로 은밀한 만남의 장소로 활용되었다.

김선학(16회) 동문은 졸업 후 진로를 놓고 여기 앉아서 승부가 확실한 야구와 승부를 알 수 없는 문학을 놓고 어느 길로 갈 것인가 고민하였다고 한다. 3학년 5반의 별난 아이들은 만만한 선생의 수업시간이면 빠져 나와 여기서 담배도 피우고 모종의 음모(?)를 꾸미기도 하던 곳이다. 또 배가 출출할 때 담 너머로 소리만 지르면 어디선가 달려오는 떡장수, 술장수들이 5분 대기하던 곳이기도 하다.

1994년인지 95년인지 어느 날, 이 '백네트' 앞에서 D중학 출신 1학년 투수가 프리배팅 연습 공을 던져주다가 사고가 났다. 투수는 타자가 배팅한 볼이 곧바로 자기에게 날아오자 투수 보호망에 엎드려 피했으나 공교롭게 그 볼이 보호망의 철주에 맞아 쿠션을 먹고 그 투수의 머리를 강타했던 것이다. 불시에 옆머리를 맞은 그는 그 자리에서 쓰러져 구토를 하다 다음 날 죽어버렸다. 이 돌발사고로 그 부모가 겪은 황당한 슬픔이야 어찌 말로 다할 수 있었겠는가. 학부모, 학교 관계자 및 감독과 선수들은 장례를 치르고 그 죽음을 애도하였다.

부고 야구 괴담

그런데 그 후 이상한 일이 자꾸 발생하였다. 당시 모교는 재임 당시 전국대회 12회 우승이라는 신화를 만들었던 명감독 조두복(24회)이 고려대로 영전한 후 해거름을 하듯 그 성적이 부진하였다. 이를 극복하려고 황원준(31회) 감독 이하 선수들은 더 한층 노력하였으나 이상하게 이곳 백네트 앞에서 야구 연습을 하면 불상사가 일어나는 것이었다. 다른 곳에서 연습할 때는 멀쩡하다가도 이 백네트 앞에서 연습만 하면 피처든 캐처든 타자든 헛손질을 하거나 부상을 당하고는 그 길로 슬럼프에 빠지는 것이었다. 시합 성적도 부진하여 한때는 라이벌 경남고에 콜드게임으로 패하기도 하였다.

이런 가운데 어느 날 학부모가 선수단을 찾아와 하는 말이 죽은 아들이 자꾸 꿈에 나타나 괴롭고 답답하여 용하다는 무당을 찾아가 물었더니 억울하게 죽은 학생의 원혼이 죽은 자리를 못 떠나고 떠도는 것이라 하니 학교에서 천도제를 지내도록 해달라는 것이었다. 감독과 선수들은 미신 같은 소리라 내키지 않았지만 그래도 연습만 하면 불상사가 나던 참이라 고사라도 지내는 셈치고 이에 동의하였다. 이에 학부모는 교장을 찾아가 학교에서 굿을 하겠다고 어거지를 썼다. 세상에 어느 정신 나간(?) 교장이 학교에서 굿하는 것을 허락하겠는가. 그러나 학부모는 이것이 학교 교육 중 일어난 사고임을 강조하며 공갈 반, 사정 반으로 밀어붙여 학생들이 없는 새벽에 한다는 조건으로 겨우 허락을 받아냈다.

이래 가지고 백네트 앞에서는 학부모 가족과 감독, 선수들이 둘러선 가운데 꽹과리와 징을 쳐대며 세상에 보도 듣도 못한 교내 굿판이 벌어졌다. 그런데 한참 춤을 추며 '터 혼魂'을 부르던 무당이 갑자기 얼굴이 새파래지며 굿을 더 못 하겠노라며 그만 가겠다고 하는 것이었다. 왜 그러느냐고 물으니 지금 저기 구봉산 중턱(선화여상 쪽)에서 300명도 넘는 장군 귀신들이 말을 타고 모교 운동장으로 쇄도하고 있다는 것이었다. 그것도 졸병이 아니라 모두 장군들로서 최영 장군, 관우 장군, 을지문덕 장군, 무슨~무슨 장군, 부산의 정발 장군까지 합세하여 구름같이 달려오고 있기 때문에 자기는 겁이 나서 더 이상 굿을 못 하겠다는 것이었다. 보통 '터지기 초혼(터를 지키는 혼을 부르는 일)'을 하면 한두 장군이 나올 뿐인데 이렇세 많은 장군들이 무더기로 쏟아져 나오는 것은 난생 처음 본다는 것이었다. 이 무당은 이북 할머니로서 한글 자모도 모르는 일자무식임에도 영험이 있는 당찬 무당이었다고 하는데. 이날처럼 당황한 모습을 본 적이 없다는 무당패들의 말이 있었다. 그래서 주최 측이 그것은 다만 혼령일 뿐이니 굿을 계속해달라고 하자 그렇다면 저들을 달래기 위해 술과 음식을 많이 대접해야 한다며 막걸리 20말을 사오게 하였다. 이에 선수들은 아닌 새벽에 학교 인근 술집이란 술집은 다 뒤져 술을 대령하니 그날 초량 관내 술이 동이 났다고 한다.

무당은 시종 겁에 질려 내키지 않는 굿을 하면서 "이곳이 무슨 터인데 이렇게 많은 장군들이 몰려드느냐?", "이 터는 원래 최고 명당 터로서 뒷산의 장군귀신들이 수 천 년 간 지켜온 터인데 지금은 지기地氣가 다 빠져 터의 영험이 없어졌다. 그것은 구봉산에 혈처穴處가 막힌 탓"이라고 묻지도 않는 말을 내뱉었다. 이곳 장군 귀신들은 언제부터인가 건물들이 들어서 바다로 향한 앞 시야를 가린 채 줄곧 갇혀 있었는데 오늘 무당이 자기들을 부르는 소리를 듣고 일시에 달려 나온 것이라고 했다. 어쨌든 이날 귀신들은 야구부원들과 학부모가 올리는 술을 먹고 주린 배를 채우고 돌아갔고 간신히 무당은 학생 귀신을 불러 왕생극락을 빌어주었다고 한다. 그 후 학부모도 편한 잠을 잘 수 있었고, 선수들도 거짓말 같이 백네트 앞에서 연습을 해도 부상당하거나 슬럼프에 빠지는 일이 없어졌으며, 이미 슬럼프에 빠진 사람도 바로 회복이 되었다고 하였다.

그 후로 부산고에 있는 이 '빠꾸네트'는 엉뚱하게 야구 선수는 물론 평소 집에서 '빳따'에 자신이 없는 사람들에게 효험이 있는 명당 터로 알려져 알 만한 사람들이 소리 소문 없이 다녀가며 소원을 빌어 왔다고 한다. 최근 모교 교정도 새로 정비되었으니 혹 용무가 있는 분은 은밀히 이 자리를 찾아보시도록.

야구선수 스카우트 이야기

[2003년 10월]

작년(2002년) 코리언시리즈는 만년 우승 문턱에서 좌절하던 삼성과 LG 간의 상박相搏전이었다. 챔피언 결정 시리즈 전적 3대2의 스코어에서 벌어진 제6차전은 게임의 추세로 볼 때 누가 보아도 LG의 낙승으로 끝나 최종 결정전까지 가는 줄 알았다.

그런데 후반전에 몰아친 삼성의 저력은 매서웠다. 9회 말 마해영의 끝내기 홈런으로 삼성은 9대8로 역전승하여 대망의 챔피언을 거머쥐었다. 삼성의 우승은 실로 20년 만에 처음이었으니 삼성맨과 삼성팬은 감격할 수밖에 없었으리라.

나는 삼성과 아무런 연고가 없지만 이날의 경기 상황은 내게 남다른 감회를 안겨주었다. 이날 시합은 그 옛날 부산고 야구의 축소판을 보는 것 같은 착각을 일으킬 정도로 부산고 출신들의 활약이 눈부셨다. 마해영(42회)이 친 역전 결승홈런은 30년 전 부산고와 군산상고와의 황금사자기 결승에서의 장면을 역전시켜 재현해 주는 듯했다. 이날 타격의 주인공 마해영과 수비의 핵인 포수 진갑용(46회)이 부산고 출신이었고, 상대팀 LG의 투수코치는 양상문(32회)이었으니 투타 공히 부산고 출신들의 활약이 돋보였던 것이다.

나는 이 선수들이 자랑스러운 만큼 이들을 길러낸 모교가 자랑스러웠다. 이들은 어떻게 부산고에 들어왔을까. 부고 입시에서 톱을 한 이규은(7회) 선배는 경남중학 출신으로 모표帽標가 좋아 부산고를 지망했다고 했는데 이들도 부고 야구 전통이 좋아 제 발로 찾아왔을까. 천만의 말씀이다. 그 이면에는 우수한 재목을 찾아 동분서주 스카우트하고 그 재목을 단련하고 키운 감독, 학교, 동창회 등 삼박자의 노력이 없고서는 불가능하다.

20년 불가침조약

앞서 부고 명물 '진로'의 이야기를 하였으나 그에 못지않게 야구를 좋아한 친구로 3학년 5반의 문제아(?) '영고이'(18회)가 있다. 내가 보기에 그의 문제는 야구에 있었다. 그가 입버릇처럼 하는 말, "공부는 머리 나쁜 놈들이나 하는 것"이지 자기처럼 머리가 좋은(?) 학생은 노는 시간까지 공부를 할 필요는 없으므로 그 남는 시간과 없는 시간을 짜내어 야구 보러 다니는 게 그의 부고 삼락三樂 중 으뜸이었다. '영고이'는 졸업 후에도 야구를 못 잊어 모교 야구를 위해 자원봉사를 많이 하였다. 그가 1980년대 전후 모교야구부 선수 스카우터scouter로 활약한 사실을 아는 이는 많지 않다.

부고의 야구가 계속 발전하려면 무엇보다 신입생 선수를 잘 데려와야 한다. 자질이 우수한 선수를 스카우트하지 않고서는 아무리 공을 들여도 헛수고에 불과하다. 그런데 좋은 선수가 어디 그냥 오는감? 정성도 정성이지만 무엇보다 '동그랑땡'이 있어야 한다. 돈 없이 어찌 우수 선수를 데려올 수 있겠는가. 그런데 공립학교에 무슨 예산이 있겠는가? 현실의 야구부 예산은 거의 제로에 가까운 것. 그러니 없는 돈으로 스카우트를 하려면 기댈 곳은 스카우터의 순발력뿐이었다.

1962년 청룡기 야구 제패 이후 부산지역 선수 스카우트 시장에는 묵계가 있었다. 그것은 부산의 두 야구 명문 부산고와 경남고가 맺은 불가침조약이었다. 부산을 동과 서로 갈라 경남고는 경남중학, 대동중학 등을 지원하고 부산고는 부산중학, 동성중학, 대창중학 등을 지원하며 이들 중학교 출신 선수에게는 서로 넘보지 않기로 합의한 것이다. 없는 살림에 자유경쟁 스카우트는 서로 득이 되지 않기 때문에 맺은 신사협정이었다. 이러한 스카우트는 중학교만이 아니라 중학교에 들어올 초등학교까지 확대 적용되었다.

그런데 이 밀약에 언제부터인가 물이 새기 시작하였다. 처음으로 문제가 된 것은 투수 김종석(36회) 때다. 당시 김종석의 소질을 눈여겨보았던 경남고에서 부산중학을 찾아가 일정금액을 주겠다고 약속하고 그 부친으로부터 경남고 진학 약속을 받아냈다. 이 일이 알려지자 부고는 발칵 뒤집혔다. 부산중의 김종석은 당연히 부산고에 오기로 되어 있고 그에게 이미 재학 중 많은 지원을 하고 공을 들여왔던 부고로서는 절대로 양보할 수 없는 일이었다. 이 파동은 양측의 격론 끝에 부산고의 판정승으로 돌아갔으나 이때부터 불가침조약은 흔들리기 시작했다. 금전만능의 자본주의가 의리와 명분을 무너뜨리는 현실이 되어버린 것이다. 급기야 좋은 선수 확보에 혈안이 된 경남고의 줄기찬 공세에 20년간 지켜온 불가침 묵계는 파기되고 말았다. 가라사대 무한 자유경쟁시대로 돌입하게 된 것이다.

스카우트 조건도 초기에는 고작해야 선수의 부친, 형제자매의 취직을 부탁해 오는 정도로 순수(?)했으나 언제부터인가 금전이 거론되기 시작했다. 일일이 밝히기 어려우나 J선수, P선수, K선수 등은 거액을 요구하였고, 그 외 M선수는 돈 문제 때문에 결국 부고에 데려오지 못하였다고 한다. 야구부를 운용하는 경비는 대략 1년에 1억 2천만 원 정도. 이 비용만 해도 대단한데 추가로 막대한 스카우트비용까지 대기에는 동창회도 무리였던 것이다.

관리야구로 변한 고교야구

여기서 잠깐 야구부의 후원 내력을 살펴보자. 1976년 6월 홍금술 교장 부임 전까지는 소액이나마 학교 예산으로 운영되었고 (공식적으로) 동창회의 지원은 없었다. 1972년 황금사자기 대회에서 역전패한 후 '역전 당하기 명수'가 된 부고야구는 맥 빠지고 '지는 야구'만을 하였는데 이를 보다 못한 동창회가 적극 나섬으로써 획기적인 계기를 맞게 된다.

서울에서 야구후원회(회장 이영기 · 2회)가 결성되고 부산에도 부고야구후원회(회장 김종석 · 8회)가 생겨 동창회에서 야구를 전담키로 하고 한일은행 현역 투수 주성로(24회)를 스카우트, 1977년 6월 23일자로 감독에 취임시켜 맹훈련에 들어갔다. 이때부터 모교는 야구부 운영에서 완전히 손을 떼고 동창회에서 야구부의 모든 경비를 부담하는 동시에 감독 선임권 등 운영권 일체를 넘겨받았다.

이 작전은 주효하여 이듬해 1978년 대통령기, 청룡기 등을 탈환하고 허삼수(10회) 회장 때까지 이어져 3년 연속 우승가도를 달림으로써 부고야구는 약진을 거듭하여 전성시대를 구가하였다. 야구부 예산은 동문들의 무차별적 참여와 자발적인 기탁금으로 풍요로웠다. 야구부 지원은 그 후로도 계속되어 오다 고교야구의 인기 저하와 모교 야구의 성적이 부진해지자 동문들의 관심도 줄게 되었다. 어렵게 붙들고 오던 김이현(11회) 회장 시절, "고교야구는 학생야구 본연의 자세로 돌아가야 한다."는 중론에 따라 재경동창회의 지원이 약해지면서 부산총동창회와 역할 분담이 이루어졌다. 즉 재경동창회는 모교 팀의 원정 경기마다 3백만 원 이상 일정금액을 지원하고 게임당 일정금액을 따로 지원해주는 조건으로 모교야구운영권을 부산 총동창회에 인계하여 오늘에 이르고 있다고 한다.

요즈음은 프로야구가 성행하여 아마추어 야구는 어디 있는지 잘 모를 정도가 되었고, 프로야구만 해도 코리언리그, 저팬시리즈, 미국 메이저리그 등이 바로 TV 전파를 타고 안방으로 파고드는 판이라 웬만해서 팬의 시선을 끌지 못한다.

그러나 아무리 시대가 변해도 고교야구는 젊음의 패기가 격돌하는 현장이기 때문에 그 인기가 시들지 않는다. 그래서 해마다 고교야구 시즌이 되면 서울의 성동원두가 떠나갈 정도로 출전학교의 교가나 응원가들이 연일 메아리친다. 부고는 역대 전적을 보아도 어느 고교에 뒤지지 않을 화려한 전통을 가지고 있다. 그 전통의 부산고가 조성옥

(10회) 감독 부임 후 1999년과 2000년 대통령배 2연패 후 최근에는 뒷심이 부족한 듯 보이는 것은 왜일까. 현 후원회(회장 한중석 · 15회)에서 물심양면 노력하고 있지만 십중팔구 그 원인을 파고 들어가면 결국은 돈 문제로 귀착된다.

언제부터 고교야구는 자생야구가 아니라 관리管理야구로 변모하였다. 지금은 어느 학교야구부를 놓고 봐도 아무런 지원 없이 그냥 놔두면 전국대회 우승은 고사하고 자체 명맥을 이어가기도 힘들게 되어 버렸다. 다시 말해 돈이 없으면 고교 야구부는 존재하기조차 힘들어졌다. '학생 본연의 야구'가 어떤 것인지 모르겠지만 그 뜻이 승패에 상관없이 참가만 하는 데에 있다면 (말이야 백 번 맞는 말이지만) 고교야구의 발전은 기대하지 말아야 한다.

야구도 일반기업과 마찬가지로 투자에 비례한다. 비근한 예로 인근 동래고의 예를 보자. 한때 동창회에서 중흥의 여론이 일어 열심히 지원을 했음에도 3~4년이 지나도록 전국대회 성적이 미흡하자 열기가 식고 지원이 미약해지면서 얼마 후 야구부는 소리 소문 없이 폐지되고 말았다. 사실 어느 학교든 야구부의 성적과 동창회의 지원은 맞물려 있다. 성적이 좋으면 지원이 따르지만 성적이 나쁘면 지원도 관심도 끊긴다. 이처럼 상승가도와 하락일로가 극명하게 대비되는 것이 고교야구의 현실이다.

부산고 역사에서 야구가 사라진다면 무엇으로 선후배 끈을 이어갈 것이며 모교의 위상이 지켜질 것인가. 이것이 우리가 모교야구를 살려야 할 이유다. 모교야구를 살리고 지키자면 어떻게 할 것인가? 모두 자문자답해 볼 때다.

부산고등학교

제6부

별난 반 별난 아이들

- 20년 후의 약속 [2001년 4월]
- 친구와 사투리 [2001년 5월]
- '다구리' 맞는 교사 [2001년 6월]
- '싱기비' 열전과 나바론의 용사들 [2001년 8월, 2001년 9월]

20년 후의 약속

[2001년 4월]

지난 1월 26일 저녁. 나는 누구를 배웅하기 위하여 올림픽대로를 달리고 있었다. 무어라고 지껄이고 있는데 핸드폰이 울렸다. 이정욱 총무의 다급한 목소리. "김정윤이가 갔다. 내일이 발인이니 강남성모병원으로 오라"고 한다. 나는 뒤통수를 맞은 듯 "정윤이가 가다니 무슨 소리야. 정윤이라니, 어느 정윤이 말인데?" 하고 어지럽게 되물었다. 그러자, "어당, 우당하는 김정윤이 말이다. 그가 죽었다 안 카나." 하고 다소 술끼 있는 목소리가 들려왔다. 우리 동기에 김정윤이는 둘이 있다. 김정윤이는 죽을 수 없는 친구다. 그가 죽다니 말도 안 된다. 나는 배웅하는 사람을 김포공항에 내려주고는 올림픽대로를 되짚어 달렸다. 차창 밖에는 눈보라가 치고 있었고 강추위에 한강은 얼어붙어 있었다. 올겨울은 유난히 눈이 많이 내리고 기온도 영하 16도를 오르내리며 노숙자와 없는 자를 울렸다. 날씨만큼 내 머리는 얼어붙고 갈피를 못 잡겠는데 마음만 바빴다.

그와는 부산중고를 같이 다니며 한 반에 짝지까지 한 사이다. 우리가 남달리 가까웠던 것은 둘만의 비밀이 있었기 때문이다. 우리는 재학시절 오 · 헨리의 '20년 후After Twenty Years'라는 단편을 읽고 그 소설에 나오는 두 주인공이 20년 후 형사와 범인으로 재회한다는 스토리를 흉내 내어 졸업 후 20년째의 만우절 날 부산 용두산공원 4.19탑 앞에서 만나자고 약조를 하였다. 그 후 우리는 서울로 올라와 학교는 다르지만 혜화동에서 4년간 (드나듦은 있었지만) 하숙을 같이 하였고 대학 졸업 후 나는 H은행에, 그는 S물산에 입사하여 꾸준히 만나 우정을 확인하고는 하였다. 세월은 흘러 우리는 범인도 형사도 못 된 몸으로 늘 알 만한 위치에서 어정대고 있었다. 은근히 기대(?)했던 신분의 격차 같은 극적인 상황은 벌어지지 않았다. 만 20년이 되는 1985년 그날에는 마침 그가 동기회장으로 있었고 같은 서울에 있을 때라 일부러 부산까지 가서 만날 필요가 없어 그가 경영하던 서초동의 '미노'라는 일식집에서 함께 식사를 하며 옛이야기를 하였다. 그리고 다음 20년 후에는 서울 남산 팔각정에서 만나기로 약속을 하였다. 그런 그가 가다니.

눈물의 동창회

이런저런 생각을 하면서 나는 반포대교 램프를 빠져 나와 성모병원으로 들어갔다. 주차 표를 받고(세상에! 나갈 때 주차비가 7천 원이나 되었다) 영안실로 들어가니 동기생들이 한방 가득하였다. 빈소에서 미망인을 보니 비로소 '사실이구나.' 하는 실감이 났다. 국화 한 송이를 올리고 향불을 사르고 묵념을 하는데 회한이 가슴을 찔렀다. 잠시 상주의 손을 잡아주고 빈청으로 가니 모두들 술잔을 기울이면서도 정작 고인에 대하여는 아무 말도 하지 않았다. 그와 친했던 이헌일 군도 얼마 전 큰 병으로 일본에까지 가서 수술을 받고 왔다고 하는데 이미 거나해 보이는데도 주는 대로 술을 마시고 있었다. 그래도 끝까지 정윤이의 죽음에 대해서는 말하지 않았다. 모두들 내심 허망해 하면서도 친구의 죽음을 인정할 수 없다는 표정이었다. 마치 무슨 동창회를 하듯 이 죽음과는 무관한 자신들의 직장 이야기, 살아가는 이야기를 하며 마시고 떠들고 있었다.

이런 분위기에서 나는 주로 듣는 입장으로 잔만 기울였다. 골프를 치며 스코어를 다투던 일, 친구에게 사기를 당했을 때 위로해 주던 말들이 새록새록 떠올랐다. 그는 늘 꿋꿋하고 성실하니 내가 걱정할 일이 별로 없었고, 언제나 연락만 하면 만날 수 있겠기에 자주 찾지 않았던 것인데 친구가 병에 걸려 투병 중인 것도 몰랐으니 나는 친구라

할 수도 없다는 자책감에 빠졌다. 몇 해 전 괌으로 가는 비행기에서 횡사한 홍성현(KBS 보도본부장) 군이 생각났다. 황당하기로 말하면 홍군 쪽이 더하다. 누구의 뜻인지 가족을 반으로 갈라 유명을 달리 하게 만든 그 엄청난 비극을 다시 한 번 애도한다.

친구는 하나둘 사라지는데 그 죽음 앞에서 내가 할 일이 별로 없다는 게 놀라웠다. 늦게 자리를 털고 집으로 돌아와 이런저런 생각으로 잠을 이루지 못하고 있는데 영안실에서 박우진 군으로부터 전화가 왔다. 내일 영결식에서 읽을 추모사가 필요한데 의논 끝에 나온 결론이라며 나더러 꼭 쓰라는 것이었다. 이들은 밤을 새울 모양이었는데 혼자 편히 자는 것도 그렇고 하여 자정 넘어 끙끙대며 글을 썼다. 초고를 써서 퇴고를 하다 보니 어느 새 새벽이 다 되었다.

영결식 1시간 전에 병원으로 팩스를 넣어 추모사를 보내고는 쓰러졌다. 20년 만에 만나기로 한 친구가 바로 그가 찾는 범인인 줄 알고 차마 제 손으로 체포할 수 없어 빙빙 돌다 동료형사를 대신 보냈던 소설 속 이야기처럼 나는 추모사를 쓰기는 썼으나 차마 내 입으로 읽을 수는 없었다. 게다가 나는 피로하거나 잠을 못 자면 눈알이 아픈 증세가 있다. 눈알이 빠지도록 아픈 데는 어쩔 도리가 없었다. 결국 영결식에도, 장지에도 따라가지 못했다. 그날 영결식장에는 18회 동기생만 100여 명이 참석하였다는데 이는 근래 동기들 모임으로는 최대였다. 영결식장은 바로 동창회장이었다. 추모사는 동기회장 김창규(치과의사)가 읽었는데 읽는 이도 듣는 이도 모두 눈물바다를 이루었다고 한다. 그 일부를 옮겨 본다.

…이 추운 겨울이 가고 꽃피는 봄이 오면 어디서 그대의 홍조 띤 얼굴과 꿈꾸는 눈동자를 다시 볼 수 있을 것인가. 자식은 만들어도 형제는 못 만든다는데 한 학교, 한 교실에서 뒹굴며 그때 그 시절, 시간과 공간을 함께 한 우리 친구들이야말로 무엇으로 또 만들 수 있으리. 세월 갈수록 고향이 그리워지듯 친구는 더욱 소중한 것, 다시 만들 수 없는 것이 우리들의 우정이 아닌가. 그 소중한 우정 하나를

그대 오늘 기어코 가지고 가버려야겠는가. 너무나 슬프고 너무도 억울하여 우리는 밤을 새워 그대를 생각하며 술을 마셨네. 마셔도, 마셔도 취기는 간 데 없고 허기만 가슴에 차네. 그대 잔에 술을 채워도 비우지 못하는 그대여! 그대 50대의 억울한 나이를 어느 누가 대신 하리.
친구여, 친구여, 아름다운 우리 친구 정윤이여!
그대를 생각하며 우리 모두 마지막 그대 가는 길에 오늘 여기 모였다네. 그대의 못다 한 일들을 우리 어찌 대신하랴만 우리 남은 동창 친구들, 더욱 가깝게 지내며 늘 하던 대로 달마다 모여 그대 고운 이름 떠올리며 세세년년 함께 살려 하네.
부디 부디 잘 가시게….

어쨌든 이 눈물의 추모사가 고인을 보내고 남은 우리들에게 서로의 연대의식을 재확인하는 계기를 만들어주었다면 하나의 위안일 수 있다. 장례 후 한 달 만에 '우당(방이동)'에서 가진 모임에는 평소보다 많은 동기들이 나왔는데 그날의 추모사에 대한 소감을 묻는 자리에서 나는 "그 글은 내가 쓴 게 아니고 정윤이의 혼이 내게로 와서 쓴 것"이라고 말했다. 그 글은 지금 읽어도 콧날이 시큰해진다. 이제 그는 가고 없으니 그와 나의 치기 어린 '20년 후의 약속'도 끝장이 났다. 잠시의 방심으로 그는 그가 사랑한 모든 것을 두고 떠날 수밖에 없었다. 이것은 그의 잘못인가, 그가 믿는 천주님의 뜻인가.

프롤로그와 초상 치른 이야기

이번이 '청조 만담'을 처음 시작하는 지면인데, 대뜸 초상 치른 이야기부터 꺼내는 것은 이 시대를 사는 우리에게 동기와 선후배라는 동창관계가 주는 의미는 무엇일까 함께 생각해보고 싶어서다. 동기와 선후배란 우리의 생명처럼 한 번 맺이지면 다시 바꿀 수 없는 것이다. 특정의 시간과 공간을 함께 하였다는 인연이란 한없이 소중하고 귀하다. 사실 이 세상을 살아가면서 동기나 동창 선후배만큼 든든한 것은 없을 것이다.

현역으로 맹활동 중인 젊은 후배들은 모르겠으나 세상을 살 만큼

산(?) 오십대 이후 동문들은 죽음 문제를 피부로 느끼며 살고 있다. 이제는 자꾸 주위에서 떠난다는 소리뿐 부활이나 재생의 소식은 없으니까. 젊을 때 경쟁하고 다툰 만큼 늙어서 고맙고 소중한 지우는 없다. 한 사람씩 떠나면 남는 사람이 받는 스트레스는 만만치 않다.

18회 전후 기수들은 소위 '낀 세대'로 IMF의 직격탄을 맞아 유난히 '젊은 노인'이 많고, 달리는 열차에서 강제로 떼밀려난 희생자가 많다. 해방 전후에 태어나 전쟁과 폐허에서 맨발로 뛰던 유년시절, 우리는 선배들을 따라 보릿고개를 넘어왔고, 청장년시절 새마을운동과 개발에 앞장섰으면서도 아무런 보상도 없이 '늘 앞에 치이고 뒤에 받치며' 부패한 정권과 무능한 관료들 때문에 생업을 빼앗기고 시대의 현장에서 쫓겨난 불행한 세대다.

중후장대重厚長大의 '굴뚝문화'에 익숙한 우리는 경박단소輕薄短小의 '정보문화'에는 굼뜰 수밖에 없어 어디 가나 불청객이 되었다. 아직 젊은 후배들이나 유능하여 현직에 있는 동기생, 선배들은 실감하지 못할는지 모르나 우리 사회에 만연해 있는 이 고독과 소외감을 떨치고 우리는 서로가 서로에게 힘이 되고 어떤 의미가 되는 존재이고 싶다. 그렇지 않고는 외로워서 살 수 없고, 서러워서 죽을 수가 없다.

지나간 세월은 다시 불러올 수 없기에 그립고 소중한 것. 우리는 매일매일 죽음을 향해 걸어가고 있다. 이제는 친구가 죽는 것도 우리 책임이다. 바람이 부는 날까지 살아야 할 것이 아닌가. 오늘날 다양성의 사회에서 40대의 황퇴(황당한 퇴직), 50대의 명퇴(명백한 퇴직), 60대의 은퇴(은근한 퇴직)는 너무 빠르고 억울하다. 지나간 것을 돌아본다거나 과거에 집착하는 것은 퇴영적일지 모른다. 그러나 우리의 뿌리를 돌아보고 정신의 고향을 확실히 함은 미래를 위해 소중한 것이다. 학창시절을 회고하며 그 소중한 기억을 일깨워 드러냄으로써 동심으로 돌아가 꺼진 불도 다시 보는 심정으로 식은 우정을 되살리고 지켜나가자는 것이 이 글을 쓰는 최대의 목적이다.

돌아보면 아스라이 36년 전 이야기지만 아직도 모든 것이 어제처럼 생생한 나날들이다. 바로 고개만 돌려도 거기 그 자리에 한 반 아이들이 웃고 떠들고 있을 것만 같고, 그때의 교사와 소품들이 다 그대로 있을 것 같은데 실제는 없고, 무슨 말을 해도 금방 다 기억이 날 것 같은데 막상 끄집어내자면 잘 생각나지 않는 나이가 안타깝다.

처음 연재 형식의 청탁을 받고 어림없는 일이라고 손을 내둘렀지만 계속되는 압박(?)에 펜을 잡고 말았다. 재학 때 문예반에 있었고, 재주 없음에도 늘 문학의 한 귀퉁이를 기웃거리다가 늦깎이로 시를 쓴다고 등단을 하게 된 것이 여기까지 오게 된 전말이다.

등단 후 여기 저기 들어오는 글 청탁을 거절하지 못하고 응하다 보니 이제는 엉터리 글이라도 읽어주는 독자까지 생겨 점점 수렁 속으로 빠져드는 기분이다.

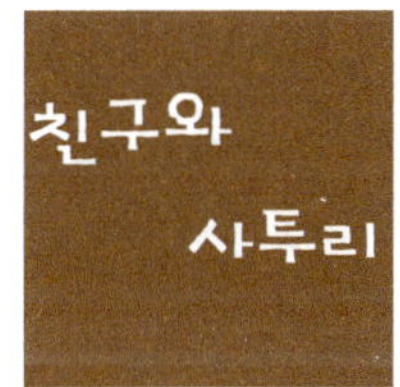

[2001년 5월]

요즘 '친구'라는 영화가 화제다. 감독이 우리 동문이고 교복과 모표 등이 부산고와 닮았다 고 하여 혹시나 하고 모교와 관계있는 이야기를 기대하고 갔다간 실망할 것이다. 영화 내용이 '공부하는 학교', '공부밖에 몰랐던(?) 학교'였던 부산고의 이미지와는 영 딴판이니까. 그래도 이 영화는 세 가지 측면, 즉 '부산'이라는 지역과 '고교동창'을 소재로 하여 '친구'의 의미를 돌아보게 한 것만으로도 큰 공(?)을 세웠다고 본다. 인터넷에는 '친구'를 보기 전에 숙지해야 할 용어사전까지 나왔다고 하는데 세상 참 오래 살고 볼 일이다. '밥문나', '단디해라', '만다꼬', '개안타' 같은 사투리가 이렇게 거국적으로 사랑(?)을 받은 적이 있었던가. 미국의 미시간 호수에 우리 남한을 빠뜨리면 퐁당 하고 소리가 난다는 이 좁은 땅덩어리에서 곳곳마다 말이 다르니 별나긴 별난 민족임을 실감한다.

나는 평소 경상도 말이 우리나라에서 가장 속도감 있는 첨단어尖端語라고 주장해 왔다. 그 중에서도 부산 말이 가장 스피디하다. 가지 꼭지 다 치고 핵심으로 바로 간다. 개그 시리즈에서 경상도 남편의 귀가 후 하는 말이 "밥 도~(저녁밥 차려 달라)", "아~는?(애들은 별일 없나?)", "자자", 이 세 마디뿐이라 하여 한 때 유행한 적이 있었다. 모두들 이 무뚝뚝한 경상도 사내에 대하여 웃고 말지만 여기에는 단순한 웃음만이 아닌 진한 페이소스가 있다. 우리 시대 가장의 피곤한 일상이 다 들어 있다.

모든 것이 바삐 돌아가는 세상에 말을 빙빙 돌려가며 눈치코치 보다가는 정작 타야 할 버스를 타지 못한다. 예컨대, "통행에 불편을 드려 대단히 죄송합니다."라고 고지식하게 예의를 차리다가는 말이 채 끝나기도 전에 버스는 지나가고 만다. 이 긴 표준말을 부산사람들은 단칼에 조진다. "걸거치서 미안하요."라고. 이 얼마나 간단한가. 그러면서도 할 말은 다 하고 있다. 이런 식의 말은 현대의 첨단 컴퓨터가 세상에 나오기 전부터 경상도에서는 수십, 수백 년간 자연스레 써 왔다. 뿐만 아니다. 음악적 고저장단 또한 일품이다. "그 사람이 그 사람인가?"를 부산에서는 "가~가 가~가?"로 끝내버린다. 어느 누가 우리 말에는 중국과 같은 사성四聲이 없다고 했나?

신말업 장군(8회)에게서 들은 이야기인데 전투에서 부산 말을 알아듣지 못해 죽은 억울한 서울 사람들이 많았다고 한다. 소대장이 "수구리!" 하고 외쳤으나 이 말이 "머리를 숙여라"는 말인 줄 알아듣지 못한 사병들은 총에 맞아 죽었다는 것이다. 요행 살아남은 자들도 다시 "아까 매로!" 하고 외치는 지휘관의 말이 "아까 했던 것과 똑같이 머리를 수그려라"는 말인 줄 몰라 마저 죽었다는 얘기는 몇 번을 들어도 웃음이 난다. 사실 촉급한 전쟁터에서는 핵심적 간결체가 필수적인데 여기에는 부산 말이 가장 적합하다 하겠다.

흔히 부산 사람들은 말이 거칠고 목소리가 커서 대화도 마치 싸우는 것 같다고 핀잔을 듣기도 한다. 내가 알기에 이에는 약간 비린 사연이 있다. 요새야 다르지만, 부산은 뱃놈(?)들이 많았고 바람이 거세니 이물에서 고물로 소리치지 않고는 의사소통이 될 수 없었다. 자갈치 아지매나 국제시장 아재가 고분고분 말해서 개기(고기) 한 동가리(토막), 무명 당꼬(바지) 한 쪼가리 팔겠는가. 그 억센 소리 뒤에는 이렇듯 고된 생존의 역사가 있다. 조용조용 말하는 것은 듣기에 좋으나 사바사바하기에도 좋은 말이니 반드시 좋은 것은 아닐 게다.

나설 때 나서서 거침없고 숨김없이 할 말을 다 하다가도 화통한 술 한 잔에 온 마음을 열어 놓는 부산은 사람 냄새가 물씬 나는 고장이다. 바다를 닮아 뒤엎기도 잘 하나 그때뿐이지 도무지 뒤가 없다. 누구처럼 전리품을 챙기지도 못한다. 부마항쟁으로 독재를 무너뜨리고도, 조용필의 "돌아와요 부산항에"를 스타덤에 올려주고도, 박종철의 목숨을 민주와 바꾸고도 과실을 따먹지는 못했다. 이수현이는 일본까지 가서 삼대원수를 살신殺身으로 갚았다.

친구들은 어떠한가? 술과 친구는 오래될수록 좋다고 했는데 마누라만 빼놓고 다 바꿀 수 있는 친구는 대개 고교 동창 사이에서 나온다. 속없이 다 내주고도 대가를 바라지 않는다. 말로는 "문디 자슥 지랄하네." 하고 욕지거리에 랩송으로 씨부려도 속정은 세기世紀가 바뀌어도 못 버리고 옛날 그대로니 이것은 좋은 일인가, 바보짓인가.

우리 3학년 5반에도 그런 친구가 많았다. 부산고는 인근 라이벌 경남고에 비해 부산 시내 출신 학생들보다 타지 촌놈들이 월등 많았다. 영남 일원에서는 자타가 공인하는 가장 우수한 학교였으니 당연한 현상이었다고 할까. 당시에는 TV, 냉장고는 생활기록부에 그 유무를 기재할 정도로 귀했고, 가까운 거리에도 교통이 불편하면 내왕이 없던 연대였으니 같은 경상도라도 구사하는 억양과 의미가 다를 수밖에 없었다. 그러니 여기저기서 모여든 학생들이 마치 다른 못에 놀던 개구리를 잡아다가 한데 섞어놓은 격이 되어 처음에 서로 의사소통이 어려웠던 것은 오히려 당연했다.

부산 속의 부산이라 할 수 있는 중심지 동광동에서 초등학교를 나온 이석재 군의 말로는, 당시 서면까지는 그래도 부산시로 쳐주었으나 그 이상의 변두리 지역, 예컨대 거제리, 연산동, 광안리, 동래, 사상, 구포, 대저 등은 반촌 내지 오지였고 그보다 더 먼 함양, 산청 같은 지역은 아예 무슨 부시맨이 사는 야만 지역 정도로 인식되었는데 이런 데서 온 학생들이 쓰는 말은 숭악한 보리 문둥이 사투리로 급히 말할 때는 무슨 말을 하는지 한참 알아들을 수 없었다고 한다.

가만히 보니 저희 촌놈들끼리도 서로 알아듣지 못하는 것 같아 기가 찼다고 한다. 오죽했으면 부산고의 별칭이 '초량에 모인 촌놈들 학교'라 해서 '초량농고'라고 불렀으랴. 남들도 그렇게 불렀지만 스스로 그렇게 불려도 크게 불쾌하지는 않았다. 물론 이석재 군 같은 시티보이들은 억울했겠지만.

이처럼 부산에 아무런 연고가 없는 촌놈들이 많이 오다 보니 이들은 자연히 초량 일대에서 하숙을 하지 않을 수 없었다. 먼 거리라 해도, 예컨대 삼랑진, 밀양, 물금, 월내, 구포, 사상 같은 경부선이나 송정, 기장, 울산, 동래 같은 동해남부선 기차가 지나가는 교통이 좋은(?) 지역에서는 기차 통학생이 많았으나, 마산, 여수, 함안, 산청, 합천, 창녕, 의령, 진주, 하동, 남해, 통영, 고성, 사천, 삼천포, 진해, 창원, 김해 등 서부경남 지역 출신이나 기타 강릉, 경주, 서울 등 교통이 불편한 전국 출신들은 도리 없이 하숙을 해야만 했다. 부모로부터 떨어져 일찍부터 고독과 함께 자유도 만끽할 수 있었던 조기 유학파들의 애환을 들어보자.

'똥구두'와 '용달차'

당시 유학 풍토를 보면 돈이 많은 학생들은 드물었고, 대부분 고향 집에서 논 팔아 소 팔아 공부시키는 어려운 형편들이었다. 당시는 너나 없이 어려워 구제품이나 군대용품을 많이 썼는데 대표적인 것이 '똥구두'였다. 이 똥구두는 '워커'라고도 부르는 군화로서 굽이 높고 일일이 손으로 끈을 매어야 하는데 뭉툭스러우나 질기고 튼튼해 어디든 만능으로 사용되었다. 하도 신어 밑창이 덜렁거리면 수선하여 신었는데 그 모양이 헤어져도 아무도 부끄러워하지 않았다. 또 책가방을 군것질(?)에 잡혀먹고 찾지 못해 천으로 된 보자기에 책을 둘둘 말아 옆에 끼고 다니는 친구도 있었다. 하숙집에서 싸주는 노란 양은 도시락을 책과 함께 그 보따리에 싸서 옆에 끼고 걷거나 달리다 보면 국물이 배어 나와 책은 물론이고 옷에 배어 냄새를 풍기고 다니는 친구도 있었다. 가방 없이 다니면 저학년들은 교문에서 걸리지만 고학년이 되면 그런 걱정은 없었다. 형편이 보다 어렵거나 하숙비가 쪼들리는 친구는 하숙 주인집 아이나 초 · 중학생을 가르치는 아르바이트를 하기도 했다. 공부 잘하는 Y군은 다른 반 아이 학부모의 초빙(?)을 받아 그 집에 기숙하면서 집에서는 그 아이를 선생으로 가르치고 학교에서는 친구로서 같이 수업을 받았다.

똥구두를 하도 신고 다녀 '똥구두'라는 별명을 얻은 P군은 매우 착실한 학생인데 하도 룸메이트가 술 마시고 담배 피우며 노는 것을 좋아하는 바람에 학습을 못 해 하숙을 옮기기로 하였다. 이 룸메이트는 역마살이 끼었는지 싸돌아다니는 것을 좋아해 그가 은근히 좋아했던 누나뻘 하숙집 딸로부터 '용달차'라는 별명으로 불렸나. 그도 처음에는 착실한 학생이었는데 하숙을 하다 보니 노는 분위기에 물이 들어 자기도 몰래 남에게 폐를 끼치는 존재가 되어 버렸다. 당시 이런 예는 얼마든지 있었다. 하숙을 하다 보면 경비를 줄이려 한 방을 쓰게 된다. 하숙집으로서도 여러 학생을 쳐야 수지를 맞출 수 있으므로 선후배 동창들과, 때로는 타교생들과 혼숙을 강요하게 마련이었다. 그러면 입주하는 날, 이사 가는 날, 생일날, 고향 가는 날, 갔다 오는 날, 뭐 구실거리는 얼마든지 있게 마련이고 그 때마다 파티가 벌어진다. 노래는 아직 최희준의 '하숙생'이 나오기 전이라 '울려고 내가 왔던가', '울고 넘는 박달재' 같은 학생답지 않게 청승스러운 노래만 불렀다. 새로 나온 노래, 예컨대 이미자의 '동백아가씨'가 나오면 배우랴 가르쳐주랴 돼지들의 합창이 밤늦도록 목을 따곤 했다.

담배 같은 것도 선배들이 사오라고 심부름을 시키고 사온 담배는 눈알을 부라리며 피우게 하고 술을 먹이는지라 유학 와서 맨 먼저 배우는 것이 주색잡기(?)였다. 감수성이 예민한 나이에 웬만한 결심이 없으면 이 유혹을 비켜가기 어려웠다.

'똥구두'도 예외는 아니었다. 그는 이래서는 안 되겠다고 작심을 한 것인데 문제는 골칫거리 룸메이트 '용달차'다. 그가 따라붙을까 봐 친척집으로 들어간다고 거짓말을 해놓고 초량 철도관사를 지나 약간 값이 싼 고관 너머 수정동 쪽으로 리어카에 책 나부랭이를 싣고 이사를 갔다. 이사는 남이 안 볼 때를 골라 저녁답에 하는 게 요령이다. 끙끙대며 좁은 골목길을 올라가 막 대문을 들어서는데 바로 새 하숙집 마루에 그 '용달차' 가 떡 버티고 앉아 있는 것이 아닌가. 기겁을 하고 놀라면서도 '과연 용달차는 용달차구나, 안 가는 데가 없으니' 하고 내심 혀를 찼다. 뒤에 알고 보니, 그도 사정을 알고 온 것이 아니라 이 집에 진작부터 하숙하고 있는 자기 동향 친구에게 놀러온 것이 공교롭게도 맞부딪치게 된 것이라 한다. 당연히 '똥구두'의 얼굴은 똥색이 되었다.

"야, 이 기 누고? 일마 이거 봐라, 뭐 친척집에 간다꼬? 에라이 호랑말코 같은 자슥아, 곱게 내가 싫으모 실타카지 더럽구로."

용달차는 거칠게 시비의 엔진을 걸었다.

"어, 어 그기 앙이고 하숙비 땜새 싼 데로 옮길라 칸 기 이래 돼뿌따 앙이가."

"치아라 일마야, 니 마음 다 안다. 그래, 니 혼자 잘 묵고 잘 살아라." 하고 '용달차'는 검은 매연 같은 독기를 내뿜고 휑하니 가버렸다. 그날 밤, 벌어진 입주 환영식에서 '똥구두'는 '용달차'의 친구에게 실정을 이야기하고 오해를 풀어주도록 거간을 부탁하였다. 이 친구는 '용달차'와 동향으로 착실한 친구였다. 키는 작았으나 작은 고추가 맵다고 이론이 정연하고 까뮈와 카프카의 차이점에 대하여 개똥철학을 구사할 수 있는 친구였다.

이 '개똥철학'의 거중조정에도 불구하고 그 후로 사이가 서먹해져 '똥구두'와 '용달차'는 학교에서 마주치면 얼굴을 돌리고 피하는 사이가 되었다. 이대로 가면 평생 원수가 될 판이었다.

그러던 중, '용달차'가 하숙집 아들에게 담배 심부름을 시키다가 주인아저씨에게 들켜 하숙집을 쫓겨날 지경이 되었다. 갈 데가 없어진 그를 '개똥철학'이 설득했다.

"똥구두가 그라던데 니한테 미안하다고 하면서 같이 있자 카더라. 니만 개안타면."

"그거 참말이가? 글마 그기 그래는 안 할라 할 낀데."

"하모, 틀림없다. 니 오늘 저녁에 우리 집에 놀러와 봐라."

이렇게 해 놓고 '개똥철학'은 '똥구두'를 설득했다.

"야, 용달차가 니한테 잘몬했다 카더라. 전에 동거할 때 지가 심했다고. 니는 마, 틀림없이 S대에 갈 놈인데 지는 갈 수 없는 실력이라 심술이 나서 그랬다고."

'개똥철학'의 꾸며낸 '카더라' 방송을 들은 '똥구두'는 심한 자책감을 느끼고 그와 함께 있을 것을 제의하였다. 그날 저녁, 셋은 한 방에 앉았다. 물론 소주잔도, 담배 재떨이도 없이 찬물만 마셔가며 많은 이야기를 나누었다. '똥구두'가 말했다.

"야, 용달차야, 우리 함께 S대를 목표로 쪼아 보자. 니도 학과만 잘 선택하모 문제 엄시 들어갈 수 있을 끼다. 내 도와 주께."

"앙이다. 너거나 열심히 해라. 나는 나대로 할 낀께네."

그 후 이 셋은 더욱 친해졌고, 하교 길에 지나치는 포장마차에서도 오뎅 국물이나 풀빵은 사 먹었지만 술, 담배는 하지 않고 서로 격려하여 공부에 전념하였다. 자칫 하숙생활은 고삐 풀린 망아지의 집단같이 모였다 하면 좋은 쪽보다는 나쁜 쪽으로 서로 닮고 물들고 하는 것이라 대개는 좋지 않은 방향으로 결말이 나기 십상인데 이 이바구는 해피엔딩으로 끝나 별로 재미가 없을 듯하지만, 어려움 속에서도 잘못된 길을 가지 않고 서로 도와 바른 길을 찾아간 부고생들의 모습을 엿볼 수 있다. 이 셋은 뒤에 원하는 대학에 모두 진학하여 지금도 영화 속 '친구' 이상의 친구로 만나고 있다.

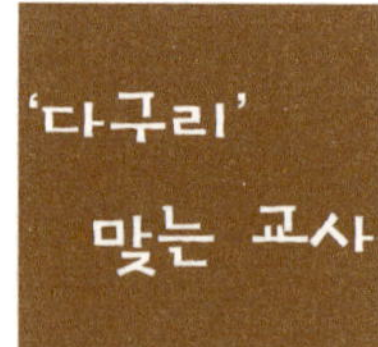

[2001년 6월]

지난 달 스승의 날에 중앙일보 사회면에 보도된 기사 내용은, '스승의 날' 사흘 전(5월 12일)에 가르치는 제자로부터 폭행을 당한 김 아무개 교사는 학교 입장을 생각하여 웬만하면 참으려고 했으나 폭행에 가담한 학생들은 물론 그 현장에 함께 있었던 36명 전원이 사후 학교 측의 폭행 여부 조사에서 "선생님을 만류했을 뿐 폭행하지는 않았다"고 부인하는 행위를 "도저히 묵과할 수 없어 사건을 공개하기로 결심했다"고 한다. 이것이 사실이라면 이 나라 교육은 과연 어디로 가고 있는 것인가. 스승과 학생은 권위와 애정의 사제관계가 아닌 폭력과 거짓이 난무하는 시정잡배 관계로 전락하고 만 느낌이다.

우리 때는 선생님이 때리면 무조건 맞았지 감히 대들거나 눈 한 번 치켜뜨지 못했다. 40년이 지난 지금, 같이 늙어 가는 모습을 보면 선생님도 별 수 없는 한 인간에 불과해 보이지만 그때는 그저 선생님은 신성불가침의 군주 같은 존재였다. 우리가 잘못했을 때는 물론이고 때로는 비교육적인 매질에도 찍소리 못 했다.

사기를 친 선생님과 "거대한 똥이 돼라!"

18회의 중심이요 화제와 해프닝의 메카인 '3학년 5반'을 이야기하자면 반원들도 반원들이지만 담임선생님을 빼놓을 수 없다. 아니 '유담뽀'라는 별명의 유수현 선생님이 안 계셨더라면 3학년 5반이 그처럼 유명(?)해질 수 있었을까 싶을 정도로 사제 간의 정과 믿음이 두터웠다. 먼저 유 선생님의 프로필을 보자. 경북 청도 출생으로 서울 문리대 정치학과를 졸업하고 당시 홍금술 교장의 초빙으로 26세의 젊은 나이에 바로 부산고에 강사 자리를 얻어 왔다. 그때가 6회 선배님들 재학시절이 아닌가 싶지만 어쨌든 사회생활의 출발을 부산고에서 시작하여 2년간 봉직하다가 우리 기를 마지막으로 부산대학교로 전출함으로써 평교사직을 마감했다. 그 후, 부산대 법정대 교수, 학장을 역임하다가 경성대 총장직을 마지막으로 지금은 남천동에 한거하고 계시다. 노시느라 바쁘시지만 우리 동기 자녀들의 결혼식 주례 부탁만은 꼭 들어주신다고 한다. 얼마 전 우리 반 김진수 군의 장녀 결혼식 주례를 마친 자리에서 털어놓은 말씀이 걸작이다.

"내가 너이 놈들 가르칠 때 그때 내 나이가 얼만 줄 아나? 삼십대 중반이었는데 그때 내가 뭘 알았겠노? 내가 사기 친 줄은 몰랐제? 너그들 내한테 사기 많이 당했다. 요놈들, 사기 쳐묵은 재미가 을매나 재미있었는 줄 모를 끼다. 인자 같이 늙어 가는데 사제 간에 무신 허물이 있겠노? 늙어보니 세상에 제일 좋은 기 친구 우정인 기라. 사회에 나와서 만난 친구는 잘 친구가 안 되고 암만해도 같은 동창이 최곤기라. 너그들 밸 거 아잉 거 가지고 다투지 말고 잘 지내그래이."

노 은사의 인간적 체취가 물씬 나는 체험적 고백이다. "사기를 쳤다"는 것은 더 잘 가르치지 못해 아쉬움이 남는다는 말씀일 테지만 세월 앞에서 우리는 얼마나 나약한 존재인가를 절감할수록 친구와 모교와 은사가 소중하고 그리운 것 아니겠는가.

지금 선생님의 말씀이 어떤 경전보다 귀에 속속 들어오는 것도 나이가 들었다는 반증일 게다. 그러니 청조인들이여! 너 나 없이 잘 지내자. 이제 정말로 얼마 안 남지 않았는가.

이제 그 별난 3학년 5반 교실로 가보자. 바다를 발아래 깔고 있는 부산고는 원래 목조건물 2동(전관과 후관)뿐이었다. 우리 때 2~3년 전부터 모교의 트레이드마크 격인 전관은 특수목적으로만 사용하였고 후관만 교실로 썼다. 재정이 어려워 후관 옆대기에 콘크리트 건물을 신축, 신구新舊건물을 잇대어 양쪽을 터놓았다. 1반에서 4반까지는 콘크리트로 지은 새 건물에 있었고, 5반에서 8반까지는 구 건물, 즉 삐걱거리는 목조건물 3층에 있었는데, 5반이 바로 그 연결통로에 있어 항상 거래의 중심에 있었다. 그래서 5반을 이야기하면 18회 8개 반 모두를 이야기하는 셈이 된다. 이 건물은 우리 졸업 후 3년 만에 화재로 망실되었다고 한다. 화재가 아니었더라도 시대의 물결에 헐렸겠지만 이제는 지상에서 영원히 사라져버린, 그래서 지금 50대 이상의 기억 속에만 남아 있는 그 나무 교실을 그리워한다.

5반에는 천재와 둔재, 충신과 골통들이 다 모여 있어서 내 기억력이 문제지 사건과 화제는 얼마든지 있었다. 앞으로 여러 대목에서 실명實名이 나오더라도 거명되는 사람은 5반 출신답게 영광(?)으로 생각해주기 바라며, 선후배들께서는 그 시절이라면 누구나 겪는 비슷한 상황임을 짐작하여 재미있게 읽어 주시기 바란다.

인생이란 어차피 유한한 기억의 사과를 꺼내 먹다 가는 존재가 아니던가. 갈수록 화석화되어 가는 기억의 편린들을 들추어 그때그때 제보를 해 주시면 고맙겠다.

우리는 1962년에 입학하여 1965년에 졸업한 520명 중에서 재적 68

명으로 편성되었다. 우리 학번은 입학 때는 8학급 480명이었는데, 사대부고가 폐교되면서 그 학생 중 40여 명이 편입되어 학생 수가 늘어났다. 어떤 기준으로 누가 반을 짰는지는 모르나, 반원들 면면이 개성적이고 특이한 면이 있었고, 그러한 개성들은 앞서 소개한 명강의 영어 선생이자 위대한 '똥의 대가' 유수현柳璲鉉 선생님이 담임을 맡음으로써 물 만난 고기처럼 유감없이 발휘되었다. 공부 면에서는 전교 모의고사 1, 2, 3등을 모조리 석권하기도 했고, 정학을 비롯한 문제아 최다 보유, 교내 스트라이크 주동 및 반동세력의 혼재, 모 대학 최다 진학, 졸업 후 동기회장 최다 배출, 동기회 총무 최장수 집권(?), 반창회 최다 개최 등 화려한 기록을 갖고 있다. 유 선생님은 우리 반을 끝으로 부산고를 떠나셨기에 더 이상 고교 제자가 없어 더욱 막내인 우리에게 애착을 갖고 계신지 모른다. 그러나 이것은 뒷날 이야기고 당시에는 패기만만한 젊은 교사였다. 우리 반은 뒤에 고교 졸업을 앞두고 교내에서는 물론이고 아마 전국에서 전무한 일이라 할 반지班誌를 졸업 기념으로 제작 · 배포하여 크게 물의(?)를 일으켰다. 앞서 광주 K고와는 질적으로 다른 물의다. 그 '유수'라는 제명題名의 학급지는 급우 전원과 당시 3학년 수업 담당 전 선생님들의 앙케이트를 수록한 문예지였는데, 그 중 '학급일지'의 기록을 보면, 다음과 같다.

> 3월 2일, 3의 5 구성되다./ "거대한 똥이 되라"–유수현 군 연두교서./ 반장 김장섭, 부반장 정순길, 만장일치로 당선되다–짝짝짝

남임선생을 굳이 '군君'이라고 표현한 것은 우리를 '똥'으로 격하하여 부르는 데 대한 학생들의 반격이었다. 유 선생님은 입만 열었다 하면 '똥' 이야기였다.

"영고이, 정고이, 규화이, 상태, 상우기, 상주이, 승화! 얼굴이 벌거무리~하이 해 가지고 대체로 똥이다! 무신 소린지 논쪼 알겐나?"

그 작은 눈을 빛내며 이렇게 악을 쓰면 우리는 겁을 내는 척하면서도 실제로는 아무도 겁을 내지 않았다. 그 말의 이면에 담고 있는 의미를 모두들 누구보다 잘 알고 있었기 때문이다. 한 마디로 우리 제자들에 대한 믿음과 소망과 사랑을 다 담고 있는 말이 바로 '똥'이었던 것이다. 여기 나오는 여덟 명('영고이'는 김영곤과 정영곤 2명임)은 유 선생님을 가장 많이 괴롭힌(?) 대가로 가장 큰 사랑(?)을 받던 요주의 인물들이다. 그리고 "영고이…" 운운은 마치 북한에서 "위대한 수령…" 같이 외치는 구호처럼 1년 내내 교탁에서 입만 열면 터져 나오는 상투어였다. 하도 들어 근 40년이 지난 지금도 그 특유의 액센트와 가락이 잊었던 유행가처럼 한 입에 달려 나온다. 참으로 그리운 이름이요, 그리운 시절이다. 당시 유 선생님의 마음의 일면을 엿볼 수 있는 글이 있다. 바로 그 '유수'지에 실린 자필 권두사를 보자.

> 내 반(5반) '싱기비'들이 주체세력이 되어서 '개묵띠이' 같은 것을 만드는 모양인데, 똥 같은 놈들 손으로 만드는 거라 '구린내'도 약간 난다. 당초에는 냄새도 나고 해서 가까이 하지 않고 피하면서 옆 눈으로 살짝살짝 살펴보니 '못된 놈'들 몇몇이 작당한 것이 아니라 반 전체가 혼연일체가 되어 숨소리가 심상치 않은 것 같아서 아차! 하고 '청진기'를 살짝 안 가슴에 대어본즉, 이미 발병! 열이 최고 39도를 오르내리는 판국이라 아연! 나도 해열 처방을 해야겠다고 '대표 싱기비'에게 권두산지 뚱딴진지를 쓰겠다고 나서게 되었다. 피상적 관찰자(?)들은 담임선생까지 '대표최고위원'이 되어서 전에 없던 장난을 한다고 빈축은 몰라도 '가우뚱'은 할지도 모르겠다. 확실히 전에 없던 장난이라. 그러나 병은 났고 나발은 벌어졌으니 좋다! 한 번 해 봐라! 1964년 12. 1 유수현

이 얼마나 멋진 권두사인가. 근 40년이 지난 지금도 썩지 않고 그 똥냄새가 모락모락 나는 것 같지 않은가. 유 선생님은 우리를 들소처럼 노는 대로 놔두었다가 옆길로 새거나 어정대는 놈이 있으면 가차없이 야단을 치지만 제 길을 가고 있는 한 간섭이 없으셨고 자율대로 내버려두셨다. 3월 어느 날, 수업 중에 박 아무개를 강타하신 적이 있

는데, 그때는 신학기 초라 군기(?)를 잡을 의도도 있었을 것이다. 그 엄한 모습을 본 우리 반 아이들은 학년 내내 '마른 장작도 불붙으면 무섭다'는 진리와 '매는 사랑보다 엄치 낫다'는 페스탈로치의 개정판(?) 가르침을 실감하였다.

누가, 누가 모였나

당시 재학생의 구성은, 한 교문을 쓰고 있던 부산중학 출신들이 반수 정도를 차지하였고, 나머지는 부산 시내 다른 중학의 우등생이나 경남 일원의 도시와 농촌에서 유학 온 소위 천재니, 신동이니 하는 말을 듣던 우수학생들로 구성되어 있었다. 인근 명문인 경남중학에서도 더러 왔지만 많지 않았고 상대적으로 촌놈들이 많았던 것은 선후배 기들과 비슷하였다.

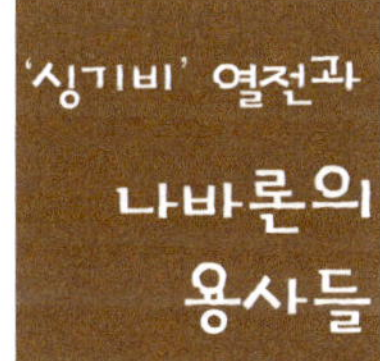

[2001년 8월, 2001년 9월]

당시 3학년 5반 아이들은 담임으로부터 '싱기비(싱거운 놈)' 아니면 '똥'으로 불렸는데 학습태도나 성향에 따라 일도일념파一道一念派, 현실초월파, 고등유민파高等遊民派, 인기독점파, 애교연기파, 얌체불구파, 희생봉사파, 무색무념파, 수다풍선파, 이성중독파異性中毒派, 짱돌다구리파, 비분절의파悲憤節義派, 상습지각파, 상습결석파, 애절비련파哀絕悲戀派, 공갈협박파, 나체애호파, 약방감초파, 이성공포파異性恐怖派, 상습연애파 등의 유파로 분류된다. 물론 지금 지어낸 말이 아니고 당시 기록을 토대로 한 것이다. 애초의 명단은 생략했고 여기 족보에도 오르지 못해 정말 억울한 경우도 사라진 셈이다. 이렇게 유치찬란한 기록들이 40년이 지난 지금, 그때 그 시절을 돌아보는 단초가 될 줄이야. 새삼 그 시절이 그립다.

교칙보다 높은 법칙

5반에는 교칙 불감증 환자가 많았다. 교칙보다 높은 경험 법칙을 존중했다. 그때는 교칙은 무조건 지키는 것이 아니라 칸트의 이성비판처럼 스스로의 판단에 따라 알아서 위반했다. 고장 난 빨간 불이 켜졌다고 아무도 없는데 기다리는 놈은 바보다. 적신호는 무조건 가지 말라는 게 아니라 살펴보고 가라는 뜻이다. 이 편리한 법칙에 따르다가 재수 없게 걸려서 매 맞거나 고생한 놈도 있었지만 대개는 요령껏 하여 별 탈이 없었다.

예컨대, 담배를 피우거나 술을 마시는 것쯤은 공부 잘하고 얌전하다는 '쪼아링파'인 '일도일념파'나 '무색무념파'도 했을 정도니 거의 다 한 셈이다. 한 마디로 걸리지만 않으면 죄가 되지 않는 것이었다. 2학기에 들어서면서부터는 선생님들의 권위도 레임덕 현상으로 많이 떨어져 '똥의 대부' 유수현 담임선생님도 "제발 담배는 집에 가서 피워라"고 사정했을 정도니까. 담배 하면 아무래도 권영재(초원약국 대표)가 떠오르는데, 그는 별명이 '권뻐꿈'이었을 정도로 골초였다. 그의 흡연기를 들어보자.

"처음에는 부산중학 비품실(식당 앞)에서 흡연하였는데, 서너 모금 잘 넘어갔다. 그런데 망할 놈의 담배연기가 새어나가 마침 지나가던 신덕화 선생님에게 걸려 부고 훈육실 겸 방송실에서 빳따 다섯 대를 맞았다. 그 때 기분은 '죽었구나' 했지만 선생님의 아량으로 훈방되었는데, 그 후부터는 숨어서 피우는 데 스릴을 느꼈다. 나중에는 화장실은 물론이고 당시 공공연한 흡연실이었던 미술실 같은 데는 시시해서 복도에서 피우기도 하였다. 숨어서가 아니라 드러내놓고 피우는 데 스릴을 느꼈다."

똥의 구호 "영고이, 정고이…"에 나오는 '똥파' 중 한 인물은 미련하게 한길에서 한 꾸지 폼 잡고 꼬슬리다가 어느 선생에게 걸려 그 넙떡한 얼굴이 일그러지도록 호되게 터졌다. 또 몇몇은 백주 대낮에 광복동 네거리에서 머리에 찍꾸 바르고 활보하면서 피웠는데, 한 번은 합동단속반에 결려 도망가다 바보같이 하나가 붙잡혔다. 학교로 통보가 와 훈육부에서 혼이 나면서도 끝까지 같이 피운 공범자를 불지 않았으니 그 의리가 기특하다.

교칙위반의 죄명도 가지가지. 다방이나 음악실 출입죄, 영화관 출입죄, 당구장 출입죄, 건축 중인 교사 무단 침입죄, 학교식당 무전취식죄, 풀빵 안주에 막걸리 사먹은 죄, 두발 2부 이상 기른 죄, 맘보바지 착용죄, 체육시간 고무신 착용죄 등인데 이런 것들도 죄가 되는 시대였으니 지금 생각하면 참 불쌍하였다.

기차통학으로 우수학생 유치?

박순백(전 은행지점장)이는 삼랑진에서 기차통학을 하였다. 그때의 기차통학은 원거리의 유일한 대중교통수단이었다. 남녀 학생들 간에 이 기차통학을 통하여 많은 사랑과 스캔들이 이루어졌고 때로 남남男男 간 폭력도 있었다. 그래서 기차통학생 하면 사실 그 패기와 불량기(?)를 동시에 알아줘야 한다. 다른 학교에 비해 부산고는 유난히 기차통학생이 많았다. 손일석(8회) 선배 말씀으로는, 명문고 중 부산고가 기차통학하기에 가장 편한 학교였기 때문이라 한다. 초량역에 내리면 바로 학교였으니까. 경남고는 대신동 골짜기에 있어 예컨대 본역에서 내려 다시 버스나 전차를 타고 들어가서 또 걸어가야 했으니 가난한 처지에 이중으로 차비 들여 누가 거기까지 가겠는가. 도내 우수학생 유치에 철도청이 큰 몫을 했음을 우리는 감사해야 한다.

우리 시대의 얄개, 박순백이는 저학년 시절, 기차 통학하는 여학생에게 잘 보이려고 그 작달막한 키에 꽉 끼는 맘보바지를 입고 등교를 한 적이 있었다. 기율이 수도원 같이 엄격했던 부고에서 그 꼴로 무사할 리 있었겠는가. 등교하자마자 교무실에 불려가 선생님에게 호되게 터졌다. 울적해 있는데 다시 대대장에게 불려가 이중으로 실컷 터지고 돼먹지 않은(?) 훈육까지 들어야 했다. 그래서 신세한탄을 하면서 이를 갈았다고 한다.

"부고가 좋다고 해서 왔는데 옷 하나 입는 것까지 간섭하는 학교에 만다꼬 왔던가. 이런 학교에서 3년을 보내야 하다니 아아, 나는 불쌍하고 불행하다."

그런데 웃기는 것은 그도 상급생이 되었을 때 검은 쫄대 즈봉을 입은 하급생을 불러놓고 뭐라고 나무라는 것을 본 적이 있다. 그 이유를 묻자, "본전 뽑아야지!"라고 하면서 히죽 웃던 그의 하얀 이빨을 나는 아직도 기억한다.

체육시간 고무신 해프닝

무엇보다 재미있는 것은 최영대 군의 체육시간 고무신 착용사건이다. 그때만 해도 체육시간은 공부에 찌든 우리들이 유일하게 햇볕을 쬘 수 있는 소중한 시간이었다.

그 선생님의 함자가 무엇인지는 기억이 안 나나, 아무튼 젊으나 젊은 놈들이 체력단련은 아니 하고 천 날 만 날 도서관이나 교실에 처박혀 공부만 하는 것이 몹시도 못마땅했던 것 같다. 그래서 의도적으로 체육시간에는 우리를 호되게 돌리는 편이었다.

그런데 그 선생님의 부아를 돋군 사건이 벌어졌다. 바로 '싱기비' 최영대 군이 주인공. 선생님은 무언가 꼬투리가 없나 하던 차에 최 군이 신고 있는 고무신을 발견한 것이었다. 이놈이 자기를 무시하느라고 체육시간에 운동화 대신 고무신을 신고 나온 것으로 오해한 선생님은 느닷없이 그의 면상을 향해 강펀치를 날렸다.

"너, 복장상태가 이게 무어냐?"

그러자 순진한 최영대는 얼어터진 턱을 붙잡고 한 마디.

"아이구, 택주가리야. 허, 허리가 아파서 신고 온 거 아임니꺼."

"뭐가 어쩌고 어째? 이놈아, 허리하고 고무신하고 무슨 상관이냐?"

선생님의 목청이 더욱 험악해지자, 최영대의 대답.

"그라모 우야란 말임니꺼? 요즘에는 날만 흐리고 비만 올라카모 허리가 아파서예. 오늘도 비가 올 것 같아서 신고 온 거 아임니꺼?"

이 소리를 들은 우리는 모두 배꼽을 잡고 웃었다. 아니, 젊으나 젊은 놈이 날만 궂으면 허리가 아프다는 게 말이나 되는가 말이다. 선생님도 무안했던지 그 날은 최영대 군 덕택에 체육시간이 고되지 않았다.

당시 교칙 위반 행위는 사실 별것도 아닌데 그때는 무슨 큰 죄나 되는 듯이 벌을 주고 벌을 받았다. 그래도 죄목다운 죄목은 '교정월담죄'라고나 할까.

구봉산 중턱에 위치한 우리 학교는 배산망해背山望海의 복룡 형세다. 뒤로는 산이라 별 것이 없는 대신 동남쪽으로 다양한(?) 먹을거리와 유흥가가 있어 항상 이쪽 담을 넘는 것이 유혹적이었다. 이 코스는 의식(?) 있는 부고생이라면 재학기간 중 한 번쯤 시도해 보지 않은 자가 없을 정도로 유명하였는데, 수업 중에 작당하여 무단이탈하는 방법으로 가장 많이 이용되던 공연한 비밀 루트다.

부중 쪽 운동장 좌편으로 개천이 흐르는데 이것이 천연적인 해지 구실을 하고 있어 학교에서는 별도로 벽돌담을 치지 않았다. 그 개천 방둑이 바로 '나바론의 절벽'인데 수위실이 멀리 떨어져 있어 탈출 성공률이 매우 높았다. 둑방을 타고 내려가 개천을 건너 다시 반대편 둑방을 기어오르는 이 루트는 늘 오르내리는 스릴이 있었다.

대부분 이 루트를 이용해 수업시간에 영화를 보러가거나 볼일(?)을 보러 다녔다. 이 나바론은 당시 인기를 끌던 그레고리 펙 주연의 『나바론의 요새』라는 영화를 보고 우리가 지은 이름이다. 이렇게 말하면 모두 불량학생들 같지만, 실제로는 나름대로의 계산과 꿍심이 있었기에 약간의 탈선을 해도 이내 제자리로 돌아왔고, 그 탈선의 정도도 심하지 않았다.

어쨌든 재미없는(?) 과목이나 실력 없는(?) 선생들의 수업시간이면 어김없이 장난기가 발동하였고 밖에서는 볼만한 영화가 상영되고 있었다. 그러면 우리들의 일그러진 영웅들은 촌보의 주저도 없이 이 '나바론의 절벽'을 넘어 인근 극장에 가거나 당구장이나 시장통을 휘젓고 다녔다. 휴일과는 달리 평일에는 그 무서운 합동단속반이 없기 때문에 안심하고(?) 볼일을 볼 수 있었다. 나도 정영일(변호사) 군과 함께 『바람과 함께 사라지다』라는 영화를 보았는데 그 웅장한 스케일하며, 클락 게이블의 남성미와 비비안 리의 아름다운 모습, 그리고 마지막 장면에서 "내일의 태양은 내일 다시 뜨리라." 하면서 불타는 타라농장을 바라보며 결의를 다지는 스칼렛의 모습이 너무나 인상적이었음을 기억한다. 이 기억은 평생 남아 지금도 명화극장 시간 같은 때에 이 영화를 보면 그때의 첫 감동을 잊을 수 없다.

그런데 나바론의 탈출도 고학년이 되면 그 이용실적이 저조해지게 마련이다. 절벽의 주主 이용권은 자연스럽게 저학년 쪽으로 넘어가고 대부분 입시공부에 몰두했는데, 그래도 줄기차게 그 절벽을 잊지 못해 기어오르는 물개 같은 무리들이 있었다. 정학까지 당한 바 있는 김아무개와 '진로'는 우리 반의 김정호, '영고이, 정고이…' 등 7대 명물과 함께 상습 월담자로서 그들의 관심은 유치하게 영화 따위를 보는 정도가 아니라 인근 여학교의 성채 주변을 염탐하거나 고관 앞 쌍과부집에 가서 술과 담배를 하는 등 고차원적으로 놀았다.

텍사스촌 탐험기

별난 아이들에게 나바론쯤이 무슨 장벽이 될까마는 굳이 그런 험난한 코스를 취하지 않고 정공법(?)으로 교문을 이용하는 유파도 있었다. 그 대표적 인물이 이상태(종로 보혜한의원장)다. 특히 그는 "내게 교칙 따위를 묻지 마라. 내게는 교칙위반이 따로 없다. 학교생활에서 내가 재미있다고 생각하는 것은 모졸시리 교칙위반이라고들 하니 어떤 것이 위반이고 어떤 것이 아닌지 알 수 없다."고 할 정도로 교칙과는 담을 쌓고 지냈다.

학교를 졸업할 때 졸업 소감을 물으니, "이제는 수위를 공갈, 협박하지 않고도 당당히 교문으로 나갈 수 있게 되어 좋다."고 하였다. 그는 순진하게 '나바론'을 특공대처럼 넘은 것이 아니라 언제나 당당히(?) 수위를 으름장 놓아 유유히 교문으로 통행하였던 별종이다.

반면 황선우(삼성전자서비스 사장) 군처럼 이 방둑을 넘는 '클리프 행잉'을 몇 번 해보고 스스로 불가적佛家的 깨우침을 얻는 자도 있었다. 몇 번 담을 넘어본 그가 토한 오도송悟道頌에 이런 구절이 있다. "역시 도둑질은 못해 먹을 짓이라 생각했다." 이 얼마나 생생한 현장 체험에서 얻은 진리의 깨달음인가.

이 루트가 붐빌 때는 나가는 팀과 돌아오는 팀이 서로 조우遭遇하는 경우도 있었다. 동 학년 같으면 서로 씩 웃고 말지만 학년이 틀릴 경우 저학년들은 달아나기 일쑤였다. 그러면 고학년들은 "야, 이놈들 거기 서! 거기 안 서?" 하면서 쫓아가는 시늉을 하였는데, 이거야말로 도둑이 도둑을 나무라는 웃기는 광경이었다.

이 나바론을 넘어가서 텍사스라는 금단의 지역을 탐험하거나, 여고생을 헌팅하여 재미(?)를 보다 문제가 된 학생도 있다. 이 아무개 군은 그 무용담을 시리즈 형식으로 쉬는 시간이면 입에 거품을 튀겨가며 신나게 이바구를 하였는데 우리는 그런 그가 무척 위대해 보였고 다음 번 거사(?) 때는 꼭 끼워달라고 아침 떠는 놈까지 나왔다. 다음은 그의 무용담 중 하이라이트 한 대목.

"그날도 몇몇이 어울려 '나바론'을 넘어갔다. 마침 찾아간 극장이 전에 본 영화를 상영하고 있어 우리는 늘 선망의 대상이던 중앙극장 뒤

쪽으로 이어진 초량 '텍사스'촌을 답사하러 갔다. 좁은 골목으로 살금살금 들어가니 영어 간판에 울긋불긋 원색 옷을 입은 여인들이 오고 가는 것이 마치 딴 나라에 온 것 같았다. 대낮인데 술집 앞에 내놓은 의자에 코쟁이가 앉아 거의 옷을 벗다시피 한 여자를 무릎 위에 올려놓고 입을 쪽쪽 맞추는 것을 보고 을매나 놀랐는지 모른다. '아, 저것이 소위 양갈보구나.' 도대체 은밀히 숨어서 해도 낯 뜨거울 일을 백주 대낮에 서로 만지고 키스를 해쌓는데 (그때는 영화 장면도 키스신은 새도우로 가렸던 시대다) 볼라카이 참말로 환장하겠더라. 우리는 안 보는 척하면서도 흘금흘금 쳐다보고 또 쳐다보았는데 그들은 무슨 짐승처럼 우리가 쳐다보든 말든 하던 짓을 계속하고 있었다. 모두들 얼굴이 벌거무리 하이 해 가지고 입 벌리고 있는 꼴이 내가 봐도 우스워 어디 살짝 들어가서 한 잔 하자고 했지. 일행이 서부영화에 나오는 나비 날개 같은 '싸롱' 문을 쓱 밀치고 들어갔는데 아이고 마, 마치 무슨 영화관 같이 어두컴컴한 실내에서 묘한 냄새와 신음소리가 여기저기 들리는 게 앙이겠나. 플로어에는 굵은 비트음악에 술 취한 여자가 몸을 비비꼬며 춤을 추고 있고. 숨이 컥컥 막혀 우물쭈물 하고 있는데 마, 카운터에서 학생복을 입은 우리를 보고 쫓아내는 바람에 그 좋던(?) 광경을 더 이상 못 보고 말았능기라."

그때는 이런 거짓말 같은 참말이 어찌나 재미있든지 들어도, 들어도 지루한 줄 몰랐다. 고교생으로서 이런 별난 추억거리를 갖고 있는 것은 당시 유일하게 외항선원들이 드나드는 적선지대가 다행히도(?) 학교 가까이에 있었던 덕택이다. 우리 부고생들만의 특혜였다고 할까. 하여튼 그 이국적인 풍경은 감수성 예민한 학생들에게 3년 내리 강한 충격을 주었던 것이 사실이다. 수십 년이 지난 지금도 여전히 그 텍사스촌은 상존하며 이제는 러시아 보따리장사까지 가세한 이국인들로 국제쇼핑거리가 되어 성시를 이루고 있다고 한다.

제7부

별난 반 학급일지

- 별난 아이들, 별난 이야기 [2001년 10월~2001년 12월]
- 졸업반 진풍경과 레임덕에 걸린 선생님들 [2002년 1월, 2월]
- 호풀에서 흑모 백모까지 [2002년 3월~6월]

별난 아이들, 별난 이야기

[2001년 10월~2001년 12월]

지금 이 글을 쓰면서 나는 말할 수 없는 향수와 그리움에 젖어 있다. 그 시절로 돌아가고 싶지만 그럴 수 없는 현실이 안타깝다. 다음은 1964년 3학년 5반에서 1년간 일어난 일들을 당시의 반지班誌 '유수'의 기록을 토대로 일지 형식으로 엮어보겠다.

64년 4월 X일 담임 영애, 5반 교실 방문

라일락 향기 어지러운 어느 봄날, 담임선생의 따님이 우리 학교에 왔다가 5반 교실에 들어왔다. 절대금녀의 구역, 땀내 나는 수컷들 방에 달덩이 같이 환한 여학생이 나타났으니, 반에서는 순식간에 소동이 일어났다. 내가 누구라는 등 괜히 있는 말, 없는 말로 환심을 사려고 수선을 피우는 놈들이 많았다. 아, 그 적나라함이란! 그 중, 그녀에게 반하여 상사병이 난 사나이가 있었다. 그는 몇 날 몇 밤을 잠도 자지 못하고 열병을 앓았는데, 뒤늦게 이 사실을 알게 된 유수현 선생 왈, "공부도 못하면서 내 딸 넘보는 놈, 가만 두지 않겠다!"

64년 4월 25일 혈청소로 봄 소풍 가다

혈청소 앞바다, 물 나간 갯바위 사이를 이리저리 뒤뚱거리며, 해방감에 마냥 즐거웠던 봄 소풍! 바위틈에 붙은 조개를 뜯고 사진도 찍고 우정을 다짐하던 하루였다. 몇몇 친구들은 물실호기라 선생님들이 안 보는 곳에서 한 개피씩 돌려가며 담배를 피웠고, 술도 홀짝홀짝 마셔댔다. 여기저기 바위 틈에서 모락모락 연기가 올라와도 선생님들은 일부러 안보는 척 시선을 돌렸다.

돌아올 때는 해조음에, 우정에, 술에, 담배에 취해 비틀거리지 않은 친구들이 없었다.

혈청소 뒷담을 돌아 나오는 길가에 민들레가 방긋 웃었다.

64년 5월 5일 놈팽이들, 한 대목 보다

오늘은 어린이날인데 무슨 행사를 한다고 온 부산시가 떠들썩하였다. 동원령에 따라 시내 남녀 학생들이 다 모인 대신동 구덕운동장. 주최 측이 대열을 정돈하느라고 마이크로 줄서라고 연신 외쳐대었지만 학교 구분 없이 뒤섞인 학생들은 모처럼 학교를 벗어난 해방감에 들은 척도 하지 않았다. 물 좋은 여학생들이 도처에 깔렸는데 이 호기를 어찌 그냥 보고만 있을쏘냐? 자꾸만 대열에서 이탈하려는 학생들을 보다 못한 안장현(시인) 선생이 단상에 뛰어올라, "어이, 저게 가는 부고 학생들아! 돌아와 똑바로 서지 몬 하겐나!" 하고 대갈일성 그 특유의 쇳소리를 질러댔으나, 우리의 일그러진 영웅들은 들은 척 만 척 사라져갔다. 유유히 사라지는 일단의 놈팽이(?)들과, 돌아오라고 뒤에서 소리치는 선생님과, 그 복판에서 고개를 돌려가며 재미있다는 듯 이쪽저쪽 바라보는 학생들의 삼각구도를 상상해 보라.

돌아서는 뒷모습이 부고생인지 경고생인지 선생이 어찌 알랴! 알고도 때로 모른 척하니 이 또한 불역열호不亦悅乎아!

64년 6월 25일 아아, '융니오!'

해마다 돌아오는 6 · 25! 6 · 25는 부산과 관계가 깊다. 대한민국 전국토가 빨갱이 손에 넘어갔지만, 부산만은 적군에 떨어지지 않은 마지막 보루였으며, 임시 수도로 피난정부가 들어섰던 곳이다. 흔히 우리 부고의 역대 졸업생 중 사회적으로 가장 인재가 많이 배출된 기수가 10회라고 하는데 이는 역설적으로, 그때 피난 와 있던 전국의 우수한 학생들이 대거 입학함으로써 부산고가 명문 대열에 확실히 진입하였던 것이라고 말할 수 있다.

육이오! 이를 촌놈들이 잘못 읽으면 '융니오'가 된다. 어쨌든, 그 '융니오'를 맞아 오늘 기념행사를 가졌다. 지금 공산오랑캐는 물러갔어도 우리에게 주적主敵은 여전히 남아 있다. 그것은 난공불락을 자랑하는 서울대학 성문이다. 그 길에 걸림돌은 서울고, 경기고 놈들(?)이다. 이들의 포위망을 뚫고 성문으로 전진! 또, 전진! 그래서 우리는 '융니오'의 노래, "아아, 잊으랴 어찌 우리 이 날을…"의 뒷부분을 아래와 같이 개사改詞하여 불렀다.

"서울, 경기 놈들 침략을 받아
3의 5 인민들 피를 흘린다…"

64년 6월 X일 유월 오후의 동문서답

햇빛 찬란한 유월 정오, 온갖 꽃들로 盛裝(성장)한 유월의 한낮은 눈부시게 평화롭다. 이 좋은 날씨에 어두컴컴한 목조교실 속에서 시커먼 흑판이나 쳐다보며 책과 씨름한다는 것은 신에 대한 불경이요, 하늘에 대한 모독이다.

이렇게 꽃들이 흐드러진 계절, 그것도 초하의 양광이 내려 쪼이는 졸린 오후에 수업이 제대로 될 리 없다. 오후 첫 시간, 영어 원강原講. 마침 'The old man and the sea'를 강의하던 장갑상 선생! 언제나 멋진 영국신사 같은 모습을 한 작달막한 키의 장 선생은 여기저기 참지 못하고 터지는 하품 행렬을 보고, "What a bomb! 육이오 폭탄이 아직 덜 터졌나. 저기 저 하품하는 자, 그 옆에 제3의 사나이, 헤밍웨이가 왜 바다에 나갔는지 이유를 말해보라." 하고 몰아세운다. 지적된 제3의 사나이가 그 큰 키에 꺼벙한 모습으로 부스스 일어서며, "그거야 고기가 묵고 싶어서 간 거 앙이겠습니꺼?" 하는 동문서답에 온 교실은 순식간에 폭소 판으로 변했다. 졸음을 씻는 명 현문우답이었다.

6월 오후에는 수업 중에도 자리가 들쭉날쭉 비었다. 상습적으로 비는 자리는 XX번, ○○ 번. 장갑상 선생은 당장의 입시를 위한 공부보다는 인간성의 회복, 문학을 통한 교양의 획득에 더 비중을 두는 교육자였다. 그래서 유독 자기 시간에 자리를 많이 비우는 급우들을 보고도 크게 나무람이 없었다. "XX번, ○○번, 오늘도 안 보이는군. 또 진로를 북북서로 돌렸는가… 용서받지 못할 자!" 하고 그 특유의 변사적辯士的 어투로 말하면서도 수업이 끝날 때쯤이면 오늘 강의 내용이 무엇이었다는 것을 이탈자들에게도 일러주라고 당부하는 아량을 보이셨다. 아, 만만한 학생들 틈에 낀 고달픈 선생이여!

64년 7월 X일 특보-담임의 숨겨둔 여자

이제 계절은 무더위의 언덕을 기어오르고 우리들의 정규공부도 거의 끝나 간다. 2학기부터는 아예 교과서를 떠난 게릴라 학습으로 가르치고 배운다. 여름방학도 곧 다가오는데 이래저래 우리 반 7월은 청포도가 익어 가는 계절이 아니라 가슴속 오장육부가 오들오들 타들어가는 계절이다. 이런 때 오장육부를 시원히 식혀주는 특보가 날아들었다. 광복동 '뉴욕제과점'에서 담임선생의 데이트 현장이 목격되었다는 것. 이 '뉴욕제과점'은 당시 청춘남녀의 고급 데이트 장소로 그 제과점 아래층 3번 테이블에서 우리의 근엄하신 담임선생이 사모님 아닌 묘령의 아가씨와 랑데부를 했다는 것이다. 그날 5반의 7공자 중 한 놈이 드는 솜씨로 N여고생을 하나 낚아 구석진 제과점 자리에서 한창 '구라'를 까고 있는데 불쑥 담임 유 선생이 들어오시더란다. 놀란 나머지 흘끔흘끔 입구 쪽을 보면서 빠져나갈 궁리를 하고 있는데 이게 웬 일인가. 날씬한 양장 차림의 아가씨가 따라 들어오면서 선생님 자리에 앉아 온갖 아양(?)을 다 떨더란다. 처음에는 그냥 도망가려고 했는데 그들의 모습이 하도 신기해서 지켜보았다는 것이다. 담임은 눈치채지 못했지만, 사제가 한 장소에서 밀회를 한 셈이다. 담임의 비밀을 알게 된 우리들은 흥분하였다. 과연 사모님을 울린(?) 그녀는 누구였을까? 우리는 보았노라. 들었노라. 분개했노라. 야릇한 흥분 속에서도 우리는 아무 행동도 하지 못했다. 여러분, 그 이름이 궁금하지요? 그러나 무덤까지 지고 가야 할 비밀은 사제지간에도 있는 법입니다.

64년 7월 X일 **땅콩, 니가 왱이다**

우리 급우들은 공부만 잘한 게 아니라 운동도 잘했다. 워낙 공부가 판을 치는 세상이라 덜 알려졌지만 개별적으로 운동시합 같은 데 나가 입상을 하여 학교 이름을 드날리기도 했다. 김규환 군은 학교 대항 고교테니스대회에 나가 경남고를 격파하여 우리의 기를 살려주었고. 김부현 군은 경상남도 고등부 검도 시합에 나가 그 땅콩만한 키에 깡다구로 2등을 하였다. 그런데, 족보에도 없는 땅콩 박순백이는 어느 날 기차통학생끼리 벌인 '달리는 열차 뛰어내리기' 깡다구 대회에서 당당 2등을 하였다. 그것도 딱 2명만 출전한 대회에서.

64년 7월 7일 **클레오파트라와 함께 춤을**

오늘부터 그룹별 졸업사진 촬영에 들어갔다. 이 졸업사진은 번호 순서대로 편성되어 각 조별로 알아서 좋은 데 가서 사진을 찍는다. 키가 큰 그룹인 1조(1번에서 18번)는 해운대까지 원정하여 클레오파트라의 나신상 앞에서 기념촬영을 하였다. 사진을 잘 찍은 것까지는 좋았으나, 찍고 나서 흥분한 이 아무개 군이 갑자기 옷을 훌훌 벗더니 그 알몸조각 앞에서 춤을 추는 것이었다. 클레오파트라의 코가 높아서 망정이지 만약 한 자라도 낮았더라면 그날 이군의 '조각희롱' 역사가 바뀌었을 것이다. 모두 말렸으나 신이 난 그는 듣지 않고 '빤쭈'(팬티) 바람에 거리를 활보하다 결국 '산따루'(순경)에게 체포당하였다. 명문 부고생이라는 바람에 풀려나긴 했지만, 파출소까지 따라간 학우들은 기분이 배꼽 밑 같이 되어 홧김에 서방질한다고 막걸리를 수도 없이 퍼마셨다고 한다. 아, 키가 커서 조숙한 것도 죄가 되나?

64년 7월 26일~28일 **여우방학**

팔월의 본격 과외 전까지 사흘간 틈새 방학이 있었다. 우리는 이를 '야시' 방학이라 했다. 우리는 방학이고 아니고 간에 학교에 나와서 교실이나 도서관에 앉아서 공부를 하였다. 그때는 요새같이 독서실 문화가 발달되지 않았다. 나도 집에서 공부할 처지가 못 되어 여우새끼처럼 학교에 매일 나왔다. 하루는 에어컨도 없이 찌는 듯한 목조교실에서 낑낑대면서 공부하고 있는데 그 모습이 안쓰러웠던지 마침 지나가던 도서관 사서司書 조혜정 처녀 선생이 바께쓰를 빌려주어 거기에 찬물을 가득 담아와 책상 옆에 맨발을 벗어 담그고 공부를 하였다. 그런데, 공부는 안 되고, 그 처녀 선생의 분 냄새만 황홀했다.

64년 8월 X일 **물새야 우지 마라**

보통 8월이면 한창 방학기간인데 입시를 앞둔 우리 3학년에게는 방학이 있을 수 없었다. 오히려 더 일찍 아침 7시 30분까지 등교하라는 엄명이다. 새로 나온 프로그램으로 사흘간 과외수업을 4시간씩 연속 실시한다는 것이다. 아무리 명문대학이 좋다지만 정말 불알에 땀이 나고 발바닥에 요령소리 날 지경이었다.

공부도 좋지만 좀 쉬었다 하자는 여론에 따라 자율공부를 집단 보이콧하고 단체로 해운대에 해수욕을 가기로 하였다. 그런데, 이게 웬일인가. '헤쳐 모여' 하고 집결지 해운대에서 인원을 점검해 보니, 재적인원 68명 중 3명만이 참가하였다. 나머지 놈들은 어디로 샜나. 해운대까지 길이 멀어 송도로, 당구장으로, 극장으로 각자 기호대로 흩어진 것이다. 남 놀 때 그 웬수같은 공부를 저 혼자만 하려고 귀가한 놈도 있다나. 의리 없는 놈들 같으니. 참가한 3명은 "물새야 울지 마라, 우리가 있다." 하고 기왕에 온 김에 실컷 놀다가자고 이리저리 기웃대다가 이병홍이의 제안에 따라 보트를 빌려 탔다. 보트를 빌려 타고 그 험한 해운대 동백섬을 한 바퀴 돌던 중 동백섬 바위에 있는 한 무리의 여학생을 발견하고 모두 일어서서 손을 흔드는 바람에 배가 뒤집어졌다. 어푸어푸 하며 살려 달라고 소리치자 여학생들이 비명을 질렀고, 보트 주인이 달려와 가까스로 구해주었다. 물을 바가지로 먹은 이병홍이는 여학생들 앞에서 그래도 "배값 벌었다" 하고 웃는 것이 아닌가. 익사 소동 때문에 학생들에게 안전조치 없이 배를 내준 주인은 보트 값도 받지 못한 것이다. 어쩌면 요놈들이 지능적으로 돈 안 내려고 꾸민 수작인지 누가 알랴.

오늘은 약간 슬픈 날이다. 급우 이부영 군이 브라질로 이민을 떠났다. 이민이 뭐가 좋은지 모르겠으나 아무튼 이 지겨운 입시지옥을 떠나 신세계로 떠나는 그가 부럽기 짝이 없었다. 학급 대표로 우리는 부산 제2부두에 나갔는데 해군 팡파레가 울리고 만국기가 펄럭이며 야단들이었다. 무슨 환송식 같은 것을 한 뒤, 사람들이 갱웨이를 걸어 들어갈 때 여기저기 울음보가 터졌다. 붕-하고 뱃고동이 한 번 길게 울더니 배는 바다로 미끄러져 간다. 연락이나 자주 하라면서 '연락선'(?)을 떠나보내는 심정으로 나는 오륙도를 향해 손을 흔들었다.

64년 9월 30일 **하복 마지막 입던 날**

"에에, 오늘은 '영어 에이슈Ace'는 놔두고 리라이팅구rewriting 하겠습다."

이창규 선생은 실력은 둘째 치고 우리말이든 영어든 지독한 일본식 발음으로 강의를 하도 '혼자서만' 열심히 하는 바람에 웬만큼 정신 차리지 않으면 졸음이 절로 왔다. 배우고 안 배우고는 너희들 책임이지 내 알 바 아니라는 간 큰 선생이었다.

그런데 오늘이 구월 마지막 날, 이 지루한 과목의 종료를 알리는 벨이 울리자마자 바로 학생들 간에 대소동이 벌어졌다. 선생이 미처 교실 문을 나가기도 전에 여기저기서 툭툭 바지 터지는 소리가 났다. 오늘이 쑥색 하복을 마지막 입는 날이기 때문이다. 내일부터 검정색 '사지' 동복을 입기 때문에 다시는 하복을 입을 수 없게 된 것을 기념(?)하기 위해서다. 바지를 세로로 죽죽 찢는 놈, 한쪽 다리통을 잘라내는 놈, 양쪽 무르팍을 요절내는 놈, 가랑이를 툭 타서 팬티를 비죽이 내밀고 다니는 놈, 흰 광목천으로 된 남방셔츠를 단추째 타버리는 놈, 가지각색이었다.

요새 젊은이들이 일부러 청바지 무르팍을 뺑 뚫리게 파내거나 재봉선을 타내려 실밥이 질질 흘러내리게 하여 입고 다니는 꼴을 보는데, 우리는 벌써 40년 전에 경험한 일이다. 이 날 바지를 절단 낸 학생 수는 5반만 무려 19명이었다는 기록이 정확히 남아 있다. 마침 우리 반 앞을 지나가던 수학 담당 정진헌 선생이 이 꼴을 보고 탄식하여 가라사대, "이거 되겠습니까? 이거, 이거 이라모 안 됩니다, 이거." 오만상을 찌푸리고 내뱉는 이 말에 우리는 다시 한 번 폭소를 터뜨렸다.

64년 10월 X일 **교정에 울려 퍼진 유행가**

시청각실에서 일어난 해프닝. 바늘 침의 유성기로 LP 판을 듣는 것이 최대의 문화적 사치였던 그 시절, 음악에 포원이 진 몇 놈이 시청각반장 이원태 군(전 동국산업 상무)을 꼬셔 점심시간에 시청각실로 들어가 저들끼리만 듣는다고 살짝 고상한(?) 음악을 틀었다. 그때의 고상한 유행가는 이미자의 '동백아가씨', 불란서의 샹송 '시노메모로', 미국의 팝송 '유민에브리싱투미', '아이캔스탑 러빙유' 등이었다. 그 감미로운 노레에 환장한 이 친구들이 오프라인인 줄 알고 이러한 명곡(?)들을 틀었는데 이것이 그만 온라인으로 연결되어 방송되고 말았다. 때 아닌 유행가가 온 교정에, 온 교실에 울려 퍼졌으니 그 광경을 상상해 보라. 히히 호호 박수를 치고 소동이 일어났다. 당장 교무실에서 난리가 나고, 친구들은 도망가고, 시청각실에는 DJ도 없이 레코드만 돌아가고 있었다. 덕택에 삭막한 교정에 봄바람이 불었지만 나는 지금도 그것이 놈들의 실수였다고 믿지 않는다.

64년 10월 8일 **교내 백일장에서 일어난 일**

내일이 한글날이라 당시 시인 겸 국어교사이던 안장현 문예반 선생 주관 하에 전교생을 대상으로 교내 시 백일장이 열렸다. 3학년의 제목은 '가을'이었다. 전교생은 모두 한 편씩 써내게 되어 있어 나도 무어라고 써냈는데 그것이 3등으로 입상되어 급우들로부터 환호를 받았다. 1등(장원)은 1학년 아무개 군이라고 했는데 정작 시상식 때는 당선이 취소되는 일이 벌어졌다. 타지 발표작의 표절이라는 것. 이 해프닝은 전득만 군이 직접 관련자인데, 그가 무려 35년 만에 그 전말을 털어놓은 고백적 수기(?)를 내놓았다.

미술실은 당시 공인된 흡연실로, 선택과목 시간에는 사이비 미대 지원자가 모여 득실거리던 곳. 백일장이 있던 그날 나는 전년도의 다른 학교 교우지校友誌를 베개 삼아 누워 또 다른 교우지를 읽고 있었다. 시간이 좀 지나자 미술반원도 모여들었고 우리 동기들도 모여들어, 대학입시 공부하고 상관없는 '시 쓰는 일'의 황당함을 털어놓고 있었을 때, 미술반 1학년이 원고지를 손에 들고 들어왔다.

그걸 보고 "시제가 뭐꼬?" 하고 물었더니 "'고향'입니더."라고 했다.
"그라믄 이거 베껴 쓰라."

장원하면 상금 갈라먹기로 하고 내민 것은 내가 보고 있던 이웃 경남여고의 교우지였다. (제목 '가을', 부제 고향에 부쳐) 1학년은 아무 생각 없이 자구 하나 틀리지 않게 (표절이 아니라는 의미로) 송두리째 베껴 제출해 버렸다. 그가 가버린 후 펼쳐놓은 그 시를 다시 꼼꼼히 읽다가 아차 싶었다. 여고생의 감수성 깊은 시심은 내가 읽어도 장원감이었다. 그런데 그 작품이 실제로 심사에서 장원으로 결정되는 바람에 다음날 시상식 직전에 이실직고하여… 아침 조회 운동장 스피커에서 발표된 내용은 장원은 없고, 차상에… 라고 발표되었다. 그날 나는 오전 4시간 내내 교무실 안安 선생님 의자 옆에 꿇어앉아 심심하면 얻어맞았다. 맞고 또 맞고, 수업 들어가셨다 나와서는 또 패고, 나중에는 인간이 되라고 책을 한 권 주셨는데 그 책은 그날 당장 고관 헌책방에 팔아버렸다.

장난치고는 좀 심했다. 어쨌든 그것도 세월이 지나고 보니까 잊을 수 없는 추억이 되었다. 그날 나와 함께 지은 우리 반 골초 권영재 군의 등외 시 한 편이 기억나는데 그 내용이 천하 명작이라 소개한다.

하늘은 높고/ 말은 살찌고/ 나는 예비고/ 남은 삼개월

촌철살인! 잔망스럽게 길게 쓸 거 뭐 있나. 천고마비 계절에 계집애 엉덩이는 탐스럽게 살이 찌는데 나는 안 되는 공부하느라 갈수록 야위고, 이제 졸업은 3개월밖에 안 남았으니 얼마나 불안 초조하랴. 이 시를 보니 골초가 된 이유를 알겠다.

졸업반 진풍경과 레임덕에 걸린 선생님들 [2002년 1월, 2월]

시월상달, 하늘은 높고 말은 살찌는데 고3 졸업반은 비루먹은 몸에 눈만 살아서 들고양이처럼 빛난다. 이제 남은 3개월, 공부는 더할 것도 없다. 주사위는 던져졌다. 이럴 때는 담배가 약이다. 공부는 공부고 담배는 담배다.

"어른들은 초조할 때 뭐 하십니까. 우리는 담배 말고 다른 것은 절대로 안 합니다. 마, 더 녹을 빼(뼈)도 없습다."

이제 학생들은 노골적이었다. 담배 정도는 교실에서 그냥 피워댔다. 뒷줄에 앉은 놈들은 시간 중에도 그단새를 못 참고 창문을 빼꼼이 열어놓고 담배를 피워댔다. 모로 가도 서울만 가면 되는데 제발 다 아는 빠이롱 고만 시룹시더…이런 판이니 선생님들도 함부로 학생들을 대하지 못하였다. 그 엄하던 훈육 선생님은 사고를 우려하여(?) 현명하게도 졸업반 근처에는 얼씬하지 않았고, 유수현 담임선생도 고작 한다는 말이 "담배는 가급적 집에서 해결하도록." 애걸할 정도였다. 자고로 레임덕 현상은 이래서 무서운가 보다.

그래도 학생으로서 지킬 일이나 학교에서 시키는 일은 군말 없이 따랐다. 일례로 마침 열리고 있던 인근 경남여고 미전美展에 학교 명의로 기증하려고 누구든 좋은 그림 있는 자는 가지고 오라 했는데, 그 말 잘 안 듣는 "영고이 정고이…" 7인방 중의 뺀질이 규환이가 명화 한 점을 가져왔다.

그림 제목은 『납세미』. 제목을 듣는 순간 갑자기 그림에서 암내가 났다. 여고에 맛 조개도 아니고 납세미라, 거 참 요샛말로 "재섭서, 재섭서" 하면서도 눈을 빛내던 고이연 놈들, 그 눈빛들이 그립다.

진기명기 백출한 교내 체육대회

상선약수上善若水가 아니라 상선약공부上善若工夫라! 노자老子는 놀라고 했는데 공부를 제일의 선善으로 치는 부산고에서 체육대회를 연다는 것은 꽤 드문 일이다. 그런데 우리 때는 그것이 있었다. 기억이 희미해져 가는 지금도 동기생을 만나면 술자리에서 당시 교내행사 중 가장 인상 깊었던 것이 무엇이냐고 슬쩍 물어보면 많은 이들이 체육대회였다고 답하는 것을 본다. 그때는 몰랐지만 그것이 얼마나 큰 추억 제조 공장이었던가. 많은 에피소드와 추억거리가 여기서 만들어졌다. 개인

별, 반별 대항 경기, 특활부별 대항, 학년 대항 등등…

5반의 경우를 보자. 맨 먼저 반별 달리기에서 반의 명예를 걸고 반장 김장섭이 나섰다. 덩치는 우람했지만 달리기가 어디 덩치나 성질만으로 되는 것인가. 그는 급한 김에 신발을 벗어 던지고 "비켜라, 아베베!"를 외치며 맨발로 뛰었으나 별무신통. 그가 몇 등을 했는지는 기억에 없고 그때 맨발 벗고 뛴 놈은 그놈뿐이었던 것만 기억난다. 사금파리에 찍힌 발을 안고 식식거리던 그때 그 모습.

이어 반별 대항 릴레이에서 7인방의 뒷북치기 전문 이승화는 그 육중한 가분수의 몸을 이끌고 앞선 주자들이 혼신의 힘으로 확보해 놓은 일등 자리를 이어 받아 달리다가 꼴인 직전에 그만 넘어져서… 꼴찌를 했다. 참, 재수가 없는 것은 그가 아니라 우리 5반이었다. 그놈의 승화만 아니었다면, 그놈의 돌멩이만 없었더라면 하는데 갑자기 저쪽 테이블에서 꽝 내려치는 소리가 들려왔다. 그 때 한이 아직도 안 풀린 놈이 내리친 주먹이었다. 아, 40년의 세월도 못 풀어준 한이여!

개인별 경기에서 노재철(의사)이는 200미터 달리기에 나가 결승전에서 1등을 확인함과 동시에 쓰러져 일어나지 못하였고, 여영수(통일교 비서실장)는 달리기에서 생애 처음으로 2위를 하였다. 정순길(WTT 소장)이는 장애물 달리기에서 난생 처음 3위를 하여 그 학다리를 쳐들고 기고만장하였다. 박경상이도 200미터 달리기에 나가 생애 처음으로 조 1등을 하고 그 감격을 시로 읊었다. "낙엽이 창가에 떨어진다 / 아, 나도 막 떨어진다 / 자꾸만 떨어진다. 또, 또…" 분명 나가는 논조로 보아 시는 시 같은데 무슨 말인지 도통 알 수 없다. 도대체 달리기에서 1등 한 것과 낙엽 지는 것이 무슨 상관인가. 40년이 지난 지금도 풀리지 않는 수수께끼다. 또, 10,000미터 달리기에 출전한 천익정(천지산업 전무)이는 등수에 들지는 못했지만 끝까지 완주했다. 그 때 공부에 미쳐 핼쑥한 얼굴로 종종 내게 장난꿀밤을 먹던 (내 앞자리에 앉은 죄로) 그에게 "니 그 몸으로 될 끼라고 나갔더나?" 하고 내가 물었더니, "내 의지를 한분 테스트해 볼라꼬 안 그랬나…" 아, 여기 또 하나 별종이 있었구나. 그 때 완주한 의지 탓인지 IMF를 겪고도 그 나이에 잘리지 않고 목하 왕성하게 현업을 달리고 있는 그를 보면 어째 그 비밀의 한 부분을 알 것도 같다.

모자 수난 이야기

졸업이 가까워지면서 아이들은 모자帽子를 난도질하기 시작했다. 요즘 미국 프로야구에서 맹위를 떨치고 있는 박찬호도 한 때 그의 옷이 동료들에 의해 갈가리 찢겨진 일이 있었다. 그처럼 멤버의 일원이 된 데 대한 축하의 뜻은 아니지만. 어떤 구속에 대한 해방감에서 모자를 찢었다. 요즘은 개성시대라 모자 같은 것이 거의 없어져 버렸지만 우리 때는 학생에게 모자는 필수적이었다. 고교의 굴레를 벗는 것은 모자를 벗는 일로 시작된다. 모자는 쓰고 있는 한 공동체 속의 일원으로서 늘 규율과 단속의 표적이 된다. 이제는 수난의 표적이 된 모자다. 졸업반에게는 학교는 매일매일 다르게 느껴진다. 실제로 달라진 것은 아무 것도 없지만 강박감 같은 게 있었다.

그 수난의 첫 타자가 바로 교모다. 중·고교 6년 동안 써왔던 지긋지긋한 모자! 일 이 책상, 저 책상에서 멀쩡한 모자가 북북, 찢겨져 나갔다. 제 주인에게 당하는 놈도 있지만 대부분 타인에 의해 칼로 십자가를 받거나 별꼴을 당했다.

분노와 환호, 애환을 함께해 온 모자

교모는 학생이면 누구나 등·하교 때 제일 먼저 챙겨야 할 소도구다. 모자는 교무실이든 식장이든 들어가기 전에 저도 모르게 손이 간다. 늘 나사를 돌려 모표를 똑바로 세우고, 호흡을 가다듬던 모자. 창피하거나 외면할 일이 있을 때에는 창을 당겨 눈길을 피하게 해 주었던 모자. 학생 데모나 뜨거운 야구장에서 분노와 환호의 표시로 공중을 날던 모자! 생각해보면, 모자만큼 우리와 애환을 같이 한 추억물이 있겠는가. 모자는 우리에게 소속감과 일체감을 느끼게 해주었고, 부고인임을 자부하게 해준 일등공신이었다. 그런데 이제 얼마 안 있으면 쓰고 싶어도 쓰지 못할 모자를 두고 그때는 왜 그리 다투어 학대했는지 모르겠다.

하복은 그 마지막 입던 날 대부분 자기 옷을 자기가 찢어발겼지만, 교모는 남들이 그 임자 몰래 칼자국을 내는 것이 유행이었다. 학생이라면 모름지기 책가방이든 교복이든 모자든 깨끗하고 단정해야 한다. 그러나 이것은 저학년 때의 이야기고, 졸업반들에게는 남의 동네 이야기다. 뭐든지 제대로 되어 있는 것이 오히려 이상한 것이다. 찢어지고 깨지고 비뚤어져야 정상인 것이다. 요새 젊은이들이 제 키보다 큰 옷을 입고 다니거나, 멀쩡한 옷을 찢어 입는다든지 남자도 한쪽 귀를 뚫어 귀고리를 하고 다니는 것들은 다 전통이나 어떤 틀 속에 균제均齊 됨을 거부하기 때문일 것이다. 입시가 코앞에 걸린 고3생들은 늘 불안하고 초조하다. 성숙과 미성숙, 구속과 자유가 엇갈리는 생의 언저리에서 학생들이 손쉽게 티를 내거나 경계를 허물 수 있는 것이 고작 교복이나 교모 정도가 아니었겠는가.

모자는 대체로 모범적이고 얌전한 아이의 것일수록 그 겪는 수난의 정도가 심했다. 모자의 상태가 양호할수록 찢는 재미가 솔솔했으므로 '모자' 하면 정영일 군이 생각난다. 그는 뒤에 동아일보 기자가 되었는데 박정희의 유신시절, 동아투위東亞鬪委로 신문사를 쫓겨 나와 방황하다가 먹고 살 게 없어 뒤늦게 사법시험에 도전하여 합격하였다. 나와는 5반의 두봅으로 여겨질 만큼 담임의 사랑을 받았는데 지금은 꽤 강단있는 변호사로 통하지만 당시에는 얌전하고 모범적인 학생이었다. 그의 모자가 할복 당한 이야기를 들어보자.

지난 시월 어느 날, 무명 흉한의 난도질로 할복을 당한 내 모자다. 물론 이건 좀 과장된 표현이지만 순간 나는 나의 생명의 일부 혹은 전체에 어떤 위협을 당한 것 같은 느낌을 가진 것이 사실이다. 현장에 있어서 그 비운을 구하지 못한 것이 내 삼가지 못한 탓이라 하겠지만 내가 그 모자의 참변을 더욱 애통해 하는 까닭은 좀 더 다른 데 있다.

그 까닭이란 '내 것'을 사랑하는 마음이다. 그것이 '남의 것'이 아니고 '내 것'이라는 데 한없는 애착을 느낀다는 말이다. 만약 '내 것'이 아니고 이웃 놈의 것이었다면 한바탕 웃어주고 그 흉한의 기분을 이해해 주려고 노력했을는지도 모른다.(중략)

모자로 하여 공동체 속의 '나'를 느낄 때가 있다. 공동체 속의 내가 중요하듯이 공동체 역시 중요가치를 가진다. 내가 살고 있는 '사회'와 그 속에 '나'는 대립되는 문제다. 어느 한 쪽의 존재가치를 지나치게 옹호한 나머지 전체를 어지럽히고 자신까지 파탄으로 이끈 예는 허다하다. 남의 일에 관해서는 정확한 판단을 휘두르지만 자신이 그 일에 관련될 때는 명확한 판단력을 잃는다.

넝마 쪼가리처럼 악취가 진동하는 헌데 투성이를 관이랍시고 머리 위에 모셔 다니는 나의 몰골을 과연 인류의 영장의 위신으로 용서할 수 있겠는가? …그 녀석은 앞으로 두어 달이면 모자 이야기를 안 해도 좋게 되겠지만, 우리에게는 몇 천 번의 두어 달이 지나야 정녕 좋은 날이 닥칠지 아무도 모른다. 오늘 저녁은 만신창이가 된 내 모자를 졸업의 그날까지나마 걸치고 다닐 수 있게 기우려면 눈웃음 몇 번쯤 아끼지 않아야 하리라.

(1964년 11.29)

이것은 당시 유수지에 실린 글을 발췌한 것이다. 그가 애착한 모자는 사연이 있었다. 그 모자는 그가 중학교 들어갈 때 어머니가 온 국제시장을 다 뒤진 끝에 사준 것이어서 특별히 애착이 간다고 하였다. 그가 장장 5년 10개월 간 그 신장 5척 5촌의 머리 위에 쓰고 풍설을 이겨내며 다녔으니 그 감회가 남다를 수밖에 없었을 것이다. 이처럼 역대 가보로 남기려고 한 그의 깊은 뜻을 몰라준 '흉한'이 얼마나 미웠으랴. 그 '내 것'을 침해당한 지 37년이 지난 지금도 그때 난도질당하여 뒤에 기워 쓰고 다녔다는 그 모자를 보관하고 있는지 한번 물어보고 싶다. 그냥 넘겨버릴 범상한 이야기를 '내 것'이 남에 의해 침해당한 일을 계기로 그 생각을 공동체와 자신의 문제로 발전시켜 이 정도의 글을 쓸 수 있었던 고교생의 사고력이 놀랍다.

내 모자 건드리는 놈은 "쥑이뿔기다"

아무튼 당시 이런 식으로 당한 아이들이 하나둘이 아니었으며, 말로 다 안 해서 그렇지 그 개개의 사정이야 얼마나 곡진한 바가 있었으랴. 지금도 가슴 아픈 것은 최영승(작고)의 경우다. 그가 하루는 체육시간이 끝나고 돌아오자 책상 속에 고이 모셔두었던 모자가 없어졌다. 누군가 영승이를 만만히 보고 훔쳐간 모양인데 그 순덕이가 화를 내지는 못하고 "내는, 기부이 대다이 나뿌다이." 하고 두꺼비처럼 눈만 껌뻑거리던 모습이 지금도 눈에 선하다. 군대에서도 철모 도둑놈은 없다는데, 찢어지게 가난했던 영승이는 남의 모자를 대신 훔치지도 못하고 까까중 맨머리로 "안 주나, 안 주나, 오늘도 안 주나, 줘 바라 머라카나, 안 주모 가마 인나바라" 하고 '주나 바라' 염불만 하면서 학교에 다녔으나 끝내 돌려받지는 못하였다. 그 모자 훔쳐간 놈, 지금 이 글을 읽고 있으면 제발 그 모자 좀 그 영전에 돌려주시게. 이제는 처벌시효도 다 지났으니 누가 뭐라고 하겠는가?

날이 갈수록 수난을 당하는 아이들은 늘어갔다. 피해자가 다시 가해자로 둔갑하는 가운데 끝까지 모자가 성한 채로 졸업하는 아이를 볼 수 없을 정도였다. 그런데, 참고로 말씀드리면 내 모자만은 멀쩡했다. 내가 공개적으로 내 모자를 건드리는 놈은 "쥑이뿔기다" 하고 조석으로 눈을 부라렸기 때문이다. 그런데 사실 내 모자가 무사했던 것은 내 공갈이 무서워서가 아니라, 모자가 워낙 낡아 앞창과 테가 다 헤져 더 난도질 할 데가, 아니 할 가치가 없었기 때문이다. 당시 나는 교복도 단추가 반드시 몇 개는 떨어져 있었고, 2학기부터는 책가방은 아예 없이 책 보따리에 책을 둘둘 말아 싸들고 다녔던 것이다. 지금 보면 나도 꽤나 불량하였던 것 같다.

그런데 이런 불량기들은 다 어디서 온 것일까. 세상에 근본 없는 자식이 어디 있으랴. 한번은 담임 유수현 선생님이 늘 입던 추레한 쥐색 양복 대신에 깔깔한 맘보 즈봉을 입고 학교에 나오신 적이 있었다. 우리는 그 당당함에 아연 놀랐다. 아니, 우리가 이런다고 담임선생님까지 막가시면 안 되는데…학교에서 대표적인 단벌신사였던 우리 선생님도 이제 과외공부 학원에 나가시더니 돈 좀 벌었다고 이리 '포때'를 내도 되는 건가. 복장문제만큼은 사제가 피장파장이 되었다.

호풀에서 흑모 백모까지

[2002년 3월~6월]

호떡과 풀빵에 꽃피운 우정

세월은 돌이킬 수 없어 그립고, 추억은 돌아볼 수 있어 고맙다. 세월도 사랑도 모두 가고 마는 것이나 그 세월에 새긴 흔적은 남는 것, 그 흔적은 다시 고칠 수 없고 다만 추억할 수 있을 뿐이다. 다시 돌아갈 수 없는 학창시절은 살아가면서 우연히 마주치는 풍경이나 하찮은 먹거리에서도 살아난다. 그 먹거리 중에 호떡과 풀빵은 우리들 배고팠던 추억의 일급 메뉴다. 갓 구워낸 풀빵은 뜨거워 맨손으로 이리저리 굴려가며 먹는 맛이 일품이고, 호떡은 '빠딱조-'를 둘로 접어 거머쥐고 한 입 베어 물면 손가락에 전해오는 따끈따끈한 온기와 입에 화끈거리는 쫀득쫀득한 맛이 그저 그만이다.

나는 이 맛을 지난 2월, 「오페라의 유령」이 상연되고 있는 서울 강남 역삼역 입구에서 맛볼 수 있었다. 첨단의 도시 일각에 여전한 호떡 파는 이동마차라…묘한 대비다.

몇 해 전 텔레비전에 방영되었던 드라마 「옥이이모」는 5~60년대를 겪은 세대에게 큰 인기가 있었다. 거기에는 넝마주이, 뻥튀기 장수,

풀빵장수, 색주가 등이 나오는데 이런 풍경은 우리 학창시절 초량천 변 시장 쪽으로 내려가는 곳에서 쉽게 마주칠 수 있었다. 호떡은 가격이 좀 비싸 손태완(부산 삼성의원장)이 같은 물주가 있거나 아니면 꼬불쳐 놓은 돈으로 살짝 혼자 사먹고 입을 싹 닦아야 했다.

배고팠던 시절의 단골메뉴 '호풀파티'

풀빵과 호떡은 다 같이 밀가루를 쓰지만 약간 다르다. 호떡은 빈대떡처럼 둥글납작하고 속에다 누런 설탕을 넣고 맨틀에 꾹꾹 눌러 구워내지만, 풀빵은 '얼라'들 주먹만 하게 움푹움푹 구멍이 파인 시커먼 쇠틀에 허연 반죽을 주전자로 들이부은 후 젓가락으로 앙꼬를 척, 척 떼어 넣고는 연탄불에 휘휘 몇 바퀴 돌렸다가 뚜껑을 열면 되는 것이다. 그때는 이것이 얼마나 맛있었던지 앉은자리에서 몇 개씩 먹고 나중에는 개수 때문에 주인과 언쟁이 붙기도 하였다. 풀빵과 호떡은 당시 별다른 간식거리가 없던 학생들에게 꽤 인기가 있었다. 영화관에 갈 때 사들고 가기도 했고, 당구장에서의 내기 대상이기도 했다.

하교 때는 빙 둘러서서 시켜먹으며 이야기꽃을 피웠다. 여럿이 달려들면 개수를 세기 어려워 주인은 늘 눈을 희번덕거렸으나 우리는 단독으로 가는 것보다 이렇게 무리 지어 가기를 좋아했다. 그래야 몇 개쯤 눈치껏 공으로 먹을 수 있었으니까. 한번은 5반의 7인방 중에 몇 놈이 풀빵을 실컷 먹고 소주까지 시켜먹은 후 돈이 부족하자 셈이 틀린다고 주인과 언쟁이 붙었다.

"앙이, 그라모 우리가 도동놈이다 이 말인교?"

"이눔아들아, 내가 굽는 깐이 있는데 앙이라카몬 나는 우야란 말이고?"

"아이씨요, 우리도 묵는 깐이 있는데 을매나 더 무~따고 막말하기요?"

얼굴이 벌게 가지고 '싱갱이'가 벌어졌지만 결국 학생에게 술을 판

죄 때문에 풀빵장수가 질 수밖에 없었다. 이 호떡과 풀빵은 70년대 우리 경제가 수출주도형으로 개발붐을 타면서 먹거리가 다양해지자 시나브로 사라지고 떡볶이나 족발문화로 바뀌어 갔다. 요즘 호빵, 붕어빵이 그 후손쯤 될까. 아주 없어진 것은 아니겠지만 우리 시절 차지하던 비중에 비하면 새 발의 피다.

그런데, 이 호떡이 최근 이웃나라 일본에서 유령처럼 되살아나 히트를 치는 희한한 일이 벌어지고 있단다.

수년 전부터 일본에서는 한국의 소주가 칵테일용으로 희석되어 퇴근길의 '다찌노미' 파들에게 인기를 끌어오고 있는 것은 나도 직접 일본에서 본 바지만, 무명의 우리 호떡이 '홋도꾸'가 되어 일본에서 각광을 받고 있다니 놀라울 뿐이다. 값싸고 좋은 것은 시대의 변천이나 문명의 발전과는 상관없이 인구에 회자되는 것인가. 무엇이든 모방을 잘하는 일본이 이 호떡을 '홋도꾸'로 개명하여 '기무치'처럼 세계시장으로 먼저 달려갈는지 모른다.

호떡이나 풀빵을 우리 부고생들만 먹은 것은 아니겠지만 유달리 촌놈이 많았던 가난한 우리들의 학창시절에 이를 빼놓고 추억을 얘기할 수는 없다. 한 달에 몇 번씩 벌어지는 하숙집 파티의 단골메뉴는 '호떡과 풀빵'이었다. 얼마나 지겨웠으면 "또, '호풀'파티냐?"라고까지 했을까.

최초의 졸업반誌「유수」

세월은 유수(?)같이 흘러 어느새 조락의 계절, 그 계절을 닮아 얼굴들은 갈수록 누렇게 변해 예벼(여위어)갔다. 이것도 저것도 아닌 어중간한 계절에서 우리는 남은 날수를 헤아린다. 64년 11월 모일, 시청각교실에서 영화『북경의 55일』을 감상하였다. 그러나 우리에게 남은 65일, 운명의 날은 시시각각 다가온다. 정체를 알 수 없는 초조감과 무언가 하나씩 잃어간다는 상실감이 가슴을 짓누른다. 이런 감정의 굴곡 속에서 문득 달아나는 오늘을 붙잡아 훗날 기억에 남길 길이 없을까 하는 생각이 들었다.

그것이 학급의 반지班誌를 만들어 보자는 생각으로 발전하였고 제일 먼저 가까운 정영일(변호사)에게 의논하여 동의를 얻고 그것이 바로 김장섭 반장과 정순길 부반장에게 이어져 학급회의에 붙여 전폭적인 지지를 얻고 소위 '반지 제작팀'이 발족되었다. 재정적 뒷받침이 있을 수 없어 인쇄는 생각도 못 하고 십시일반 모두 몸으로 때우기로 하였다. 일일이 돌아다니며 원고를 받아 급우들이 나누어 필경筆耕으로 가리방을 긁고, 학교 등사기를 빌려(?) 시험지에 잉크를 밀어 발행하기로 한 것이다.

3학년 5반이 학내에서 여러 가지로 주목을 많이 받았지만, 졸업 임시의 급우들이 혼연일체가 되어 〈유수〉라는 문집을 자발적으로 만들어냄으로써 특히 주목을 받았다. 37년이 지난 지금까지 이 책자를 가지고 있는 사람들이 얼마나 될지 모르겠으나, 이것을 구해 읽어보면 단순히 졸업앨범만을 보는 것보다 몇 배나 더 당시를 회고할 수 있고, 거기 적힌 희미한 글자 하나하나에는 추억들이 묻혀 있어 아련한 희비감이 교차한다.

실제로 내가 이 글을 쓰기 위하여 집구석에 뒹구는 이삿짐 뭉치를 뒤지고 뒤져 이 〈유수〉지를 찾아냈을 때의 감격이란 말할 수 없다. 꺼내놓고 읽다가 얼마나 웃고 가슴이 뭉클하였는지 모른다. 지금도 길을 가다가 그 어떤 장면이 떠오르면 체면 불구하고 혼자서 쿡쿡 웃음보가 터진다. 행위 당시에는 아프고 민망했던 일들도 세월의 강을 지나 기억의 창을 통해 보면 얼마나 그립고 아쉬운 것인가.

정확히 '반지 제작팀'이 발족한 날은 64년 11월 19일이었다. 이날부터 역할을 분담하여 제작에 들어갔다. 처음에는 대학입시를 코앞에 두고 이것들이 불장난을 하는 게 아닌가 하고 담임을 비롯하여 주위에서 경계를 하였으나 우리들의 확고부동한 모습을 보고 나중에는 격려하는 자세로 변하였다. 말이 쉬워 '반지class review'지 그 제작과정에서의 어려움은 전혀 고려치 않고 무모한 의욕 하나만으로 시작한 것인데 반원 모두 일사불란한 협조와 참여로 조금의 차질도 없이 진행되었던 것이다. 우리는 대학입시 준비에 바쁜 마음을 달래며 반지 발행 사업을 계속하였다. 실제로 이런 짓(?)을 하고도 사후에 S대학에 5반이 가장 많은 합격자를 냈으니 우리가 순전히 엉터리는 아니었음이 증명된다 하겠다.

우리는 합의가 되자마자 바로 일의 추진을 위하여 기획 및 편집, 필경, 삽화, 회계, 섭외, 등사, 제본, 등 역할 분담을 하였다. 경비 찬조자는 손태완이 500원으로 가장 많았고, 그밖에 300원, 200원, 100원씩 모두들 형편대로 출연하여 총 제작비 거금 5,000원을 들여 완성한 것이다. 사용경비 중 특이한 것은 담배 값(3갑) 100원, 풀빵 값 200원, 저녁 값(9명) 250원, 막걸리 값 200원 등이었다.

여러 가지 에피소드가 많았으나 그 중에서 유수지 제작팀 위안 공연을 가진 것이 기억난다. 이날은 수요 분단이 벌 청소를 하는 날인데, "해제가 아니면 죽음(?)을 달라"고 떼를 쓰며 벌 청소를 일방적으로 무기연기하고 위안공연을 가진 것이다.

이상욱이 사회를 본 위안공연은 1, 2학년생 몇몇이 자진(?) 출연하였고, 반 내에서 코 빨갱이, 꺽다리, 넙띠기 위안부, 바닷물에 20년쯤 담가놔야 간이 맞을 싱기비, 여성나체 숭배자, 곧잘 커크 더글러스를 사칭하는 Y, 이미자 선전부장, 국제 '와리바시' 경연대회에서 당당 우승을 차지하고도 남을 J 등 다수가 출연하였다. 이날 박강호 군이 낭송한 무제의 자작시를 인용한다.

대학을 바라보니 실력이 낙제/ 한 해를 더 하자니 너무나 억울하여/ 3류를 바라보니 눈물이 핑 도네

제작 기간 중 적성검사, 모의고사, 음악회 행사가 겹치면서 힘이 들었다. 무엇보다 큰 부담은 학년을 마감하는 졸업시험이었다. 12월 8일 ~12월 10일 3일간에 걸쳐 실시된 마지막 졸업시험이 끝나던 날, 우리는 눈물, 콧물 다 흘리고 코피, 커피 다 마셨다. 그토록 고대했던 인권회복을 구가하며, 잃었던 양심을, 세월을, 자유를 도로 찾았다며 여기저기서 함성이 터졌다. 아직 더 큰 일이 남았는데도 애써 모른 척하고 우리는 남은 정열을 〈유수〉 제작에 불태웠다. 드디어 12월 15일 책이 나왔고, 기어이 기념식을 가졌다. 기념식은 아침 첫째 시간인 국어시간으로 정했다. 영문도 모르고 들어온 최을림 선생님에게 양해를 구했더니 씩 웃으며 응락해 주셨다. 당일 식순에 따르면 1. 개식사(정영일) 2. 경과보고(박구하) 3. 발간사(김장섭) 4. 담임 축사(유수현) 5. 축사(최을림, 이병균) 6. 폐회(정순길) 7. 테이프 커팅 및 다과회 등으로 꼭 1시간이 걸렸다. 이것은 내가 〈유수〉지 한 구석에다 펜으로 기록해 놓은 그대로인데 정규 수업시간에 이런 호화판(?) 출판기념식을 가졌다는 것이 거짓말 같은 참말이었다.

'이 강산 낙화유수…' 유행가서 힌트

책의 내용을 보면, 핑크빛 표지에 〈유수〉라는 제호와 「부산고등학교 제14회 3학년5반」이라고 되어 있고, 내지에 '졸업문집'이라는 표지와 유치환의 교가, 윤동주의 서시, 유수현 담임의 권두사(본지 2001년 6월호 소개), 반장과 부반장의 발간사, 바이런의 시「별사」, 본문으로 재적 68명 중 67명의 앙케이트 답문, 살매 김태홍 외 15인 선생님들의 답문, 반원들의 수필, 졸업일지, 선생님들의 상투어록, 나도 한 마디, 종합 낙서장, 편집후기 등이 질서정연하게 기술되어 있다. 책이 막 찍혀 나올 때 그 쌈박한 잉크 냄새를 맡으며 좋아하던 급우들 모습이 지금도 눈에 선하다.

편집후기에는 "내가 이 줄판만은 절대로 안 빌려줄라 캤는데…" 하며 아끼던 줄판을 빌려준 도서관의 이규범 선생, 밤늦게 필경에 매달려 있는 학생들을 보고 "가라, 가. 오늘 밤 학교 책임자는 나란 말이야, 나!" 하고 똥고집을 피우던 박용성 선생님, "이 도깨비 같은 놈들, 너-들 3학년 5반은 뭔가 하면, 이거 하나만은 쪼오끔 다른 면이 있다 하겠대이." 하고 짐짓 눈쌀 찌푸리던 살매 선생님, "담임이 정치과 출신이라 그 밑에 제자들도 정치적으로 이렇게 똘똘 뭉쳐서…참 존 경험이라요." 하시던 이주호 선생님, 등사실에서 몰래 학교 장비를 도용하여 등사를 하고 있을 때 등사실장 이병균(서무직원) 씨에게 들켜 혼이 나고 우리의 딱한(?) 사정을 한참 전해들은 그가 우리를 적극 지원해 주어 등사를 무사히 마친 것은 지금도 감사하고 싶다.

〈유수〉지가 나오자 학내에서는 물론 인근 경남여고에도 알려졌고, 우리 밑의 기수들도 비슷한 책자를 내겠다고 했는데 그 후 실제로 나왔는지는 알지 못한다. 이 〈유수〉지를 만든 탓인지 우리 3학년 5반은 남달리 친밀감을 느꼈고, 졸업 후 반창회도 여러 번 가졌으며, 그 유대감을 아직도 그대로 간직하고 있다. 책 이름을 짓는데도 고심을 많이 하였다. 옛날 남인수가 불렀던 유행가 '이 강산 낙화유수 흐르는 물에'에서 힌트를 얻어 마침 우리 반 담임선생님 함자가 '유수현'인 점에 착안, 〈유수〉로 하자고 정하였다. 다만 한자로 굳이 쓰지 말고 한글로 〈유수〉라고 하여 다양한 뜻을 함유하도록 배려하였던 것이 기억난다. 지금 이 글도 그때 발행한 〈유수〉지를 참조하여 쓰고 있으므로 이 책이 얼마나 소중한 것인지 실감한다. 이 책자는 약 100부를 만들어 급우들에게 각 1부씩 나누어주고 선생님들과 학교도서관에 기증을 하였다. 책머리에 나오는「벗이여!」라는 내가 쓴 서시 일부를 옮긴다.

벗이여!/ 이젠 어쩔 수 없는 순간/ 초록빛 가슴을 안고/ 바쁜 걸음 어디들 가려느냐/ 너와 나와 너!/ 여기 흐르는 거리에 또 하나 연륜이 더하면/ 우리 땀내 나는 꿈은 좀먹고 가슴엔 하 많은 가을 오리니/ 이제는 마지막 악수를 나눠야겠다/ 우리 서로 하늘빛 다른 이역에서 오늘이 그리울 제/ 우리 젊은 꿈과 희망이 어린 밀어들 모음/ "유수"를 기억하고 힘을 내자/ 힘찬 생활의 매듭을!

잊지 못할 추억의 바다 해운대와 흑모 백모 이야기

유년기나 꿈 많은 사춘기를 부산에서 보낸 사람들에게 해운대는 잊지 못할 추억의 바다다. 초량 앞바다가 아침의 바다라면 해운대 앞바다는 저녁의 바다다. 초량의 모교 운동장에서 바라보던 바다가 멀리 떠날 출항의 바다였다면 해운대의 바다는 언제나 머리맡에서 출렁이는 귀 간지러운 귀항의 바다다.

부고생이면 누구나 등교 길에 비치던 눈부신 태양과 그 태양을 역광으로 받아 검푸르게 출렁이던 청조의 아침바다를 잊지 못한다. 동시에 길게 드러누운 흰 모래 벌과 둥근 수평선, 동백섬을 넘어온 금빛 찬란한 낙조의 해운대 저녁바다를 잊지 못할 것이다. 졸업 후 어디를 가도 늘 가슴에 출렁이는 바다, 부고인에게 바다는 모교와 떼어놓을 수 없는 정서의 고향이다. 그 바다를 수십 년 떠나 살게 된 사람들이 어쩌다 부산에 가게 되면 모교에는 못 가도 해운대는 찾아가는 예가 많다고 한다. 딱히 볼일이 없어도 말이다.

해운대는 아무리 목석같은 사람이라도 털면 추억의 먼지가 나올 법한 곳이다. 여기, 부산서 나서, 부고를 나와, 부산을 떠난 사람이 있다. 그는 젊은 날, 괜히 고독한 척 코트 깃을 세우고 바닷가를 거닐거나 센치한 표정으로 동백섬 갯바위에 앉아 먼 수평선을 바라보곤 하였다. 혹시 누군가에게 그 멋진 모습이 발각되어 말을 걸게 되거나 운좋게 여학생이라도 걸리면 얼마나 좋으랴 하는 망상과 함께 언제까지 앉아 있어도 누구 하나 걸려들지 않아 쓸쓸히 돌아가곤 했던 적도 있었다. 가다가 정 섭섭하면 길가 영어 간판의 다방에 들어가 차 한 잔을 시켜놓고 이유 없는 고민을 하다가 돌아오곤 했었다.

그러다가 어찌어찌 하여 한 여자를 만나게 되고, 그 여자를 자주 데려와 사랑이 어떠니 낭만이 어떠니 하고 '구라'를 까면서 동백섬을 거닐기도 하였다. (지금은 동백이 많이 심어져 있지만) 그때는 동백꽃 하나 없던 동백섬을 얼마나 아쉬워하였던가. 솔숲에서 내려다보이는 그 푸르고 깊은 바다의 하반신을 보면서 그녀의 가슴 언저리에 와 닿는 수평선에 얼마나 가슴 울렁거렸던가. 그때는 지금 같은 호텔이나 편의시설이 없었어도 자연 그대로의 정취가 더 없이 좋았다. 애를 낳아 첫 바다를 보여준 곳도 해운대였고, 함부로 공개 못 할 사람과 은밀히 백사장을 거닐거나 생의 기로에서 '해운대 엘레지'를 부르며 실의의 소주를 마시곤 했던 해운대! 실로 그에게 해운대는 추억과 회상의 데이터베이스였다.

어느 날, 그는 잘나가던 직장에서 얼떨결에 잘려 나왔다. 그 후 그는 당적 없는 야당이 되어 여기저기 돌아다니며 노는 것도 아니고 아니 노는 것도 아닌 현대판 김삿갓이 되었다. 모임에도 잘 나가지 않는다. 피치 못할 애경사에만 도둑고양이처럼 살며시 왔다가 살며시 간다. 그날도 그는 친척의 장례식에 왔다가 그냥 상경하지 못하고 옛날 생각이 나서 해운대로 간 것이다. 간 김에 지친 몸을 쉬려고 (정확하게는 갈 데가 없어서) 사우나탕을 찾았다. 해운대의 바다는 온통 콘도나 호텔에 포위당해 있었다. 유리창만 없으면 그대로 바다 속인 사우나탕, 그는 본의 아니게 호화판 로마인이 되어 있었다. 그의 팔뚝에는 큐피드의 화살을 당길 힘줄이 남아 있고, 아랫도리는 아직 짱짱하다. 그런데 이 밝은 날, 할 일이 없어 끓는 물속에 앉아 끓는 심사를 이열치열로 식히려 한다.

물끄러미 수평선을 바라보노라니 그 수평선 너머로 사라져간 것들이 아스라이 떠오른다. 많은 것이 떠나갔고 그 많은 것을 삼킨 저 수평선은 변함없이 그때 그 자세 그대로 그 자리에 버티고 있다. 그 당당함이 얄미울 정도다. 그는 탕에서 몸을 일으켜 수건으로 샅을 민다.

지금 그가 할 수 있는 일이 이것뿐인 듯이…. 밀다가 언뜻 하얗게 반짝거리는 머리카락을 발견한다. 웬 머리털이 이리 자주 빠지나 하면서 걷어내려 했으나 쉬 떨어지지 않는다. 아, 그런데 자세히 보니 그것은 머리에서 떨어진 silver thread가 아니었다. 그렇다면…그것이 정말이었단 말인가?

흑모와 백모의 격론…끝내 무승부

그는 고교 때 준이, 욱이, 원이, 수야 등과 같이 무슨 일로 동래온천장에서 목욕을 함께 한 적이 있었다. 그때는 모두들 한창 때라 각자의 남성들이 발전되고 있었고 그 주변이 어른들처럼 검은 숲이 무성하였다. 상태도 포장과 비포장이 반반쯤 되어 화제가 만발하였다.

그러다가 나이가 들면 그 부위도 머리카락처럼, 수염처럼 하얗게 센다는 놈과 그 부위는 다른 것과 달라서 나이가 들어도 안 센다는 놈, 즉 흑모와 백모 두 파로 갈라졌다. 그는 흑모파에 속했는데 결론이 나지 않자 실물 확인을 위해 목욕탕 안에 들어온 노인네를 찾아보았으나 마침 없었다.

할 수 없이 정답을 가진 노인네가 들어올 때까지 기다리는데 마침 백발이 듬성듬성한 노인네가 들어왔다. 그러나 그는 목욕수건으로 앞을 가리고 엉거주춤 들어서서는 절대로 앞을 안 보여주는 것이었다. 노인과 아이들 간에 눈에 안 보이는 신경전이 벌어졌다. 여기저기서 보려고(?) 눈을 번득거리고 어떤 놈은 어르신네 가까이 가서 그 신물을 보려고 기웃거리는데 몇 번을 요리조리 피하던 노인네가 그 고의성 있는 불량기를 알아차리고, "요놈들, 대기리 피도 안 마른 녀석들이 어른도 모르고 어데서 자꾸 볼라캐쌓노?" 하면서 눈을 부라리며 호통을 치는 바람에 쫓겨 나와 무승부가 되었다. 그 후로 만나면 서로가 목욕탕에서 따로따로 확인하였노라고 하면서 제 주장이 옳다고 우겼으나, 공부하느라 바빠 합동 현장검증을 하지 못한 채 졸업 후 뿔뿔이 헤어지고 말았던 것이다.

사실 생물학적으로 인체의 모든 부분은 세월가면 노화하게 마련인데 그 부분이라고 무사할 리 있겠는가. 다만, 그 단순하고 당연한 생리를 젊은 혈기에 믿고 싶지 않았을 뿐이다. 청춘의 피가 끓던 시절에는 총알이 빗발치는 전쟁터에서도 저만 혼자 안 죽고 피해나갈 자신이 있다고 믿는 무모한 기백(?)이 있었던 것이다. 그런데, 오늘 이 바다가 보이는 사우나탕 안에서 보는 눈앞의 수평선은 조금의 변함도 없이 젊은 시절 그때 그대로 턱 버티고 있고 바닷물은 똑같이 출렁거리는데 그렇게도 믿지 않았던 백발이, 아니 백모白毛가 다른 사람도 아닌 바로 그의 골짜기에 나타났으니 이제는 수십 년 전 아니라고 우겼던 사실을 인정할 수밖에 없게 된 것이다.

설령 머리가 세지 않고 X털이 세지 않는다 하여 무슨 소용이 있을까. 사회가 너무 빨리 열리고 너무 빨리 닫힌다. 인생은 죽을 때까지 일을 해야 인생다운 것인데 일이 없는 인생이 무슨 재미가 있으랴. 생의 원숙기인 오십대에 일이 없다는 것은 개인의 비극이자 나라의 비극이다. 진정한 능력의 시대란 능률의 시대를 말함이요, 능률은 일률의 나이로 가름되지 않는다. 능률은 나이와 상관없이 고른 연령층에서 각자의 기능을 다할 때 가능한 것이다. 지금은 오십대 이상뿐만 아니라, 갓 대학을 졸업한 이십대에게도 일자리가 별로 없는 참혹한 시대다. 어찌 보면 가장 비능률적인 사회다. 이것은 누구의 잘못일까. 그때 흑모黑毛, 백모白毛를 주장했던 놈들은 이제 다 어찌 되었을까. 아직도 털색깔이 변치 않아 현역에 남아 있는 놈은 희귀종이라 해야 할까.

제8부

60년의 반란

- 육춘기六春期 [2005년 8월, 2005년 10월, 2005년 11월]
- 친구의 빈소에서 [2003년 7월]
- 기대수명 [2007년 6월]
- 종로시대 [2008년 2월~6월]

육춘기六春期

[2005년 8월, 2005년 10월, 2005년 11월]

지난 달 방영이 끝난 MBC의 〈내 이름은 김삼순〉은 '삼순이 신드롬'을 다큐로 제작할 정도로 우리 사회에 큰 파문을 던졌다. 그 촌스런 이름하며 스타일하며 흔한 '키치' 여자일 뿐인 '삼순이'가 콧대 높은 30대 싱글우먼이나 고소득 여성까지 망라하여 TV 앞에 붙들어 매두었던 인기비결은 무엇일까.

뚱뚱하고 못생겼지만 자기 식으로 살아가는 노처녀 '김삼순'의 그 당당한 나르시시즘이 폭넓은 공감대를 얻었기 때문일 것이다.

그런데 우리 부고 18회 동기생 부인 가운데 이 '삼순이' 못지않은 바람을 일으키고 있는 여인이 있다. 그 이름은 '김영순' 여사. '영순이(이하 존칭 생략)'는 올 가을 무주리조트에서 거행될 18회 동기들의 졸업 40주년기념행사에서 공연할 연극에 나오는 한 주인공이다. 그녀는 고개 숙인 가장을 가차 없이 몰아붙이는 '간 큰 여자'로 황혼 이혼을 무기로 자기 할 말을 다하는 점에서 제2의 '삼순이'라 할 만하다. 그녀는 '육춘기'라는 제목의 이 연극에서 명퇴한 가정의 '마누라' 역으로 나오는데 얼마나 실감 있게 연기를 하는지 작가나 연출가까지 그녀를 위해 대사 수정을 해가며 감탄할 정도다. 그 장면을 잠깐 엿보자.

(침대 벽에 '하면 된다'라는 표어를 써 붙여놓고 물구나무서기를 연습하는 가장. 잘 서지지 않는다.)

마누라 : (차를 들고 들어오다) 쯔쯔쯔… 아이구 여보, 그 쓰잘 데 없는 물구나무서기 백날 하면 뭐해요? 정신 어지러워요. 치워요, 치워! (혼잣말로) 진짜 설 건 안 서면서 엄한 거만 세우려고 들어….

가장 : 그러지 마. 지금 안 되도 자꾸 하면 된다 아이가? '하면 된다!' 몰라?

마누라 : 하면 된다? (표어를 발견하고) 얼씨구, 이 양반이 언제 이런 걸 다 써 붙였지. (남편을 향해) '하면 된다'가 아니고 나는 '되면 한다'요, '되면 한다!' 알았어요? 그 짓 그만 하고 일어나 봐요, 일어나 봐! 당신 오늘 어디 갈 데 없어요? 오늘 친구들이 온단 말이에요. 자리 좀 비켜요.

가장 : (부스스 일어나며) 아니, 지난번에도 왔잖아? 그때도 내쫓더니 또야?

마누라 : 당신은 무슨 남자가, 직장 딱 떨어지고는 그리 갈 데가 없어요? 누가 '방콕'족 아니랄까 봐 하루 종일 방에만 콕 처박혀 있어요? 아유 숨통 막혀!

가장 : 집 말고 내가 어데 갈 데가 있어야지. 청첩장이나 부고장 아니면 오라는 데가 어데 있어?

마누라 : 그러니 평소에 잘했어야죠. (신세타령조로) 아이들 시집도 하나 못 보내고… 자존심만 세워 가지고…그 흔한 이사 한 번 못하고… 보따리 싸는 이사나 자주 시키고…뭐예요?

가장 : (혼잣말로) 참, 명퇴하면 그 순간부터 '비에 젖은 나뭇잎 신세'라더니 그 말 한 번 딱 맞는군 그래. (독백) 돈 벌어줄 때는 좋다더니 돈 떨어져 직장 떨어지니 비에 젖은 낙엽처럼 쓸어도 쓸리지 않고 떼어내도 떼어지지 않는 귀찮은 나뭇잎이 바로 내 신세란 말이지. 내가 그리 되었는가, 허허허.

마누라 : 이 양반이 오늘따라 왜 이리 센치하실까? 당신이 지금 사춘기야, 오춘기야? 첨 당하는 일도 아니면서… 어디 가서 바둑이나 두든지 찜질방에나 갔다 와요. 알았죠?

가장 : 알았어, 알았어. 나가면 될 거 아냐. (손 내밀며) 돈!

마누라 : 옛수, 5천 원!

가장 : 에게 5천 원이야?

마누라 : 옛소! 50% 불가마 찜질 할인권.

가장 : 할인권? 이거 유효기간 지났잖아?

마누라 : 이 양반이, 인제는 눈까지 갔나 봐. (할인권을 가리키며) 오늘까지잖아요?

딸 : (달려 나오며) 아빠, 나 치과 가야하는데 돈 좀….

가장 : 야, 못 봤냐? (5천 원짜리 보여주며) 나도 돈 타 쓰는데 돈이 어딨어? 엄마한테 물어봐?

딸 : 치, 엄마는 말이 안 통해. (애교 부리며) 아빠 진짜 돈 없어요, 없어?
가장 : 이번에는 진짜야. 정말 없어.
딸: 에이, 시시해.
마누라 : 야, 이년아, 니 나이가 몇인데 아빠한테 돈타령이야. 니 시집가서 니 신랑한테 달라고 해!
딸 : 엄마, 우리 엄마 맞아?
마누라 : 넌, 넌 내 딸 맞냐? 잔말 말고 시집이나 가! 금년 안으로 방 빼는 거다, 알았어? 방 빼!

이것은 유년을 전쟁과 기아선상에서 보내고 보릿고개를 넘고 넘어 수출과 건설의 주역으로 죽도록 고생만 하다 정작 그 과실은 따먹지도 못한 채 IMF를 맞아 직장에서 명퇴한 우리 18회 동기들 가정의 한 단면이다. '끈 떨어진 고무줄', '비에 젖은 나뭇잎'은 지금 인생 갑년을 맞는 이들에게 딱 들어맞는 비유다. 젊었을 때 잘해준 '개미 형' 남편들이야 변함없이 부인들의 지극한 사랑을 받겠지만 큰소리만 탕탕 치고 술에, '땡깡'에 출퇴근이 고르지 못했던 '베짱이 형'의 전력을 가진 남편들은 황혼 이혼의 두려움 때문에 '마누라님'한테 꼼짝 못하고 빌붙어(?) 사는데, 그 모습이 이 연극에 적나라하게 나타나 있다.

이 연극은 1막 9장으로 인생 버스터미널, 명퇴가정, 학창시절 학예회, 수업시간, 결혼식장, 초상집, 인생학교 등으로 장면이 이어지는데 엑스트라까지 합치면 60여 명이 출연하는 대작이다. 내용인즉 우리 동기들의 과거와 현재의 모습을 돌아보고 남은 인생을 새 인생의 출발점으로 삼아 60대를 사춘기처럼 활기 있게 살자는 것이다. 이 극은 동기가 대본을 쓰고 동기가 연출하고 스텝과 캐스팅 모두 동기생들인 점이 특색이다. 모두 무슨 명배우가 되자는 게 아니라 연극연습을 하면서 동기생들 간의 우정을 재확인하자는 것이다.

연극뿐 아니라 부인네 합창단도 만들어 같은 장소에서 연습을 하는데 합창단은 답산회, 달사모 등 각종 소모임에 적극 참여하는 부인들을 중심으로 30명가량을 모아 이선덕(경해마린 사장)의 진두지휘 아래 맹연습중이다. 주 1회 모여 일주일간 연습해온 역량을 뽐내거나 실수 연발로 웃음꽃을 피우다보면 시름도 잊고 옛날 학창시절도 생각난다. 끝나고 다 함께 인근 호프집에 가서 시원한 피처와 더불어 세상 이야기를 하면서 우의를 다지고 있다.

50여 명의 선남선녀(?)들이 주말 저녁마다 호프집에 우르르 들어가 홀을 가득 메우고 왁자지껄 담소하는 것은 또 다른 즐거움이다. 이 비용은 예산과는 별도로 동기생 중에서 차례로 자발적인 협찬자가 나와 전담하는데 그 또한 보기에 좋다.

'하면 된다' vs '되면 한다'

그런데 말이 그렇지 이 정도 되기까지 그 과정은 쉽지 않았다. 처음에는 누가 봐도 미친 짓이었다. 아무 경험도 지식도 없는 문외한들이 나이 육십에 연극이며 합창이라니! 그것도 이 할 일 없이 바쁜 시대에 주말마다 꼬박꼬박 모여 연습한다는 게 쉬운 일이겠는가. 그러나 '하면 된다'라는 표어처럼 우리는 해낸 것이다. 우리가 누군가. '하면 된다'는 정신으로 70년대 새마을운동을 추진했던 역군이 아니던가.

기실 우리는 작년에 17회가 이 행사를 역대 어느 기수보다 휘황찬란하게, 일사불란하게, 주도면밀하게 계획하고 진행하여 성공했다는 소문을 듣고 이 '성공'을 이어가야 한다는 강박감에 연초부터 '행사준비위원회'를 가동, 김호일(전 현대해상화재사장)과 박우석(전 부산은행지점장)을 각각 서울과 부산의 위원장으로 선임하고 준비에 박차를 가했다. 처음에 극구 사양하던 이들은 일단 임무가 주어지자 역전歷戰의 경험을 살려 조직적으로 일을 추진하였다. 행사도 이벤트회사에 맡기는 대신 모든 동기들이 직접 참여하는 연극과 합창을 구상한 것이다. 처음에 이 구상이 나왔을 때 찬성한 사람은 극히 드물었다. 적당히 개그맨을 불러 행사를 진행시키고 술이나 먹다 오면 될 것을 유치찬란하게(?) 무슨 연극을 한다느니 거액의(?) 찬조금을 내라느니 법석들인가 하는 비난성 불평들이 잇달았다.

그러나 바로 대본이 나오고 연출자가 결정되면서 일부 열성분자들의 '하면 된다'는 우격다짐으로 계획이 구체화되어갔다. 급기야 연기 후보자 리스트가 만들어졌을 때 줄줄이 사양과 거부사태가 벌어졌지만 대상자가 거부하지 못할 인사를 동원, 설득과 협박(?)으로 연습 장소에 나오게 하고 대사를 외게 하고 동작을 시켰더니 제풀에 슬슬 재미가 붙어갔다.

거기에 결정적인 역할을 한 것이 앞서 '영순이'와 그 '딸' 역의 '김계순' 여사였다. 이들이 참여함으로써 연극은 급물살을 탔다.

서울은 이렇게 자리를 잡아갔으나 부산 쪽은 전혀 아니었다. 모든 행사를 서울과 부산이 같은 비율로 참여하기로 한 원칙상 부산에서 연극이든 합창이든 비토하면 안 되는 상황인데 부산은 완강했다. 한마디로 "서울 갸~들 돌았나?", "미친 짓은 너거끼리 해라", "될 거를 해야지" 하고 머리를 흔들었다. 이처럼 부산은 '되면 한다'파가 대부분이라 좀체 물꼬 트기가 어려웠다. 그렇다고 이제 와서 물러설 수도 없게 되어버린 서울의 '하면 된다'파는 지성이면 감천이라고 당근과 채찍으로 6자회담 하듯 반전에 반전을 거듭하여 부산의 '되면 한다'파를 회담장에 나오게 하는 데 성공했다. "못 해도 좋다면 한 번 해볼까?" 하는 분위기가 일자 물실호기! 서울 대표 10명이 지난 7월 18일 부산 동기 월례회에 내려가 맨투맨 스킨십 끝에 마침내 부산 동기들을 이 '미친 짓'에 끌어들이는 데 성공했다.

부산은 이제 막 걸음마를 떼었지만 거기라고 제2의 '삼순이', 제2의 '영순이'와 '계순이'가 나오지 말란 법 있겠는가. 이래저래 동기란 소중하고 반가운 것이다. 모쪼록 이 열기가 이어져 석 달 뒤 이 자리에서 '18회의 40주년행사 대성공'이었다는 하회를 전할 수 있기를 빌어본다.

"너무 부럽습니다. 나이 60에 이렇게 젊을 수 있다는 것이. 나이는 단지 숫자일 뿐 청춘은 마음에 있다는 것을 여러분을 보며 다시 느낍니다. 저는 경남 통영 출신인데 영남의 명문 부산고는 늘 제게 선망의 대상이었습니다. 그때 통영에서는 돈 많은 집안은 아이를 경남고에 보냈고 머리 좋은 학생은 부산고에 보낸 것이 기억납니다. 방학 때 부산고에 진학한 학생들이 돌아오면 그들이 쓴 모자가 그리도 부러웠는데 오늘 그 명문고를 졸업한 여러분이 모여 연극과 합창을 연습하는 모습을 보니 과연 명문고 출신은 다르다는 생각이 들어 정말, 정말 부럽습니다. 지금까지 어느 동창회 치고 이런 모임을 갖는 것을 본 적이 없습니다. 저도 학창시절 합창도 했고 무용도 해서 딴따라 끼가 있는 편인데 아마 신앙생활을 하지 않았으면 그 길로 나갔을지 몰라요. 우리 교회를 연습장소로 택해 준 것도 고맙고 열심히 하는 모습이 참 보기 좋습니다."

대한성공회 박경조 주교께서 지난 9월 24일 40주년 기념행사를 위한 연습을 하고 있는 우리를 일부러 찾아와 해주신 인사말씀이다. 그날도 합창부는 1층에서, 연극부는 지하층에서 맹연습을 하고 있었다. 60이 다 된 늙은 청춘남녀(?)들이 매주 토요일 교회에 와서 무슨 역적모의를 하는지 서너 시간씩 왁자지껄 떠들고, 우당탕거린다는 말을 듣고 어떤 '피조물'들인지 무척 궁금하셨던 모양이다. 그런데 와서 보니, 명문 부산고교 졸업생 60여 명(합창 30명, 연극 25명, 집행부 10명)이 홀과 방을 점거하고 화음을 맞춘다고 목청을 돋우거나, 동작 연습한다고 삿대질을 해대고, 영상물을 틀어놓고 행사진행을 체크하고 있는 모습을 보고 그만 깜짝 놀라신 것이다. 졸업 40주년 행사를 위해 이처럼 발 벗고 뛰는 모습이 신앙인의 눈에는 어떤 완성을 향해 절절이 구도求道하는 과정처럼 보였는지 모른다.

그런데 정작 놀라기는 우리 쪽도 마찬가지. 엄숙한 성공회의 주교라는 분이 종교인답지 않게(?) 훤칠한 키에, 탤런트처럼 잘 생긴 얼굴에, 파스텔 톤의 낮고 부드러운 목소리로 나긋나긋 설해주시는 진짜 연기(?)에 홀딱 반해버렸다. 게다가 우리 부산고를 잘 알고 본인이 가고 싶어 했던 명문고라고 극구 추켜 주시니 평소 설교라면 지겨운 사람들도 그 설교 같지 않은 설교에 더욱 귀를 기울였다. 행사 날 실제 공연에 꼭 초대해 주면 좋겠다고 하실 때는 우리 모두 박수를 쳤다.

불광불급不狂不及의 현장

우선 예산문제. 당초에는 지난 해 17회 선배들 예에 맞추어 한 250명 참석에 총예산 7천만 원 정도를 책정했는데 막상 준비에 들어가니 참여인원이 380여 명에 달해 예산도 1억여 원으로 수정하였다. 모금 또한 예상외로 호조여서 인생 60년을 맞아 "이제 마지막이다" 하는 생각들이 들었던지 너도나도 거금을 쾌척하여 서울만 9월말 현재 1억 2천 정도가 모아졌다. 경부 합하면 2억 원이 넘을 전망이다.

그러나 모금이 늘었다고 하여 행사규모나 비용을 더 늘리지 않고 최대한 절약하여 필요한 최소경비만 지출하고 나머지는 전액 자체기금으로 남겨두기로 하였다. 지금까지 행사준비를 위한 집행부 회의만 40여 차례 가졌는데 그때마다 식사 값은 이 경비에서 일체 쓰지 않고 참석자들이 분담하였다. 자칫 행사도 치르기 전에 다 '먹어 조졌다'는 소릴 듣기 싫어서다.

모임의 회식대 지출뿐 아니라 각 부문별 세부예산집행에서는 의견이 더욱 첨예하였다. 당초 장난처럼 시작했다가 장난이 아니게 되어버린 지금, 연극, 합창, 중창, 밴드플레이, 캠프파이어를 위한 소품, 소도구, 의상, 음향, 음악, 조명, 분장, 설치 등과 기념문집, 기념품 등에 있어 꼭 필요한 지출이 불가피하게 증가하여 당초 예산의 2~3배를 웃돌게 되었다. 이를 놓고 집행부간 논란이 많았으나 끝내 예산증액은 부결되고 불가피 증액되는 부분은 일부 뜻있는 동기의 추가 출연으로 해결했다. 조금의 '유도리'도 불허하는 예산통제는 이번 행사준비가 얼마나 엄정한지 단적으로 말해주는 부분이다.

개그맨을 초청하여 적당히 놀고 마시면 될 일을 동기들이 직접 참여하여 롤플레잉을 하다 보니 고생은 되지만 그 속에서 얻게 되는 성취감과 즐거움이 만만치 않다. 뿐인가. 지난 6월부터 매주 진행해온 연극과 합창연습이 끝나면 그냥 헤어지기 섭섭하여 인근 호프집이나 식당에 가서 술잔을 앞에 놓고 다시 복습용 정담을 주고받는다. 거기 드는 비용 또한 만만찮지만 여기에서도 일체 경비에는 손대지 않고 연습에 참가하지 않는 동기들이 격려차 나와 그 비용을 돌아가며 부담해오고 있다. 처음에 연극이니 합창이니 한다고 하자 '미친 짓', '돈키호테', '반란군'이라고 연민의 눈초리를 보내던 동기들이 뒤늦게 그 반란군에 끼지 못한 것을 후회하기도(?) 한다. 지금은 스스로 스폰서를 하겠다고 나서는 사람이 너무 많아 정영일(변호사) 같은 친구는 대기 순번조차 받지 못하고 있다. 생각해 보라. 토요일 오후 환갑 길에 든 60여 명의 '돈키호테'들이 떼를 지어 우르르 호프집에 들이닥쳐 홀을 점령하고 술이야, 이야기야 입에 거품을 물고 침들을 튀겨대니 그 열기가 어떠하겠는가. 조선일보사옥 뒤편에 있는 '베를린'이라는 이 호프집은 우리 때문에 수개월간 매상이 급신장하고 있다.

합창이나 연극도 하다 보니 욕심이 생겨 처음에는 "실수하면 어떠랴, 우리 연배에 이런 '반란'을 꿈꾼다는 것만 해도 장하지…" 하는 생각이었는데 슬슬 연습에 재미와 이력이 붙다보니 더 잘해보자는 뜻에서 전문가를 초청하여 가르침을 받고, 간 키운다고 코엑스의 노천극장이나 지하철 광장에서 오가는 행인 앞에서 가두전을 치르다 보니 하루가 다르게 실력이 늘고 서먹하던 친구 사이도 가까워지고 하여 지금은 일주일 내내 토요일이 그리워진다는 동기생과 부인들이 많다. 그 대표적인 경우가 분당 일원에 사는 동기들이다.

연극 〈육춘기六春期〉에 제일 먼저 등장하는 배우 이상기(전 페덱스 전무)는 기사를 자청하여 9인승 승합차를 몰고 집집마다 찾아다니며 참가자를 태워 실어 나르는데 일당을 받는 것도 아니면서 그저 신이나 죽을 지경이다. 지난여름 휴가철에 연극연습을 한 달 간 쉬게 되자 졸지에 실업자(?)가 된 그는 당시 방학(?)도 없이 강행되던 합창 팀 단장 안재원(유해주 부인) 여사에게 애걸하여(?) 부인네들을 실어 날랐다. 생각해 보라. 이 집 저 집 일일이 찾아다니며 그것도 전화로 단잠을 깨워가며 합창 팀을 태워 연습 장소에 부려놓고는 서너 시간을 할 일없이 앉아 기다리다 끝나면 다시 태우고 돌아오는 모습을. 연극 팀의 방학이 끝나자 이상기는 다시 신이 났다. 사람들이 자기 차를 타주지 않으면 시무룩해지는 그는 내가 보기에 남에게 베풀기를 좋아하는 천성인 것 같은데 이는 내가 그동안 친구로서 못 보던 면이다.

토요일, 토요일은 즐거워

분위기가 이렇다보니 강남 대치동에 사는 박종우는 대치동에서 시청 앞까지 바로 가면 될 것을 일부러 이 차를 타려고 역행하여 지하철로 분당까지 와서 함께 타고 간다. 이를 단순히 '미친 짓'이라고만 하겠는가. 이 차는 상기가 은퇴 후 친구들과 등산을 가거나 산천을 유람하는 데 가장 적합하다고 여겨 거금을 들여 산 차란다. 언젠가 그의 부인에게서 들었는데 남들처럼 그랜저나 SM5 같은 근사한 승용차를 사지 않고 뒤늦게 무슨 레저 광이라고 9인승 스타렉스(풀 옵션)를 사느냐고 살 때부터 마누라와 자식들에게 핀잔 듣고 산 차란다. 손님이 오거나 아들이 데이트할 때 쓰려고 해도 고급 승용차가 아닌, 무슨 짐차 같은 차를 타면 기분이 나겠는가. 그러나 상기의 고집이 보통 고집인가. 그는 제가 옳다고 믿는 일은 하늘이 두 쪽 나도 하고야 마는 요지부동의 사나이다. 이번 행사연습에 참여하는 사람들 중에 분당 사는 동기들이 의외로 많아 9인승 승합차 말고도 자가용이 몇 대씩 뜨는데 나는 이상기의 차를 즐겨 탄다. 그의 차를 타고 가면 토요일 차량들이 고속도로에 죽 밀려서 가는 둥 마는 둥 하고 있을 때 버스승합 전용의 1차선을 씽씽 달리는 기분이 그저 그만이다.

연습 끝나고 호프집 거쳐 분당으로 돌아올 때도 바로 집으로 가지 않고 그대로 2차 식당으로 직행하는 것이 상례가 되었다. 늦게 밥해

먹을 게 아니라 오랜만에 만났으니 (겨우 1주일만인데도) 외짝으로 연습에 나온 사람들은 남편은 아내를 부르고 아내는 남편을 불러내어 인원이 두 배가 되어 밤늦게 술판, 밥판이 벌어지는 것이다.

이것이 불광불급, 미치지 않고 될 일인가. 나이 들수록 미칠 일 하나씩 개발하여 매일매일 미치면서 살아가는 게 건강에 좋지 않을까. 육춘기를 맞아 몸은 늙어도 마음만은 늙지 않고 언제나 동심과 동기의 우정을 잊지 않고 활기찬 새 인생을 개척해 나가는 부산고 18회, 이 대책 없는 60세의 반란을 여러분은 어찌 보시는지요?

청무주의 땅, 무주의 하늘

"소년의 꿈은 바람과 같고 청년의 꿈은 아득한 옛날이 되었으나 노년의 꿈…그 꿈이 이제 시작됩니다. 나이 들어서도 '하면 된다'는 도전의식을 잃지 말고 늘 아름답고 활기찬 60대를 향해 우리 모두 출발합시다."

동기생들과 그 부인들 370여 명이 운집한 대연회장을 쾅쾅 울리며 특별가설 음향을 통해 울려나오는 이상봉 동기회장의 인사말은 떨리고 있었다. 누구도 예상 못 했던 뜨거운 호응과 만 10개월간의 치밀한 계획이 막 실현되는 순간이었으니 왜 아니 떨리겠는가.

"지난 수개월간 우리는 대오케스트라를 연주하였습니다. 연주곡목도, 지휘자도, 연주자도 모두 우리 손으로 해낸 오케스트라의 마지막장이 지금 이 순간 막 연주되려 합니다."

박태원 재경회장의 말은 감격과 흥분 그 자체였다. 오늘 부산고 졸입 40주년 기념행사는 그간의 수고가 백일하에 드러나고 평가되는 최초의 리허설이자 최종 공연의 현장이었다. 국민의례 다음 먼저 간 동기생들에 대한 묵념으로 식이 개시되었고 위의 두 회장의 인사말에 이어 김호일 준비위원장은 "지나온 40년 세월이 아득하고 멀지만 이 행사를 준비하며 보낸 10개월은 그보다 더 힘들고 먼 길이었습니다.

그러나 우리는 해냈습니다" 하며 상기된 얼굴로 그간의 경과를 보고하였다. 박우석 부산 추진위원장은 "불가능이라 했던 것이 이루어졌으니 고생한 것은 다 잊고 지금 너무 기쁘다"고 말했다.

우정, 영원히 줄지 않는 자산

이어 배식이 시작되고 김장섭 군의 "60대를 사춘기의 청춘 같이 새 출발하는 계기로 삼자"는 건배제의에 따라 일제히 만세를 부르며 잔을 비웠다. 이제 우리는 루비콘 강을 건너 40년 전의 모교 교정으로, 까까머리 동심으로 돌아갔다. 거기에 불을 댕긴 것은 노성태, 변창혁, 이정태의 3인조 '싸이클즈' 밴드 플레이였다. 파이프라인의 경쾌한 선율에 이어 'Where have all the flowers gone?'을 비롯한 60~70년대 노래와 팝송이 쉴 새 없이 생음악으로 연주되었다.

만찬장은 그야말로 10대의 꿈과 20대의 정열, 30대의 고난과 40대의 성취, 50대의 울분을 거쳐 이제 맞이하는 60대의 우려와 기대가 뒤범벅된 감격의 도가니였다. 우리가 누구인가. 전쟁과 기아, 근대화와 민주화의 숨 가쁜 길을 돌아온 보람도, 보상도 없이 IMF의 철퇴를 맞아 낙마한 기죽은 '낀 세대' 가 아니던가. 그 불쌍한(?) 동기들이 그래도 마냥 불쌍하지 않은 것은 마지막 남은, 평생 줄지 않는 영원한 자산인 우정이 있기 때문이다. 이 우정을 재확인하고 그 묵은 우정에 불 지피기 위해 오늘 여기 모인 것이다.

한 시간여의 화기애애한 식사가 끝나고 3학년 9반, 즉 동기 부인들의 합창공연에 들어갔다. 까만 드레스 단복에 붉은 장미를 꽂은 서울 합창단 29명은 '혼자사랑' 외 3곡을 불렀는데 모두들 눈빛이 달라졌다.

혼자서만 생각하다 날이 저물어/ 당신을 모르는 채 돌아갑니다./ 혼자서만 사랑하다 세월이 흘러/ 나 혼자 말없이 늙어갑니다./ 남모르게 당신을 사랑하는 것/ 꽃이 피고 저 혼자 지는 일 같습니다.

이런 가사의 첫 곡을 듣는 순간 정영일(변호사)은 문득 가슴이 뭉클하고 눈물이 핑 돌았다고 한다. 하얀 드레스를 입고 나온 부산 합창단 30명은 춤을 곁들인 액션 코러스로 'Doc와 춤을'이라는 노래를 불러 만장의 박수를 받았다. 서울 팀은 격조 높은 음악을 선보였고 부산 팀의 합창은 삼삼하고 흥겨웠다. 이어 빨간 넥타이를 맨 이순우, 황동기, 박동욱의 트리오가 조용필의 '친구여'를 불러 분위기를 더욱 고조시켰다. 여기까지 오는 데 단 1초의 착오도 없이 시나리오대로 행사가 진행되어 저녁 8시 정각, 드디어 오늘의 메인이벤트 '육춘기' 연극 공연이 시작되었다. 아, 그 감동을 여기 어찌 다 필설로 형용하랴.

이 연극은 단 한 번의 리허설도 없이 지금 막이 오른다. 허기야 인생이 리허설 없는 연극 아니더냐. 서울 출연자 20명, 부산 출연자 19명에게는 본 공연이 리허설이 되는 셈이다. 과연 잘할 수 있을까. 애초 잘한다는 것은 아마추어로서 기대할 바 아니지만 그래도 "그간 고생했겠구나, 열심히는 했다는 평은 들어야 할 텐데…" 뭐, 이런 감정이 욕심의 전부였다.

나는 이 연극의 대본도 썼지만 연극단의 단장으로서, 또 오늘의 무대감독으로서 나름대로 무진 애도 썼고 속도 무진 상했는데 예상대로(?) 오늘 그 결과가 참담하게 나오면 어쩌나 하고 속이 떨렸다. 출연배우가 모두 동기들이라 모이라고 해도 잘 안 모이고 모아두면 화장실 가고 어디 가고 하여 도대체 통솔이 안 되었다. 그러나 어쩌랴. 시간의 종은 울리고, 답안지는 빼앗기고 이제 채점의 순간이 온 것을.

흥분과 감동의 도가니

조명이 들어오고 주제곡 '세월이 가면'이 흐르자 장내는 일순 조용해졌다. 첫 등장자인 주최자(천익정)가 가면을 쓰고 무대로 나가면서 연극은 시작되었다. 내레이터(이경형)가 나와 "일찍이 이 연극은 셰익스피어도 못 만들었고 아서 밀러도 못 본 연극으로서…" 운운하며 너스레를 떨고 객석 중앙에서 사내1(이상기)이 무어라 궁시렁대면서 무대에 오른다. 사내2(박상춘)가 투덜대면서 나오다가 사내3(서영호)을 보고 "이기 누고? 니가…니 아이가?" 하자 웃음과 박수가 터져 나왔다. 이어 사내4(변종한)와 버스기사(김성산)가 나오니 무대는 꽉 차고 대사는 물살을 탄다. 연속 관객의 웃음과 박수가 터진다.

아, 이게 아닌데…전혀 기대하지 않은 대목에서 박수와 홍소가 터지니 아무래도 조짐이 이상했다.

장면이 바뀌어 평생직장에서 명퇴 당한 후 입으로는 '하면 된다'면서도 아무 것도 하는 일 없이 집에서 뒹구는 '방콕'족 실직자 가장(이의재)과 이를 보고 '되면 한다'면서 구박하는 마누라(김영순), 눈치 없이 돈 달라는 철부지 과년한 딸(김계순) 등 3인의 실감나는 연기에 장내는 웃음바다를 이루었다. 심지어 우는 친구들도 있었다. 나는 연습 중에는 한 번도 보지 못한 출연자들의 연기력과 순발력에 놀랐고 '아, 이 연극은 성공하겠구나' 하는 예감이 들었다.

이어 친구 자녀의 결혼식과 친구의 초상집 장면이 이어지고, 극중극 시극 '겨울 나그네'의 비감어린 신파조 대사와 학창시절 수업시간 장갑상 선생의 영어 원강, 유수현 선생의 7공자 훈육시간, 돌배선생의 엉터리 독어 수업 장면이 이어지면서 장내는 걷잡을 수 없는 흥분과 감동의 도가니로 변해갔다. 터지는 박수 때문에 연극을 진행할 수 없을 정도였다. 오랜 기다림 끝에 인생 버스터미널에 나타난 주최자는 '3부 인생론'을 펼치며 동기생 친구의 소중함을 일깨워 무주인생학교로 안내한다. 입교를 환영하는 자리에서 교장(하을봉) 선생은 "별거 아닌 일에 성질내지 말고 60대를 청춘같이 살자"는 구호를 외친다. 전 출연진과 관객이 호응하여 '에헤라 친구야'(노래 정태춘)를 합창하면서 대단원의 막이 내려졌다.

극은 중간에 '주최자'가 단 한 번 대사를 멈칫한 일 말고는 (이 멈칫한 행동에도 박수가 터졌다) 한 치의 오차도 없이 진행되었고 전체적으로 웃음과 해학과 비애가 잘 어우러졌으며 아마추어 같지 않은 연기와 장면, 장면 극적 긴장이 이어진 대 성공작이었다는 중평이 나왔다. 당초 예정 공연시간 50분이 연기자들의 애드립과 관객의 박수 때문에 10여 분이나 길어졌다는 점이 그 증거다. 단 한 차례의 리허설도 없이 가진 아마추어 공연이 이처럼 성공적일 수 있다니 '하면 된다'는 우리 동기들의 잠재력은 참으로 놀라운 것이었다.

연극의 진한 감동을 가슴에 안고 우리는 야외 캠프파이어장으로 이동했다. 갑자기 기온이 떨어져 실외는 손이 얼 정도로 추웠으나 간간 모닥불을 쬐어가며 장기자랑과 어깨잡고 도는 원형놀이를 하며 화합을 다졌다. 왕년에 구덕산을 울리던 그 함성이 되살아나 남덕유산 무주구천동 골짜기를 울린 것이다. 자정이 넘어 숙소에 들었으나 모두 제대로 잠을 잤을 리 없다. 이튿날 우리는 훨씬 가까워진 모습으로 밝게 웃으며 아침 식사를 하고 바로 곤돌라를 타고 해발 1,510m 덕유산 정상으로 올랐다. 점심은 통돼지 바비큐(권태경 제공)로 초록 풀밭에서 들면서 박순백의 재치 있는 사회로 화합의 여흥과 경품 추첨, 반별 기념촬영을 하면서 경부간 아쉬운 석별의 인사를 나누고 귀향하였다.

이번 행사의 가장 큰 특징은 모든 이벤트를 외부에 맡기지 않고 동기들이 직접해냈다는 점이다. 한 마디로 동기 모두가 연출해낸 종합연극이었다. 치밀한 각본이 빚어낸 연출의 승리였다.

자칫 실의에 빠졌을지 모르는 동기들에게 새 삶의 의미를 일깨워주고 그 남은 인생길이 결코 혼자 가는 외로운 길이 아님을 일깨워주는 소중한 만남이었다.

동기들의 호응과 열의는 졸업 후 처음 만드는 문집 '굽잇물'에도 고스란히 담겨졌다.

교가에서 따온 문집 이름도 좋거니와 동기들의 다양한 글과 앙케이트, 10여 개가 넘는 각종 동기회 소모임 소개, 재학 및 졸업 후의 동기회 모습을 담은 화보와 이번 40주년 기념특집 등 400쪽에 이르는 방대한 문집을 만든 것은 또 하나 이번 행사가 거둔 소득이었다.

돌아오는 길 차중에서는 남은 소주를 마시며 뒤풀이가 벌어졌고 매주 토요일마다 모여 노래하고 연극하던 팀들은 이 행사가 끝난 후 토요일을 어찌 보낼까 걱정들이 태산이었다. 그러나 정작 걱정은 우리 다음 기수들이다. 당장 19회가 어떻게 40주년을 맞을지 걱정된다. 오늘 이 행사가 전무후무한 일회용으로 끝나느냐, 대대로 기수마다 발전된 모습으로 이어지느냐는 전적으로 다음 19회의 몫이 될 것이다.

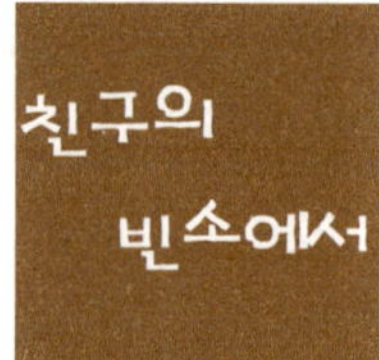

[2003년 7월]

돈 고!

올해 들어 상철이와 정기가 가더니 지난 오월 세진이가 세 번째로 갔다. 세진이가 가던 날, 그 하루 기분 더럽던 날, 부고를 받고 병원에 들어설 때까지 나는 내내 울적했다. 빈소에는 시간이 지나자 댓돌에 낙숫물 고이듯 하나둘 동기들이 모여들었다. 총중에 그래도 반가운지 산 놈들은 살았다고 끼리끼리 '야', '자' 하며 죽은 놈은 뒷전이고 초상집인지 동창횐지 모르게 화기애애하게(?) 술을 먹었다. 한참 술잔이 오가는데 누군가가 "돈 고Don't go!" 하고 외쳤다. 아까부터 말없이 술만 먹고 있던 창규(김창규 치과)였다.

고스톱 판도 아닌데 '고'하지 말라니 이게 무슨 소린가. 술을 더 먹지 말라는 건지, 먼저 가지 말라는 건지 잠시 헷갈리는데 그는 다짜고짜 옆에 있던 나더러 고발장을 쓰란다. 이 난세에 저만 잘 살자고(?) 도망가는 놈은 배신자라는 것. 그러니 마땅히 동기회 이름으로 고발을 해야 한다는 것이다. 듣고 보니 딴은 그렇다. 못 볼 것 봐야 하고 못 당할 일 당해야 하는 '더러븐' 세상에서 끊을 수 없는 연緣을 끊고 가는 녀석은 행복할 것이다. 지금 저 빈소에 편히 누워서 빙긋이 우리를 내려다보며 웃고 있을 세진이를 생각하니 슬며시 부아가 났다.

'고!' 해도 갈 데가 없는 사람들

세진이는 한때 잘 나가던 은행원이었다. 해외근무에다 은행장 비서실장까지 하였으니 임원 승진은 누가 봐도 따 논 당상처럼 보였다. 그런데 누가 알았으랴. '나의 국제적 친구(Inter-national My Friend)'인 줄 알았던 IMF가 세진이의 평생계획을 송두리째 뒤흔들어버린 바로 '나의 국제적 원수(Inter-national My Foe)'였음을. 다니던 은행은 퇴출되었고, 세진이의 인생도 덩달아 퇴출되었다.

세상은 단선형單線型으로 살아온 은행원이 헤쳐가기엔 너무 벅찼다. 알아보는 이도, 돌아보는 이도 없다. 불과 몇 달, 몇 년 전의 일이 까마득한 옛일 같다. 내가 있어야 할 자리엔 내가 모르는 사람들이 앉아 있다. 그때 가까운 곳에 술이 있었다. 세진이에게 제일 만만하고 제일 편한 게 술이었다. 소주 한 병은 아침식사 반주용이고, 결혼식장엘 갔다가 걸친 낮술이 깨기도 전에 다음 약속의 친구를 만나거나 저녁 초상집에 가서 또 마시는 나날의 연속이었다.

먹어도, 먹어도 얼굴에 표가 없으니 (이것이 징조였음을 우리는 알아챘어야 했다) 어느 날 그는 "18회에서 세진이를 당할 놈이 없다"는 술 챔피언이 되어 있었다. 그야말로 '상처뿐인 영광'이었다. 통영 가서 돈 자랑 하지 말고, 벌교 가서 주먹 자랑하지 말라는 말이 있듯이 부고 18회 세진이 앞에서 술 자랑 하지 말라는 말은 이래서 생겼다.

그가 잠시 삼청동 금융연수원에 나갈 때, 내가 찾아가 술을 산 적이 있는데, 그때는 그가 아직 현직에 있을 때였음에도 술이 장난이 아니었다. 나도 앉은자리에서 소주 두세 병을 거뜬히 비우는 호주가였지만, 점심시간에 안주도 없이 술을 물처럼 마셔대는 그를 보고 기가 질렸다. 그런 그가 백수가 되자 고삐 풀린 말처럼 술을 마셨을 것은 불문가지다.

우리 같은 낀 세대는 가는 놈이나 남아 있는 놈이나 서럽기는 매일반이다. 촌놈끼리는 쳐다만 보아도 배부르다고 어느 시인이 말했지만 마주보고 앉으면 아무 말 안 해도 무슨 생각을 하는지 다 알던 우리였다. 엉큼하게 숨길 줄도 모르고 속내를 드러내보이던 우리 친구들. 해방직후 태어나서 전쟁의 참화를 겪고 궁핍과 부조리와 독재에 맨몸으로 부대끼며 소처럼, 양처럼 '조국근대화'에 앞장서고 70년대 '수출역군'으로 발이 부르트도록 뛰었는데 그 원수를 다 갚기도 전에 이제 와서 '사오정'이요 '오륙도'라니 기가 찬다. 맨땅에 헤딩하며 일구어낸 기성既成이 아니었다면 너희들은 하늘에서 떨어졌느냐, 땅에서 솟았느냐. 소리小利에 연연해하고 소의小義를 쫓는 무리들을 볼 때 온고지신과 겸양지덕이 부끄럽구나.

사오정과 오륙도

돌아보면 우리는 팝송 'If you go away'나 유행가 '가지 마오!'의 가사 같은 나약한 소리는 차마 못 하고 산 세대다. 강자에게는 개뿔도 없으면서 "갈 테면 가라"며 갈기를 세웠던 우리다. 이제 와 새삼 뜻을 바꾸자는 것은 아니지만, 내 과거를 시시콜콜 알고 있는 놈들이 시나브로 사라지는 것이 괴롭다. 가는 자의 뒷모습만 바라보는 사람은 얼마나 쓸쓸한가. 얼마나 무력한가. 그렇게 가고 나면 누구와 더불어 옛날을 추억하고, 국적國賊을 성토하겠느냐.

인생화투는 한번 '고'를 부르면 그것으로 끝이다. 눈치 굴려 '역逆 Go'할 찬스가 없다. '투고'도 '쓰리고'도 없다. 한 번의 선언으로 더 이상 다툴 일도, 치사致辭할 일도 없어진다.

학창시절, "오늘 할 일을 내일로 미루지 말라"고 일러주시던 은사들의 뒷모습을 향하여 우리는 "내일을 위하여 오늘 일을 다해버리지 말자" 하며 얼마나 킥킥댔던가. 그런데 점심도시락을 아침 1교시에 다 까먹던 그 버릇 못 버리고 '내일의 일을 미리 앞당겨 해치운' 이놈들을 어떻게 봐 줘야 할까. 아직은 때가 아닌데 때를 만난 것처럼 훌쩍 가버린 새끼들! 그래, 이것이 멋인가, 똥인가 말 좀 해라.

지금까지 우리는 '친구가 상주'인 초상집엘 갔지 '상주의 애비의 친구'로서 간 적은 별로 없었다. 그것이 이제는 역전되고 있다. 고인이 친구인 초상집에는 가는 것도 서러운데 가보면 더욱 서럽다. 문상객 틈을 비집고 앉아도 주최측(상주)에 아는 안면이 없으니 앉자마자 차려주는 상床 하나가 관심의 전부다.

아는 얼굴 몇이 모여 앉아, 있는 추억 없는 추억 다 짜내가며 마시다보면 금세 술도 안주도 떨어지게 마련인데 주최측은 더 보충해 주지 않는다. 새로운 문상객들 안내에 더 부산한 도우미들에게 눈짓으로 부탁해 보지만 잊어먹었는지 반응이 없다. 그렇다고 고함을 지를 수도 "내놔라"고 시비할 수도 없다.

상주의 객으로 왔다면 눈짓만으로도 알아서 가져다주겠건만 죽은 놈이 무얼 아나. 이렇게 홀대받으니 비로소 고인의 죽음이 실감난다. 말이야 바른말이지 이 자리에서 고인과 가장 가까운 객이 우리 말고 누가 있나! 주인 같은 객을 몰라보다니 괘씸하고 억울하다. 세상이 버리면 '아, 그래 버려지나보다, 바야흐로 내 시대는 거去했노라' 하고, 알아도 모르는 척, 주면 주는 대로, 안 주면 안 주는 대로 살면 편한 줄, 말로는 누가 몰라? 일이 닥치면 그리 안 되니까 문제지.

이제 세진이는 평소 노래방에서 곧잘 부르던 그의 십팔번 'Green grass of home'을 찾아 저 좋은 세상으로 갔다. 그가 술 때문에 갔지만 우리는 오늘 술을 안 먹을 수 없다.

"시팔, 죽는 놈도 있는데 술 한 잔 못 먹겠냐. 야, 총무야, 지금까지 간 놈들이 몇 명인지 아뢰어라. 서른 명은 족히 되지 아매…."

"머라꼬? 고거밖에 안 되냐?"

"머라카노 야~들이…. 더 마이 주그라 그 말이가. 야, 512 명 중에서 그 정도면 양호하지 뭘 그래…?"

이런 소리를 귓전으로 들으면서 나는 여기저기 질서 없이 날아오는 술을 마다 않고 들이켰다. 가만히 생각하면, 먼저 간 놈들도 거기서 지금 막 새로 온 동창생을 맞아 동창회를 하고 있겠지만, 한 갑자도 못 채우고 먼저 간 너희 놈들을 나는 용서할 수가 없구나. 이놈들 모두 죽기 얼마 전까지도 만나, 함께 입에 거품 물고 누군가를 향하여 욕을 해대었고, 그리고 다음번에 또 만나서 남은 욕을 마저 하자고 약속했는데 그래, 그 다음 번이 언제냐. 말을 해라, 이놈들아.

그래, 그래, 안다, 안다. 욕을 해서 미안하다. 한 벌뿐인 우리 인생, 욕으로 끝낼 수 없다는 것, 나두야 안다. 결국 아무 것도 아닌 목숨, 전깃불 나가면 캄캄한 어둠인데, 애면글면 할 거 뭐 있나. 둘러보면 아직도 우리가 할 일은 있으리니 산 자여! 남은 자여! 욕질은 그만 두자. 화도 그만 내자. 그저 살아 있다는 사실 하나만으로 감사하자. 다시 제조할 수 없는 것이 동창이요, 동기다. 시쳇말로 혼자만 오래 살면 무슨 재민겨? 그러니, 제발 '노모아(no more)'요, '돈 고!'다.

[2007년 6월]

〈당신의 기대 수명은 72살입니다. 앞으로 11년 남았습니다. 일[Day] 수는 대략 4015일 정도입니다.〉

이는 미국의 보험회사에서 보편적으로 사용되고 있는 향후 기대 수명에 대한 통계적 의견에 따라 측정한 나의 기대수명이다. 어느 날 나의 이메일로 '기대수명'이라는 제목 아래 재미삼아 해보라고 보낸다는 친구의 메시지와 함께 첨부파일로 붙어온 김학성(17회 숙명여대 교수) 동문 발신의 자료를 별 생각 없이 체크 리스트에 따라 체크하니 자동적으로 기대수명이 계산되어 나오는데 그 결과가 이것이었다.

아무리 재미라지만 내가 살날이 앞으로 11년밖에 안 남았다니 이게 무슨 청천벽력 같은 소리인가. 나는 정신이 번쩍 들었다. 원전이 〈D. K. Hannis, 노년의 사회학에서…〉라는 부제가 붙어 있는 이 기대수명 자동계산기를 두고 슬며시 부아가 나서 이번에는 정색을 하고 제대로 체크해 보았다. 답변 여하에 따라 수명이 왔다 갔다 하는 판이니 대입시험 치듯 설문을 꼼꼼히 읽고 가급적 수명에 유리한(?) 쪽으로 답변을 해 나갔다. 그렇게 조심조심 설문에 응답했는데도 나온 답은 겨우 75세, 즉 3년밖에 더 연장되지 않는 것이 아닌가.

사람들은 자기 수명이 얼마나 남았는지 모르는 상황에서는 1년의 시한도 길게 살 수 있지만 알고는 편하게 못 산다. 가령 100세를 산다고 해도 그것이 성에 차겠는가. 남들은 다 죽어도 나 혼자는 천년만년 살 것 같은 기분에 10년이란 턱없이 모자라고 짧은 것이다.

천년을 산다한들

그래 괜히 측정해 봤다는 후회도 들고 그 설문지를 보내준 친구가 슬슬 미워지기 시작했다. 누가 보내달라고 했나 말이다. 당장은 심심풀이쯤으로 치부하고 말았지만 혼자 있을 때 이 수치가 자꾸만 머릿속에 되살아나 신경에 거슬렸다. 이것이 아무리 간이설문지라지만 생명보험회사의 보험요율에 사용될 정도라면 그 통계적 가치의 보편성을 인정하지 않을 수 없는 일. 그렇다면 앞으로 내게 남은 4천여 일을 어떻게 보내고 어떻게 정리해야 할 것인가. 갑자기 내 생활이 돌아봐지고 지금까지 무심했던 주변정리와 나와는 거리가 먼 것만 같았던(?) 죽음의 그림자가 안전에 얼른거리기 시작했다. 생각은 꼬리에 꼬리를 물고 일어나 밤잠까지 설칠 정도가 되었다.

나는 이날 이때까지 이룬 것은 없지만 바쁘게는 살아왔고 건강 하나만은 타고났다고 생각했다. 먹는 것도 식탐이 있어 너무 잘 먹어 '비만'이라는 의학적 경고 딱지를 받고 있지만 특별히 일상생활에 불편하지는 않았다. 그런데 이 어줍지 않은 설문 하나 때문에 신경을 쓰다 보니 내 몸이 갑자기 나약해 보이고 평소 저리던 손끝발끝이 더욱 심하게 저려오는 것 같았다. 그래 어떻든 수명을 늘여보려고 설문지를 재검토해 보았다.

설문지는 크게 개인적인 자료와 건강 스타일에 관한 항목 등 두 개로 되어 있는데 전자는 가족병력이라든지 현재의 거주환경, 학력, 소득수준 등에 관한 것이고 후자는 운동 여부, 성격, 인생관, 과체중, 흡연 여부 등이다. 그런데 잘 보면 본인의 노력 여하에 따라 수명을 조정할 수 있는 부문과 그렇지 못한 부문이 있다.

조부모의 수명, 가족의 병력, 학력 수준 및 배우자 생존 여부 등은 어쩌지 못할 상수다. 그러나 현재 책상에서 일하느냐, 육체노동을 하느냐, 운동을 어느 정도 하느냐, 성격이 급하고 화를 잘 내는가, 행복하다고 느끼는가, 담배를 피우는가, 피우면 어느 정도인가, 현재 체중이 어느 정도로 과체중인가 하는 문제는 전적으로 자신의 노력 여하에 따라 개선할 수 있는 변수다. 나는 무슨 위대한 발견이라도 한 기분이 들어 냉큼 변수조작에 나섰다.

먼저 운동 부문을 하루 30분 이상, 일주일에 5번 이상 지속적으로 하는 것으로 (예컨대 달리기, 테니스, 수영 등) 입력을 시켰더니 무려 4살이 늘어나는 것이 아닌가. 원체 게을러 운동을 잘 안 하는 내가 아무리 오래 살고 싶어도 일주일에 다섯 번은 무리고 2번 내지 3번 하면 어떤가 보았더니 2년이 더 늘어났다. 나는 평생 책상에서 일해 왔는데 그것이 마이너스 3년으로 작용함을 보고 이제부터라도 책상을 멀리하면 3년은 더 늘어날 것이다.

그 다음은 체중문제인데 초과체중이 23kg 이상이면 8년, 13kg 이상이면 4년, 5kg 이상이면 2년을 뺀다. 내 경우는 세 번째인데 이제부터라도 다이어트를 하면 그 2년을 벌충할 희망이 생겼다. 담배는 수명에 치명적인 것으로 하루 1갑 이내를 피우면 3년, 2갑 이내는 6년, 두 갑 이상이면 8년을 빼게 되어 있다. 나도 한때는 골초였는데, 장인어른이 폐암으로 돌아가셨을 때 산에서 하관할 때 다시 터져 나오는 핏덩이를 보고는 담배를 끊었다. 이것은 내가 장년시대에 내린 결단 중 가장 값진 것이라 자부한다.

수명은 마음먹기에 달렸다

그런데 기호품에서 담배의 해악은 이리 큰데 술에 대해서는 어떤 항목도 없는 게 이상하지만 내게는 여간만 천만다행이 아니었다. 나는 담배는 끊었지만 술은 주종불문, 청탁불문, 시공불문으로 즐겨왔으나 이제 나이도 들고 하여 좀 줄일까 하던 참이었는데 그럴 필요가 없어졌다. 사실 술도 못 먹는 세상, 오래 살면 무슨 맛이랴. 술은 적당히만 마시면 몸에 오히려 보약이겠거니 생각하며 설문에 인용하지 않은 제작자의 특별배려(?)에 감사했다.

마지막으로 정신적인 문제인데 총 배점이 9점이다. 성격이 급하고 감정적이고 화를 잘 내면 3년이 줄고, 편안히 생각하면 3년이 는다. 자신의 삶이 행복하다고 생각하면 1년이 늘고 불행하다고 생각하면 2년이 준다. 불가에서 '일체유심조'라고 하는데 인생을 어떻게 생각하느냐에 따라 수명이 4~5년 가감된다. 마음먹기에 따라 이처럼 금쪽같은 수명이 늘어난다니 앞으로는 매사를 긍정적으로 보고 낙천석으로 살아야겠다고 속다짐을 해 본다. 하기야 걱정하고 고민해봤자 세상은 내 의지와는 상관없이 돌아가는 것을 평생 보지 않았는가. '오늘, 여기'의 소중함을 모르고 사는 삶이 참 행복일 수 있을까. 내게 허여된 시간이 정말로 얼마 안 된다면 이제부터라도 꽉 차게 살 일이다. 그러자면 오늘을 헛된 미래의 지향성과 과거의 선입견에서 탈출시켜 자유롭게 살고 싶은 것이다. 그런 의미에서 올해 정지용문학상을 받은 다음 시는 오늘의 소중함을 돌아보게 한다.

> 하루라는 오늘/ 오늘이라는 이 하루에/ 뜨는 해도 다 보고/ 지는 해도 다 보았다고/ 더 이상 볼 것 없다고/ 알 까고 죽는 하루살이 떼 (조오현, 「아득한 성자」 제1연)

하루라는 순간을 꽉 차게 살고 가는 하루살이를 성자로 보는 시각도 독특하거니와 하루를 살고도 다 보고 다 누리고 살았다면 그것이 밑도 있는 일일호시일日日好是日의 삶이거니 아쉬울 것 없을 터, 천년을 산다고 해도 그 어느 하루도 산 것 같지 않게 산다면 그거야말로 껍데기의 삶이 아니겠는가. 베스트셀러인 「가시고기」의 내용 중에 "그대가 헛되이 보낸 오늘은 어제 죽어간 그이가 그토록 살고 싶어 하던 내일이다"라는 말을 음미해 볼 일이다.

'9988234'라는 숫자 같은 말이 있듯이 99세까지 팔팔하게 살다가 2~3일 만에 꼴깍하고 가는 것이 남 말 같지 않은 세상이 되었다. 앞으로 사는 방식을 바꿔 개과천선(?)한다면 나도 80을 넘어 9988 대열에 합류할 수 있지 않을까 생각하니 갑자기 이 설문지를 보내준 친구가 고마워진다.

종로시대

[2008년 2월~6월]

종로의 재발견

지난 연말께 다니던 직장을 드디어 그만 두었다. 막상 그만 두고 나니 홀가분하다기보다 아쉬운 마음이 더했다. 전에는 매일 일어나 할 일이 없다는 것이 얼마나 편하고 자유스러울까 했는데 그게 얼마나 고통스러운 일인지 깨닫는 데는 사흘도 채 걸리지 않았다. 마누라의 눈빛이 달라지는 것을 보고 부리나케 혼자 있을 사무실을 찾아 나섰다. 장소는 광화문 일대로 예정했으나 형편이 불편하여 흘러, 흘러 종로 3가까지 오게 되었다. 발품은 판 것만큼 말을 한다는 말은 딱 맞는 말이었다. 나는 세 사람 이상이면 앉을 데도 없는, 그러나 전망 하나만은 기똥차게 좋은 오피스텔 하나를 얻었다.

지금 이 글을 쓰고 있는 종로구 낙원동의 12층 정남향 사무실에서는 남산타워가 한눈에 들어오고 동쪽으로 종묘의 숲과 그 너머 낙산, 그리고 비원이 가로질러 보인다. 바로 뵈지는 않지만 뒤로는 경복궁, 청와대와 그 너머 북악이 떡 버티고 있다.

한 마디로 북주와 남안과 좌룡을 거느린 명당이다. 눈 아래로 아직 철거당하지 않은 익선동의 옛 한옥들이 옛 한양의 정취를 한 움큼 움켜쥐고 있고 그 주위로 크고 작은 빌딩들이 마치 항구의 선박처럼 어깨를 맞대고 정박해 있다. 말하자면 서울이라는 바나 한복판에 지금 나는 섬처럼 등대처럼 앉아 있는 것이다. 비가 오면 비에 젖는 서울 도심이 오랜 지기처럼 정다워 보이고 눈이 오면 눈에 덮인 도시가 소설 속의 설국雪國처럼 정갈해 보인다.

밤은 또 어떤가. 멀리서 혹은 가까이서 붉고 푸른 네온사인이 쉴 새

없이 명멸하는 파노라마를 보노라면 나 자신이 꼭 TV 화면 속 앵커맨이 된 기분이다.

사무실은 모름지기 밝아야 한다. 사무실이 밝아선지 여기 오면 그냥 마음이 밝아진다. 매일 아침 복도의 문을 따고 들어오면 화창한 양광陽光이 기다렸다는 듯이 와락 안겨든다. 이 고마운 햇빛은 제 먼저 출근하여 차광을 비집고 들어와 사무실 구석구석을 쓸고 닦고 있다가 주인인 내가 들어오면 비서처럼 맞아준다. 아무도 없는 빈 사무실이 세상의 축복으로 가득 차 있는 듯하다. 나는 이 찬란한 빛의 팡파르 속에서 커피를 타 마신다. 첫사랑의 추억 같은 해즐릿 향내와 어머니의 태중처럼 포근한 햇살의 은총 속에서 하루를 시작한다. 처지가 이쯤 되면 그야말로 자기를 찾아준 알렉산더 대왕을 향해 햇빛 가리지 말고 좀 비켜달라고 했던 디오게네스가 된 기분이다.

언제부터 나는 이 고마운 사무실을 그냥 사무실이라고 부르기 미안하다는 생각이 들었다. 무슨 감방 번호도 아니고 숫자로 된 호칭을 그냥 쓴다는 것은 시인된 체면이 아니다. 그래 이름을 붙여주자고 했으나 선뜻 좋은 이름이 떠오르지 않는다.

그 사이 내 사무실을 찾아준 지인, 친구들이 수십 명에 이르는데 모두들 전망 하나만은 끝내준다고 입을 모았다. 그때마다 나는 좋은 이름 하나씩들 지어보라고 했으나 여직 마뜩한 작품(?)을 못 만났다.

자고로 문인이나 시인들은 가진 돈은 없지만 뜻은 높아 당호堂號 짓기를 좋아했다. 내가 좋아하는 이영도 시인은 가는 곳마다 당호를 짓고 살았는데 통영여학교 시절 폐결핵에 걸려 잠시 요양하던 병실까지를 '청와헌聽蛙軒'이라 했는가 하면 마산 성지여고 교사 시절 살던 전셋집을 '계명암鷄鳴庵', 부산 남성여중 교사시절에는 방 두 칸짜리 집에서 부산 앞바다의 불빛을 바라보면서 글을 쓰곤 했는데 그 집을 '수연정水然亭'이라 했고, 부산대 밑 장전동에서 청마 유치환 선생과 열애를 주고받을 때 살던 집은 '애일당愛日堂'이라 했다. 모두 여성스러우면서도 아름다운 이름이 아니던가.

또 나의 마지막 시 스승인 초정 김상옥 선생은 얼마나 시인에 대한 자부심이 강했던지 자신의 창작실을 '불역마천시루不易摩天詩樓'라 했다. 비록 남루하지만 엠파이어스테이트 빌딩 같은 마천루와도 바꾸지 않을 시작품 산실이라는 뜻이다. 또 현재 구순의 시조시인인 백수 정완영 선생은 '초초시암草草詩庵'이라는 당호를 쓰신다.

나야 그분들과 비교할 만한 문조를 가지지 못했지만 지금 내게 밝음을 주는 이 사무실에게만은 꼭 당호를 붙여주고 싶다. 김춘수 시인의 시를 빌려 말한다면 내가 그의 이름을 불러주기 전에는 그는 다만 하나의 '건물'에 지나지 않겠지만 내가 그의 이름을 지어 불러주면 그는 나에게로 와서 '꽃'이 되고 나는 그에게로 가서 잊혀 지지 않는 '의미'가 될 수 있겠거니 믿고 싶기 때문이다.

추억으로 가는 종로

나는 시경詩經을 뒤적이며 그럴 듯한 글귀를 찾아보았으나 김춘수의 '꽃'처럼 '이 빛깔과 향기에 알맞은 이름을' 찾지 못하였다. 그러다 문득 출근길에 아이디어를 얻게 되었다. 내 출근길이 되기도 한 파고다 공원 옆 수표다릿길을 따라 낙원동 쪽으로 올라가면 길섶에 서울시가 세워둔 표지석이 하나 있다. 거기에는 '한양의원 터'라는 제하에 "우리나라 근대 초창기의 양의로 한성의사회장과 조선의사협회 초대간사장을 지낸 박계양朴啓陽이 운영하던 병원 터. 홍명희, 정인보, 최남선과 같은 명사들의 사랑방이었다"라는 글이 씌어 있다. 이 표지석은 내게 그사이 까마득히 잊고 있던 종로를 다시 생각하게 해주었다.

종로가 어떤 곳이던가. 조선조 500년 이래 사람과 물류의 중심거리로 민족의 애환이 서린 곳이 아닌가. 지금 이 자리가 바로 그 종로의 일부였다고 생각하니 나도 예사 사람이 아니라 어엿한 역사적 인물(?)이 되어 서 있다는 느낌이 들었다. 종로는 우리에게 기미독립만세의 진원지 정도로 인식되고 있을 뿐 지금은 문화의 중심지도 물류의 중심도 아니다. 그저 고루한 건물들이 재개발을 기다리는, 사시사철 할 일 없는 노인들이 몰려드는 늙은 거리로 치부될 뿐이다.

그러나 과연 그렇기만 한 것일까. 나는 종로에 와서 나날이 종로를 재발견하고 있다. 종로에 서면 정체를 알 수 없는 역사와 문화와 서민들의 훤소가 뒤섞인 숨결이 거대한 강물이 되어 아직도 흐르고 있음을 느낀다. 골목골목이 유래가 있을 법하고, 어디를 가도 길보다 사람이 많고, 부딪치는 사람마다 사람 냄새가 물씬물씬 풍긴다.

길거리 난장에 쓰던 옷가지, 신발, 구제품들을 늘어놓고 사든 말든 물건 자랑에 바쁜 서툰 장사치들, 길인지 가게인지 구분이 안 되는 곳에 맛있고 값싼 먹거리가 하루 24시간 늘려 있다. 이곳에 10여 년 전에 먼저와 고참 티를 내는 최중태(19회)는 자기도 아직 못 가본 골목, 못 가본 음식점이 수두룩하단다.

내 기억 속의 서울은 종로로부터 시작한다. 부산고를 떠나 대학생활을 시작한 곳이 학교근처인 종로5가였다. 당시 상업과 문화의 중심지는 비각 옆의 자이언트다방, 한국문협(지금 교보빌딩 자리), 피맛골에서부터 청진동 해장국 골목, 보신각, 화신백화점, 우미관과 종로서적, 시사영어사, YMCA, 탑골공원과 종로3가의 명월관, 국일관, 극장가, EMI학원, 종묘, 종로4가의 보령제약, 국악기상, 종로5가의 한약방, 종묘상, 헌책방, 동대문시장으로 이어지는 종로 일대였다.

그 중에서 종로3가, 즉 '종삼'은 따로 고유명사가 될 정도로 유명한 곳이었다. '종삼' 하면 이름만 들어도 아랫도리가 스멀거리던 시절이 그때였다. 요즘 젊은이들은 잘 모르겠지만 그때 그 시절의 종삼은 단성사, 피카디리 같은 개봉관이 몰려 있는 대중문화의 중심지이자 미성년자 입장 불가의 금단의 적선지역이었다.

지금은 조선시대의 중심가도, 자유당 시절의 환락가도, 유신시대의 데모 길도 아닌, 그저 서울의 '후통胡洞'이 되었을 뿐이지만 그래도 어딘가 옛 정서는 남아 있을 것이다.

그건 그렇고, 내 사무실의 이름을 뭐라고 지을 것인가. 바로 코앞에 조선 3대 천재인 홍명희, 최남선, 이광수와 당대의 일류문사 정인보 등이 드나들던 사랑방이 있었다니 이게 보통 인연인가. 내 잔머리는 바로 돌아갔다. 지금 내 사무실도 문인과 친구들의 사랑방 구실밖에 못 하는 터이니 옛 문사들의 사랑방 역할을 잇는다는 뜻에서 그 주인의 함자를 빌려 당호로 삼으면 어떨까.

그러고 보니 '계양啓陽'이란 '빛의 문을 연다'는 뜻일 터, 마침 내 사무실 또한 햇빛만은 무진장한, 화랑창 같이 밝은 방이니 딱 어울리지 않는가. 해서 나는 오늘부로 하나의 '몸짓'일 뿐인 이 무생물에게 '계양시루啓陽詩樓'라는 멋진 이름을 붙여주고자 한다. 그러면 나는 계양시루에게, 계양시루는 나에게 서로 '꽃'이 되고 '의미'가 될지 누가 알 것인가.

마음의 자유천지

아침에 일어나서 어딘가 나갈 데가 있다는 것은 얼마나 행복한가. 그것이 설령 돈 버는 것이 아닌 돈 쓰는 출근이라도 말이다. 나는 요즘 유래 없이 편한 마음으로 러시아워를 피해 적당한 시간에 직행 버스에 몸을 실으면 한 시간이 못 되어 '계양시루'에 닿는다. 해가 뜬 날이면 어김없이 환한 볕과 빛이 들고 지인들이 보내준 동양란이 최근 꽃을 피워 사무실 천지가 난향으로 은은히 가득하다. 읽을 책도 많다. 천국이 따로 없다. 굴원이 가고자 했던 무릉도원이 따로 없다.

저 건너 성권농댁 술 익거든 날 부릅세/ 내 십에 국화 피거든 나도 자네 부름세/
꽃 좋고 박주 좋으니 아니 보고 어이리

우리 옛 시조에 이런 멋진 풍류가 다 있다. 이곳이 술 담을 데도, 국화 심을 데도 없는 빌딩 속이나 난초가 꽃을 피웠으니 그냥 갈 수는 없다. 아무리 내가 지금 끈 떨어진 갓이라 해도 부르면 금시에 달려올 사람 한둘쯤이야 없으랴. 그래 난향 속에 차라도 같이 나눌 양으로 생각나는 대로 누군가를 부르려다 그만 두었다. 최근 이 사무실이 알려지고부터 찾아오는 사람들이 하루 건너씩이니 누굴 따로 부르고 자시고 할 것도 없다. 난초가 피었거나 말았거나 불쑥불쑥 찾아오는 사람들이 한둘이 아니니까…. 그럴 때는 혼자만의 시간을 앗길밖에 없는데 그래도 "유붕有朋이 자원방래自遠訪來하니 불역낙호不亦樂乎아"라 사람 사는 데 사람 찾아오는 것만큼 좋은 일이 어디 있으랴 하며 감사하고 있다. 나는 대자유인으로서 친구가 오면 오고 가면 가는 대로 만단 같은 시간을 자유롭게 보내며 마음의 자유천지에서 누구의 간섭도 없이 계양시루에 만판 내리는 햇볕을 즐기면 되는 것이다.

그러나 어디 세상이 뜻대로만 되던가. 내가 아주 세상을 등지고 살지 않는 한 나의 자유는 세상과의 관계 속에서만 허락되는 것임을 최근에 깨달았다. 이런 사람 저런 사람들이 인연에 따라 찾아와 들려주고 안겨주는 세상의 정보가 나를 그냥 두지 않는 것이다.

인생의 의문사와 다반사

말하자면 내 삶의 인계철선 같은 일들이 나의 의지와는 상관없이 꼬리에 꼬리를 문다. 백수가 과로사過勞死한다더니 빈말이 아니었다. 알고 보면 백수는 그냥 백수白首가 아니라 모든 일을 혼자 다해야 한다는 뜻의 백수百手가 더 맞는 말인지 모른다. 일상사란 생의 본질에 비해 아무 가치도 없을 것 같지만 실은 이런 것이 중요한 것이다. 어차피 피할 수 없는 것이 일상사라면 의문사항은 의문사疑問詞로 두고 일상사를 다반사로 여기고 즐겨 맞을 일이다.

이를테면 동기회보同期會報 만드는 일만 해도 그렇다. 새로 동기회장이 된 이병홍(18회)이가 찾아와 동기회보를 확대 · 개편하여 멋있게 만들고 싶다길래 그거 잘 하는 짓이라 했더니 전제조건으로 내가 편집을 맡아야 한다는 것이었다. 나는 일언지하에 거절했다. 그것은 내게 너무 많은 시간을 빼앗는 일이다. 세상에! 그동안 나를 먹여 살리기 위해 얼마나 고생한 내 몸이었던가. 그 '몸'님에게 무기휴가를 명하고 자유인을 선언한 지 얼마나 됐다고 그 휴가를 반납하란 말인가. 나의 세찬 손사래에도 불구하고 그는 물러서지 않았다. 공갈 반 사정 반 우기며 삼고초려(?)하는 그를 나는 끝내 마다할 수 없었다.

이리하여 지난 2월초 이병홍 회장을 위시하여 이경형(전 서울신문 편집국장), 신종오(전 중앙일보 과학부장), 안병태(이화여대 교수), 박종우(호성케맥스 고문), 이정욱(동기회 총무) 등이 이 좁은 계양시루에 와서 다 앉지도 못하고 선 채로 회보 개판改版 주비위원회를 열고 편집방향에 대해 토의를 하였다. 그 후 수차례 만나 제호, 면수, 판형, 내용, 제작비 등을 의논하고 2월18일 정기총회에 부의하여 확정되었다. 제호는 지난번 40주년 때 편찬했던 동기문집 이름인 '굽잇물'을 그대로 사용하기로 했다. '굽잇물'은 모교의 교가 중 "오천재를 밴 꿈이 세기의 굽잇물에 산맥처럼 부푸놋다"의 구절에서 따온 것인데 기실 우리말 사전에는 없는 말이다. '굽잇물'은 물굽이, 물나울 속의 격랑으로서 변화와 도전, 역동성을 가리킨다 하겠다. 청마 유치환 선생이 작사한 모교의 교가에는 이 '굽잇물' 말고도 '크낙한' '호호코저' '절은 단성' '후련서니' 등등 사전에 없는 말이 많다. 사전에는 없어도 부고인 치고 그 뜻을 미루어 짐작하지 못하는 이는 없다.

우리가 서둘러 '굽잇물'을 제호로 삼는 데는 까닭이 있다. 만약 60회가 넘는 우리 동문 기수 모두 회보를 창간하고 그 제호를 계속 모교 교가에서 따간다고 가정하면 지금부터 신수를 치지 않고는 좋은 구절이 남아나지 않을 것이겠기 때문이다. 40주년 행사 때 '굽잇물'을 인용했던 18회는 이미 기득권이 있다 하겠다. 차제에 만천하에 그 전용권을 주장하여, 즉 '오등吾等은 자滋에 아我' 18회 말고는 어느 기수도 '굽잇물'을 사용할 수 없음을 선언하는 바이다. 이런 전차로 격월 발간 예정인 「부산중고재경제18회동기회보」를 앞으로는 '굽잇물'로 제하고 한글서체에 일가견이 있는 박종우로 하여금 써오게 하여 수십 개 중에서 편집위원들의 엄정한 자유 투표를 거쳐 제자題字를 선정하였다.

'굽잇물', 전용권을 선언하다

그러나 의문은 있다. 지금껏 18회에 동기회보가 없었던 것도 아닌데 새삼 A4 사이즈 16면으로 늘리고 컬러판으로 꾸민다고 갑자기 동기들의 없던 열의가 살아나겠는가. 무슨 회보든 시작하기는 쉬우나 일관되게 지속하기는 어려운 법. 재정도 재정이지만 원고의 생산과 공급이 관건 아니던가. 지금 전 동창회에서 동기회보를 소책자 형식으로 정기간행하고 있는 기수는 '수원지'(7회), '아스라이'(8회), '오천재'(11회), '파도소리'(17회) 등등인데 우리는 이보다 진일보하여 보다 알찬 내용으로 만들고자 하는 것이다.

이 문제적 기수 18회는 졸업40주년기념행사 때 그 어느 기수에서도 하지 못했던 연극과 합창과 억대의 모금을 성과적으로 해낸 전력이 있다. 그 정도의 열정이라면 회보증보판 간행쯤 못 해낼 리가 없다. 그때의 기념문집도 마감시한까지 원고가 답지하여 예상지면수를 훨씬 넘는 400페이지의 책을 만들지 않았던가. 이번 회보 또한 각 꼭지마다 주제를 정하여 청탁한 원고가 마감일까지 정확히 들어왔다. 청탁하지 않은 자발적인 원고까지 들어와 편집에 애를 먹을 정도다.

회보가 나오는 것은 어쨌든 좋은 일이다. 그런데 문제는 회보가 계속 나오고 내가 회보편집에 계속 관여하는 한 나 자신 회보에 시간을 앗길 수밖에 없고, 계양시루 또한 반은 회보편집실이 되어 버릴 것이다. 이래저래 내가 바라던 자유는 물알로 가버렸다. 나무는 잠자코 있으려는데 바람이 가만 두지 않는 격이다. 글쟁이의 팔자소관이라면 할 수 없는 일이나 가만히 생각해 보면 어차피 별수 없는 백수에게 이런 일거리나마 생겼으니 다행이라면 다행이다.

'곱잇물' 개판의 내용 중에 연재기획물로 「이 동기가 사는 집」 탐방 코너가 있다. 인생 막바지에서 어떻게들 사는지 남 사는 모습을 보고도 싶고, 제 사는 모습을 보여주고도 싶다. 그러면서 서로 일깨워주며 서로 '우다주자'는 게 이 기획의 목적이다. 그 첫 탐방지로 우리는 편집위원들은 정기암(18회 전 롯데주조 전무)의 집을 찾아갔다.

비교하지 않는 삶

요즘 나이깨나 먹었다고 돌아보면 주변에서 삶이 허망하다거나 왜 살아왔는가 하고 자기회의에 빠져들거나 남은 인생을 어떻게 살 것인가 하는 근본문제를 들고 고민하는 사람들을 많이 본다. 다들 늘 가슴 속에 숙제로 남겨두었던 근본적인 물음이 슬슬 고개를 내미는 모양이다. 이거 잘못 하면 우울증에 빠지기 쉽다. 어떻게 살까보다 어떻게 죽을 것인가에 목을 매게 된다. 왜 사는가에 제대로 답할 사람이 있는가. 그냥저냥 살아온 것이 어제까지의 삶이요 남은 삶 또한 똑같은 질문만 되풀이하다가 가는 게 대부분의 인생일 것이다. 당장 왜 사느냐 하는 근본적인 문제는 예전에 그랬듯이 그냥 놔두자. 어려운 문제는 놔두고 우선 어떻게 살 것인가 하는 현실적 문제에 대해 생각해 보자. 이것저것 다 빼고 소박하게 말해서 그것은 '하고 싶은 일을, 하고 싶을 때, 편하게, 즐겁게 하며 사는 것'이 장땡이 아닐는지. 물론 죽을 때까지 먹고 살 기초 의식주 문제는 해결돼 있다는 전제 위에서 말이다. 그러자면 매사에 감사하는 마음을 가지고 스트레스를 받지 말 일이다. 스트레스는 남과 자기를 비교할 때 온다. 수행자修行者는 비교를 통해 자신의 존재가치를 알아가지 않는다. 있는 그대로 자신을 발견하는 과정 속에 삶이 있음을 알기 때문이다.

'곰알바우'의 사계

사람은 평생을 비교하면서 살게 마련이지만 살만큼 살았다고 할 육십령을 넘고 보면 비교와 욕망의 강도는 적절히 조절할 필요가 있다. 살며 비교하면서 스트레스 속에서 현재의 자기와 자기세계를 이룩하였다면, 이제 더 비교하는 일은 그만 접고 자기 '쪼대로' 살 수 없을까. 하기야 말이 쉽지 실천하기는 쉽지 않다. 이 쉽지 않은 결심을 하고 조금의 주저도 없이 '불비타인행不比他人行'을 하는 사람이 있다. 바로 마음의 자유천지를 구가하고 있는 정기암(18회) 동문이다.

내가 〈굽잇물〉 편집위원장으로서 경기도 양평에 있는 그의 집을 찾았을 때 그는 만면에 가득 웃음을 띠고 벌써 산직이가 다 된 표정으로 맞아주었다. 그는 용문산계곡과 중원계곡이 합수되는 언덕바지에 건평 30여 평의 1층 양옥을 하나 지어 '곰알바우'라는 옥호를 달았다. 집 뒤는 바로 산이고 앞은 탁 트여 텃밭 같은 앞뜰 300여 평이 2층으로 펼쳐져 있었다. 누른 잔디가 죽 깔린 뜨락에는 원래부터 있었거나 어디선가 옮겨왔을 바위가 자연스럽게 놓여 있고 여기저기 웅크리고 있는 비닐하우스 속에는 분재들이 비좁게 겨울을 나고 있었다. 그 주위로는 집주인이 좋아하는 나무들이 50여 종 심어져 있다. 천상 이 많은 나무들의 꽃과 녹음을 보러 좋은 날 다시 한 번 와야겠다는 생각을 하며 나는 테라스 격인 나무 데크deck를 거쳐 집안으로 들었다.

거실은 천정이 높아 시원한 느낌이 들고 남향 벽은 통유리로 바깥과 방안이 일체가 되어 있어 집안인지 바깥인지 모르겠다. 서재 방에는 아무 장식도 없이 오늘의 주제 '불비不比'라는 족자 하나가 덩그러니 걸려 있다. 이것이 누구와도, 아무 것과도 비교하지 않겠다는 그의 좌우명이란다. 일주일에 한 번씩 온다는 부인 박진욱 여사는 이날 토종닭을 내놓으면서 남편을 두고 '무경기' 속에 사는 사람이라고 귀띔해 준다. 호경기 불경기를 떠나 경기 자체가 없다는 것. 평생 사느라 고생한 자기 몸에게 휴가를 주고 그 몸이 좋아하는 꽃나무도 가꾸고 책도 읽고 붓글씨도 쓰며 자유자재로 살고 싶다는 청조인 정기암 동문. 그의 대자유인의 삶과 이를 가꾸어가는 용기가 한없이 부러웠다.

일만 원의 행복과 지상낙원

시詩 한 편에 삼만 원이면/ 너무 박하다 싶다가도/ 쌀이 두 말인데 생각하면/ 금방 마음이 따뜻한 밥이 되네// 시집 한 권에 삼천 원이면/ 든 공에 비해 헐하다 싶다가도/ 국밥이 한 그릇인데/ 내 시집이 국밥 한 그릇만큼/ 사람들 가슴을 따뜻하게 덮여줄 수 있을까/ 생각하면 아직 멀기만 하네// 시집이 한 권 팔리면/ 내게 삼백 원이 돌아온다/ 박리다 싶다가도/ 굵은 소금이 한 됫박인데 생각하면/ 푸른 바다처럼 상할 마음 하나 없네 (함민복, 「긍정적인 밥」전문)

이는 얼마 전 조선일보에 연재된 한국애송시 100편 가운데 하나로 가난한 시인의 자본주의에 대한 불신과 신뢰를 동시에 보여주는, 눈물로 쓴 시다. 보증금 없이 월세 10만 원에 고욤나무가 서 있는 강화도 폐가에서 장가도 못 간 채 뻘에 말뚝 박으며 사는 이 시인은 절규한다. 밤잠 설치며 뼈를 깎아 시작詩作하는 제 노동이 어찌 시정市井의 월급쟁이 노동보다 못하단 말인가. 그러나 그 절규는 이내 감격으로 변한다. 제 노동이 오뉴월 무논이나 소금밭에서 몸으로 때운 정직한 노동에 비하면 아무 것도 아니라는 생각에서다. 삼만 원은 돈도 아니라는 섭한 생각이 삼천 원도 크고 삼백 원도 큰, 신성한 노동의 결과임을 뼈저리게 깨닫는다. 그의 깨달음은 다분히 문학적이지만 실물경제적으로 일만 원의 구매력(ppp)은 얼마나 될까. 세종대왕표 배추 한 잎은 룸살롱의 도우미에게는 모욕적인 팁이겠지만 거리의 걸인에겐 눈 휘둥그레질 거액이다.

그러면 큰 호텔의 커피 한 잔 값도 안 되는 일만 원으로 우리는 무엇을 할 수 있을까. 단돈 일만 원으로 하루를 즐길 수 있는 지상낙원이 서울 도심에 딱 한 군데 있다.

그게 바로 나의 계양시루가 있는, 국보 제2호 원각사탑이 있는 파고다 공원을 위요한 종로 2~3가와 낙원동 일대다. 옛 서울의 낙후성과 신세대의 역동성이 어우러져 고금古今이 동락하는 낙원동 일대는 물가가 엄청 싸다.

커피만 해도 아메리카노, 모카, 블랙커피, 크림커피 등이 단돈 100원이다. 서울의 스타벅스에서 팔리는 카페 아메리카노가 3,300원인 데 비하면 33배나 싼 가격이다. 물론 스타벅스 같은 브랜드 커피는 아니지만 자판기에서 쫄쫄거리며 종이컵에 떨어지는 달콤 씁쓸한 커피는 영락없는 옛날 맛 그대로다.

먹거리는 어떤가. 식사는 1천 원짜리 해장국부터 500원 단위로 층층시하로 널려 있어 한식, 중식, 일식, 뷔페 등 입맛대로 골라 먹을 수 있다. 값이 싸다고 맛이 없을 거라 생각하면 오산이다. SBS, MBC 등 전국 맛 자랑에 나오는 유명 음식점들이 즐비하다. 유명한 '할매집'이 있는 칼국수(3,500원) 골목, 임꺽정의 홍명희가 살았다는 익선동 고가 골목의 가정백반(2,500원)집들, '통나무집'이 있는 마산 아구찜 골목, '고창집'이 있는 갈매기살 골목, 탈북자가 하는 유진식당의 평양냉면(4천원), 싱글벙글 복어집, 남원 추어탕, 풍천장어, 포항 과메기, 물가 반란을 일으킨 허브삼겹살(1인분 3,800원), 원가를 팽개쳐버린 횟집, 낙원상가를 끼고 도는 순대와 머리고기 골목, 심야일수록 가스등이 힘을 내는 포장마차 행렬, 형형색색 제사상처럼 진열된 종로 복떡 골목…. 유유종종 이루 열거할 수 없을 정도다.

먹거리뿐이 아니다. 이발은 머리까지 감겨주고 3,500원으로 블루클럽보다 싸고, 구두는 길바닥에 좀 서서 기다린다는 점만 감수하면 1천 원에 '삐까뻔쩍'이 된다.

악기는 중고부터 최신식까지 다 파는 낙원상가, 그리고 국악 길을 따라 북, 장고, 징, 가야금 등 국악기 상회와 기념패 집, 보석 길에 줄지은 쥬얼리 보석상들이 하루 내내 눈부시다. 사통팔방의 길거리는 동서양이 만나는 이스탄불의 시장통처럼 자동차, 오토바이, 사람으로 넘치고 시도 때도 없이 손수레 위에 실려 나오는 고서, 공예, 골동품 나부랭이는 1천 원부터 즉석경매로 팔리는데 잘만 걸리면 가짜라고 산 것이 진짜로 둔갑되는 요행도 맛볼 수 있다. 용달 트럭에 실려 온 각종 문구류, 채소류, 생선은 할인마트보다 값이 싸다.

1천원 균일가로 온갖 생활 잡화를 파는 곳도 수두룩하다. 차 없는 주말이면 노천장이 서고 승복을 입고 약 파는 사람, 시력을 고쳐준다는 안경 닦는 물약, 뭐든 대면 갈린다는 만능숫돌, 보세품 수제화가 길거리에 난무한다. 서비스 분야도 예외 없다. 최백호의 '낭만에 대하여'가 나오는 그야말로 옛날식 다방에 앉아 립스틱 짙게 바른 마담과 실없는 농담 따먹기하며 마시는 커피가 2천 원, 미국서 나이 육십 넘어 역이민 온 이의재(18회)가 잘 가는 당구장은 10분당 1천 원, 기원은 하루 종일 들락거려도 2천 원이다.

저녁에 친구랑 1만 원이면 둘이서 웬만한 진안주에 소주 각 일병씩 할 수 있고, 2차로 100% 부킹되는 '노래팡'이나 전철 5호선 5번 출구 앞에 있는 유명한 '먹고갈래 지고갈래' 호프집에 가면 500cc(2천 원) 하나 시켜놓고 마른안주(4천 원)는 시켜도 되고 안 시켜도 눈치 받지 않고 30대 미녀 아가씨의 색소폰 생연주를 실컷 들을 수 있다. 운 좋으면 단골손님으로 오는 코미디언 송해가 기분 날 때 메들리로 불러 젖히는 흘러간 옛 노래를 공으로 들을 수 있다. 이상기(18회) 같이 외모만 받쳐주면 65세 이하라도 경로우대 전철도 탈 수 있다.

이처럼 일만 원만 들고 나오면 하루 종일 돈 걱정(?) 없이 지낼 수 있는 곳이 이곳 종로다. 먹을 대로 먹고 사람구경 실컷 하고 '이찌꼽뿌' 하고도 돈이 남는다. 이런 곳이 서울 도심 어디에 있겠는가. 그래서 동 이름도 낙원동樂園洞이다.

그런데 우리 동문사회에 일만 원의 위력을 진작부터 알고 일만 원의 가치를 사랑하고 실행하는 모임이 있다. 솔직히 부산고 동문 치고 한 달 용돈에서 일만 원 못 낼 사람이 얼마 있겠는가. 여기 매달 일만 원씩 모아 모교에 장학금으로 전달하고 있는 도토리모임이 있다.

입이 아닌, 몸으로 하는 사랑

지금부터 4년 전 18회 동기모임 답산회 멤버 중 김도수 이병홍 이상헌 이정균 이정욱 등이 등산하고 하산 길에 막걸리 한 잔 하다가 우리 주변에 힘든 사람이 너무 많다고, 우리 주변에 관심 좀 가져 보자고, 달동네가 되어버린 초량골을 굳세게 지키고 있는 모교에 어려운 가정의 학생들이 많다고, 그들에게 조그만 학비라도 보탤 수 없을까 하고, 그래 많이는 말고 한 달에 일만 원씩만 내어 도와보자, 그것 참 술 묵고 씨부리는 헛소리 치고는 괜찮네 하면서 시작한 것이 술 깨고 나서 모르쇠 안 하고 이름도 '일만회'라 정한 뒤 정식으로 모교에 연통하여 2004년 5월 20일 교에서 추천해온 첫 장학생(당시 1학년 이용락)에게 1분기 장학금 380,700원(기본 수업료+잡부금)을 전달하였다. 이 학생은 3년 내내 전 학비를 지원받았는데 그 고마움을 글로 써서 보내왔다. 전문은 18회 문집 『굽잇물』에 실려 있다.

이 모임은 그 뜻이 알려지면서 호응도가 늘어 현재 회원이 동기 및 가족 40여 명인데 그간 한 번의 거름 없이 지속해왔다. 현재 장학금을 받는 학생은 3학년 김민호, 2학년 이호용 등 2명인데 이들에게는 지난 3월 17일에 1/4분기 장학금 852,600 원이 어김없이 전달되었고 6월 중 2/4분기분이 지급될 예정이다. 일만회 회원들에게 일만 원은 아무 것도 아니지만 받는 이에겐 감격의 큰돈이며 평생의 격려가 된다. 그냥 쓰면 아무 것도 아닌 돈이 뜻을 정해 한 곳으로 모아지면 그 위력이 이처럼 어마어마해진다.

교 가

깊고 무겁게

유치환 작사
윤이상 작곡